Profissionais, Práticas e Representações da Construção da Cidade e do Território

Profissionais, Práticas e Representações da Construção da Cidade e do Território

Organizadores:
Cristina de Campos
Fernando Atique
George A. F. Dantas

Copyright © 2013 Cristina de Campos, Fernando Atique, George Alexandre Ferreira Dantas

Grafia atualizada segundo o Acordo Ortográfico da Língua Portuguesa de 1990, que entrou em vigor no Brasil em 2009.

Publishers: Joana Monteleone/Haroldo Ceravolo Sereza/Roberto Cosso
Edição: Joana Monteleone
Editor assistente: Vitor Rodrigo Donofrio Arruda
Revisão: João Paulo Putini
Projeto gráfico, capa e diagramação: Juliana Pellegrini
Imagem da capa: Detalhe de vitral no Edifício Ramos de Azevedo

Crédito da imagem da capa: Michele Dias
Apoio Fapesp Proc. nº 2012/09172-6

Esta obra foi publicada com o apoio da Fapesp

CIP-BRASIL. CATALOGAÇÃO NA PUBLICAÇÃO
SINDICATO NACIONAL DOS EDITORES DE LIVROS, RJ

P958

PROFISSIONAIS, PRÁTICAS E REPRESENTAÇÕES DA CONSTRUÇÃO DA
CIDADE E DO TERRITÓRIO
Organização Cristina de Campos, Fernando Atique, George A. F.
Dantas. 1. ed.
São Paulo: Alameda, 2013.
384 p.

Inclui bibliografia
ISBN 978-85-7939-214-6

1. Planejamento urbano – Brasil – História. 2. Cidades e vilas – Brasil
– História. 3. Arquitetura – Brasil – História. I. Campos, Cristina de.
II. Atique, Fernando. III. Dantas, George A. F.

13-01223   CDD: 711.40981
            CDU: 711.4(81)

ALAMEDA CASA EDITORIAL
Rua Conselheiro Ramalho, 694 – Bela Vista
CEP 01325-000 – São Paulo, SP
Tel. (11) 3012-2400
www.alamedaeditorial.com.br

Sumário

Prefácio 9

Profs. Carlos Roberto Monteiro de Andrade
e Maria Lucia Caira Gitahy

Apresentação 13

Cristina de Campos, Fernando Atique,
George A. Ferreira Dantas

Parte I 23

**Por uma cidade sã e bela:
O urbanismo dos engenheiros sanitaristas
no Brasil republicano**

O engenheiro Antonio Francisco de Paula Souza e 25
a construção das redes de infraestrutura do estado de São Paulo
no final do século XIX
Cristina de Campos

Uma bela cidade: 45
Theodoro Sampaio e a Várzea do Carmo – 1886-1903
Luiz Augusto Maia Costa

O engenheiro Estevan Antonio Fuertes e seu Plano Sanitarista 65
para a cidade de Santos (1892-1895)
Sidney Piochi Bernardini

Questões de saneamento e urbanismo 91
na atuação de Lincoln Continentino
Fabio J. M. de Lima

Parte II 117
**Planos e obras: engenheiros e arquitetos
na construção da cidade e do território**

O ideário dos engenheiros e os planos realizados para 119
as capitais brasileiras ao longo da Primeira República
José Geraldo Simões Junior

O plano de Saturnino de Brito para Santos: 141
urbanismo e planejamento urbano entre o discurso e a prática
José Marques Carriço

Higienismo, urbanismo sanitarista e o plano de Saturnino de Brito 171
para a cidade da Parahyba na Primeira República
Francisco Sales Trajano Filho

Permanências do urbanismo sanitarista: 197
o Plano Geral das Obras de Saneamento de Natal (1924)
e as transformações na paisagem da cidade
George Alexandre Ferreira Dantas

A gênese do planejamento urbano integrado 231
e o urbanismo de Harry James Cole nos anos 1960
Maria Cecília Lucchese

Parte III 255
**Configurações e representações:
profissionais e práticas na cidade do século xx**

Identidade brutal: 257
Paul Rudolph, a cidade e a renovação do moderno
Cristina Mehrtens

Rotas, balizas, fronteiras: 277
reflexões sobre os caminhos pan-americanos da americanização
Fernando Atique

Da cidade planejada à cidade construída: a formação de 311
Maringá, PR, em dez anos de plano (1947 a 1957)
Fabíola Castelo de Souza Cordovil

Brasília: a construção de um mito 337
Luisa Videsott

Paisagens urbanas contemporâneas: novas poéticas 355
Luciana Schenk

Sobre os autores 379

Prefácio

Carlos Roberto Monteiro de Andrade

Maria Lucia Caira Gitahy

Este livro é fruto da interlocução entre os pesquisadores de dois grupos de pesquisa na área da história da arquitetura e do urbanismo modernos no Brasil, ambos pertencentes à Universidade de São Paulo, um da Faculdade de Arquitetura e Urbanismo (FAU) e outro do ex-Departamento de Arquitetura e Urbanismo da Escola de Engenharia de São Carlos, atual Instituto de Arquitetura e Urbanismo (IAU). Na trajetória de investigação do grupo de pesquisa "História do Trabalho e da Tecnologia como Fundamentos Sociais da Arquitetura e Urbanismo" (HTTFSAU), da FAU, e do grupo de pesquisa "URBIS – História da Cidade, da Arquitetura e da Paisagem", do IAU, alguns temas, questões, profissionais, teorias e propostas arquitetônicas e urbanísticas se cruzam, tangenciam-se, são tratados com procedimentos metodológicos similares, trabalham com fontes documentais próximas e exploram arquivos comuns.

Tais aproximações, através de reuniões e seminários entre pesquisadores desses grupos e outros convidados ao longo dos anos, ainda que de modo descontínuo, levaram à organização de dois seminários conjuntos – "Por uma cidade sã e bela", realizado em São Carlos, em novembro de 2006, e o segundo, "Construindo a cidade do século xx: uma cidade americana?", realizado em São Paulo, em julho de 2007 –, bem como a duas sessões temáticas por ocasião dos IX e X Seminários de História da Cidade e do Urbanismo. Ainda recentemente, entre 15 e 18 de julho de 2012, alguns pesquisadores dos dois grupos renovaram seus contatos e debates, no âmbito de sessões comuns, durante a *XVth IPHS Conference (International Planning History Society)*.

Embora o trabalho coletivo nas pesquisas na área de história da arquitetura e urbanismo seja prática ainda recente, o surgimento de grupos de pesquisa estruturados e contínuos, vinculados a programas de pós-graduação, tem permitido a discussão aprofundada ao longo de investigações em diversos níveis – iniciação científica, mestrado, doutorado e pós-doutorado – desenvolvidas por seus membros pesquisadores. A interlocução entre grupos de pesquisa avança ainda mais nesse processo de troca, possibilitando não apenas ter uma varredura mais completa de certas temáticas da historiografia, mas também um aprofundamento nas questões de caráter metodológico, ao se contrapor olhares distintos sobre um mesmo objeto, ou diversificando-se os objetos a partir de um mesmo ponto de vista.

As temáticas que perpassaram os intercâmbios teóricos e historiográficos dos dois grupos indicados acima, em seus encontros de pesquisa, são as mesmas que estruturam este livro: o urbanismo sanitarista, a construção da cidade e do território, os planos e as obras que promoveram a modernização das principais cidades brasileiras ao longo da República, a cultura técnica que se implanta a partir das escolas de engenharia e arquitetura, os profissionais, suas ideias, seus projetos, suas referências teóricas, as representações e as formas das cidades brasileiras no século xx.

As historiografias da arquitetura e do urbanismo, bem como aquela da história das cidades, ou da história urbana, no Brasil e sobre o Brasil, têm se ampliado bastante nos últimos anos, destacando-se nelas os estudos sobre a atuação dos engenheiros e arquitetos, em especial os que desenvolveram atividades no campo da engenharia sanitária, na construção de redes de infraestrutura – em escalas que vão do pequeno núcleo ao território de um estado, ou de uma região de expansão de fronteiras –, nos processos de reforma das cidades brasileiras, durante o período que vai do início da República até os anos 1960. Trabalhos acadêmicos sobre os projetos e realizações de Antonio Francisco de Paula Souza, Saturnino de Brito, Theodoro Sampaio, Victor da Silva Freire, Lincoln Continentino e outros têm destacado a importância desses profissionais na construção da cidade moderna brasileira, revelando filiações a concepções urbanísticas que circulavam, no período, entre Europa e Américas, num ir e vir de mão dupla, onde o Brasil constituiu ao longo de todo o século xx um dos laboratórios da urbanística moderna.

Discutindo a atuação de diversos profissionais que realizaram planos urbanísticos vinculados a projetos de saneamento para inúmeras cidades brasileiras entre fins do século xix e meados do século xx, uma questão principal cruza os diversos textos deste livro que tratam desse tema: qual balanço pode ser feito das suas contribuições, tanto à constituição do planejamento urbano e do urbanismo como um campo disciplinar próprio, quanto no processo de modernização das cidades brasileiras. O cotejamento das realizações de planos urbanísticos para cidades brasileiras distintas, como São Paulo, Rio de Janeiro, João Pessoa, Natal e Santos possibilita uma visão mais ampla dessas intervenções, para além das cidades privilegiadas pela historiografia.

Em outro recorte temático, a terceira parte deste livro aborda a contribuição de alguns profissionais na construção da cidade do século xx, recuperando experiências norte-americanas e o intercâmbio norte-sul, ressonâncias do ideário da cidade jardim e do planejamento regional britânico em terras tropicais, mas também suas formas e representações. Discute-se assim a cidade nova planejada, contrapondo-se seu plano com seu processo de construção e sua realidade, ao mesmo tempo em que procura desvendar o mito que foi construído em conjunto com a cidade. O tema da paisagem urbana como síntese visível de processos de construção e desconstrução do território e das cidades perpassa alguns dos trabalhos, seja na sua transformação acelerada como fruto de processos de modernização do aparato produtivo, em especial de sua infraestrutura territorial, seja como incógnita da cidade contemporânea, com suas poéticas da velocidade e do espetáculo.

Fruto de um esforço de aproximação e diálogo que se deu longo dos anos, esta interação, sempre prazerosa, entre grupos de pesquisa de diferentes cidades e unidades da Universidade de São Paulo finalmente recebe registro e publicação, graças à Alameda Casa Editorial e à Fapesp, para oferecer ao leitor alguns resultados de nossas pesquisas e debates. Como afirmou Michelle Perrot, a história é uma disciplina na encruzilhada dos caminhos, e no caso específico do nosso campo de indagações, arquitetura e urbanismo, a interdisciplinaridade é constitutiva; assim sendo, a formação e a atuação dos pesquisadores tem um tempo de maturação alongado. Nestas condições, foi um privilégio ter acompanhado e participado da formação de muitos dos autores que aqui dão a lume seus trabalhos. Acompanhar o crescer das pesquisas e dos pesquisadores dos dois grupos, assim como outros que fazem parte de nossa comunidade e de nossos debates, sem dúvida enriqueceu nossas trajetórias pessoais, não só de trabalho, mas de vida. E isto só foi possível no ambiente dos grupos de pesquisa e laboratórios que os nutrem – no caso do HSTTFAU, mencione-se o LabFAU (Laboratório de Fundamentos Sociais da Arquitetura e do Urbanismo.)

Ficam os nossos profundos agradecimentos a todos os participantes dos eventos e intercâmbios mencionados, inclusive aqueles que, por motivos diversos, não puderam estar presentes nesta publicação. Da mesma forma, a participação do público especializado e de nossos colegas em todos estes eventos científicos foi inestimável. Agradecemos a todos os organizadores destes eventos e às instituições que os acolheram e apoiaram, especialmente a Universidade de São Paulo, as duas Faculdades, Departamentos, os dois Programas de Pós-Graduação mencionados, a Pró-Reitoria de Pós-Graduação desta universidade, a Capes e a Fapesp. Por fim, com admiração e carinho, agradecemos a dedicação, persistência e competência, com que os hoje professores doutores Cristina de Campos (Unicamp), Fernando Atique (Unifesp) e George Dantas (UFRN) organizaram esta coletânea.

Apresentação

Cristina de Campos
Fernando Atique
George A. Ferreira Dantas

O leitor tem em mãos um conjunto de trabalhos apresentados em dois seminários de interlocução entre dois grupos de pesquisa, o HSTTFAU (FAU/USP) e o URBIS (IAU/USP). Foram eventos científicos abertos não apenas aos seus participantes, mas também a pesquisadores convidados e ao público interessado em geral. O primeiro, "Por uma cidade sã e bela: o urbanismo dos engenheiros sanitaristas no Brasil republicano", ocorreu em São Carlos, em novembro de 2006, e em julho do ano seguinte foi realizado um segundo seminário, "Construindo a cidade do século XX: uma cidade americana?", na cidade de São Paulo. O material reunido nestes dois eventos foi organizado no presente livro que reúne, sem dúvida, os esforços e resultados de mais de uma década dedicada à pesquisa de muitos e variados aspectos dos fundamentos sociais, da cultura técnica e das trajetórias profissionais da história urbana brasileira.

Os textos foram distribuídos em três partes, estruturadas em torno de um eixo comum, a atuação dos profissionais na cidade, em três fases distintas da história do urbanismo no Brasil. A primeira parte, intitulada "Por uma cidade sã e bela: O urbanismo dos engenheiros sanitaristas no Brasil republicano", aborda a ação dos primeiros profissionais dedicados às questões urbanas, em especial em como transformar nossas antigas cidades, que ainda traziam as feições de um tempo colonial, em corpos sãos e belos. Mais que embelezar, a tônica destas primeiras propostas foi guiada pelas descobertas no campo da medicina e pelos avanços dos estudos sobre a higiene do espaço. É sabido que nas décadas finais do século XIX algumas cidades foram duramente castigadas pelas epidemias urbanas e demandavam medidas saneadoras, uma vez que se apresentavam como uma séria ameaça ao desenvolvimento econômico do país.

O primeiro artigo, "O engenheiro Antonio Francisco de Paula Souza e a construção da rede de infraestrutura territorial do estado de São Paulo no final do século XIX", de autoria de Cristina de Campos, analisa a atuação de um engenheiro cuja trajetória é, em geral, associada à fundação da Escola Politécnica de São Paulo. Antes da Politécnica, Antonio Francisco de Paula Souza desenvolveu uma profícua carreira como engenheiro civil, na qual teve a oportunidade de contribuir com a construção da rede de infraestrutura territorial e urbana da então província de São Paulo. A autora divide a carreira profissional de Paula Souza em duas etapas, a dos trabalhos aos quais foi contratado para o desenvolvimento de projetos de saneamento e ferroviários e, em um segundo momento, a da sua atuação como funcionário público encarregado de estruturar o setor de obras públicas e da estatização das companhias privadas de saneamento. Pela trajetória de Paula Souza percebe-se que a rede de infraestrutura territorial e urbana paulista foi elaborada a partir de uma combinação das forças das esferas do público e do privado.

O artigo de Luiz Augusto Maia Costa, "Uma bela cidade: Theodoro Sampaio e a Várzea do Carmo, 1886-1903", traz à tona a importante figura do engenheiro negro Sampaio, contemporâneo e "colega" de Antonio Francisco de Paula Souza. Juntos, organizaram um dos primeiros planos de conjunto para as várzeas da cidade de São Paulo, em especial, a Várzea do Carmo. Costa traz em seu artigo os resultados de uma pesquisa de mais de uma década sobre Sampaio e delineia quais foram as bases teóricas que Sampaio utilizou para a elaboração de seu plano em parceria com Paula Souza: os *surveys* norte-americanos com que teve contato durante seus trabalhos na Comissão Geográfica e Geológica de São Paulo, o debate higienístico-sanitário do período e o movimento *City Beautiful*. Estas referências são agrupadas pelo autor a partir da análise dos escritos pessoais de Sampaio e dos relatórios governamentais publicados no período, alguns dos quais escritos por este próprio engenheiro, como o Relatório da Comissão das Várzeas da Capital, de 1891.

"O engenheiro Estevan Antonio Fuertes e seu Plano Sanitarista para a cidade de Santos (1892-1895)", artigo de autoria de Sidney Piochi Bernardini, trata do saneamento da cidade de Santos, localidade que abrigava o principal porto do estado. Por ali era escoada a produção do café vindo do oeste paulista com destino ao mercado internacional e também entrava mão de obra imigrante, crucial para o estabelecimento da economia cafeeira, que se pretendia capitalista. O autor argumenta que apenas as ações pontuais e policialescas levadas a cabo tanto pela municipalidade como pelo próprio governo estadual (veja-se o exemplo das Comissões de Saneamento e Sanitária citadas pelo autor) não seriam suficientes para sanear a cidade, palco de mortais epidemias. A tarefa do saneamento da cidade por inteiro foi encarada pelo estado, no caso, pela figura do governador Bernardino de Campos, que encaminhou a proposta de contratação do engenheiro e professor da Universidade de Cornell, Estevan Fuertes, para elaborar este plano sanitário para Santos. O artigo de Bernardini, fruto de pesquisa minuciosa, faz um justo reconhecimento da contribuição do engenheiro Fuertes para o saneamento desta cidade portuária paulista, base fundamental para a elaboração dos estudos e projetos de Saturnino de Brito anos depois.

O debate sobre o saneamento e a higiene das cidades não ocorria apenas dentro dos limites geográficos do estado de São Paulo. O tema do saneamento foi erigido como questão nacional e marcou o debate em inúmeras cidades e estados e na própria capital federal, que no início do século XX foi alvo de intervenções saneadoras. Fábio J. M. de Lima, no artigo "Questões de saneamento e urbanismo na atuação de Lincoln Continentino", explicita que este debate ocorria também no estado de Minas Gerais, que no final de século XIX inaugurava sua nova capital, Belo Horizonte. Neste artigo, o autor refaz a trajetória do engenheiro Lincoln Continentino, formado pela Escola Livre de Engenharia de Belo Horizonte e também bolsista da Fundação Rockefeller. Sua atuação profissional ocorre em pleno século XX, poucas décadas depois dos profissionais retratados na primeira parte deste livro. Contudo, a proposta de Lima é justamente evidenciar como os preceitos do saneamento foram norteadores da prática profissional desenvolvida por Continentino, evidentes em seus planos para várias cidades mineiras.

A segunda parte, "Planos e obras: engenheiros e arquitetos na construção da cidade e do território", congrega um conjunto de estudos que ajudam a discutir o papel fundamental que os técnicos tiveram na formulação de novas bases para pensar, discutir e, como objetivo final, transformar a estrutura e a paisagem urbanas das cidades brasileiras. Mais ainda, permitem iluminar questões sobre como um campo profissional emergente – o do urbanismo – vai (tentar) enfrentar os dilemas da modernidade em um país predominantemente agrário, de pesada herança colonial e escravagista – que, como é consabido, se expressava também na dinâmica social do campo e da cidade – e de muitos interesses econômicos e políticos em jogo nos processos de reorganização territorial e urbana.

O artigo de José Geraldo Simões Júnior, intitulado "O ideário dos engenheiros e os planos realizados para as capitais brasileiras ao longo da Primeira República", se insere na perspectiva da comparação e compreensão abrangente do fenômeno da modernização urbana no Brasil, articulando dados provenientes de vários estudos e de pesquisas próprias para abarcar um quadro complexo, de ritmos e espaços históricos e geográficos heterogêneos. Para tanto, investiga as intervenções urbanísticas levadas a cabo nas dez maiores capitais brasileiras (de acordo com o Censo de 1900, Rio de Janeiro, São Paulo, Salvador, Recife, Belém, Porto Alegre, Manaus, Curitiba, Fortaleza e Teresina) na virada para o século xx. Como fio condutor, constituindo-se como força homogeneizadora do "progresso" a constituir "cenários" de modernidade, as ideias, propostas e articulações dos técnicos, engenheiros e arquitetos, cada vez mais presentes, secundando a ação dos administradores públicos e, mais ainda, ajudando a constituir um campo profissional – o do urbanismo – que reivindicaria legitimidade, autonomia e excelência técnica para enfrentar os desafios da reestruturação ou mesmo inserção de muitas cidades brasileiras nos circuitos nacional e internacional de (re)produção do capital no contexto de então. Para além do "paradigma" da haussmannização e, de modo geral, da urbanística francesa, o texto de Simões Júnior destaca a circulação de outras referências, principalmente por meio da figura do engenheiro Victor da Silva Freire e sua contribuição para pensar e intervir sobre a cidade de São Paulo e para formar novas gerações de profissionais.

Outra figura importante, a do engenheiro Francisco Saturnino de Brito, também teria larga ressonância no ambiente técnico e cultural brasileiro, quer por meio de seus planos, obras e textos, quer pela postura pública, envolvido no debate e nas querelas técnicas e políticas – sobre o saneamento, a cidade, o território. Nesse sentido, o artigo de José Marques Carriço, "O plano de Saturnino de Brito para Santos: urbanismo e planejamento entre o discurso e a prática", retoma e aprofunda a discussão sobre o plano de saneamento para a cidade de Santos, cuja concretização apontaria inúmeros caminhos para a prática e cultura urbanísticas no Brasil. Mais ainda, para entender os elementos que estruturam a proposta de Brito, o artigo recupera as marchas e contramarchas, desde o final do século XIX, das discussões sobre as obras necessárias para enfrentar as epidemias devastadoras que atravancavam os usos do porto de Santos, peça fundamental da lógica agroexportadora da economia do país. Os estudos e profissionais que se sucedem, os planos esboçados, os interesses em disputa, os jogos de poder, são aspectos que desvelam as fraturas e os limites das pretensões do discurso técnico e das práticas do saber urbanístico em formação, principalmente quando alteravam as possibilidades de uso do solo urbano.

Como já apontara o artigo de Carriço, o chamado urbanismo sanitarista teve implicações muito mais abrangentes e duradouras para o contexto de modernização das cidades brasileiras, ultrapassando inclusive os marcos temporais da Primeira República, como atestam várias pesquisas das últimas duas décadas. O artigo de George Alexandre Ferreira Dantas, "Permanências do urbanismo sanitarista: o Plano Geral das Obras de Saneamento de Natal (1924) e as transformações na paisagem da cidade", se insere nessa perspectiva e discute o plano urbanístico elaborado pela equipe chefiada pelo engenheiro Henrique de Novaes – outro importante profissional, de atuação múltipla por várias regiões e cidades brasileiras – para Natal. A lógica e a estratégia discursiva próprias de um saber a princípio cifrado vai se imiscuir ao debate cultural e político local e regional, lançando novas bases, materiais e simbólicas, para nomear, descrever e, consequentemente, pensar o espaço em transformação. Em torno do plano se articularam os esforços de superação da longa crise urbana por que a cidade passara, de

18 Cristina de Campos • Fernando Atique • George A. F. Dantas

equacionamento dos problemas da educação e do saneamento e de criação de um órgão administrativo para gerir o plano – a Comissão de Saneamento de Natal –, como uma tentativa de dar continuidade aos estudos e ações técnicas empreendidos. A despeito da realização incompleta do plano, as bases técnicas e o delineamento de propostas de desenho e planejamento urbanos de Henrique de Novaes permaneceram no horizonte do debate sobre a cidade, subsidiando outras propostas até o final dos anos 1930.

A terceira parte, nomeada "Configurações e representações: profissionais e práticas na cidade do século xx", é composta por cinco textos. Três deles exploram conexões entre o Brasil e os Estados Unidos, embora tenham abordagens muito particulares. No texto de Cristina Peixoto-Mehrtens, docente na Universidade de Massachusetts, em Dartmouth, a problemática está centrada no trabalho do arquiteto Paul Rudolf, autor do campus em que a pesquisadora trabalha. Ator social de grande proeminência nas décadas de 1950 e 1960 nos Estados Unidos, Rudolf esteve encarregado de projetar um campus que levasse em consideração o caráter não residencial daquela instituição, voltada, segundo expõe Mehrtens, à chegada da geração *baby boomer* às universidades. Esta detecção social fez com que Rudolf explorasse os percursos ditados pelo carro, meio de transporte utilizado por grande parte do público universitário, no desenho do campus. A arquitetura brutalista desenvolvida por Rudolf leva Mehrtens a analisar pormenorizadamente os vínculos entre Estado e arquiteto, entre forma e função, entre material de construção e uso dos espaços, fornecendo uma intensa revisão do uso do concreto armado nos Estados Unidos e, paralelamente, da própria ideia de Movimento Moderno naquelas plagas, uma vez que Rudolf, ex-aluno de Mies van der Rohe, desenvolveu uma arquitetura que contrastava àquela preconizada pelo *International Style* de seu contemporâneo, o arquiteto Philip Johnson. Mehrtens ainda aborda algumas das razões para a premiação de Paul Rudolf na Segunda Bienal Internacional de Arquitetura de São Paulo, de 1954: teria sido o uso do concreto armado, desta "arquitetura brutal", que teria seduzido o júri e teria gerado certa identificação numa terra em que o brutalismo também alcançava uma configuração diferente daquela encontrada em Peter e Alice Smithson? Esta questão, de certa forma, elucida o porquê do título do artigo de Mehrtens: "Paul Rudolf: identidade brutal".

O texto de Fernando Atique, "Rotas, balizas, fronteiras: reflexões sobre os caminhos pan-americanos da americanização", aponta algumas delimitações espaço-político-temporais necessárias ao entendimento do processo de trocas entre os Estados Unidos e as demais nações americanas. O autor procura entender de que forma e com quais peças o mosaico "americanizador" – valendo-se da metáfora proposta por Jeffrey Cody – foi se constituindo entre 1876 e 1945. Para tanto, vale-se de pesquisa em documentos primários, da observação de documentos edificados e de revisão de literatura de época e atual para apontar a pertinência de se entender o contato com os Estados Unidos para além das chaves "imperialista" e "dominadora", revelando contatos, trocas e prospecções dos países "americanizados" de soluções técnicas, econômicas, profissionais e estéticas nos Estados Unidos. Como o próprio título indica, certa adoção de um paradigma indiciário guinzburguiano transparece no texto, levando a considerações importantes acerca destes percursos de "round trip"[1] entre Estados Unidos e as Américas.

O texto de Luciana Schenk, docente no Instituto de Arquitetura e Urbanismo de São Carlos, da USP, intitulado "Paisagens urbanas contemporâneas: novas poéticas", apresenta importantes ponderações acerca do trabalho com o meio natural e com a compreensão do termo "paisagem". Trazendo à tona os impactos da atuação profissional e do pensamento do *landscape architect* (arquiteto da paisagem) estadunidense, Frederick Law Olmsted, Schenk revela cisuras contemporâneas na atividade profissional do arquiteto e urbanista que não é desafiado a compreender as especificidades do trabalho com a "arquitetura da paisagem". Frisando que "cidade e cultura são questões que se complementam, de sorte que é necessário que a cidade seja formada de lugares que contemplem o encontro, pois são eles que fecundam e engendram um tipo especial de cultura", a autora mapeia historiograficamente o nascimento da ideia de uma arquitetura

---

1 Expressão usada nos Estados Unidos para denotar viagens de dupla jornada, ou seja, de ida e retorno.

voltada à paisagem, e analisa os impactos do Movimento Moderno e suas repercussões na contemporaneidade, pois, como afirma, "a Arquitetura da Paisagem, mesmo com esse início promissor em terras americanas, não foi capaz de manter sua participação de forma decisiva no desenrolar do século xx. Sua funcionalidade era baseada em questões de ordem humanística e natural, que se mostraram frágeis frente ao desenvolvimento das lógicas modernas – a despeito das tentativas de modernizar o campo disciplinar da Arquitetura da Paisagem".

A discussão suscitada por Fabíola Cordovil, docente na Universidade Estadual de Maringá, no Paraná, mostra o quanto ainda é desconhecida na historiografia nacional os processos de ocupação de cidades novas planejadas no Brasil no século xx. Tendo como foco a cidade de Maringá, empreendimento da Companhia de Terras Norte do Paraná, de origem britânica, Cordovil aborda não apenas os meandros do projeto urbanístico daquela localidade, como, também, as dinâmicas criadas por seus empreendedores acerca da necessidade de atrair público para ali residir e trabalhar. Preocupada em mostrar como uma cidade passa de uma simples representação em plano para uma cidade habitada com processos sociais que a requalificam e a ressignificam, oferece ao leitor uma cuidadosa aproximação histórica à dinâmica de uma cidade nova.

Por fim, Luisa Videsott apresenta importante texto sobre como o "circuito social" de Brasília foi criado. Ou seja, ao explorar reportagens de revistas, discursos, imagens cinematográficas, a autora revela como a criação, a circulação e a recepção das representações da nova capital do país se deu. Em outras palavras, pode-se dizer que "o objeto da pesquisa são as matérias da imprensa popular sobre a construção da cidade, publicadas durante a edificação de Brasília: suas representações e suas imagens, suas palavras e suas fotografias." Escrutinar como a imagem simbólica de certa modernidade nacional se implantou socialmente revela dimensões de um projeto nacional que se tornou "neutro" ao longo do tempo, mas que, como enfaticamente revela Videsott, foi diligentemente construído, impondo leituras apaziguadoras de um processo denso e socialmente repleto de tensão. Assim, o candango é elevado à categoria de herói; a epopeia é requisitada para a narrativa da construção e a inauguração assume ares de estreia de um "novo tempo" para o país.

O livro que o leitor tem em mãos é plural, e não apenas por conta das muitas dimensões inerentes à atividade dos profissionais do espaço construído nele presentes, mas, sobretudo, devido às abordagens distintas, advindas de acadêmicos que obtiveram titulação em dois grupos de pesquisa da Universidade de São Paulo, que desenvolvendo pesquisas ricas, metodologicamente orientadas, acabaram por favorecer a produção de conhecimento em nosso país e que hoje, quase na totalidade, levam o conhecimento obtido e desenvolvido para outras plagas, ajudando na circulação de saberes e na promoção de novos conhecimentos. A presença de convidados nas páginas deste livro reforça outro caráter inerente aos dois grupos aqui representados: a procura diligente pelo diálogo, pela "coelaboração" de conhecimento. A eles, apresentamos nosso muito obrigado e nosso respeito.

Por fim, desejamos boa leitura e externamos nosso desejo de que outras obras como esta – obra fruto de diálogos – possam vir a lume para o deleite e para a ampliação de horizontes de todos os que tratam das coisas da cidade e do território.

Parte I
Por uma cidade sã e bela:
o urbanismo dos engenheiros sanitaristas
no Brasil republicano

O engenheiro Antonio Francisco de Paula Souza e a construção das redes de infraestrutura do estado de São Paulo no final do século XIX

Cristina de Campos

No final do século XIX, um dos principais desafios enfrentados pelo governo brasileiro era o da requalificação de suas redes de infraestrutura. Esta requalificação significava amplos investimentos em setores decisivos para o funcionamento da atividade agroexportadora, como transportes e saneamento. Cada vez mais, as lavouras existentes na província de São Paulo penetravam em terras férteis, distantes dos pontos de embarque para o exterior. As estradas de rodagem disponíveis eram, em alguns períodos do ano, intransitáveis devido às intempéries atmosféricas, que também comprometiam a integridade dos produtos, em um transporte geralmente feito em tropas de muares. Os produtos agrícolas necessitavam de um escoamento rápido e mais seguro, que na época era fornecido pelo meio de transporte mais popular e difundido destes tempos de revolução industrial: a ferrovia. O saneamento, por sua vez, não era menos importante. A falta de salubridade das cidades brasileiras era um tema presente nos jornais de circulação nacional e também internacional. Cidades vitais para a economia agroexportadora, como Campinas, Santos e São Paulo, eram constantemente acometidas por doenças que ameaçavam, além de outros aspectos, a introdução e a reprodução da força de trabalho imigrante que neste período transitava por estas localidades (RIBEIRO, 1993).

Os governos – central e províncial – vinham promovendo ações significativas para a requalificação das redes. No setor de transportes incentivavam a organização de companhias ferroviárias privadas com a política de garantia de juros, medida que motivou a abertura de várias companhias, sobretudo em São Paulo. Para o melhoramento das condições higiênicas das cidades foi organizada a Junta Provincial de Higiene, sediada na capital da província de São Paulo, responsável pelo monitoramento e controle do estado sanitário. Assim como para os transportes, o governo também motivou a organização de empresas privadas interessadas em construir e explorar economicamente as redes de águas e esgotos, como foi o caso da Companhia Cantareira e Esgotos, organizada em São Paulo durante a década de 1870.

Neste artigo, propomo-nos a analisar a construção da rede de infraestrutura na província de São Paulo (depois estado) por meio dos agentes sociais envolvidos em sua construção. Para um estudo com esta finalidade escolhemos um profissional que participou ativamente da construção desta rede como responsável técnico em projetos ou como dirigente de importantes instituições públicas, o engenheiro Antonio Francisco de Paula Souza. Seu desempenho profissional em ambas as esferas revela a construção da rede de infraestrutura não apenas em seus aspectos técnicos e projetuais, mas como foi o *processo social* de construção desta rede, seus vários agentes sociais envolvidos e o jogo de interesses que, em muitos casos, impulsionavam tal construção. Para o desenvolvimento dos apontamentos acima descritos, dividimos este artigo em três partes. A primeira introduz o personagem e seus dados biográficos mais relevantes que elucidam os caminhos tomados em sua trajetória profissional. Na segunda e terceira parte analisaremos, respectivamente, a construção da rede de infraestrutura pelos projetos privados de Paula Souza desenvolvidos para os setores ferroviário e de saneamento. A quarta parte é destinada à sua atuação junto aos órgãos públicos estaduais, posicionamento que o permitiu acompanhar de perto as políticas públicas envolvidas diretamente com a construção da rede de infraestrutura. Os dados primários desta pesquisa foram recolhidos junto à Biblioteca Mário de Andrade, situada na cidade de São Paulo, local onde estão depositados os documentos que pertenceram ao engenheiro.

O engenheiro Paula Souza

Antonio Francisco de Paula Souza (1843-1917) pertencia a uma família de políticos influentes na província paulista. Seu pai, homônimo seu, foi político influente, chegando a ocupar a pasta ministerial da Agricultura na década de 1860. Do lado materno estavam os vínculos com a abastada família Paes de Barros. Os vínculos familiares certamente foram fundamentais em suas escolhas profissionais e políticas. Paula Souza desenvolveu profícua carreira na engenharia, entretanto, pouco conhecida, sendo comumente lembrado pela sua atuação como um dos fundadores e primeiro diretor da Escola Politécnica de São Paulo.

Sua formação em Engenharia foi realizada em duas escolas europeias, a Eidgenössische Technische Hochshule de Zurich e a Escola do Grão-Ducato de Baden. Ambas as escolas eram referência no ensino da Engenharia, motivo pelo qual o pai encaminhou o jovem Paula Souza para os estudos no exterior. Os estudos na Europa foram complementados com uma viagem que mesclou trabalho e estudos pelos Estados Unidos, entre 1869 e 1870. Sua vida profissional começou nos anos iniciais da década de 1870, com trabalhos relacionados à construção de ferrovias e obras de saneamento.

Outras informações biográficas a respeito do engenheiro são necessárias porque nos permitem entender sua permanência nos meandros do poder estadual nos primeiros anos após a proclamação da República. Suas inclinações políticas às ideias liberais e democráticas são salientes deste a juventude. Abolicionista convicto, em 1869 publicou o panfleto *A República Federativa do Brasil*, obra em que exalta sua admiração pelo sistema federativo descentralizado e tece duras críticas ao regime monárquico brasileiro. Em 1871 filia-se ao Club Republicano de São Paulo e, poucos anos depois, se sobressai como um dos idealizadores e fundadores do Partido

Republicano Paulista, o conhecido PRP. A convivência partidária com políticos como Francisco Glicério Cerqueira Leite, Bernardino de Campos e Prudente de Moraes certamente facilitaram a entrada de Paula Souza nos quadros públicos dos primeiros tempos da República. No governo federal ocupou os ministérios das Relações Exteriores e da Agricultura (logo depois rebatizado de Indústria, Comércio e Obras Públicas). Como ministro tratou de questões como a implantação do novo arsenal de guerra para a Marinha na antiga colônia militar de Itapura – situada na foz do rio Tietê – e da delicada questão envolvendo a duplicação da linha no trecho da Serra do Mar da São Paulo Railway Company, episódio conhecido como a *crise dos transportes*. No âmbito do governo do estado de São Paulo, organizou a Superintendência de Obras Públicas (1890-91) e foi Secretário da Agricultura (1897-98), além de atuar como consultor para assuntos relacionados à questão dos transportes e da estatização de serviços exercidos por companhias particulares, como no caso da Companhia Cantareira e Esgotos (CAMPOS, 2010).

Figura 1: O engenheiro Antonio Francisco de Paula Souza.
Fonte: Arquivo Particular

Em 1892 foi eleito deputado para a Assembleia Legislativa de São Paulo e nesta casa apresentou um dos projetos mais importantes de sua carreira, a fundação de uma escola de engenharia em São Paulo. O projeto foi aprovado em 1893 e no ano seguinte a escola abria sua primeira turma, tendo Paula Souza como seu primeiro diretor, função que exerceria até o seu falecimento, em 1917. A vida pública iniciada em meados da década de 1890 ocorreu paralelamente a outras atividades para o setor privado. A exoneração da Superintendência de Obras Públicas ocorreu porque o engenheiro havia sido contratado pelo Banco União de São Paulo para executar os estudos de uma estrada ferroviária entre Uberaba, no estado de Minas Gerais, até a cidade de Coxim, na porção sul do estado de Mato Grosso. Enquanto diretor da Escola Politécnica, revisou diversos projetos de implantação de redes de águas e esgotos para algumas cidades do interior paulista e exerceu função junto ao Banco do Brasil de fiscalização de estabelecimentos industriais e agrícolas, em 1895. Depois destas incursões, dedica-se somente às atividades junto à Escola Politécnica de São Paulo.

Projetos para o setor ferroviário

Pouco tempo depois de seu estabelecimento no Brasil, após a viagem aos Estados Unidos e o matrimônio com Ada Herwegh, Paula Souza é chamado pelo presidente da Companhia Ituana de Estradas de Ferro – seu avô, o Barão de Piracicaba – para realizar a exploração de um novo trecho de uma estrada de rodagem da companhia entre as cidades de Tietê e Porto Feliz. Segundo as fontes de pesquisa depositadas na Biblioteca Mário de Andrade, o engenheiro envolveu-se com a construção da estrada de ferro também, sendo convocado para assumir a função de engenheiro-chefe. A permanência na função foi curta, retirando-se do cargo antes da conclusão das obras da ferrovia, ainda em 1872. Após a Ituana, Paula Souza é empregado pela Companhia Paulista de Estradas de Ferro para intervir como árbitro em questão envolvendo a referida empresa e os empreiteiros responsáveis pelos trabalhos de medição do trecho da estrada entre Jundiaí e Campinas. Resolvida esta questão, Paula Souza é convidado para integrar os quadros da Paulista como engenheiro-chefe da 3ª seção do novo trecho de expansão dos trilhos entre Campinas e Rio Claro, empreitada projetada e dirigida pelo engenheiro-chefe Antonio Pereira Rebouças Filho.

Como engenheiro de seção, coube a ele executar cálculos, projetos, levantamentos topográficos e liderar sua equipe para conclusão do trecho ferroviário sob sua responsabilidade. Era de sua competência também a fiscalização dos serviços prestados pelos empreiteiros, como os trabalhos preparatórios (derrubada, roçado e limpeza do terreno), movimentação de terra e obras de arte (pontes, pontilhões, bueiros, esgotamento de água ou *drainage*). Paula Souza permaneceu na Companhia Paulista até a entrega final das obras, em 1877.

Findado o contrato com a Companhia Paulista, Paula Souza abre um escritório técnico de engenharia na cidade de Campinas, onde realiza uma série de projetos em Engenharia Civil. A diversificação de suas atividades profissionais, entretanto, não significou um afastamento dos projetos ferroviários. O escritório abre uma nova possibilidade de negócios ao introduzir e comercializar no Brasil a ferrovia portátil da Decauville Ainé, permitindo que Paula Souza passe a exercer o papel de empresário junto ao setor ferroviário. Em parceria com o seu tio Raphael Paes de Barros, sócio na comercialização do portador Decauville, Paula Souza difundiu o uso desta ferrovia portátil entre vários segmentos produtivos da província de São Paulo, mas foi para a agricultura que este equipamento acabou sendo mais difundido e empregado, no transporte do café seco dos terreiros até o local de armazenamento do grão, antes de seu beneficiamento. O escritório de Paula Souza comercializava todo o material disponível nos catálogos da Decauville Ainé, inclusive suas pequenas locomotivas. Dos catálogos distribuídos entre os clientes, os pedidos de trilhos, curvas, desvios e vagonetas acabaram predominando.

Foi através de seu escritório que Paula Souza começou um diálogo com o político e fazendeiro Antonio Carlos de Arruda Botelho, que lhe havia solicitado o orçamento de uma estrada de ferro de bitola estreita que ligasse suas terras até os trilhos da Companhia Paulista, na cidade de Rio Claro. Um acordo entre as duas partes foi fechado em 1880 e Paula Souza foi contratado para executar os estudos e a implantação da nova linha. Neste mesmo ano, o engenheiro começa a organizar o escritório técnico da nova companhia, sediado na cidade de Rio Claro, contratando pessoal técnico e os equipamentos necessários ao seu funcionamento. O traçado da ferrovia foi dividido em três seções, cada qual dirigida por um engenheiro. O levantamento da área total da nova ferrovia foi realizado em tempo reduzido, se comparado a outros empreendimentos da época, pois Paula Souza e equipe empregaram um novo método de medição topográfica até então inédito no Brasil. Tal metodologia consistia no uso do aparelho denominado *Taqueômetro Cleps* – utilizado na medição indireta de distâncias –, o que permitiu que todo o trabalho de levantamento fosse realizado entre outubro de 1881 e dezembro de 1882. A ferrovia foi entregue ao tráfego provisório em 1883 até a cidade de São Carlos, estando os levantamentos e estudos da linha até Araraquara concluídos e em fase de implantação. De volta ao escritório em Campinas, realiza projetos ferroviários de menor porte, de instalação do Decauville, se dedicando com mais afinco a outras atividades da competência de um engenheiro politécnico.

Seu último trabalho de destaque junto ao setor ferroviário ocorreu entre 1890 e 1891, quando foi contratado para explorar uma linha de bitola métrica para comunicar os estados de São Paulo e Mato Grosso. Os estudos foram feitos por Paula Souza, mas a linha de concessão do Banco União de São Paulo passou para outros concessionários e sofreu várias alterações.

Projetos de engenharia sanitária

Em seu escritório técnico, os projetos em engenharia sanitária envolvendo a construção de redes de águas e esgotos ocorreram concomitantemente aos trabalhos no setor ferroviário. Havia uma demanda crescente para a construção de tais serviços em várias cidades do interior paulista, um reflexo do desenvolvimento da economia cafeeira. Como parte do assim chamado complexo cafeeiro, as cidades concentram uma série de atividades e serviços que tinham como objetivo oferecer suporte ao desenvolvimento da agricultura agroexportadora do café, o que gerou também o crescimento de sua população. Para o desempenho de suas novas atribuições dentro da economia da província/estado, as cidades necessitavam substituir suas antigas infraestruturas urbanas por uma que permitisse o desempenho de suas novas funções. Dessas infraestruturas, os sistemas de abastecimento de água e a coleta de esgotos eram os que mais demandavam atenção por parte das autoridades públicas. Nas décadas anteriores, o abastecimento das cidades era feito através de chafarizes públicos, espalhados nos pontos principais da malha urbana, que forneciam o líquido para a população. Recolhidos em barris ou simplesmente despejados em quintais, logradouros públicos ou córregos, as águas servidas não dispunham de um sistema próprio de recolhimento. Novos padrões de vivência urbana emergem nas últimas décadas do século XIX e novas formas – mais higiênicas e salubres – para estes serviços urbanos são intensamente procuradas. Esta situação descortinou, aos profissionais da engenharia, outros campos de atuação.

Na área específica do saneamento das cidades, Paula Souza executou aproximadamente onze projetos para cidades do interior paulista, sendo que apenas um foi executado e implantado. Seus planos abrangiam todas as etapas do projeto de abastecimento, da avaliação dos mananciais, cálculos de litros de água por habitante, pertinência da instalação de esgotos, cálculo da relação custo/benefício para os financiadores da obra, formas de captação/distribuição da água até as formas de financiamento da obra. Nos memoriais dos projetos, as soluções adotadas estão embasadas em uma bibliografia de especialistas internacionais, conhecimentos que eram adaptados por Paula Souza à realidade e às necessidades do cotidiano urbano paulista do século XIX.

O projeto mais antigo encontrado junto às fontes de pesquisa, com data de 1879, foi para a cidade de Amparo, situada no interior de São Paulo. Encomendado por Bernardino de Campos, influente fazendeiro e político local, o projeto destinava-se à criação de um novo sistema de abastecimento para a cidade. Em seus estudos de campo, Paula Souza averiguou que os mananciais próximos à cidade eram insuficientes ao novo sistema de abastecimento, sugerindo que fossem captadas as pequenas fontes situadas nas encostas de um espigão, que, reunidas em um único canal, deveriam ser armazenadas no ponto mais elevado da cidade.

Depois de Amparo, Paula Souza apresenta outra proposta para a cidade de Campinas. Conhecida como a capital agrícola da província de São Paulo, Campinas, no início da década de 1880, vivia tempos de desenvolvimento e progresso, impulsionados pelo sucesso do café. Ciente do papel desempenhado por esta cidade para a economia da província, Paula Souza tinha conhecimento da necessidade de transformar as antigas infraestruturas da cidade, a começar pela sua rede de águas e esgotos, uma vez que a ameaça de falta de água se tornava real. Com o projeto em mãos, Paula Souza partiu para um ousado empreendimento. Reuniu um grupo de engenheiros e capitalistas interessados em investir numa companhia privada para construir e gerenciar estes serviços urbanos. A *Associação das Obras Hidráulicas e Melhoramentos Urbanos da Cidade de Campinas*[1] reuniu um significativo número de capitalistas locais, contudo, os esforços foram em vão, uma vez que o poder público – representado pela Câmara Municipal de Campinas e pela Assembleia Legislativa provincial – não efetuaram o contrato de concessão para a exploração dos serviços, o que inviabilizou a empresa. Em termos técnicos, a proposta apresentada por Paula Souza afirmava que a captação das águas para o novo sistema de abastecimento poderia ser feita em mananciais próximos, não sendo necessário, como reiteravam propostas concorrentes, o recolhimento de água em mananciais distantes. A captação de água em mananciais próximos ao perímetro urbano de Campinas, além de sua comprovada qualidade, permitiria que a obra se realizasse com um orçamento muito inferior.

Outro projeto do engenheiro que se destaca foi o que realizou para sua cidade natal, Itu. Trata-se, na verdade, do seu único projeto construído de fato. Encomendado pela Câmara Municipal de Itu, o projeto veio acompanhado de um minucioso estudo dos mananciais disponíveis e dos hábitos e costumes da pequena sociedade local. Levando em conta fatores ambientais e sociais, conclui o engenheiro que o fornecimento de água poderia ser feito de duas maneiras: pelo sistema intermitente, composto por rede central de distribuição direta nas residências, e pelo constante, sistema de autosserviço

---

1 Parte deste projeto está sob a guarda do Centro de Memória da Unicamp.

feito pelo chafariz público. Em seu parecer técnico, apontava como melhor solução o sistema de fornecimento contínuo nos chafarizes, decisão técnica que considerou o baixo número de habitantes existentes na cidade. Com um volume diário de 240 mil litros para os vinte e cinco chafarizes espalhados pela cidade, o projeto não faz referência quanto à criação de uma rede de esgotos, subentendendo-se que permaneceriam em uso fossas e despejo das águas servidas nos quintais, o que se tornaria um transtorno para a cidade anos depois. O projeto causou boa impressão na Câmara Municipal, que acabou por contratar Paula Souza para supervisionar a implantação de seu projeto, entre 1886 e 1888.

Além de efetuar, Paula Souza também era consultado para analisar projetos de saneamento de outros profissionais, emitindo parecer sobre os mesmos. Os projetos eram rigorosamente estudados, refazendo-se cálculos, com visitas técnicas e análise química da água. Aqueles que apresentassem algum tipo de problema eram rejeitados pelo seu crivo técnico, como foi o caso do projeto de Rio Claro, solicitado por volta de 1881. Neste, Paula Souza considerou pontos como posição e altura dos reservatórios e o volume de água captado, verificando se seria suficiente ao abastecimento. Constatando irregularidades, propõe à Câmara Municipal de Rio Claro a execução de novos estudos, pois o que ora se apresentava não teria condições de ser executado.

O parecer para a cidade de Tatuí (SP) – expedido em 1889 após o próprio Paula Souza ter visitado as obras – foi, ao contrario do de Rio Claro, favorável, pelo projeto atender a quesitos como reservatórios com capacidades adequadas ao consumo e captação feita em mananciais capazes de suprir a demanda da cidade. Este projeto, segundo Paula Souza, poderia ainda servir de modelo para outras cidades pela economia e pelo sistema de distribuição.

Atuação no setor de obras públicas, saneamento e transporte

A primeira nomeação de Paula Souza para um cargo público ocorreu em 1868, quando o presidente da província de São Paulo – Saldanha Marinho – o nomeou como Inspetor Geral junto da nova Inspetoria Geral das Obras Públicas de São Paulo. Acreditamos que a escolha de seu nome não foi aleatória, pois o seu pai, Conselheiro Paula Souza, falecido repentinamente em

1866, era também membro do Partido Liberal assim como Saldanha, e os aliados políticos eram preferíveis em determinados cargos públicos. O jovem Paula Souza há poucos anos havia retornado ao país, com a obrigação de cuidar de sua mãe e dos irmãos mais jovens. Sua vontade – expressa em seus diários pessoais – era realizar os estágios práticos no exterior, de acordo com os planos de seu pai, delineados em seus tempos de estudante. Após os estágios, o jovem engenheiro desejava estabelecer-se profissionalmente no exterior, de preferência nos Estados Unidos, e iniciar uma sólida carreira profissional (CAMPOS, 2010).

Em 1867, a Lei nº 51 autorizava a província de São Paulo a organizar em sua capital uma repartição central de obras públicas, cujas atribuições eram a de executar ou fazer executar, a pedido do presidente da província, as obras públicas. No ano seguinte, a Inspetoria é organizada, tendo Paula Souza como seu Inspetor Geral. Uma das primeiras medidas do engenheiro foi a de prover a nova repartição com instrumentos necessários para a realização dos trabalhos. Alguns instrumentos pertencentes ao engenheiro foram colocados à disposição do órgão e os demais foram comprados com os seus vencimentos anuais, que haviam sido abdicados pelo engenheiro. A natureza dos trabalhos da inspetoria dizia respeito ao estudo de novos caminhos, verificação das condições das estradas, das pontes e outros edifícios públicos.

Sua permanência na inspetoria foi curta. Com a queda do Gabinete Liberal, em 1869, Paula Souza e Saldanha Marinho afastam-se de seus cargos. A queda do gabinete ocorreu quando Paula Souza realizava a inspeção das estradas de rodagem no Vale do Paraíba. No breve período como inspetor, chegou a traçar algumas metas para a repartição, descritas em seu relatório de atividades de 1869. Um de seus objetivos era a elaboração da Carta Corográfica, pois os dados disponíveis sobre toda a extensão geográfica da província eram escassos e boa parte de seu território ainda permanecia desconhecido. Outra meta consistia no aumento do número de engenheiros da Inspetoria para a execução de um amplo mapeamento das obras públicas mais urgentes e a divisão dos centros produtores da província em distritos subordinados à Inspetoria, para um melhor controle e gerenciamento das obras públicas nestas regiões. Com a interrupção dos trabalhos no orgão,

Paula Souza retoma seus planos anteriores e parte para os Estados Unidos, viagem que não alcança os objetivos almejados pelo jovem engenheiro, que anos depois retornaria ao Brasil com a intenção de estabelecer-se definitivamente no país (CAMPOS, 2010).

O retorno de Paula Souza aos quadros públicos, novamente para o setor de obras públicas, ocorre passados quase vinte anos de sua experiência na Inspetoria Geral das Obras Públicas. Com a República há uma profunda reorganização da estrutura administrativa do governo estadual e um dos setores em que as reformulações são mais expressivas é o de Obras Públicas, repartição que passa a ser denominada Superintendência de Obras Públicas (SOP). A SOP concentraria em seu interior todos os serviços relativos às obras públicas, como construções e reformas de prédios, estradas e pontes, fiscalização de empresas concessionárias de serviços públicos, fiscalização e gerenciamento das colônias agrícolas e fiscalização dos levantamentos da carta geográfica e geológica, a cargo da Comissão Geográfica e Geológica. Ao que as fontes indicam, esta nova organização da superintendência foi engendrada pelo próprio Paula Souza com a anuência de Prudente de Moraes, Coronel Mursa e Rangel Pestana, os representantes do Triunvirato que governava o estado.

Paula Souza organizou o pessoal da SOP e novamente empenhou-se na compra de instrumental necessário ao seu funcionamento, ao mesmo tempo em que prosseguia com os serviços públicos solicitados, como obras, reformas e fiscalização das empresas concessionárias, com especial atenção para a Companhia Cantareira e Esgotos. Esta companhia, responsável pelo novo sistema de águas de esgotos da capital São Paulo, em breve renovaria o seu contrato de concessão, e Paula Souza apurava as vantagens e desvantagens da renovação, desde cedo muito inclinado à estatização dos serviços, como veremos logo a seguir (CAMPOS, 2005).

Uma de suas competências dentro da SOP era com questões relativas aos melhoramentos urbanos, tanto da capital São Paulo como de outras cidades do interior. No caso particular paulista, estes melhoramentos[2] urbanos estavam concentrados em grande parte na execução de obras de saneamento, com o intuito de promover uma solução definitiva às epidemias, problema de ordem pública que neste início de década ocorria com maior frequência. A febre amarela, em especial, se abatia sobre as cidades constituindo-se em um sério entrave ao desenvolvimento econômico e social do estado. Além do saneamento do interior, Paula Souza dedicou-se também ao da capital, nos serviços de águas e esgotos prestados pela Companhia Cantareira e Esgotos, que estavam atrasados e em desacordo com suas obrigações contratuais. Em seus relatórios e pareceres, Paula Souza se mostra insatisfeito com a forma com que a companhia conduzia os serviços, defendendo em seus pareceres que os serviços deveriam ser uma obrigação única e exclusiva do Estado. Pouco depois de sua saída da SOP, estes serviços seriam, enfim, estatizados. Antes desta efetivação, Paula Souza e o engenheiro Theodoro Sampaio,[3] que auxiliava a Secretaria dos Negócios do Interior, haviam estruturado a repartição que abrigaria tais serviços, a Repartição Técnica de Águas e Esgotos. Paula Souza tratou também das questões relativas às vias de circulação da capital paulista das linhas férreas na região da Estação da Luz e autorizou a construção de passagem superior para permitir o prolongamento das vias públicas (CAMPOS, 2010).

Uma de suas últimas atividades como diretor da SOP foi a convocação para integrar a Comissão de Saneamento das Várzeas da Capital. A pedido do governador Prudente de Moraes, Paula Souza e Theodoro Sampaio são nomeados para realizarem estudos e propor solução definitiva ao grave problema das enchentes na capital paulista. Estas e outras propostas foram

---

2   A palavra "melhoramento", segundo LEME (1999, p. 22-23), designava questões diversas, das relativas "ao projeto e à construção de obras de infra-estrutura, projetos e ajardinamento de parques e praças, como também a elaboração de uma legislação urbanística".

3   O engenheiro civil Theodoro Fernandes Sampaio era chefe interino da Comissão Geográfica e Geológica do Estado de São Paulo, participando ativamente dos primeiros anos do governo estadual paulista no tocante ao saneamento da capital. Sobre a trajetória profissional de Sampaio ver COSTA (2003).

manifestadas pelos engenheiros no *Plano de Saneamento das Várzeas da Capital*, considerado pelas autoridades públicas do estado como o primeiro plano de conjunto voltado para a capital paulista (COMISSÃO DE SANEAMENTO, 1891). A Comissão de Saneamento das Várzeas iniciou suas atividades no ano de 1890, com um amplo levantamento de informações necessárias para a execução dos projetos de saneamento requeridos pelo governador. Para este levantamento de campo, os engenheiros contaram com o apoio da Comissão Geográfica e Geológica de São Paulo, cujo chefe interino era Theodoro Sampaio. Os trabalhos de campo foram chefiados por Paula Souza, e a Sampaio coube a chefia do escritório, a compilação e sistematização dos dados coletados e a execução das plantas dos projetos anteriormente discutidos pelos dois engenheiros. Contudo, na época em que os trabalhos de escritório se iniciariam, Paula Souza pede demissão da Superintendência de Obras Públicas para assumir a chefia da expedição do Banco União de São Paulo de abertura de uma linha ferroviária ligando São Paulo e Minas Gerais ao estado de Mato Grosso. Mesmo com os projetos definidos entre os dois profissionais, coube somente a Sampaio a escrita e a entrega do plano das várzeas para o governador do estado.

No relatório final dos trabalhos da comissão, os engenheiros elegem dois pontos da cidade onde obras deveriam ser realizadas para solucionar o problema das enchentes. Na primeira, compreendida na bacia do Tietê/Tamamduateí, deveriam ser executadas a retificação e construção de diques marginais no rio Tietê. Para a Várzea do Carmo, banhada pelo Tamanduateí, implantação de drenos e galerias para o enxugo da área. A segunda área contemplada foi a do ribeiro do Anhangabaú, área pouco adensada da cidade, mas igualmente atingida pelas enchentes. Propôs-se a cobertura do leito do ribeirão com uma galeria em arcos plenos, o que favoreceria futuramente a abertura de uma avenida cujo ponto inicial seria na avenida marginal, junto ao canal de retificação do Tamanduateí.

Um diferencial do plano de Paula Souza e Sampaio é que o mesmo não se restringe apenas às obras para a contenção das enchentes, revelando preocupação de ambos com os aspectos urbanísticos e com o *aformoseamento* da cidade. Ao lado dos diques marginais do Tamanduateí, duas avenidas arborizadas seriam construídas e ligariam o centro da cidade ao distante arrabalde do Ipiranga. Para a várzea do Carmo, o trecho mais largo dos aterros sugerem a construção de jardins e a parte mais estreita do terreno seria reservada para a instalação dos novos prédios públicos, um centro cívico para São Paulo. A idealização deste novo centro cívico materializa, no espaço, o ideal republicano paulista empenhado no aparelhamento de um Estado organizado e forte. Transformada em um imenso parque verde, a várzea saneada seria conectada à nova avenida proposta ao Anhangabaú através de um túnel. Outras propostas interessantes aparecem no texto do relatório, como a transferência do mercado municipal para as margens do Tamanduateí, bebedouros para animais, lavanderias e banheiros públicos, além de sugerirem a instalação do serviço de coleta do lixo urbano e o tratamento dos esgotos da cidade.

Em 1891, Paula Souza exonera-se da SOP, assume os trabalhos de exploração da nova ferrovia do Banco União de São Paulo e no encerramento deste é convocado para assumir a pasta ministerial das Relações Exteriores, a pedido do presidente Floriano Peixoto (CAMPOS, 2010). Empossado como ministro no final do ano de 1892, Paula Souza era constantemente consultado pelo governo em questões relativas ao estado de São Paulo, como a do saneamento da cidade de Santos. A indicação do engenheiro e professor da Universidade de Cornell, Estevan Fuertes, para a realização dos estudos do saneamento desta importante cidade portuária teria partido de Paula Souza e de Orville Derby, que mantiveram no período uma constante troca de correspondência. A permanência nas Relações Exteriores foi curta, logo sendo transferido para o ministério da Indústria, Comércio e Obras Públicas. Neste ministério, seu foco estava nas questões do estado de São Paulo e, nesta época, o principal problema enfrentado era o da resolução da chamada crise dos transportes. Esta crise foi debelada pela existência de apenas um único caminho férreo para o porto de Santos, mantido pela companhia The São Paulo Railway. Esta companhia, interessada em manter o monopólio, desejava que outro contrato fosse firmado com o governo do estado para a duplicação da linha e a garantia de exclusividade da empresa ao porto de Santos. O governo, por sua vez, levava em consideração uma série de possibilidades para solucionar o problema dos transportes, da abertura de novas linhas de outras companhias para Santos e outros portos do litoral paulista até a proposta da duplicação da São Paulo Railway.

Esta questão foi tratada pessoalmente por Paula Souza, pois um problema dessa natureza tramitava pelas esferas do governo federal. Com a consolidação da federação com governos estaduais mais autônomos, a renovação do contrato da São Paulo Railway para a duplicação da linha foi assinada com o governo estadual somente em 1895, anos depois de sua saída do ministério, a qual, por sua vez, teria sido gerada pela falta de interesse do presidente Floriano com estas e outras questões relativas a São Paulo. Não houve falta de interesse, mas as turbulências políticas do período demandavam todos os esforços do presidente. Contrariado, Paula Souza demitiu-se do cargo e retorna a São Paulo. No ano seguinte é eleito deputado e empenha-se na fundação de uma escola de engenharia paulista.

A função de diretor da Escola Politécnica foi, sem dúvida, o cargo mais importante que ocupou e onde mais se sobressaiu.[4] Foi também a função que exerceu por mais tempo, nomeado em 1893 e substituído das funções didáticas e diretivas em 1917, após o seu falecimento. Em 1897, já no exercício de suas plenas atividades na Escola Politécnica, é convocado pelo governador Campos Salles para assumir a Secretaria Estadual de Agricultura. Sua permanência na função foi curta, mas significativa. Na época, um dos principais temas discutidos dizia respeito aos problemas enfrentados pela cidade de São Paulo, em especial o da falta de água para o abastecimento público. Com apoio institucional e técnico da Escola Politécnica, Paula Souza realiza um experimento para a utilização das águas do rio Tietê. Esta experiência consistiu na construção de uma galeria lateral de vinte metros de comprimento em paralelo ao leito do Tietê, na altura do Belenzinho. O propósito desta galeria, situada a poucos metros abaixo do nível do leito do rio, é descrito abaixo:

---

4   Sobre a atuação de Paula Souza na Escola Politécnica de São Paulo ver SANTOS (1985) e CERASOLI (1998).

> O Tietê ahi corre por sobre uma camada de areia abaixo da qual segue-se uma de turfa, depois outra de barro imperme-ável; abaixo desse vem uma grande camada de areia aquifera (onde foi construída a galeria, que tinha por objectivo rceber as aguas que por filtração ahi se accumulassem. O systema em-pregado já tinha sido usado com vantagem em outros paizes e o abastecimento de Lyon, em França, é feito dessa forma. (HOTTINGER e PAULA SOUZA, 1912).

Este sistema de filtragem natural revelou-se eficiente nas amostras analisa-das nos laboratórios da Politécnica e a água adequada para o abastecimen-to. As fontes, entretanto, não indicam se o sistema foi colocado em uso. Por outro lado, nos laboratórios da Escola Politécnica iniciaram-se uma série de estudos sobre a água distribuída em São Paulo e o desenvolvimento de novas tecnologias para sua purificação (CAMPOS e GITAHY, 2011).

Considerações finais

Neste artigo analisamos a construção da rede de infraestrutura na província/ estado de São Paulo no final do século XIX por meio de um agente social que participou ativamente de sua construção, o engenheiro Antonio Francisco de Paula Souza. O envolvimento com a construção da rede de infraestrutura está presente desde sua formação em Engenharia, com a escolha de disci-plinas e estágios que diziam respeito a temas como o de transportes, por exemplo. O envolvimento do engenheiro com o movimento republicano o colocou em contato com pessoas que durante a República despontaram no centro das decisões políticas do período. Para esses, a opinião profissional de Paula Souza foi muito respeitada, o que explica sua convocação para ocupar cargos diretivos no período republicano.

Identificamos que o engenheiro contribuiu para a construção da rede de infraestrutura na esfera privada e também pública. No setor de transportes, desenvolvido com recursos públicos e privados, Paula Souza trabalhou em linhas que se tornaram troncos ferroviários vitais para os fluxos de trans-porte. Nas obras de saneamento contribuiu igualmente para a concretização de obras fundamentais em algumas cidades paulistas, a pedido de autoridades locais.

Quando ocupa cargos públicos, como a Superintendência de Obras Públicas, é um defensor fervoroso de que os serviços ligados ao saneamento deveriam ser de competência exclusiva de órgãos públicos e não comercialmente explorados por companhias privadas, sobretudo pelo seu caráter essencial para o funcionamento das cidades. Convocado para participar da reorganização dos quadros públicos logo após a proclamação da República, Paula Souza estruturou o setor de obras públicas e ampliou sua esfera de atuação na capital e no interior do estado. Como acima mencionamos, sua contribuição foi decisiva para que o setor de saneamento fosse incorporado pelo Estado, com a criação da Repartição Técnica de Águas e Esgotos.

Nos quadros públicos, vimos que atuou também em outras questões relevantes para a construção da rede de infraestrutura. Como ministro, na chamada crise dos transportes, na polêmica sobre a duplicação das linhas ferroviárias para o porto de Santos, e como secretário estadual da Agricultura, na proposição de novas técnicas para resolver o problema do abastecimento nos períodos de estiagem na capital paulista, ocasião em que teve a oportunidade de envolver os laboratórios, alunos e professores da Escola Politécnica de São Paulo.

Pela atuação de Paula Souza é possível observar que a construção da rede de infraestrutura foi uma tarefa desempenhada pelos setores privado e público, mas, sem dúvida, foi o Estado que mais investimentos injetou para a consolidação desta rede.

Referências Bibliográficas

CAMPOS, Cristina de. "A promoção e a produção das redes de águas e esgotos na cidade de São Paulo, 1875-1892". *Anais do Museu Paulista: História e Cultura Material*, São Paulo, O Museu, vol. 13, nº 2, jul./dez. 2005.

_____. *Ferrovias e saneamento em São Paulo: o engenheiro Antonio Francisco de Paula Souza e a construção da rede de infraestrutura territorial e urbana paulista, 1870-1893*. Campinas: Fapesp/Escola Politécnica da Universidade de São Paulo/Pontes Editores, 2010.

CAMPOS, C. e GITAHY, M. L. C. "'Água também é questão de saúde pública'. Geraldo Horácio de Paula Souza e o debate sobre o abastecimento da cidade de São Paulo: propostas para a superação da crise, 1913-1925". In: MOTA, A. e MARINHO, M. G. S. C. *Práticas médicas em São Paulo*. São Paulo, 2011.

CERASOLI, J. F. *A Grande Cruzada: os engenheiros e as engenharias de poder na primeira república*. Dissertação (mestrado) – Instituto de Filosofia e Ciências Humanas, Universidade Estadual de Campinas, Campinas, 1998.

COMISSÃO DO SANEAMENTO DAS VÁRZEAS. *Relatório dos Estudos para o saneamento e aformoseamento das várzeas adjacentes à cidade de São Paulo apresentado ao Presidente do Estado Dr. Américo Brasiliense de Almeida Mello, pela Comissão para esse fim nomeada em 1890 pelo então governador Dr. Prudente José de Moraes e Barros*. São Paulo: Comissão do Saneamento das Várzeas, 1891.

COSTA, Luiz Augusto Maia. *O ideário urbano paulista na virada do século. O engenheiro Theodoro Sampaio e as questões territoriais e urbanas modernas (1886-1903)*. São Carlos: Rima/Fapesp, 2003.

HOTTINGER, R. e PAULA SOUZA, G. H. "Estudos biológicos sobre o Tietê". Comunicação. *Anais da Escola Politécnica*, São Paulo, vol. 11, 1912.

LEME, Maria Cristina da Silva. "A formação do pensamento urbanístico no Brasil, 1895-1965". In: LEME, M. C. S. (coord.) *Urbanismo no Brasil. 1895-1965*. São Paulo: Studio Nobel/FAU-USP/Fupam, 1999, p. 20-38.

RIBEIRO, Maria Alice Rosa. *História sem fim...Um inventário da Saúde Pública*. São Paulo: Editora da Unesp, 1993.

SANTOS, Maria Cecília Loschiavo dos. *Escola Politécnica (1894-1984)*. São Paulo: Reitoria da Universidade de São Paulo/Escola Politécnica/Fundação para o Desenvolvimento Tecnológico da Engenharia, 1985.

Uma bela cidade:
Theodoro Sampaio e a Várzea do Carmo – 1886-1903

Luiz Augusto Maia Costa

Por muito tempo, o interesse que o intelectual negro Theodoro Fernandes Sampaio despertava advinha quase unicamente de seu trabalho como geógrafo e historiador.[1] Contudo, a variedade de campos em que atuou é muito maior do que esse: de topógrafo a arquiteto, de tupinologo a administrador, sua produção foi múltipla e profícua. Se tomarmos como referência as cidades em que exerceu sua profissão, grosso modo, haveremos de dividir sua atuação em dois grandes períodos, a saber: o primeiro, cerca de 30 anos, desenvolvido, sobretudo, em São Paulo (1876-1903), e o segundo, que vai de 1905 até sua morte, em 1937, desenvolido, sobretudo, na Bahia, mas não só neste estado. Anteriormente, tivemos a oportunidade, no livro *O ideário urbano paulista na virada do século xx: Theodoro Sampaio e as questões urbanas e territoriais modernas (1886-1903)*, de pôr em destaque sua atuação como engenheiro civil-sanitarista. Aqui buscaremos traçar

---

1 Para uma bibliografia completa de Theodoro Sampaio, ver COSTA (2003).

46   Cristina de Campos • Fernando Atique • George A. F. Dantas

relações entre o plano que ele, juntamente com Antonio Francisco de Paula Souza, elaborou para a Várzea do Carmo na cidade de São Paulo, e suas bases teóricas que apontam para uma aproximação com o *Movimento City Beautiful* norte-americano.

Sampaio em São Paulo: território, cidade e saneamento

"Para nossos intuitos, cabe-nos esclarecer que Sampaio começa a atuar em São Paulo por volta de 1886, quando é nomeado 1º Engenheiro e Chefe de Topografia da Comissão Geológica e Geográfica de São Paulo (CGGSP), a pedido do geógrafo norte-americano Orville Derby, diretor da mesma. O pedido é feito ao então Ministro da Agricultura, Conselheiro Antônio Prado.[2] A CGGSP é de suma importância para a o desenvolvimento do estado de São Paulo à época, bem como ao delineamento de uma forma diferencia-da de planejamento urbano e territorial, o qual dialogava com o urbanismo moderno nascente.

Os trabalhos nesta Comissão tiveram início com o esquadriamento do Vale do Paranapanema, seguido do mapeamento dos rios do estado e do seu próprio território, sempre tendo em vista, por um lado, a produção de conhecimento e, por outro lado, a aplicabilidade prática destes mesmos co-nhecimentos. A referida Comissão alinhava-se com uma visão pragmática e capitalista da ciência. Mapas, plantas e relatórios detalhadíssimos foram alguns dos produtos elaborados por Sampaio. Para além desses dados "mais técnicos", ele realizou a coleta de dados antropológicos e linguísticos dos ín-dios que habitavam o território do estado, que mais tarde viria a dar origem ao livro, hoje clássico, *O Tupy na Geografia Nacional* (1901).

Se no âmbito do país a CGGSP consistia em uma iniciativa inédita partida de um governo provincial e em uma maneira moderna e capitalista de cir-cunscrever a ciência, no âmbito internacional, ela era mais do mesmo. Isso porque os *Surveys* eram uma prática amplamente difundida no mundo intei-ro. Quase todos os países "desenvolvidos" tinham o seu *Survey*, fosse para

---

2   Há uma sólida relação entre Derby, Sampaio e os Prados. Das relações de amizades que os mesmos mutuamente nutriam, surgiram trabalhos de indiscutida relevância.

reconhecer seu próprio território, fosse para se apropriar das potencialidades do território de suas possessões.[3] Em países como França e Inglaterra, estavam diretamente ligados às obras de saneamento; por sua vez, nos EUA, estavam diretamente atrelados à ocupação e planejamento do seu território.

O *Survey* chega ao Brasil pelas mãos do geólogo canadense Charles Frederick Hartt via Comissão Geológica do Brasil (CGB),[4] criada no ano de 1875, a qual foi extinta dois anos depois. A mesma estava subordinada ao então Ministério da Agricultura, Comércio e Obras Públicas. O projeto de Hartt para a CGB era quase idêntico ao dos *Surveys* norte-americanos. Entretanto, diferentemente dos EUA, a empreitada aqui não logrou o êxito esperado; a despeito disso, esta iniciativa consistiu em um projeto inovador e referencial para o desenvolvimento da ciência no Brasil imperial, o qual repercutiu posteriormente nos saberes do Brasil republicano. Antes, porém, em 1886, nove anos depois da extinção da CGB, por iniciativa do presidente da província de São Paulo, o Conselheiro João Alfredo Corrêa de Oliveira, é criada a Comissão Geográfica e Geológica de São Paulo, organizada e dirigida por Orville Derby e que tinha como modelo a Comissão Geológica do Brasil, isto é, o modelo norte-americano de *survey*.

Sobre a vida profissional de Hartt, há de se destacar dois aspectos da mesma: primeiro, que ele teve como discípulo (aluno) Orville Derby, um entusiasta do Brasil em vários de seus aspectos, a exemplo do próprio Hartt; o segundo é quanto às suas funções de catedrático da Cornell University (EUA) onde, entre outras matérias, lecionou "Geologia Geral, Econômica e Agrícola". O interesse nesta cadeira para nós é que, "diferentemente de outras tradições geocientíficas já presentes no Brasil ao longo do século XIX, mais diretamente vinculadas, do ponto de vista de suas aplicações, à mineração (germânica) ou às obras civis (francesa), essa vertente norte-americana valorizava, ao lado dos estudos estratigráficos e paleontológicos, as relações

---

3   Cabe ressaltar que estamos na "era dos impérios", como Eric Hobsabawn chama esse período.

4   Para uma discussão aprofundada desta Comisão, ver FIGUEIRÔA (1992) e COSTA (2003).

48   Cristina de Campos • Fernando Atique • George A. F. Dantas

com a investigação (...) do quadro econômico brasileiro das últimas décadas do século". Do dito anteriormente, fazemos três observações: 1º) se Hartt influenciou Derby e este influenciou Theodoro Sampaio, podemos estabelecer o percurso da formação profissional deste último; 2º) aqui identificamos um claro fluxo de ideias norte-americanas na formação do pensar científico da época; e 3º) a estreita relação dos estudos realizados com sua aplicabilidade à infraestruturação do território

De fato, a partir da análise dos feitos da CGGSP podemos afirmar:

1º) Aqui a Comissão teve o mesmo sentido prático que os serviços tiveram em todo o mundo, e mais, estando sempre associados a um projeto de país, a uma intervenção estatal. Nesse sentido, os serviços sempre fizeram parte de um planejamento territorial. Como corolário disso, temos o desenvolvimento de um saber geográfico-geológico para melhor explorar as potencialidades da área. Institui-se não só um órgão, mas também um saber.

2º) Chamamos a atenção para a forte relação existente, na Inglaterra, entre os serviços e o saneamento, tendo inclusive alguns dos seus funcionários atuado em ambos campos. Aqui aconteceu algo similar. Referimo-nos a Theodoro Sampaio, que se desliga da Comissão Geográfica e Geológica de São Paulo para ir atuar na Repartição de Água e Esgoto da Capital, e que durante todo o tempo em que desempenhou as funções relativas ao saneamento tanto da capital como do estado manteve uma forte relação com esta Comissão, não sendo raro, em seus diários da época, menção a ela.

3º) Ao identificarmos que adotamos o modelo de *Survey* dos norte-americanos, estamos estabelecendo nitidamente um fluxo internacional de ideias. E mais, acentuando a importância que a cultura norte-americana teve na nossa formação cultural, científica e institucional. Destacamos ainda o caráter que tinham os Serviços Geológicos nos Estados Unidos. Eram serviços estaduais e estiveram diretamente associados à ocupação territorial.[5] Por

---

5   "Os objetivos gerais do United States Geological Survey (USGS) consistiam em: "classificação das terras públicas, exame da estrutura geológica, dos recursos minerais e dos produtos do território nacional" (FIGUEIRÔA, 1987, p. 58). Note-se, de início, a extrema semelhança entre as finalidades do USGS e da CGGSP, tal como apresentadas por Derby em seu "Esboço de um plano para a exploração geográfica e geológica

fim, lá os serviços eram uma resposta às demandas colocadas pela sociedade civil. Enfatize-se que a criação da CGGSP foi uma iniciativa de uma província, ainda no período imperial.

No governo de Prudente de Morais (1890), ainda como engenheiro da Comissão Geográfica e Geológica de São Paulo, Sampaio é convidado por este para realizar os estudos do saneamento de São Paulo, juntamente com o Dr. Antônio Francisco de Paula Souza. Concomitantemente, assume a chefia dos Serviços de Água e Esgoto da cidade de São Paulo, dos quais era concessionária a Companhia Cantareira, que encontrava-se em crise. Dois anos depois, no governo de Bernadino de Campos, passa a exercer cumulativamente os cargos de Engenheiro sanitarista e consultor técnico da Secretaria do Interior, a convite de Vicente de Carvalho. Desta época, destacam-se as obras de construção de Hospitais de Isolamento e outros institutos de higiene da cidade.

Em 1898, é nomeado chefe dos Serviços de Água e Esgoto do Estado de São Paulo. Exerce esse cargo por cinco anos ininterruptos. Neste período, realiza obras de profunda importância para a modernização do abastecimento de água e esgoto da cidade e do estado de São Paulo, entre elas o desenvolvimento e restauração da rede de água e esgoto da capital, como também de outras cidades, destacando-se a da cidade de Santos. Faz também estudos para a captação das águas do Tietê, assim como para a elaboração da legislação sanitária. Trabalha ainda na estruturação da repartição e na definição de suas diretrizes. Esteve ainda ligado ao desenvolvimento da indústria de material cerâmico destinado aos serviços de água e esgoto. Em 1903, demite-se do cargo por se ver envolvido em uma rede de intrigas em torno do saneamento de Santos.[6]

---

da província de São Paulo": "Organizar com a máxima economia e rapidez cartas bastante exatas e minuciosas" (FIGUEIRÔA, 1987, p. 58).

6   Para um análise completa desse caso, ver COSTA (2003).

Sampaio e a Várzea do Carmo

Dos muitos problemas enfrentados e das múltiplas possibilidades de análise da atuação de Theodoro Sampaio no estado de São Paulo, no período entre 1890 e 1903,[7] no âmbito deste artigo, deter-nos-emos apenas em um ponto: as obras da Várzea do Carmo por ele discutidas, por entendermos ser possível, através delas, percebermos a concepção urbana de Sampaio, a qual estava em consonância com os preceitos da engenharia sanitária do período. Buscaremos ainda estabelecer algumas possíveis relações entre as propostas de intervenção nesta importante área da cidade de São Paulo, já nesta época, com o movimento *City Beautiful*. A fim de levarmos a cabo nossos intuitos recorreremos a três conjuntos de textos, a saber: os escritos do engenheiro sobre o tema; os relatos existentes acerca de tais obras em seu diário do período e as mensagens dos presidentes da província.

Antes, porém, precisamos entender, de forma condensada, o que era a Várzea do Carmo à época. Por Várzea do Carmo chamava-se uma vasta zona de pântano localizada na região central da capital paulista, a qual era adjacente ao Convento do Carmo. Próximo ao leito do Rio Tamanduateí, a área era desde sempre atingida por cheias e inundações, como a ocorrida em 1892. Em 1855, constituía-se nos "fundos" do "burgo estudantil" que era a cidade de São Paulo de então, uma vez que a mesma se expandia na direção diametralmente oposta a essa área. Isto é, em direção ao Vale do Anhagabaú. Periferia desse burgo, é aí que as negras, as escravas e as libertas iam para lavar roupas; é aí também que, entre 1859 e 1867, é construído o primeiro mercado público da cidade.[8]

Em 1870, por decisão da Câmara Municipal, a Várzea do Carmo é transformada em depósito de todo o lixo paulistano. Com o crescimento avassalador da cidade, a partir desta época essa região passa a se configurar como um problema para o poder público, dadas as condições higiênicas e de salubridade. Sua proximidade em relação ao centro colocava a várzea na

---

7 Para uma biografia do engenheiro e uma análise de sua atuação em São Paulo no período em tela ver COSTA (2003).

8 Nesse sentido ver MURILHA (2011).

posição de ameaça à saúde pública, e sua condição de "receptáculo das fezes da cidade" acabava por torná-la um foco das epidemias que então assolavam a cidade. Com objetivo de saneá-la, em 1875, durante a administração de João Theodoro, entre outras ações é construída, no Tamanduateí, a "Ilha dos Amores", espaço de lazer público. Datam daí os primeiros projetos de saneamento, melhoramento e embelezamento da área. Entre 1900 e 1914 processa-se a canalização do Tamanduateí e o aterramento da Várzea do Carmo. Em 1914, é aprovado o projeto de transformação da Várzea em parque, que em 1921 configuraria-se como o Parque D. Pedro II.

Figura 1: A Várzea do Carmo em 1821, aquarela de Arnaud Julien Pallière.
Fonte: http://upload.wikimedia.org/wikipedia/commons/9/95/V%C3%A1rzea_do_Carmo_por_Arnaud_Palli%C3%A8re.jpg.

Figura 2: Fotografia realizada por Militão Augusto de Azevedo em 1862.
Fonte: http://www.rumoatolerancia.fflch.usp.br/node/99.

Figura 3: A Várzea do Carmo em 1855 em óleo de J. Wasth Rodrigues, segundo original anônimo – Coleção do Museu Paulista.
Fonte: www.memoriaviva.com.br.

Figura 4: *Inundação da Várzea do Carmo*, 1892, tela de Benedito Calixto.
Acervo do Museu Paulista.
Fonte: http://www.novomilenio.inf.br/santos/calixt28.htm

É dentro desse grande espectro que se insere a Comissão do Saneamento das Várzeas, em 1890. Essa sucede a um concurso anteriormente realizado pela Câmara Municipal para a escolha de um plano para sanear as várzeas. No interstício dela é que, em 1891, é elaborado um plano de um centro cívico para essa área.[9] Coube então aos engenheiros Theodoro Sampaio e

---

9   Para uma análise completa desta Comissão enfocando esse aspecto da mesma, ver BERNARDINI, CAMPOS e COSTA, (2008).

Antonio Francisco de Paula Souza,[10] comissionados pelo governo estadual, realizarem os estudos de saneamento dela. O argumento para essa obras de saneamento baseava-se no entendimento de que os terrenos em questão eram propriedade pública, cabendo ao estado "realizar estudos regulares e completos dos terrenos, organizar projetos e orçamentos de obras necessárias para que a administração pública – Estadual e Municipal – providenciasse tais melhoramentos na área da várzea" (BERNARDINI, CAMPOS, COSTA, 2008).[11]

Sampaio e Paula Souza levam a cabo tal empreitada, de tal sorte que, em 1891, a Comissão apresenta ao então presidente do estado, Dr. Américo Brasiliense de Almeida Mello, o *Relatório dos Estudos para Saneamento e Aformoseamento das Várzeas adjacentes à cidade de São Paulo* (CAMPOS, 2010, p. 208-225). Cristina de Campos relata em seu livro sobre Paula Souza que a redação final desse relatório coube a Sampaio. Ambos teriam trabalhado conjuntamente no levantamento dos dados e Paula Souza teria concordado com os termos gerais do "plano de comum acordo" (entre eles) apresentado no mencionado *Relatório*, porém ele não teria participado da elaboração/redação do mesmo. É ainda Campos que, com agudez e perspicácia, sugere que o conjunto de textos que será a seguir analisado constituiu-se em uma das bases do *Relatório*. A consequência mais visível deste é a criação da Comissão de Saneamento de São Paulo (1892).

Antes de passarmos à análise dos documentos propriamente ditos, parece-nos necessário, brevemente, esclarecer o que foi o *Movimento City Beautiful* nos EUA.

A partir do final do século XIX e início do XX, segundo Robert Walker (1941, p. 12), certas organizações imbuídas em promover melhorias cívicas voltaram-se para suas comunidades. Esse movimento partiu da constatação da feiura que os acelerados e descontrolados processos de urbanização e industrialização engendravam. Os interesses deste movimento eram mais voltados para aspectos estéticos e para o melhoramento das aparências do

---

10 Para uma análise da vida e obra desse engenheiro, ver CAMPOS (2010).

que para os problemas sociais decorrentes (e inerentes) à rápida urbanização. Muito da inspiração deste movimento estava já delineado na Feira Mundial de Chicago.

De fato, em 1893, a partir da Exposição Colombiana, realizada em Chicago, tomou forma mais clara o que ficou conhecido como o *Movimento City Beautiful*. Os visitantes da Exposição, imbuídos com a visão de uma "arquitetura do espetáculo",[12] ao retornar para as suas comunidades voltaram-se para as mesmas, objetivando promover melhoramentos em sua aparência e buscando transformá-las em "belas cidades". Ainda segundo Walker (1941, p. 13), foi o arquiteto paisagista Charles Mulford Robinson o líder propagandista desta nova dinâmica ao publicar, entre 1901 e 1903, os livros: *The improvement of towns e cities: or the practical basis of civic esthetics e Modern civic art*, os quais lograram ampla aceitação à época.

Um dos exemplos mais conhecidos deste movimento foi a proposta do senador McMillan para que se fizessem melhorias no projeto de Washington (1791). Essas melhorias visavam, sobretudo, a otimização da disposição dos edifícios públicos e o desenvolvimento de um *park system* para a capital norte-americana. Esta proposta de melhorias no projeto já existente deu mais destaque ao movimento. No rastro deste, muitas cidades norte-americanas "procuraram realizar benfeitorias e projetar conjuntos monumentais, como a criação de grandes terminais de transporte ou de centros cívicos e a maior valorização de edifícios públicos" (TOLEDO, 1996, p. 256). Este pode ser considerado o primeiro de uma longa série de relatórios e planos para cidades norte-americanas, cada um destes elaborado como uma unidade e concebido por arquitetos, paisagistas e profissionais egressos do "novo campo do *park planning*". Esses relatórios, segundo Walker (1941, p. 13), teriam se tornado a "condição *sine qua non* para o *city planning*" nos EUA.

Um relatório exemplar deste período (o qual estava inserido nesta dinâmica) é o elaborado por Daniel H. Burnham, em 1905, para a Association for The Improvement and Adornment of San Francisco. Trata-se do *Report on a Plan for San Francisco*, no qual fica evidente a ênfase dada

---

12   Nesse sentido, consultar MANIERI-ELIA (1975).

à criação de centros cívicos, parques, ruas e avenidas. Estes temas eram tratados como problemas arquitetônicos. O relatório continha, bem como os demais deste período, diagramas e esboços ilustrativos das condições existentes e das possibilidades arquitetônicas que se vislumbrava. O grupo de questões levantado pelo Relatório do Plano supramencionado constituía-se, por assim dizer, em um padrão amplamente verificado nos relatórios de então e representa, em certa medida, uma interposição entre os objetivos e intuitos existentes entre o *City Planning*, o nascente *park planning* e a criação de centros cívicos, todos vinculados aos resultados das atividades de embelezamento então almejadas.

No período, os referidos planos de embelezamento urbano gozavam de amplo apoio por parte da população. Sob esta égide, bons planos foram realizados e impulsionaram a disciplina e o profissional do planejamento nos EUA Além do incentivo da população em geral, esses planos devem seu logro às associações civis e às organizações dos profissionais da arquitetura que se empenhavam em embelezar as cidades. Entretanto, muitos dos planos surgidos nesse contexto foram duramente criticados, sobretudo devido à criação dos tão propagados centros cívicos e aos "desenhos idealistas" que apontavam mais para a "cidade do futuro" do que para a "cidade do presente". Pouco aplicáveis, estes desenhos se propunham muito mais a estimular a reflexão sobre a cidade do que a qualquer outra coisa. Não obstante, tais planos, devido ao interesse despertado na sociedade civil, desempenharam papel fundamental no desenvolvimento da ideia do *City Planning* como algo indispensável, vinculando-se portanto à consolidação da disciplina e da profissão.

O mesmo Walker (1941, p. 15) afirma que, a despeito das contribuições dos empreendedores do movimento *City Beautiful*, havia pouco em comum destes com o grupo que organizou a primeira Conferência de Planejamento naquele país. Aqui se detecta o ponto de inflexão dentro do próprio movimento de constituição do moderno *City Planning* norte-americano. A partir de 1910 e, em particular na década seguinte, o planejamento nos EUA considerou quase que completamente o estabelecido na *National Planning Conference*, como pode ser verificado na atividade dos consultores que ou prepararam planos para cidades na base de contrato para organização de melhorias cívicas ou, com maior frequência, criavam condições oficiais voltadas a promover intervenções urbanísticas.

É dentro da busca pela construção de centros cívicos e de transportes que se enquadra o plano de Daniel H. Burnham, Carrère e Brunner para Cleveland, por exemplo. Na verdade, a atuação de Burnham neste período foi intensa, projetando várias obras relevantes. Contudo, seu plano mais importante, sem dúvida, foi o Plano para Chicago, que contou ainda com a participação de Bennett. Um plano para Chicago vinha sendo discutido desde o início do século.

Em 1906, Burnham foi convidado para dirigir os trabalhos, cujos fundos foram fornecidos pelo "Merchants Club" e pelo *Commercial Club* de Chicago. Ao que consta, Burnham não teria recebido nada pela elaboração do mesmo, tendo empregado as verbas no pagamento de sua equipe e na publicação do referido plano visando divulgá-lo e, assim, introduzir e educar a população em geral acerca das questões urbanísticas e referentes ao planejamento. Segundo Benedito Toledo:

> a proposta era de grandes melhorias tanto no sistema viário, que até então era uma extensa retícula ortogonal, quanto no ferroviário, nos parques e "parkways", e na beira do lago. Foi também sugerida a criação de um sistema de rodovias, abrindo, neste aspecto, perspectiva para um planejamento de caráter regional. (...) Para cuidar da execução do plano, uma comissão foi criada pelo "City Council" em 1909, sendo o projeto adotado oficialmente em 1911. Desenvolveu-se também um sistema de divulgação, (...), para conquistar o apoio público e convencer sobre a necessidade e a eficácia do plano. Procurou-se, desta forma, mostrar não só o lado "city beautiful" do plano, mas também o "city efficient (TOLEDO, 1996, p. 257-258).

Desta precisa descrição, percebemos a íntima relação entre o Plano de Chicago e o sistema viário desta cidade; notamos ainda que aí já estava posta a questão do planejamento regional, bem como da gestão do referido plano. Posto isto, investigaremos agora como as ideias do *Movimento City Beautiful*, no contexto paulistano anteriormente exposto, foram apropriadas e adaptadas ao longo do processo de concepção do plano para as Várzeas do Carmo em questão. Passemos a analisar os documentos anteriormente citados.

Em *Acerca do Saneamento e aformoseamento das várzeas do Tietê e do Carmo*, temos a oportunidade de observar tanto o histórico como o "estado da arte" em em que o debate acerca destas obras se encontrava no momento que Sampaio se debruça sobre o mesmo. Foram analisados os seguintes projetos: Relatório do Visconde do Parnaíba à Assembleia Provincial em 1887, mencionando os estudos feitos pelo engenheiro Revy para as obras na Várzea do Carmo, e o "Projeto – Mursa". Ao analisar esses projetos, Sampaio parte de uma crítica dos mesmos para esboçar timidamente o que ele estava pensando para a área. Neste sentido, esses relatos são uma explicitação do seu método projetual.

Suas considerações iniciam-se com as questões higiênicas, para propor uma remodelação mais drástica. A partir dos comentários realizados por ele, ao longo do seu texto, transparece que era a favor da canalização do Anhangabaú. Há de se notar que o problema das inundações já está posto e, em grande medida, os projetos discutidos buscam dar solução a este. Neste texto, claramente percebe-se que a questão do saneamento das várzeas ligava-se a dois interesses explícitos e interligados: higiene e mercado de terras. Como subproduto, tinha-se a especulação das terras dessa área e a expansão da cidade para esses terrenos.

Ao analisar a proposta de Revy, Sampaio nota que a discordância é técnica, e não quanto ao desenho ou às intervenções propostas. São discordâncias quanto aos dados apresentados. Quanto ao "Projeto Mursa", vê-se claramente a extensão do problema das várzeas, assim como para onde a cidade crescia. Percebe-se ainda uma explicitada preocupação para com as relações entre as esferas pública e privada. Aqui cabe lembrar que a elite da sociedade paulista de então confundia-se com o Estado, isto é, a separação entre essas duas esferas não era nem de longe completa. Curioso notar que as soluções então indicadas viriam a se concretizar posteriormente. É assim que a retificação do rio Tietê já estava colocada. Nos *Diários* de Sampaio, esta questão é abordada longamente. Destacamos ainda que neste projeto já é mencionada a intenção da construção de um parque na Várzea do Carmo, que veio a se concretizar como o Parque D. Pedro II. Nesta proposta identificam-se dois fluxos nítidos de ideias internacionais: as influências inglesa e francesa. Por fim, ao deter-se no que chama de "Introdução para os trabalhos da Várzea do Carmo", vê-se repercutindo a influência e a pertinência dos trabalhos realizados no âmbito da Comissão Geográfica e Geológica de São Paulo[13] (CGGSP) no "planejamento urbano" da cidade.

Através dos *Diários* de Theodoro Sampaio acompanhamos a inserção, às vezes direta e às vezes indireta, de nosso engenheiro em tais obras. Com tal exposição buscaremos explicitar o caráter projetual que a CGGSP tinha, tanto no âmbito do planejamento territorial como no âmbito do urbano. Defenderemos que neste período havia um plano político que se desdobrava em um planejamento territorial e este chegava ao planejamento urbano. Os conhecimentos gerados na CGGSP não tinham fim em si próprios, mas buscavam infraestruturar o espaço. Sendo assim, concluiremos que o urbanismo aqui praticado na virada do século aproximava-se muito mais do "planejamento urbano" norte-americano do que do "urbanismo" europeu.

Outro aspecto a se salientar é a forte relação que Sampaio mantinha com o então prefeito da capital, o Conselheiro Antônio Prado e, por tabela, com as obras empreendidas por este. A rigor, esta relação se estendia desde há muito tempo. Em seu *Diário*, há uma série de referências a conferências com o prefeito da capital paulista neste período. É assim que nos *Diários* de 1901, 1902 e 1903 encontramos fartas referências às obras da capital paulista e a Antônio Prado. Apreende-se daí que Sampaio e Prado mantinham uma sólida amizade e que indiretamente o primeiro participou dos planos de reforma operados pelo segundo. Quanto às obras propriamente ditas, observaremos que o estado saneava e infraestruturava, enquanto o município embelezava a capital; nesse sentido, entrava toda uma preocupação com

---

13 Para uma análise desta Comissão, ver COSTA (2005).

legislação, então em elaboração, bem como com a valorização das terras saneadas. Não obstante, a Várzea do Carmo estava sendo pensada como um espaço público, um jardim cujo ônus estava sendo pago pelo Estado, e que se buscava preservar este sentido para o espaço, evitando-se, a nosso ver, um caráter especulativo para a área. É isto que nos faz acreditar que a Várzea do Carmo estava sendo pensada como um "centro cívico", a despeito do caráter segregador que tal saneamento e embelezamento possuíam que, como de resto, foi uma marca de praticamente todas as intervenções públicas do período. Nesta perspectiva é que vemos nas obras da Várzea do Carmo "um quê" dos centros cívicos norte-americanos, uma pálida "ressonância" do movimento *City Beautiful*.

Um último aspecto a ser destacado aqui é que nestes *Diários* transparece, a partir das fontes analisadas, uma clara intenção de realizar um plano de conjunto para a capital. Contudo, só será possível percebê-lo se observarmos todas essas atividades à luz do então nascente planejamento urbano norte-americano. Definitivamente, aqui não era adotado um plano formal que se ligasse ao modo europeu de fazê-los; era um plano do conteúdo, da função que a cidade desempenhava em um território maior e, por fim, um plano calcado em uma prática político-administrativa. Por fim, notamos que Sampaio, de fato, contribui para as obras da Várzea do Carmo interligando nelas as principais questões urbanas de sua época: higiene – circulação – estética, como veremos mais adiante.

Nas *Mensagens dos Presidentes da Província,* notamos que não são muitas as menções existentes nelas, no período em estudo, sobre a Várzea do Carmo. Das menções recolhidas, concluímos: o que dá a entender dos Relatórios consultados é que houve um concurso, levado à frente pela municipalidade, para as obras da Várzea do Carmo, ao qual compareceram, pelo menos, dois projetos, como anteriormente mencionado.

a. Havia uma Comissão formada por Paula Souza e Sampaio, que nos seus objetivos explicita de forma enfática que as obras da Várzea do Carmo deveriam ser feitas por administração pública, evitando-se que os terrenos fossem alienados por particulares, pois tratavam-se de "terrenos públicos" que deveriam ser convertidos em "logradouro público, útil e aprazível". Sendo assim, ainda que o saneamento tivesse todo um caráter excludente, não nos parece absurdo ver aqui uma tentativa de, guardando suas devidas proporções e idiossincrasias, construir um centro cívico à maneira norte-americana, o que nos faz pensar imediatamente no *Movimento City Beaultiful*. Note-se que, nesta perspectiva, o que salta aos olhos de diferente entre tais centros nos EUA e em São Paulo é o plano político que substanciava, naquele país, tais obras.

b. Notamos ainda que, em parte, os intuitos desta Comissão foram argumentados e discutidos no Relatório de 1890-1891 elaborado por Theodoro Sampaio.

c. Por fim, notamos que tanto o poder municipal como o poder estadual estavam envolvidos com esta obra.

Do anteriormente dito, concluímos:

1. Em São Paulo, houve uma forte relação entre o processo de urbanização do estado e o urbanismo, ou melhor, o surgimento deste como hoje o entendemos; essa relação estava substanciada pela íntima relação entre planejamento territorial e planejamento urbano;

2. Nota-se neste processo uma significativa influência do planejamento urbano moderno norte-americano (então em vias de constituição), no qual as relações entre a cidade e a região em que se inseria eram extremamente fortes e a dimensão administrativa-jurídica do sistema político era fundamental, assim como a relação entre público e privado e a participação da comunidade. Desta forma, era um planejamento muito mais voltado para a função/papel que a cidade desempenhava dentro da região em que se circunscrevia – sendo seu desenho consequência desta. A cidade era vista como mercadoria e isso dava a tônica de seu crescimento, extensão e forma;

3. Nesta perspectiva é que podemos afirmar que as funções de São Paulo capital dentro do estado eram duas: 1) como polo concentrador e centralizador das atividades econômicas, políticas e culturais; e 2) como oportunidade de investimento na criação e consolidação de um mercado de terras urbanas através do desmembramento das chácaras próximas

ao antigo centro da cidade (com um nítido caráter especulativo e segregador, acentuando a divisão social do trabalho e de funções no território), na construção dos espaços e da infraestruturação urbana;

4. Dentro deste debate é que se inseriam as diferenças do campo de ação do poder estadual e municipal, assim como a relação destas com as iniciativas do setor privado, estando esta relação subordinada ao projeto político da elite paulista, projeto burguês excludente que visava a reprodução e o acúmulo de capital;

5. Do ponto de vista técnico e sob a ótica dos nossos intuitos – observar a contribuição de Sampaio nesta discussão –, a questão da higiene/salubridade (uma das questões centrais das cidades à época) dividia-se em dois grandes campos: o do saneamento, vinculado à infraestruturação; e o da saúde pública, vinculado às políticas públicas;

6. Por fim, resta-nos ressaltar a concepção de "cidade moderna" de Sampaio. Sua visão em muito se aproximava da visão dos reformadores sociais-urbanos do final do século passado, uma vez que mais que intervir no meio físico ele objetivava uma transformação da sociedade mirando um patamar mais elevado de desenvolvimento social, isto é, econômico-político-cultural (a despeito do conteúdo ideológico do seu discurso). Suas ideias são avançadas para o período. As propostas de Sampaio, no entanto, não estavam ligadas a questões de ordem ou justiça social; objetivava ele antes um melhor e mais profundo desenvolvimento dos processos capitalistas então engendrados em São Paulo. Neste sentido, o seu "defeito" era ser demasiadamente capitalista, buscando transformações bem mais profundas do que, aparentemente, a burguesia paulista estava disposta a operar.

7. Nesta perspectiva, é razoável afirmar que o "urbanismo" praticado por Sampaio estava muito mais próximo do planejamento urbano norte-americano do que do urbanismo europeu, sem com isso dizer que ele negasse o segundo ou que não tivesse sido influenciado pelo mesmo; um exemplo é o tratamento e importância que dá à legislação, estando esta muito próxima da abordagem alemã.

Detendo-nos no *Relatório das Várzeas da Capital*, elaborado por Theodoro Sampaio com o aval de Antonio Francisco de Paula Souza, somos informados que o mesmo versa sobre "os projetos organizados para o saneamento da Várzea do Carmo", que este se constitui em um esforço de realizar "um plano completo de aformoseamento e conveniente colocação dos edifícios" para a capital paulista, "que essas obras são de caráter geral e urgente e que portanto não devem ficar à cargo da Municipalidade". Em determinado trecho do referido *Relatório* lê-se:

Aos projetos apresentados incluiria ainda os seguintes, que conquanto não fossem mencionados na portaria que nomeou a Comissão de Saneamento e embelezamento da parte central d`esta Capital. Refiro-me à necessidade que há de

1º – remover o atual mercado para local indicado nas plantas da Várzea do Carmo;

2º – remover também as cocheiras da Cia de Ferro de S. Paulo, existentes entre o atual mercado e o jardim do Palácio;

3º – desapropriar-se por utilidade pública:

todos os prédios existentes entre o Beco do Pinto, rua 25 de março, o mercado e o jardim e rua do Carmo;

prédios existentes no quadrado formado pelas ruas da Fundação, Carmo atravessando Colégio e Tesouraria;

o complexo de prédios existentes entre largo da Sé, ruas 15 de novembro, travessa do Colégio e Largo do Palácio;

os edifícios do quarteirão em que acha-se hoje a repartição dos correios, entre as ruas 15 de Novembro, João Alfredo, largo do Palácio e travessa do Colégio.

Nesses prédios assim desapropriados poder-se-ia estabelecer desde já provisoriamente todas as repartições públicas do Estado que hoje funcionam em prédios alugados e para os quais paga o Estado alugueis elevados, e no espaço assim obtido poder-se-ia projetar, sob um plano geral adequado aos serviços do Estado, os prédios próprios à esses serviços e executa-los à medida que as rendas e condições financeiras do Estado permitam (CAMPOS, 2010, p. 208-225).

Está claro, o plano é uma ação do estado de São Paulo e não de sua municipalidade; ele visa construir um centro cívico no qual a estrutura do poder estadual estivesse conglomerado. É a busca de conceber um espaço público no qual as suas instituições estivessem presentes, reafirmando desta forma sua dimensão pública. Acreditamos que ficam claras as relações que traçamos entre esse plano e a concepção do *City Beautiful* norte-americano. Salientamos ainda a intenção de uma intervenção sistemática imbuída de um senso de conjunto. São estas características desse projeto que nos fazem ressaltá-lo como marco de um pensamento urbanístico diferenciado para a cidade de São Paulo. Ratifica tais observações a seguinte passagem:

> Todas as edificações deveriam ser executadas sob um plano geral bem concebido e em harmonia com os serviços que terão de prestar, e ter o aspecto severo e elegante que correspondem bem à grandeza e prosperidade do Estado a que pertencem. (...)
> Bem sei que tais medidas saem muito fora dos nossos moldes acanhados e dos nossos hábitos de nada empreender sob um ponto de vista geral e com a previsão do futuro, nos contentamos sempre com soluções incompletas, as mais das vezes provisórias, mas é preciso nesse particular mudarmos de rumo: é preciso que ao menos tais trabalhos sejam bem lembrados e é o que temos a liberdade de fazer (CAMPOS, 2010, p. 208-225).

Está aí explicitado o que antes afirmamos.

Referências Bibliográficas

CAMPOS, Cristina de. *Ferrovias e saneamento em São Paulo: o engenheiro Antonio Francisco de Paula Souza e a construção da rede de infraestrutura territorial e urbana paulista, 1870-1893.* Campinas: Pontes, 2010.

COSTA, Luiz Augusto Maia. CAMPOS; Cristina de; BERNARDINI, Sidney. "The Várzeas. The Sanitation plan for the holms and the dawn of urban planning in the city of São Paulo, 1892". *IPHS Conference – International Planning History society 13th Biennial conference*, Chicabo, 2008.

COSTA, Luiz Augusto Maia Costa. *O ideário urbano paulista na virada do século: o engenheiro Theodoro Sampaio e as questões territoriais e urbanas modernas em São Paulo (1886-1903).* São Paulo: RiMa, 2003.

FIGUEIRÔA, Silvia Fernandes de Mendonça. *A ciência na busca do Eldorado: institucionalização das ciências geológicas no Brasil (1808-1907).* Tese (doutorado) – FFLCH-USP, São Paulo, 1992.

HOBSBAWN, Eric. *A Era dos Impérios.* Rio de Janeiro: Paz e Terra, 1988.

MANIERI-ELIA, Mario. *Por una ciudad imperial.* Barcelona: G. Gili, 1975.

MURILHA, Douglas. *O higienismo e a construção dos matadouros e mercados públicos.* Dissertação (mestrado) – FAU/PUC, Campinas, 2011.

ROBSON, William A. *Great cities of the world: their government, politics, and planning.* Londres: Allen and Unwin, 1954.

SAMPAIO, Theodoro. "Acerca do Saneamento e aformoseamento das várzeas do Tiête e do Carmo". In: *Livro 76.* Arquivo Theodoro Sampaio, Acervo Instituto Histórico e Geológico da Bahia.

TOLEDO, Benedito Lima de. *Prestes Maia e as origens do urbanismo moderno em São Paulo.* São Paulo: Empresa das Artes, 1996.

WALKER, Robert Averill. *The planning function in urban government.* Illinois: The University of Chicago, 1941.

O engenheiro Estevan Antonio Fuertes
e seu Plano Sanitarista para a cidade de Santos
(1892-1895)

Sidney Piochi Bernardini

Saneamento da cidade e do porto de Santos

A cidade de Santos teve um destaque no contexto da urbanização do estado
de São Paulo da Primeira República. Não só porque estabeleceu uma relação umbilical com a capital, com o seu porto, mas também pela posição
territorial estratégica, com a implantação da infraestrutura ferroviária e sua
ligação com todo o estado após o desenvolvimento da cultura cafeeira no
oeste paulista. A instalação, sob concessão do governo imperial, da São
Paulo Railway Company em 1867, evidencia um posicionamento do governo da União direcionando a ocupação da cultura cafeeira pelo oeste paulista, principalmente após 1850, com a promulgação da Lei de Terras. O fato
de Santos abrigar um porto que, desde o último quartel de século XVIII, possuía intensas atividades de exportação de mercadorias, definiu a sua configuração como cidade, não voltada apenas para as funções comerciais locais,

mas também para as funções administrativas das atividades exportadoras e de manutenção do porto em um contexto territorial brasileiro.

Ainda em 1886, preocupado com a intensificação das atividades portuárias de São Paulo, o governo imperial publicou os editais para a concorrência das obras portuárias, vencida pelo grupo carioca Gaffrée, Guinle e Cia. Esbarrando nas péssimas condições sanitárias que a cidade apresentava, o grupo solicitou providências do governo federal para o estabelecimento de medidas saneadoras, que já vinham sendo adotadas timidamente pela Intendência Municipal (HONORATO, 1996, p. 107). É certo, porém, que o próprio governo federal e a Companhia Docas acreditavam que as obras portuárias trariam um efeito saneador para a cidade. O ministro da Agricultura, Francisco Glicério, publicou um Decreto, em 7 de novembro de 1890, autorizando à Companhia executar as obras do cais até o Paquetá, obrigando-a a fazer o serviço provisório necessário ao saneamento da parte do litoral compreendida naquele prolongamento. Mas, de fato, não seriam suficientes. Nem o governo municipal, com limitações orçamentárias até para a contração de dívidas, e nem a Companhia Docas, interessada apenas em colocar em funcionamento as suas novas instalações portuárias, conseguiriam alterar as estatísticas de óbitos por doenças infectocontagiosas nos primeiros anos da República.

Com a reforma administrativa executada nas secretarias estaduais em 1892, as questões portuárias e de saneamento de Santos mudaram de foco. É claro que, com a ampliação da autonomia estadual após a promulgação da Constituição de 1891, o governo do estado ganharia atribuições estratégicas, traçadas sob uma perspectiva federalista. O caso de Santos tornava-se, então, uma prioridade nas intervenções do governo, pautado pela calamitosa insalubridade e pelas epidemias. A priorização não se atinha só à urbanização da cidade, mas, sobretudo, à sobrevivência das obras do porto, sem as quais o café não teria o seu escoadouro. Com a criação, em 1892, da Comissão de Saneamento – que naquele ano, só cuidaria de São Paulo e Santos – e, em 1893, da Comissão Sanitária, que mandaria para Santos vários inspetores sanitários de modo a disciplinar os hábitos insalubres da população local, principalmente em relação às moradias e às atividades comerciais, o estado passava a atuar mais incisivamente nas questões sanitárias. Neste momento, no entanto, as ações estaduais não iam além dessas medidas policialescas e da investigação das causas das epidemias na cidade.

Mesmo com estratégias expansionistas definidas, o município também ficaria limitado a desenvolver sua atuação relativa à urbanização. Diante das intervenções estaduais planejadas e, principalmente, a partir das sobreposições políticas, as possibilidades de expansão urbana ficariam restritas a soluções técnicas que estavam fora do alcance do município, permitindo-lhe, no máximo, desenvolver ações regulatórias, alargamento de vias, demolições e modernização da cidade existente. A implantação de novos loteamentos, como a Vila Nova e a Vila Mathias, indicavam uma expansão do centro à orla, sob condições insalubres, limitadoras de um desenvolvimento urbano à altura da capital. O discurso de posse do presidente do estado, Bernardino de Campos, enfatizando o problema das epidemias em Santos, deslocava o olhar da opinião pública para um problema que não seria resolvido tão cedo, sob a alegação de falta de recursos. Mas prioritárias, as ações saneadoras foram logo indicadas.

As atividades da Comissão de Saneamento de Santos iniciaram-se com medidas pouco radicais, como limpeza das ruas e valas, aterros em pequenos trechos, remoção de lixo e incineração etc., todas comandadas pelo engenheiro João Pereira Ferraz, Chefe da Comissão. Nem os insuficientes serviços de abastecimento de água prestados pela *City of Santos Improvements*, nem o defeituoso sistema de esgotos mantido pela Companhia de Melhoramentos de Santos foram denunciados neste momento. De fato, a Secretaria não pretendia realizar nenhuma ação sem antes examinar as causas das graves epidemias e identificar as condicionantes para o saneamento do porto. Questão discutida não somente no âmbito da Secretaria da Agricultura, mas que representava uma estratégia para todo o governo, o saneamento de Santos (ou do porto) tornou-se a pedra fundamental das políticas desenvolvidas pelo mesmo.

Bernardino de Campos, presidente do estado, solicitou ao Secretário do Interior, Vicente de Carvalho, que fizesse um contato com o engenheiro Estevan Antonio Fuertes, diretor e professor, desde 1873, da Escola de

Engenharia Civil da Universidade de Cornell, nos Estados Unidos, convidando-o a colaborar com a melhoria do estado sanitário de Santos. A carta, encaminhada no dia 16 de março de 1892, não fazia qualquer menção à elaboração de um plano sanitário, mas solicitava ao engenheiro a sua contribuição para destruir as más condições higiênicas da cidade e do porto de Santos. Tateando em assunto pouco conhecido e estudado no Brasil, como era o caso da engenharia sanitária, é possível que o governador não soubesse exatamente o que contratar, mas é certo, porém, que tinha as referências para aquela contratação. A carta iniciava-se ressaltando ao professor a importância do porto de Santos, "o segundo da República, pela importância do seu comércio de navegação". O porto recebia o destaque pelas numerosas linhas férreas que o ligavam com as zonas mais ricas do estado e com os estados vizinhos, além das 20 linhas regulares de navegação transatlântica para a América do Norte e Europa. Concluía o Secretário:

> A sua exportação atual de café sobe a mais de 250.000.000 de quilos anualmente, devendo ser de 400.000.000 dentro de 3 anos, e duplicará sem dúvida em breve prazo, pois assim o garante a corrente a imigração estabelecida para o nosso estado, onde, só no último ano, 1891, entraram mais de 140.000 imigrantes (SÃO PAULO, 1892, p. 16).

A descrição sobre a importância do porto foi seguida do terrível flagelo da febre amarela que o ameaçava. Em outras palavras, o porto tinha contra si tal doença, devastando cruelmente as tripulações dos navios, desenvolvendo-se com caráter epidêmico entre a população da cidade e penetrando em cidades do interior do estado. Estes foram os termos em que a febre amarela foi apresentada ao professor porto-riquenho, tendo o porto como preocupação central. Convicto da competência daquele professor, o Secretário ofereceu-lhe 500 dólares para estudar o caso e desenvolver o trabalho. De certa forma, como se percebe, não era exatamente a população que estava no foco daquela contratação, mas a sobrevivência do segundo maior porto brasileiro. A execução de obras saneadoras no porto de New Orleans já era conhecida e foi lembrada pelo Secretário, indicando aquela experiência bem sucedida como a grande referência para os trabalhos que poderiam ser desenvolvidos em Santos. Mas a escolha ia além. Tratava-se de uma opção claramente inclinada pelo "impulso da simpatia natural" aos profissionais norte-americanos, explicitada nas palavras de Vicente de Carvalho:

> No caso contrário, isto é, se não poderdes aceitar este convite, o Governo pede-vos que, igualmente, por telegrama, indiqueis para esse fim um vosso compatriota competente, informando--nos das condições em que aceita a incumbência.(...).

> Recorrendo a preferência à capacidade de um profissional americano para dirigir esses trabalhos, atendemos *não só a um impulso de simpatia natural, como pretendemos tirar partido da experiência colhida pelos profissionais desse país, na execução de obras semelhantes, qual, por exemplo, o saneamento de Nova Orleans* (SÃO PAULO, 1892, p. 16).

A indicação de Fuertes, também explicitada na carta, partiu do geólogo e Chefe da Comissão Geográfica e Geológica de São Paulo, Orville Derby. Aceito o convite para realizar o trabalho, Fuertes veio a São Paulo em junho de 1892, permanecendo até outubro, quando fez duas visitas a Santos e encaminhou uma série de recomendações antes de elaborar o plano de saneamento que entregou ao governo em 1895. Nestas recomendações, a questão dos esgotos já aparecia com bastante força, desviando a preocupação do governo, antes centrada no saneamento do porto, para os graves problemas dos serviços de esgotos da cidade. Exigir da empresa contratada o cumprimento de cláusulas estabelecidas no contrato de 1889 para os serviços de esgoto, compelí-la a assentar vinte *flushing tanks*, fazer a limpeza das valas de águas pluviais foram algumas dessas recomendações. De fato, o engenheiro apontava os defeitos do sistema de esgotamento sanitário e a falta de um sistema de drenagem das águas pluviais, questões que apareceriam com destaque em seu plano, concluído em 1895. Mas este continha, efetivamente, mais do que recomendações, ao reunir uma série de propostas que ultrapassavam o simples desenho de redes infraestruturais.

Estevan Fuertes dirigia suas preocupações para a implementação de ações integradas, ressaltando que medidas sanitárias, construções e aparelhamentos deveriam funcionar sistematicamente e em perfeito estado de limpeza e manutenção. Ao introduzir o seu plano ao governo, dizia que os vários elementos das necessidades sanitárias, em adição às de polícia do porto propriamente ditas, eram a regularização dos serviços de quarentena, domicílios, abastecimento de água, esgotos, drenagem, remoção de lixo e irrigação das ruas, todos relacionados entre si:

> Todos estes melhoramentos se relacionam, se afetam reciprocamente em alguns casos; se de fato, for algum desprezado, certamente que daí há de redundar desequilíbrio para outras medidas de saneamento; em geral um descuido qualquer neste assunto será em prejuízo da saúde pública (SÃO PAULO, 1895, p. 3)

Na discussão sobre o delineamento profissional no período, não é possível afirmar a presença do planejamento urbano como campo disciplinar, mas é possível observar contornos disciplinares que, no caso dos Estados Unidos, miravam para habilidades específicas, voltadas para o campo do urbanismo e do planejamento urbano, identificadas não só como prática de "generalistas", mas de especialistas como os arquitetos, engenheiros civis e os chamados "*landscape architects*". Com um diálogo entre eles, nestes anos em que Fuertes atuava, cada um destes profissionais lançava luz sobre problemáticas próprias, definindo aos poucos uma atuação conjunta que redundaria, mais tarde, na formação do "*comprehensive planning*" norte--americano. A ideia do plano como um sistema é perfeitamente identificada nas palavras de Fuertes, ainda que tratado sob a luz da higiene e infraestrutura sanitária.

A viabilidade de constituir uma cidade, para ele, estava baseada na articulação de elementos que, adotados, permitiriam o desenvolvimento urbano, a construção de novas edificações e o adensamento populacional. Estava, portanto, na infraestrutura sanitária a base inicial para determinar o sucesso de uma cidade moderna, deixando para depois assuntos que não eram da sua competência profissional, como a "arborização e o ajardinamento dos terrenos". Obedecendo, por outro lado, a determinações do governo para estabelecer medidas de caráter saneador, não lhe cabia ir além de um plano sanitário. Fuertes o desenhou, porém, sob uma perspectiva mais ampla do que a simples construção de redes. E neste contexto ele introduziu questões como o crescimento urbano ou a valorização imobiliária decorrente de melhoramentos implantados pelo poder público. A relação entre infraestrutura sanitária e expansão urbana evidencia um posicionamento que seria inerente às preocupações do planejamento urbano e que somente a partir de 1905 seriam incorporadas, na prática, por Saturnino de Brito no âmbito de demandas específicas. Embora o estímulo à expansão urbana não estivesse na agenda do governo naquele momento, foi tema do engenheiro em seu discurso:

> Pode-se fazer recomendação semelhante com referência aos pântanos atravessados pela estrada de ferro, ao pé das montanhas. Com a cidade limpa e administração sanitária conveniente, estes pântanos não afetam prejudicialmente a saúde pública. Também por muitos anos ainda a população não se estenderá na direção das montanhas, visto que todos os promotores do crescimento da cidade tendem necessariamente para mar. Contudo, quando chegar a ocasião de tratar deste assunto, o único remédio será uma canalização que cortará a área plana em subdivisões cujos diversos canais levarão as águas para o mar. Será então fácil mudar a vegetação, plantando capim e outras plantas que forem desejadas. Parece, porém, que atualmente não há necessidade de entrar nesta questão (SÃO PAULO, 1895, p. 6).

Se o tema da expansão urbana ainda estava fora das perspectivas do governo, as soluções para o saneamento da cidade existente estavam no horizonte imediato de seus esforços. No limiar das práticas governamentais de estabelecer medidas objetivas de caráter saneador, o engenheiro introduziu ideias e conhecimentos que faziam parte dos estudos e pesquisas nas suas atividades de docência na Univesidade de Cornell e que já incluíam os primeiros embriões do que posteriormente seria chamado de *"comprehensive planning"* no campo disciplinar do urbanismo norte-americano.

Estevan Fuertes e a Universidade de Cornell

O engenheiro Estevan Antonio Fuertes exerceu uma influência nos trabalhos de saneamento da Secretaria de Agricultura do governo do estado de São Paulo. Não só o seu plano para Santos trouxe ao Brasil traços do planejamento urbano de afiliação norte-americana, como também o seu papel como diretor da Faculdade de Engenharia Civil da Universidade de Cornell e professor das disciplinas "Sanitary engineering" e "Geodetic and Topographic Surveys", marcou a formação dos estudantes brasileiros que a frequentaram a partir de 1873. Embora tenha realizado vários trabalhos profissionais entre 1863 e 1873, Fuertes, diferentemente de Derby, teve uma vida inteiramente dedicada à universidade até a sua morte em 1903. Nestes trinta anos de vida acadêmica, abriu uma única exceção para o trabalho de Santos, quando foi contratado pelo governo paulista para desenvolver o plano sanitário. Este, no entanto, tinha completa coerência com o conteúdo das suas aulas de engenharia sanitária.

Formado em engenharia civil pela Rensselear Polytehinic Institute, no estado de Nova York, em 1861, Fuertes retornou neste mesmo ano a Porto Rico, sua terra natal, para exercer a profissão. Mas as suas ideias liberais, seu caráter franco e firme logo entraram em choque com as autoridades políticas locais e Fuertes retornou aos Estados Unidos em 1863. A partir deste ano, esteve envolvido com importantes obras públicas. Chefiou as obras do aqueduto de Crouton em Nova York entre 1863 e 1869; fez vários trabalhos independentes em seu escritório entre 1869 e 1870; chefiou a Comissão Shufeldt para o governo federal, que consistia em estabelecer rotas para um canal interoceânico entre 1870 e 1871; e trabalhou como engenheiro consultor por dois anos na cidade de Nova York, até receber o convite do presidente da universidade, Andrew White, para dirigir a Faculdade de

Engenharia Civil de Cornell (OGDEN, 1946). Ao contribuir na formação de centenas de engenheiros do mundo todo, Fuertes era bem estimado pelos que o conheceram. Sua figura, ao mesmo tempo austera e acolhedora, ampliou uma anunciada amizade com os estudantes brasileiros que, várias vezes, citaram o seu nome como um companheiro e amigo. Não era para menos. Havia decerto um reconhecimento pelo seu enorme esforço em tornar a Faculdade de Engenharia uma das melhores dos Estados Unidos:

> Tem-se apregoado e não sem razão, que a superioridade dos cursos de engenharia deste país sobre os de outro qualquer funda-se especialmente no fato de estudos práticos acompanharem *pari passu* os estudos teóricos, completando-os desta maneira. Cornell não cede o lugar nesse ponto à escola alguma de engenharia neste país, devido isso ao hábil e provecto engenheiro diretor desse colégio, o sr. E. A. Fuertes, que não poupa esforços para melhorar e ampliar continuadamente o programa do curso, introduzindo tudo quanto possa familiarizar o estudante com os trabalhos do engenheiro.
>
> Durante o curso regular vota-se tempo considerável em exercícios de agrimensura, nivelamento, topografia, estradas de ferro, & c., todos porém que tem estudado engenharia conhecem que esses exercícios convencionais podem servir para ilustrar os diferentes métodos de trabalho, porém, só uma obra completa e em maior escala pode dar a idéia perfeita de todas emergências e dificuldades que ocorrem em prática. (AURORA BRASILEIRA, 1874, p. 70).

Figura 1: Duas imagens do Prof. Estevan A. Fuertes. Fonte: Pasta de Professores – Kroch Library Rare and Manuscripts – University of Cornell.

Além de ensinar, nos primeiros anos, desenho e agrimensura, construções hidráulicas, cimentos e engenharia sanitária, sempre interessado em buscar os últimos descobrimentos e associando os trabalhos teóricos com os de laboratório, Fuertes foi responsável por uma grande transformação material na Faculdade de Engenharia Civil, equipando-a com os laboratórios sofisticados, como fez com o laboratório de hidráulica em *Fall Creek*, no qual coordenava pessoalmente as atividades e fazia experimentos com os alunos (LÓPEZ BARALT, 1933, p. 12). Analisar, aliás, as instalações da Faculdade de Engenharia antes e depois da passagem de Fuertes revela a sua competência como engenheiro. Em 1868, quando foi inaugurada, contava apenas com uma espécie de Museu da Tecnologia e Engenharia Civil, que compreendia uma coleção de modelos em bronze e ferro, além de fotos para trabalhos de experimentação dos princípios de mecânica, outro conjunto de modelos em madeira e ferro para o mesmo propósito, modelos para ilustrar a geometria descritiva na construção de pontes e telhados etc. Havia, naquele momento, uma preocupação clara em solidificar o conhecimento sobre estruturas de pontes – questão crucial para o desenvolvimento ferroviário. Mas, em 1900, já eram 9 os laboratórios existentes: Laboratório Geral, Laboratório de Hidráulica, Laboratório de Cimento, Laboratório Geodésico, Laboratório de Métrica, Laboratório de Pontes, Laboratório Bacteriológico, Laboratório Fotográfico e Laboratório Astronômico e de Observação. A atuação de Fuertes no Laboratório de Hidráulica, por exemplo, considerado um dos maiores dos Estados Unidos, indicava a sua habilidade com os trabalhos de drenagem que desenvolveu em Santos e que resultaram na solução dos canais drenantes que apresentou em 1894 (CORNELL UNIVERSITY, 1901).

As matérias do curso de Engenharia Civil em 1900 também denotam o sentido prático que Fuertes imprimiu durante os anos em que foi diretor. Naquele ano, havia dois graus oferecidos pelo curso: o de Engenheiro Civil, de quatro anos, e o de Bacharel em Engenharia Civil, de cinco anos. Dois conjuntos de disciplinas, algumas ministradas por Fuertes, merecem ser notadas. Um primeiro versava sobre as diversas tipologias de *surveys*, o que demonstra preocupação dos engenheiros civis neste campo dos levantamentos topográficos e do registro planificado das características geográficas do território. Este conjunto abarcava desde os aspectos básicos e elementares do *surveying* como também os métodos de precisão que se baseavam em conhecimentos de geodésica e astronomia. As oito disciplinas oferecidas neste campo eram: Land Surveying; City and Mine Surveying; Spherical and Pratical Astronomy; Geodesy (historic development); Geodetic Laboratory; Geodetic and Topographical Surveys; Cartography; Advanced Geodesy and Astronomy; Geodetic and Astronomical Laboratory. Neste conjunto, cabe destacar a disciplina City and Mine Surveys – voltada, como o próprio nome diz, ao levantamento de sítios urbanos: distâncias, ângulos, greide das ruas etc.

A preocupação de Fuertes neste campo levou-o a batalhar pela instalação de um Observatório Astronômico, que o apoiaria nos trabalhos experimentais dos *surveys* que realizava com os alunos. Fuertes teve que envolver várias personalidades políticas para angariar fundos para a construção daquele edifício, construído depois de sua morte. Veríamos esta questão dos *surveyings* vivenciadas pelos nossos estudantes brasileiros quando relataram no periódico mensal as excursões promovidas pelo professor Fuertes:

Foi pois muito aplaudido o professor Fuertes quando propôs levantar com as duas classes superiores do curso de engenharia a planta topográfica e hidrográfica do lago Cayuga em cujas margens está situada a cidade de Ithaca. Na verdade nada podia ser mais apropriado para oferecer uma prática completa em trabalhos dessa ordem do que o levantamento de uma planta, que pudesse servir de modelo tanto no emprego de métodos aperfeiçoados como na exatidão da execução.(...)

O terreno percorrido foi apenas cerca de 10 milhas de cada lado do lago: o fim principal, porém, que consistia em familiarizar os estudantes de engenharia com todos os trabalhos relativos ao levantamento de plantas acha-se perfeitamente realizado, e todos que tomaram parte na expedição são concordes em desejar que exercícios tão úteis passem a fazer parte do programa já excelente do curso de engenharia. (AURORA BRASILEIRA, 1874, p. 70).

Outro conjunto de disciplinas tinha Fuertes como um dos principais professores. Eram as matérias denominadas de "Engenharia Municipal e Sanitária". Observe-se que o nome não dizia respeito somente à engenharia sanitária, mas conjugava também o de engenharia municipal. É, portanto, neste conjunto que reconhecemos os primeiros traços do "*comprehensive planning*" norte-americano e que, no Brasil, ficaria designado como "planejamento urbano". As matérias, neste caso eram: Highway Construction; Civil Construction; Sanitary Engineering; Municipal Engineering; Design of Sewage Works; Sanitary Laboratory; Cement Laboratory; Testing Materials. Percebe-se que em todas estas disciplinas figurava algum aspecto da problemática urbana municipal: de construção de estradas a construções civis. E apresentavam conteúdos que estiveram presentes no plano sanitário que desenvolveu para Santos. Esta abrangência pode ser vista em temas como o crescimento e a origem da ciência sanitária; as causas e efeitos da poluição do ar e do solo; a qualidade das águas para o abastecimento público e os métodos para a remoção da contaminação; encanamento das construções, planos de esgotos e aplicação; disposição dos esgotos etc. Discussões sobre desenhos de sistemas de esgotos, a sua disposição (descrevendo os planos mais modernos da Europa e Estados Unidos), os principais métodos de tratamento e sua eficácia relativa, além de questões de desenho e problemas envolvidos no sistema separador também faziam parte deste conjunto. Por fim, a disciplina específica de Engenharia Municipal trazia conteúdos bastante próximos daquilo que hoje conhecemos como planejamento urbano municipal: iluminação pública, sistemas de proteção contra fogo, limpeza das ruas e disposição do lixo urbano, regulação das construções; registro das propriedades, tributação, isenções e administração dos departamentos municipais.

Este conjunto se baseava nos amplos e complexos aspectos da vida urbana, passando dos sistemas de saneamento a questões de regulação das construções e administração municipal. Tudo isto levaria a que, anos depois, os municípios contassem com engenheiros munidos de conhecimentos sistematizados para definir os planos de ordenação urbana, como por exemplo, o conhecido plano de Burnham para Chicago. As problemáticas municipais das cidades norte-americanas já tomavam proporções que, à exceção de São Paulo, as cidades paulistas não apresentavam. De certa forma, Fuertes incluiu todos estes aspectos em seu plano, mas, para Santos, tratava-se, ao mesmo tempo, de construir um eficiente sistema sanitário. Esta abrangência era fruto de uma forma de atuação pragmática e que ia além de uma discussão aquecida no Brasil sobre as melhores formas de pensar as intervenções, entre as teorias mesológica e microbiana. Em conformidade com o ambiente profissional que Fuertes conviveu, percorria-se um campo multidisciplinar amplo, das constatações em pesquisas bacteriológicas trazidas pelos biólogos e médicos aos problemas construtivos e de materiais inerentes à engenharia civil, assim como descreve Melosi (2000, p. 115):

> It was descriptive title 'sanitary engineer' that came to represent what much of municipal engineering was becoming the early twentieth century. Sanitary engineering was 'one of the new social professions which is neither that of physician, not engineer, nor educator, but smacks of all three,' stated a writer

Charities and Commons. An article in Scientific American noted that sanitary engineering 'relates to the practical application of the principles of public hygiene, through the medium of civil and hydraulic engineering, combined with chemistry, biology and physiology.'(...)

The new profession was unique because it represented the only group who possessed a relatively broad knowledge of the urban ecosystem at the time. Sanitary engineers had a grasp of engineering expertise as well as current public health theory and practices. Some acquired these skills on the job as the need arose. Some were trained as civil and hydraulic engineers and then later studied chemistry and biology. Others began as chemists and biologists and acquired engineering training. Many of the best schools in the country – including MIT, Carnegie, Technical School, Harvard, Yale, Cornell, Columbia, Ohio State, Illinois and Michigan – began to offer courses in sanitary engineering by the early twentieth century. Preceding World War I, the number of sanitary engineering graduates in American colleges increased steadily."

O plano de Santos introduziu não só uma forma abrangente e sistêmica de pensar a cidade, mas uma oportunidade de que novas relações se estabelecessem, além das que já haviam sido iniciadas com os estudantes de Cornell. Vários engenheiros e professores da Escola Politécnica, como Antonio Francisco de Paula Souza, João Pereira Ferraz, Theodoro Sampaio, Francisco Ferreira Ramos, Carlos Augusto da Silva Telles, José Brant de Carvalho e Augusto César de Vasconcellos, este último aluno de Fuentes conheceram o trabalho do porto-riquenho em Santos, possibilitando intercâmbios, como foi o caso de Francisco Ferreira Ramos que, a convite de Fuertes, visitou Cornell e outras Universidades norte-americanas depois de sua vinda. É possível supor que, a partir destes contatos e seus desdobramentos, Fuertes tenha não só trazido um plano, mas interferido diretamente sobre o efervescente debate das atividades profissionais no campo da engenharia, que resultaria também em um novo marco legal, com o código sanitário estadual e alguns códigos de obras municipais, como foi ocaso do Código de Santos de 1897.

O plano de saneamento de Estevan Fuertes de 1895

O plano Fuertes não só atendeu às expectativas, como apresentou ao governo do estado de São Paulo uma dimensão mais ampla do problema e o caráter sistêmico das intervenções, vinculadas a uma ideia de expansão, de projeções futuras para um disciplinado destino urbano, bem de acordo aos mais avançados preceitos da engenharia sanitária e do planejamento urbano. É como interpretamos os seus dois volumes, publicados em 1895, um contendo o relatório intitulado *Saneamento da Cidade e Porto de Santos por E. A. Fuertes, engenheiro contratado pelo Governo de S. Paulo e Rudolph Hering e J. H. Fuertes, engenheiros consultores*, e outro contendo um conjunto de plantas e desenhos, desde os levantamentos topográficos aos detalhes construtivos das redes propostas.

Primeiro, suas proposições basearam-se em um sistemático levantamento de dados e informações, no âmbito da investigação científica, objetiva e direcionada à concepção dos sistemas propostos. Restrito à coleta de informações físicas, tais como a meteorologia, a pluviometria ou a geologia, Fuertes procurou desenvolver análises baseadas nos cruzamentos destas informações como, por exemplo, a comparação entre a formação granítica das rochas das encostas dos morros e a rapidez com que as águas, em variadas situações pluviométricas, chegavam às ruas da cidade. Segundo, suas propostas não ficaram restritas à região urbanizada, mas consideraram escalas mais abrangentes. Minuciosos levantamentos planialtimétricos foram executados, da faixa litorânea do estado de São Paulo, de toda a região no entorno de Santos, de toda a ilha de Santos e São Vicente, do distrito da barra e da área já urbanizada, indicando, nestes dois últimos, não só a locação das ruas, como também o cadastro de lotes e construções.

A precisão destes levantamentos revela o conhecimento da prática adotada dos chamados *geodetic surveys* norte-americanos, que utilizavam metodologia própria, desenvolvida nos Estados Unidos, como destacou Derby quando assumiu em 1886 a Comissão Geográfica e Geológica de São Paulo. Estas variadas abrangências evidenciam a preocupação em dar soluções que se abriam para diversas escalas espaciais: de âmbito territorial, como a localização de uma Estação de Quarentena na Ilha Bela, ou de âmbito regional, como a locação dos pontos de captação de água e o traçado da adução até a cidade e, até mesmo, de âmbito local, ao tratar da locação dos reservatórios de água, estações elevatórias dos esgotos, habitações, linhas de bonde e calçamentos. Terceiro, a abrangência das temáticas combinadas demonstram que, de uma trama de redes sanitárias ao desenho de novas unidades habitacionais, a construção de uma cidade higiênica dependia da implantação de vários elementos integrados sistemicamente. Neste sentido, apreende-se do plano de Fuertes que suas propostas, ainda que refutassem qualquer posicionamento a respeito de uma nova trama viária ou sistema de transportes ou mesmo um sistema de parques e áreas verdes, considerava cada um dos elementos sanitários como partes integrantes de um todo. Assim, a solução apresentada incluía um desenho de redes articuladas.

É possível imaginar o que significou o plano de Fuertes para o governo, naquele momento, e também os desdobramentos, nos anos seguintes ao seu encaminhamento, em 1895. Independente de seu caráter sistêmico, o plano trazia soluções práticas que, se implantadas imediatamente, poderiam melhorar as condições sanitárias com a urgência esperada. Mas não era só: possibilidades reais de transformação foram indicadas, orientando, em certa medida, todas as ideias e intervenções que foram aplicadas em Santos até 1927, quando foi inaugurado o último canal do sistema projetado por Saturnino de Brito. Neste sentido, as propostas para os sistemas de água, esgoto e drenagem referiram todo o debate acerca da urbanização santista até aquele ano. Diante destes aspectos principais, delineiam-se algumas características do plano Fuertes que vale a pena mencionar:

Pragmatismo das soluções – A exemplo da atuação do governo estadual paulista, que se utilizou de todos os meios disponíveis e conhecidos para atacar as epidemias das doenças infectocontagiosas, com a criação de instituições científicas modernas, Fuertes buscou compreender a fundo as experimentações científicas, sempre atualizado com relação O engenheiro desmistificava a ideia de que havia uma relação entre condições naturais e algumas doenças, refutando, de certa forma, aspectos da Teoria dos Meios. Inserido no debate científico, Fuertes já introduzia o seu conhecimento sobre a microbiologia e a presença da bactéria como elemento infectante e, para isso, desenvolvia um conjunto de ações que considerava mais adequadas. Fuertes se utilizou de estatísticas para observar os efeitos do saneamento sobre os vários tipos de enfermidades e demonstrava quantas vidas haviam sido salvas com a sua implantação. Para cada tipo de moléstia, sugeria um melhor meio profilático: febre tifoide – evitar a contaminação pelos esgotos; difteria e escarlatina – isolamento e desinfecção; varíola: vacinação.

Medidas arrojadas e abrangentes associadas ao conhecimento do território – As ideias relativas ao isolamento e à quarentena levaram Fuertes a projetar uma Estação de Quarentena e um Desinfectório em Ilha Bela, a quilômetros de distância de Santos, destino final dos imigrantes. Seu pragmatismo levou-o a acreditar que os imigrantes e seus objetos já chegavam infectados e poderiam ser disseminadores de doenças pelo contágio. Neste sentido, era preciso deter as pessoas e isolá-las até que as bactérias fossem destruídas. A Estação de Quarentena é uma cidade de maquinários e substâncias químicas desinfectantes para debelar o mau que chegava incubado nos navios, imigrantes e seus objetos.

Conhecimento sobre a base física e a identificação do território – Fuertes tinha domínio do método *survey* norte-americano, desenvolvido e praticado por Orvile Derby na Comissão Geográfica e Geológica de São Paulo. No âmbito deste conhecimento, relacionava as questões de drenagem à geologia, clima e pluviometria. Ainda que tenha sido bastante minucioso em relação aos dados físicos, foi pouco abrangente quanto aos dados populacionais. Fuertes só se utilizou destes últimos para estabelecer parâmetros de projeto (dimensionamento das redes). Além disso, trazia uma visão negativa dos imigrantes, que chegavam sem os devidos hábitos de higiene.

O desenho da higiene: as habitações – Foi a principal aproximação de Fuertes com os inspetores sanitários da Comissão Sanitária. Enquanto estes tinham uma atitude intervencionista, às vezes retirando os moradores de seus domicílios e até demolindo as habitações insalubres, Fuertes pensou na formulação de regulamentos, sugerindo atitudes mais educativas e orientadoras. Criticava os quintais (focos de infecção) e propunha novos modelos de habitação, construída para privilegiar a entrada de luz e circulação do ar, além de estabelecer a relação entre a casa e o meio externo (nas conexões com as redes).

Sistemas e fluxos e o desenho das redes – Fuertes adotou um sistema completo e articulado. O desenho da infraestrutura concebido pelo engenheiro orientaria uma possível estruturação urbana, articulando sistema de redes com o sistema de circulação, ainda não concebido. Com as proposições de Fuertes concluídas em 1894, Santos teria um plano completo para guiar a ampliação da distribuição de água e dos reservatórios, diferentemente de São Paulo.

- Abastecimento de água: o sistema de abastecimento de água definia, de início, a localização de novos mananciais, facilmente identificada pelo levantamento planialtimétrico oferecido pelo engenheiro. Sem muitas dificuldades, Fuertes apresentou três possibilidades: o rio Cubatão, o rio Branco e as águas do vale por onde passava a SP Railway. O engenheiro constatou que o problema não estava na quantidade de água existente nos mananciais, mas nas falhas de distribuição no velho contrato com a Companhia de Melhoramentos de Santos. O sistema proposto consistia na complementação de mais um cano mestre além dos dois existentes, buscando água para além dos limites municipais, no rio Cubatão, o manancial escolhido. Havia duas preocupações presentes: uma com os detalhes do sistema, pensando a instalação de registros para o controle do consumo de água e a relação do uso das edificações com o consumo; outra, em relação à abrangência da rede. Fuertes desenvolveu um traçado para a área central e outro para a área expandida. Pensar o sistema era importante para fazer a água circular, evitando extremos mortos e instalar reservatórios.

- Esgotos: o sistema de esgotos estava traçado sobre três distritos: a "cidade velha", a Vila Mathias e a parte sul da ilha. Estes distritos teriam suas canalizações convergindo para coletores que iam dar em um único coletor geral localizado na Vila Macuco que, chegando até o mar, lançaria os despejos em águas profundas na região do Outeirinhos. A determinação dos distritos seguiu não só a lógica do funcionamento da rede projetada, mas a densidade populacional existente em cada ponto da cidade. Curioso notar que os esgotos coletados na Barra funcionariam em contravertente, contando com um complexo bombeamento, na utilização do sistema *shone*. O sistema, que também foi utilizado por Saturnino de Brito, consistia na instalação de vários ejetores junto à rede coletora, elevando os esgotos até o ponto onde poderia funcionar por gravidade, já próximo da região de lançamento. A separação absoluta entre águas servidas e pluviais foi outra indicação do engenheiro, que considerou o ponto de vista econômico. Desde que as ruas fossem todas calçadas, os declives das superfícies nulos e a quantidade de chuva e drenagem grandes, era conveniente aliviar os esgotos da carga adicional da lama das ruas, assim como a canalização de água de exigências excessivas para lavagens.

- Drenagem: foi o grande avanço de Fuertes quanto ao desenho de uma nova estrutura urbana para Santos, de como a infraestrutura poderia orientar a expansão urbana. Pela primeira vez, pensava-se uma solução para o enxugo da pantanosa área de expansão, revelando duas questões: primeiro, a constatação da existência de lençol freático junto à superfície. A drenagem deveria ser tão profunda quanto possível para fazer baixar permanentemente o lençol freático. O sistema, também baseado em um precioso levantamento planialtimétrico, com a divisão da cidade em um certo número de distritos, correspondentes às áreas naturais de drenagem, apresentava a projeção de uma série de galerias, primeiro para a área urbanizada existente e, em seguida, para o distrito da Barra, para onde desenhou alguns drenos que, iniciando-se em pontos especificados pela cota altimétrica, seguiriam em linha reta, aumentando constantemente seu diâmetro de vazão até chegar ao mar ou a um dique que acompanhava parte da orla, onde o engenheiro projetou três canais de descarga das águas pluviais, com vertedouros para realizar a limpeza dos drenos com água marinha. Embora fosse diferente do sistema projetado por Brito, a partir de 1905, o traçado dos drenos guarda muitas semelhanças com o traçado daquele engenheiro. E não só. A ideia de utilizar a água do mar para realizar a limpeza dos condutos através de adufas abertas mecanicamente já estava ensaiada por Fuertes em seu plano.

Os sistemas de drenagem e esgotos eram, certamente, os pontos altos do projeto de Fuertes. Não só pela concepção de uma rede que articulava área urbanizada e área não urbanizada (arrabaldes), mas também pelo engenhoso sistema de maquinários que conferia à sua proposta uma atualização tecnológica quanto ao avanço da engenharia sanitária. Um exemplo é a combinação da estação de bombas elevatórias dos esgotos em Outeirinhos com a usina de incineração de lixo. O calor gerado pela combustão da incineração produziria vapor para mover as bombas e os compressores de ar.

A repercussão inicial do plano, logo após a sua entrega, foi sentida nos anos seguintes, ainda que o governo não tivesse os recursos para executar as propostas como um todo. Constituindo um sistema, e devendo, por isso, ser implantado integralmente, conforme já havia alertado Fuertes, o plano passou a ser discutido e interpretado como uma solução para o precário esgotamento sanitário da cidade. Ao assumir a chefia da Comissão de Saneamento, em 1895, o engenheiro Ignacio Wallace da Gama Cochrane fez sérias denúncias do contrato estabelecido entre a Prefeitura Municipal e a Companhia de Melhoramentos de Santos, prestadora dos serviços dos esgotos. Essa denúncia serviria para que, um ano depois, quando o engenheiro Alfredo Lisboa já era o Chefe da Comissão de Saneamento, o governo estadual encampasse os serviços de água e esgotos da cidade, estabelecendo um novo contrato com a City of Santos Improvements.[1]

---

1   Deve-se notar que a City of Santos *Improvements* já tinha sido presidida pelo padrasto de Cochane entre 1870 e 1880. O veemente ataque que o engenheiro fez à Companhia de Melhoramentos resultaria na rescisão deste contrato e o abrandamento em relação ao contrato com a City, caso em que o engenheiro sugeriu a recontratação pelo governo estadual.

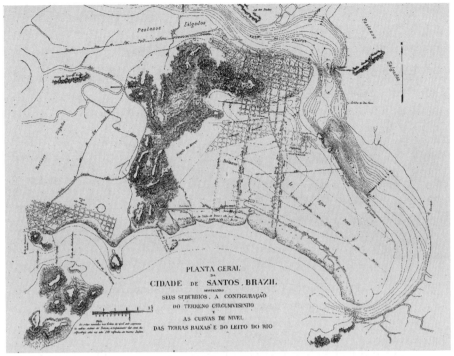

Figura 2:
Plano Fuertes. Planta da cidade de Santos, seus subúrbios, a configuração do terreno circunvizinho e curvas de nível das terras baixas do leito de rio.
Fonte: SÃO PAULO, 1895.

Figura 3:
Plano Fuertes. Carta da cidade de Santos mostrando
as divisões de propriedade, as linhas de bonde e os calçamentos.
Fonte: SÃO PAULO, 1895.

O discurso do engenheiro Alfredo Lisboa era de que o Plano Fuertes estava sendo implementado e, de fato, estava, em partes. Com os serviços de água e esgoto encampados pelo governo, a City of Santos Improvements foi contratada sob novas bases, referenciadas, sobretudo, naquele plano. Com o monopólio dos serviços de água, a Companhia seria obrigada, a partir do contrato estabelecido em 24 de maio de 1897, a abastecer toda a cidade e os arrabaldes (inclusive a Barra) com águas trazidas dos mananciais da serra do Cubatão, fornecendo 300 litros por habitante para uma população projetada de 70.000 habitantes. Além disso, deveria seguir as especificações técnicas exigidas para a nova rede, como diâmetros dos tubos, a quantidade de reservatórios e sua capacidade, os registros de parada de carga para a independência dos distritos e zonas em que a cidade estava dividida e a instalação dos hidrômetros para a medição da água.

Mesmo com tais esforços, somente em 1905 a cidade de Santos começaria a mudar as suas feições com a chegada do engenheiro Saturnino de Brito para chefiar a Comissão de Saneamento do estado. Imbuído de efetivar um conjunto de intervenções saneadoras, Saturnino de Brito foi o principal responsável não só pela efetivação das obras necessárias ao enfrentamento das epidemias de febre amarela, como também pelas transformações da paisagem urbana, que ainda hoje permanece como parte integrante da identidade de seus moradores.

Considerações finais

Passados quinze anos após a entrega do Plano Fuertes ao governo do estado, o saneamento de Santos ainda se mantinha como um dos principais assuntos das discussões políticas que uniam os governos municipal e estadual, interessados em resolver, de uma vez por todas, os graves problemas de insalubridade que ainda grassavam vítimas naquela cidade. Se é certo que aquele plano não se efetivou por completo, serviu de base para estudos posteriores, inclusive para os de Saturnino de Brito, que o citou timidamente em um dos seus relatórios para a Comissão de Saneamento do estado quando a chefiava.

Pouco se pode dizer da aplicação deste plano sanitário, considerando principalmente a vaga interpretação que lhe foi emprestada pelos vários chefes da Comissão de Saneamento nos anos seguintes. Há que se notar, contudo, a importância de Fuertes para a formação de um grupo de estudantes brasileiros aspirantes, bacharéis em Engenharia Civil por Cornell, que tornaram a sua vinda para Santos um episódio pontual perto da longa proximidade entre Brasil e Estados Unidos neste contexto. Fuertes fez parte desta história e coloca em outro patamar as discussões acerca das ressonâncias e interferências na formação do urbanismo e planejamento urbano no Brasil.

O seu plano seguia em grande medida o conjunto de conteúdos que expunha nas suas aulas de Engenharia Municipal, conteúdos que teriam chegado aqui também pelos engenheiros brasileiros que já tinham sido seus alunos naqueles anos finais do Império brasileiro. Se tais ensinamentos ressoaram por aqui através da atuação destes engenheiros no Brasil, pouco se sabe. Pesquisar a atuação de cada um deles é, portanto, uma tarefa que poderá revelar com mais consistência os elos que já ligavam os interesses de parte da burguesia paulista aos modos de pensar norte-americanos.

Referências Bibliográficas

ÁLVARO, Guilherme. *A campanha sanitária em Santos*. São Paulo: Serviço Sanitário do Estado de São Paulo, 1919.

ARQUIVO PAULA SOUZA – Setor de Obras Raras da Biblioteca Municipal Mário de Andrade. PS893.07.19. Remetente: Orville Derby. Destinatário: Antonio Francisco de Paula Souza.

AURORA BRASILEIRA. *Periódico Literário e Noticioso*. Ithaca Cornell University, ano 1, n° 9, 1874.

CORNELL UNIVERSITY. *The register of Cornell University (1900-1901)*. Ithaca, 1901.

FIGUERÔA, Silvia Fernandes de Mendonça. *Modernos bandeirantes: a Comissão Geográfica e Geológica de São Paulo e a exploração científica do território paulista (1886-1931)*. Dissertação (mestrado) – FFLCH-USP, São Paulo, 1987.

FUERTES, Estevan Antonio. *Estevan A. Fuertes papers, 1900-1903* (2 cubic ft.). Correspondence, invoices, blueprints, drawings and plans for the Fuertes Observatory on the Cornell University campus. Archives 16-4-2816.

_____. "Notes on Sanitary Engineering. Lectures by Prof. Fuertes, winter terms, 1895". In: JOHNSON, Albert M. *Albert M. Johnson papers*, 1892-1895 – box).

HONORATO, Cezar. *O polvo e o porto: a Cia. Docas de Santos (1888-1914)*. São Paulo: Hucitec/Prefeitura Municipal de Santos, 1996.

LÓPEZ BARALT, José. "Otro ilustre desconocido: Estevan Antonio Fuertes". In: *Puerto Rico Ilustrado*. Puerto Rico, 1933.

OGDEN, Henry N. "Cornell Educational Pioneers". *Cornell Alumni News*, Ithaca, vol. 48, n°14, mar. 1946.

MELOSI, Martin. *The sanitary city: urban infrastructure in America from colonial times to the present*. Baltimore; Londres: The Johns Hopkins University Press, 2000.

SÃO PAULO (Estado). *Relatório apresentado ao Senhor Doutor Vice Presidente do Estado de São Paulo pelo Secretário dos Negócios do Interior, Vicente de Carvalho a 7 de abril de 1892.* São Paulo; Typ. A Vapor de Vanorden & C., 1892.

SÃO PAULO (Estado)/COMISSÃO DE SANEAMENTO DO ESTADO DE SÃO PAULO. *Saneamento da cidade e do porto de Santos por E. A. Fuertes – engenheiro contratado pelo Governo de S. Paulo e Rudolph Hering e J. H. Fuertes, engenheiros consultores.* São Paulo; Typ. Do Diário Oficial, 1895.

Questões de saneamento e urbanismo na atuação de Lincoln Continentino[1]

Fabio J. M. de Lima

A instituição do urbanismo no Brasil como um campo de saber, nas primeiras décadas do século xx, vinculou-se à ação de técnicos, especialistas dos problemas das cidades. Gerações de urbanistas contribuíram para a consolidação desta disciplina e campo de atuação profissional, na qual comparecem

---

1 O texto se insere na continuidade da pesquisa desenvolvida para a elaboração da tese de doutorado defendida em novembro de 2003 na fau-usp, sob a orientação da Profª Maria Cristina da Silva Leme (ver lima, 2003). A pesquisa sobre a trajetória acadêmica e profissional deste técnico teve continuidade no âmbito da rede de pesquisa Urbanismobr e do grupo Urbanismomg, este último vinculado ao Departamento de Arquitetura e Urbanismo da ufjf, com o apoio do cnpq, da Fapemig, do Ministério da Cultura e do Ministério das Cidades. Ainda em novembro de 2006, apresentamos trabalho intitulado "A engenharia sanitária e o urbanismo moderno presentes na trajetória do engenheiro Lincoln de Campos Continentino" no Seminário de Pesquisa "Por uma cidade sã e bela: o urbanismo dos engenheiros sanitaristas no Brasil Republicano", promovido pelo Grupo de Pesquisa urbis do Instituto de Arquitetura e Urbanismo da Universidade de São Paulo.

vertentes diferenciadas de pensamento e de práticas urbanísticas, em particular aquelas ligadas ao ideário *garden city,* cujas origens nos remetem à concepção de Howard, no final do século XIX, e ao Movimento Moderno, em suas várias vertentes, difundido pelos Congressos Internacionais de Arquitetura Moderna (CIAMS) a partir do final dos anos 1920. Os componentes aplicados às cidades, relacionados com estas linhagens urbanísticas, foram utilizados de maneira diferenciada pelos urbanistas, em alguns casos de modo simultâneo.[2]

O estudo da trajetória dos urbanistas nos remete à sua formação acadêmica e à sua atuação profissional, esta última com vínculos estabelecidos junto à administração pública e, na esfera privada, através de escritórios de engenharia e arquitetura. As proposições elaboradas pelos técnicos para as cidades, representadas por meio de desenhos e escritos, buscavam a materialização de uma "cidade moderna", cada qual com uma visão particular. Comparecem visões diferenciadas cujo pressuposto para a organização dos aglomerados urbanos – em termos de um ordenamento racional da expansão urbana – era o plano. Neste sentido, os planos urbanísticos projetavam uma realidade a ser alcançada, como uma projeção virtual de um novo modo de vida urbano. E estes planos eram referenciados, ou seja, dialogavam com outras experiências em termos de ideias que circulavam em fóruns de discussão, instituições de ensino, além de publicações. Outra forma de interlocução era "através da contratação de técnicos para a elaboração de pareceres e de planos. Em alguns casos, estudos expostos em congressos desdobraram-se em planos. A contratação de especialistas incluiu de diversas formas os urbanistas estrangeiros" (LEME, 1999, p. 26). Neste sentido, traduções e apropriações de ideários urbanísticos se inserem nas propostas para as cidades, como resultado de intercâmbios culturais e artísticos, itinerários de estudos, ensino e pesquisa, tanto em termos da vinda de profissionais estrangeiros quanto em termos da ida de brasileiros ao exterior.

---

2   Sobre a formação do pensamento urbanístico no Brasil, na primeira metade do século XX, ver: LEME (1999).

Estes itinerários proporcionavam a ampliação do olhar dos técnicos sobre os problemas urbanos.

Em Minas Gerais, na primeira década do século XX, a "higiene das cidades" era preconizada como um ramo do conhecimento, considerado vital para os progressos físicos e a vitalidade dos povos, um campo onde se encontravam as profissões do médico e do engenheiro. O discurso dos técnicos em prol da "felicidade hygida" da vida nos centros urbanos vislumbrava um ambiente higiênico adequado, comparável ao do campo. De acordo com o engenheiro Lourenço Baeta Neves,[3] esta adequação se traduzia por meio de ruas arborizadas e bem traçadas, sem contrariar a natureza, com os seus *caprichos* bem aproveitados constituindo o verdadeiro encanto das cidades modernas, naturalmente saneadas pela renovação do ar e pela movimentação das águas (NEVES, 1912, p. 40). Como um dos fundadores, em 1911, da Escola Livre de Engenharia de Belo Horizonte,[4] incorporada em 1927 à Universidade de Minas Gerais, Neves era responsável pelas disciplinas de "Navegação Interior e Portos do Mar, Astronomia e Geodésia, Higiene" e "Traçados das Cidades, Materiais de Construção, Geofísica, Mecânica aplicada às Máquinas e Máquinas Hidráulicas". Os conteúdos ministrados nessas disciplinas contribuíram para a formação de profissionais que tinham uma preocupação com o planejamento das cidades, no viés sanitarista.

Como laboratório de estudos dos técnicos para a aplicação das teorias se colocava a própria cidade de Belo Horizonte, inaugurada ainda como

---

3   Este engenheiro nasceu em 29 de janeiro de 1876, na cidade de Ouro Preto, Minas Gerais, e faleceu em 24 de setembro de 1948, em Belo Horizonte, Minas Gerais. Como discípulo de Saturnino de Brito, teve forte atuação no estado de Minas Gerais. Era diplomado em Engenharia Civil, Metalurgia e de Minas, tendo dirigido a Comissão de Melhoramentos Municipais, entre 1911 e 1914, desenvolvendo várias propostas de intervenção para pequenas e médias cidades do estado.

4   A criação da Escola Livre de Engenharia de Belo Horizonte remonta ao ano de 1911, sendo que o curso foi equiparado ao da Escola Politécnica do Rio de Janeiro no ano de 1917. Em 1927 a escola foi incorporada à Universidade de Minas Gerais, sendo que, em 1949, a universidade foi federalizada, recebendo a denominação de Universidade Federal de Minas Gerais.

um grande canteiro de obras a 12 de dezembro de 1897.[5] Esta moderna capital fora planejada por uma comissão de engenheiros e arquitetos, tendo à frente, respectivamente, Aarão Reis[6] e Francisco Bicalho.[7] Já nos anos 1920, inúmeras foram as críticas ao plano original da cidade que, neste momento, apresentava um desenvolvimento urbano sem solução de continuidade, particularmente a sua zona urbana "rigorosamente planejada (...), compreendida dentro do anel delimitado pela Avenida do Contorno, (que) consolidou-se, assim, de modo fragmentado, alternando modernas construções com vazios e construções espontâneas, ao mesmo tempo em que sua periferia desenvolvia-se de forma anárquica" (GOMES e LIMA, 1999, p. 122). Em termos de crítica ao plano desenvolvido nos trabalhos da Comissão Construtora da Nova Capital, ainda em 1895, imerso nestes trabalhos, o engenheiro Saturnino de Brito levantava questões referentes ao plano e à direção do engenheiro Reis. Em 1928, Victor da Silva Freire, em palestra,

---

5   O planejamento de Belo Horizonte foi abordado em estudo específico, que retrata a criação e a consolidação da cidade de Belo Horizonte como a nova capital do estado de Minas Gerais, sob o ponto de vista do urbanismo. A ênfase situa-se sobre os limites da ação planejadora nesta realização. Ver LIMA (1994).

6   Aarão Reis nasceu em Belém do Pará em 6 de maio de 1853 e faleceu no Rio de Janeiro em 11 de abril de 1936. Diplomado como engenheiro pela Escola Central (que, após 1874, tornar-se-ia a Escola Politécnica), em 1874, da sua vasta trajetória podem ser destacadas a direção dos trabalhos da Comissão D'Estudo das Localidades indicadas para a Nova Capital de Minas Gerais, entre 1892 e 1893, e da Comissão Construtora da Nova Capital, entre 1894 e 1895. Como resultado do trabalho destas comissões, o plano para Belo Horizonte revela o preparo técnico do grupo de engenheiros subordinado a Reis.

7   O engenheiro Francisco Bicalho nasceu em São João Del Rei, Minas Gerais, em 1º de janeiro de 1847, e faleceu na cidade do Rio de Janeiro no dia 1º de janeiro de 1919. Atuou em Minas Gerais e no Rio de Janeiro. Bicalho assumiu assumiu a direção dos trabalhos da Comissão Construtora da Nova Capital em 22 de maio de 1895, após a exoneração de Aarão Reis, cargo que ocupou até 1898. Deu um outro rumo à edificação da capital mineira, começando por reorganizar técnica e administrativamente a Comissão Construtora. Buscou imprimir ritmo acelerado à construção da cidade que, mesmo assim, foi inaugurada a 12 de dezembro de 1897 ainda como um imenso canteiro de obras.

apontava erros do traçado adotado. Neste mesmo ano, José Mariano criticava o desrespeito à arte nacional na linguagem do conjunto edificado. Outras críticas aos aspectos do conjunto arquitetônico foram lançadas por arquitetos como Luiz Signorelli e Flávio de Carvalho. Já Bouvard e Agache teceram considerações sobre o planejamento global da cidade, de acordo com o próprio Aarão Reis, que enalteceram a sua criação. Vale dizer que

> os anos 30 representam uma inflexão importante na história do urbanismo em Belo Horizonte, pois nesse momento já se percebe, com clareza, os efeitos da forma de crescimento que a cidade vinha tendo desde sua fundação, bem como já se nota aí a emergência de uma postura mais crítica com relação ao plano, além de novas oportunidades de formação profissional e de novos fóruns onde a cidade passa a ser discutida e reproposta. A grande questão urbanística e de gestão desse momento é, de um lado, a normalização desses primeiros bairros que haviam se desenvolvido fora da área circunscrita pela Avenida do Contorno e, de outro, a articulação entre essas duas "cidades". Pelas décadas seguintes esse continuará sendo o problema mais levantado por técnicos e administradores (GOMES e LIMA, 1999, p. 122).

Neste processo, temos a atuação do engenheiro Lincoln de Campos Continentino[8] como uma presença marcante nas questões relacionadas ao desenvolvimento urbano de Belo Horizonte. As preocupações do engenheiro com relação aos problemas das cidades, remontam ao final dos anos 1920. Este engenheiro e urbanista soube aproveitar muito bem o caminho percorrido por seus antecessores ampliando os seus estudos de saneamento para o campo do urbanismo, sempre procurando se atualizar em relação às ideias urbanísticas. Tendo sido aluno de Lourenço Baeta Neves, há pouco

---

8   Lincoln de Campos Continentino nasceu em Oliveira/MG em 17 de maio de 1900 e faleceu em Belo Horizonte/MG em 19 de agosto de 1976.

mencionado, e continuador das suas ideias, Continentino diplomou-se pela Escola Livre de Engenharia de Belo Horizonte em 1923. Em 1927, já atuava como docente, permanecendo até meados dos anos 1960. Neste período, Continentino teve intensa atuação profissional em Minas Gerais, particularmente em Belo Horizonte, onde consolidou a sua carreira, mesmo tendo se transferido para o Rio de Janeiro em um determinado período, como veremos. Em Belo Horizonte, Continentino atuou junto à Comissão Técnica Consultiva, criada em 1934, na gestão do prefeito José Soares de Mattos (1933-35) a exemplo de "grandes e adiantadas cidades, especialmente americanas". Esta Comissão foi instalada sob a presidência de Lourenço Baeta Neves e tinha por função precípua "orientar a execução do plano da cidade e zelar pelo seu fiel cumprimento".[9]

A atuação profissional de Continentino vai ser marcada por um leque enorme de propostas urbanísticas, a começar pela própria capital do estado, Belo Horizonte, na qual desenvolve o Plano de Urbanismo, a partir de 1934, este apresentado para a Comissão Técnica Consultiva neste ano e no I Congresso de Urbanismo, realizado no Rio de Janeiro em 1941. Para o interior do estado de Minas Gerais, também desenvolveu várias propostas, assim como para cidades do estado do Rio de Janeiro e outras cidades do país. Na escala nacional, merece destaque o Plano São Francisco-Nordeste: aproveitamento integral do Rio São Francisco para o desenvolvimento intenso do polígono das secas no Brasil, publicado em 1962. Este trabalho decorreu da sua experiência junto à Comissão do Vale do São Francisco, a partir de 1951, quando foram elaborados planos de urbanização para as cidades de Pirapora/MG, Petrolina/PE, Juazeiro/BA, Propriá/SE e Penedo/AL.

Ainda entre os anos de 1927 e 1929, Continentino cursou a especialização em Engenharia Sanitária da Harvard School nos Estados Unidos, como uma missão do governo do Estado de Minas Gerais, com o apoio

---

9   A Comissão era dividida em 5 subcomissões, sendo uma delas a de Arquitetura e Urbanismo (ver MINAS GERAIS, 1935, p. 36-37).

da Fundação Rockfeller.[10] Esta especialização, oferecida pelo curso de Engenharia, envolvia questões relacionadas com o saneamento urbano, abordando o *State and Municipal Sanitation*, priorizando temas relativos ao abastecimento de água e ao tratamento de esgotos das cidades. O curso constava de aulas com seminários e provas específicas, bem como trabalhos práticos de laboratório, o que envolvia análises globais sobre projetos. Estas análises eram desenvolvidas por meio de exemplos práticos de cidades como Cleveland, Milwaukee e Buffalo, dentre outras.[11] Os tópicos estudados por Continentino foram os seguintes: "Requisite Qualities of Water Supplies, The U.S. Treasury Standards, Natural Purification, Control of Catchment Areas and Reservoirs, Sanitary Control of Water Supplies; Sedimentation and Coagulation; Dosing Apparatus, Mixing Devices, Sedimentation and Coagulation Basins; Filtration, Analysis of Filtering Materials, Sand Handling and Sand Washing, Laboratory Control of Filtration Plants; Design of Slow Sand Filters; Design of Rapid Sand Filters; Iron Removal, Water Softening, Disinfection, Iodization; Sewage Disposal by Dilution, Screening and Grit Chambers; Tank Treatment including Activated Sludge; Design of Settling Tanks and Activated Sludge Tanks; Sewage Filters; Quality of Water Supplies, (...) Planning catchment areas and reservoirs, Sanitary control of water supplies, Scoring systems; Aeration, Corrosion". Além destes temas estudados, Continentino destacava também outros relacionados com o urbanismo, como *airports*, de Hubbard e colaboradores, *Neighborhoods of Small Homes*, por Robert Whitten e Thomas Adams, e *Urban Land Uses*, por Harland Bartholomew. Esta especialização constituiu um referencial dos mais importantes na trajetória de Lincoln Continentino, cuja estratégia

---

10 Continentino recebeu bolsa da Rockfeller Foundation para estudar engenharia sanitária na Harvard School no período de 28 de setembro de 1927 a 27 de setembro de 1929, de acordo com declaração emitida em 2 de dezembro de 1970 por esta referida fundação.

11 Os dados referentes ao curso de especialização de Continentino nos Estados Unidos foram conseguidos através de correspondência enviada diretamente para a Universidade de Harvard, além de consulta ao seu acervo pessoal na Biblioteca da Escola de Engenharia da UFMG – Acervo da Associação de Ex-Alunos e Professores.

98   Cristina de Campos • Fernando Atique • George A. F. Dantas

de aproximação sobre os problemas urbanos de uma maneira prática e objetiva sempre esteve presente, como apreendido em Harvard.

De início, o interesse de Continentino estava centrado nas questões de higiene urbana e saneamento, como atestam as suas primeiras publicações, as quais versavam sobre temas como a limpeza pública e a pasteurização do leite. Posteriormente a temática amplia-se para o campo do urbanismo. Dos trabalhos publicados merece ser ressaltado, de início, o livro *Saneamento e Urbanismo*, em 1937, uma de suas contribuições mais expressivas para a difusão do urbanismo. Em 1938, o artigo "Urbanismo; O plano de Belo Horizonte; Impressões de uma viagem recente à Argentina destacava as viagens feitas aos estados do Sul, ao Uruguai e à Argentina" além de abordar mais uma vez o plano para Belo Horizonte, desenvolvido, então, com o apoio do prefeito José Oswaldo de Araújo (1938-40). Este artigo foi publicado novamente em 1940. Ainda em agosto de 1938, o Intendente Municipal de Buenos Aires saudava o prefeito de Belo Horizonte José Oswaldo de Araujo pela visita de Continentino, "al cual se ha puesto en contacto con los funcionarios tecnicos que se encontraban a cargo de las reparticiones que deseaba visitar su recomendado, quienes recibieron instrucciones de suministrarle cuantos informes recabara en el desempeño de la misión que le fuera confiada".[12] Neste mesmo ano publicou também o artigo "Urbanismo; Generalidades; Subdivisão de terrenos; Vias públicas; Sistemas de transportes; Tráfego urbano, no qual discorria sobre vários aspectos relacionados com o urbanismo", com a indicação de exemplos significativos como o *Plano de Avenidas*, desenvolvido por Prestes Maia para São Paulo. A responsabilidade pela organização das cidades cabia ao urbanista, e o termo "organizar" sempre foi evidenciado por Continentino nos seus planos, em particular nas intervenções voltadas para a criação de cidades novas ou mesmo envolvendo áreas de expansão das existentes. Este termo estava relacionado com a concepção de um plano de conjunto que envolvia o zoneamento *(zoning)*, o código de edificações *(housing)*, o

---

12 Em telegrama do Intendente Municipal de Buenos Aires ao Prefeito de Belo Horizonte. Buenos Aires, 8 de agosto de 1938.

tráfego, o transporte e o sistema de parques e jardins.[13] Com isso, seguia a tradição dos engenheiros que atuaram em Minas Gerais, desde Aarão Reis e Francisco Bicalho até Lourenço Baeta Neves, com o olhar voltado para os problemas urbanísticos. Os primeiros eram respeitados pela criação de Belo Horizonte, como mencionado, ainda no final do século XIX, e Baeta Neves atuara como engenheiro-chefe da Comissão de Melhoramentos Municipais, instalada em 1911, com várias propostas para pequenas e médias cidades mineiras e, posteriormente, na Comissão Técnica Consultiva também mencionada. Assim, Continentino também iria além das questões de higiene, buscando compreender o significado dos planos de urbanismo e os seus componentes.

A atuação profissional deste engenheiro como uma extensão ao seu percurso acadêmico compreendeu a elaboração de inúmeros projetos. Esta atuação era dividida por trabalhos desenvolvidos pelo Escritório Lincoln Continentino, voltado para a engenharia, o urbanismo e o saneamento, com sede em Belo Horizonte,[14] e por encargos junto ao poder público, como consultor técnico, nas esferas federal, estadual e municipal, além da atuação como docente.[15] Quando da sua transferência para o Rio de Janeiro, cons-

13 Das publicações de Continentino temos: *Saneamento e urbanismo* (Belo Horizonte: Livraria Editora Médica, 1937); *O problema da limpeza Pública* (Belo Horizonte: Imprensa Oficial do Estado de Minas Gerais, 1932 – Tese para Livre-Docente da Escola de Engenharia da UMG; *Administração municipal e urbanismo* (Belo Horizonte, 1939, Monografia – EEUFMG); *Teoria da filtração das águas. Filtros lentos, tratamentos preliminares, tipos diversos de filtros lentos. Qualidade da areia, rendimento, órgãos acessórios e pormenores de construção* (São Paulo, 1940, paginação irregular – Tese para concurso de catedrático da cadeira n°11 – Hidráulica, Hidráulica Urbana e Saneamento – Escola Politécnica/USP); *Tratamento dos esgotos de Belo Horizonte* (Belo Horizonte, 1939, paginação irregular – Tese para concurso de catedrático da cadeira de Higiene, Saneamento e Traçado das Cidades – Escola de Engenharia/UMG).

14 Na documentação levantada, o escritório funcionou nos seguintes endereços: à Rua Gonçalves Dias, n° 320; e, nos anos 1950, à Av. Bias Fortes, n° 583.

15 Da atuação de Continentino destacamos trabalhos junto à Prefeitura de Belo Horizonte, entre 1938 e 1940 e entre 1951 e 1959. No governo do estado esteve vinculado à Secretaria de Viação e Obras Públicas, de 1937 a 1942. Lecionou

tituiu a Empresa Técnica Lincoln Continentino & Cia. Ltda, com sede nas cidades de Niterói e do Rio de Janeiro.[16] A mudança para o Rio de Janeiro nos anos 1940 foi por insatisfação com relação ao momento político vivido em Belo Horizonte, no qual as suas propostas não se materializavam, o que gerou um grande descontentamento com a cidade. Este desencanto com Belo Horizonte provocou assim a sua transferência para o Rio de Janeiro, "tendo deixado o estado (de Minas Gerais) e abandonado uma colocação que me garantiria o futuro, cansado de lutar em vão pela causa pública, tive de começar a vida de novo em um grande centro onde tudo é difícil para os principiantes e até hoje prevalece esta situação".[17] Mesmo distante da cidade, Continentino continuou a interferir nos rumos do planejamento de Belo Horizonte para onde retornaria posteriormente, nos anos 1950.[18]

Através dos seus escritórios, Continentino elaborou projetos para prefeituras de cidades mineiras e do interior do estado do Rio de Janeiro, às quais ele próprio enviava cartas de apresentação, nas quais resumia o seu currículo profissional, com propostas para a execução de serviços, nem todas

na Escola de Saúde Pública do Estado de 1956 a 1958. No âmbito federal, atuou como docente a partir de 1927, como professor do curso de Engenharia da então UMG (posteriormente UFMG), até 1965, tendo assumido outras incumbências como na Faculdade de Filosofia de Belo Horizonte (posteriormente FAFICH/UFMG), em 1940, na Escola de Arquitetura da UMG (posteriormente UFMG), em 1941, no curso de Engenharia Sanitária do Departamento Nacional de Saúde, de 1940 a 1945. Em 1936 atuou na comissão para o projeto da Universidade do Brasil. Em 1951 integrou a Comissão do Vale do São Francisco. Em 1956 foi designado para a comissão de estudos para a organização do Instituto Superior de Urbanismo.

16 O escritório se localizava à Av. Almirante Barroso, n° 90 – 6° andar, em Niterói, e à rua General Câmara, n° 8 – 2° andar, no Rio de Janeiro.

17 Em correspondência endereçada à Prefeitura de Belo Vale (ver CONTINENTINO, 1945).

18 O nome de Continentino foi excluído da folha de pagamento da Prefeitura em maio de 1940, onde consta prestação de serviços de 18 de maio de 1938 até 30 de abril de 1940. A exoneração pelo governo do estado do cargo de chefe de serviços técnicos da Secretaria de Viação e Obras Públicas foi em 7 de maio de 1942, sendo que a sua posse neste cargo foi em 3 de novembro de 1937. No período de 1° de março de 1942 a 28 de fevereiro de 1947, consta licença do cargo de docente da Escola de Engenharia para tratar de assuntos particulares, esta renovada até 1949.

tendo sido aceitas. No Rio, ressaltava que sempre esteve em contato com ministérios e órgãos técnicos. Em Minas Gerais, Continentino enviou cartas de apresentação para as cidades de Além Paraíba e Porto Novo, distrito desta, Barbacena, Belo Vale, Curvelo, Diamantina, Dores de Boa Esperança, Governador Valadares, Itajubá, Poços de Caldas, Prata, São Lourenço e Vigia. Como resultado destas ingerências, no período compreendido entre os anos 1930 e 1940, temos a elaboração de inúmeras propostas para as cidades, marcadas pelo interesse na definição do termo "urbanismo", bem como pela divulgação das ideias relacionadas com o tema. E várias foram as definições elencadas, as quais serviam para introduzir as suas proposições. Dentre os autores brasileiros sobre saneamento e urbanismo, listava diversos profissionais, com formações diferenciadas, como engenheiros civis, engenheiros arquitetos e médicos. O primeiro da lista era Saturnino de Brito, cuja obra constituiu um importante referencial para o trabalho de Continentino. Outros técnicos foram também listados, por terem escrito sobre o assunto ou por terem desenvolvido projetos específicos para as cidades, como Lourenço Baeta Neves, Washington de Azevedo, Prestes Maia, Anhaia Mello, Domingos Cunha, Armando de Godoy, Antônio de Siqueira, Attílio Correia Lima, Francisco Baptista de Oliveira, Eduardo de Menezes, Fernando Xavier etc. Além dos brasileiros, a listagem incluía trabalhos de autores estrangeiros, como J. Stübben, Robert Whitten, John Nolen, Hubbard & Hubbard, Nelson P. Lewis, Thomas Adams, Raymond Unwin, Olmstead and Kimbal, René Danger, Marcel Poëte, Alfred Agache, Bennoit-Levy, Le Corbusier, Camilo Sitte, Patrick Abercombrie etc. Como percebemos, o leque de referenciais era amplo e não fazia distinção entre vertentes de urbanismo específicas, sendo que, na aplicação deste ideário, as preferências de Continentino se alinhavam com o pensamento sanitarista, dentre os quais faziam parte Saturnino de Brito e Lourenço Baeta Neves.[19]

Dos componentes defendidos por Brito, Continentino privilegiava o traçado das cidades, visando a adequação das vias à topografia do lugar. Na

---

19 As referências de Continentino foram anotadas no seu livro *Saneamento e urbanismo*. Ver CONTINENTINO (1937).

102   Cristina de Campos • Fernando Atique • George A. F. Dantas

organização dos planos, esta adequação visava facilitar a execução dos trabalhos sanitários, "de maneira a ajustar o esquema do plano a traçar e a topografia do terreno, para facilitar consideravelmente os projetos de esgotos e permitir economizar bastante nos trabalhos de construção e mesmo na sua exploração" (BRITO, 1944, p. 29).[20] Este princípio, aliado a outros sistematizados por Saturnino de Brito, foi apropriado por Continentino, nas suas propostas voltadas para as cidades, como uma continuidade ao que já fOra esboçado por Baeta Neves, o qual também adotara a técnica sanitária de Brito, nas propostas de melhoramentos para as cidades mineiras. À frente da Comissão de Melhoramentos, Neves ressaltava que os trabalhos desta

> tiveram nos ultimos tempos um consideravel desenvolvimento só conseguido graças as normas que lhe assegurastes, approvando o criterio technico que para a mesma trouxe o seu engenheiro chefe, inspirado nos trabalhos do grande brasileiro dr. Francisco Saturnino Rodrigues de Brito, eminente especialista a quem o Brasil deve a systematização dos seus serviços de engenharia sanitária (NEVES, 1914, p. 6).

No tocante à administração municipal, além das próprias referências trazidas dos Estados Unidos, Continentino seguia os passos de Anhaia Mello, destacando o exemplo deste engenheiro "que, em São Paulo, realizou varias conferencias no Instituto de Engenharia e no Rotary Club, tendo-as posteriormente enfeixado em varios volumes, impressos sob o título 'Problemas de Urbanismo'" (CONTINENTINO, 1937, p. 317). Outras preocupações se colocavam, na sua estratégia para o enfrentamento das questões relacionadas com as cidades, como o financiamento dos serviços públicos municipais, afinal, "como norma geral, não se deve perder de vista que todo serviço publico precisa ser 'self-suporting', isto é, que as despesas com projeto, construcção,

---

20   No original: "de manière à mettre d'accord le schéma du plan à tracer et la topographie du terrain, pour faciliter considérablement les projets d'égouts et permettre d'économiser beaucoup dans les travaux de construction et même dans l'exploitation."

instalação e custeio dos mesmos, devem ser proporcional e equitativamente distribuídas por aquelles que auferem directa e indirectamente os benefícios do serviço" (CONTINENTINO, 1937, p. 326). A autonomia municipal constituía outro tema discutido por Continentino, com base na experiência norte-americana: "nos Estados Unidos a noção de autoridade e força de governo evoluiu consideravelmente nos ultimos tempos, em detrimento da liberdade individual, mas visando-se o interesse collectivo"(CONTINENTINO, 1937, p. 327). Ressaltava ainda que o critério técnico deveria prevalecer sobre os critérios políticos, nas questões relacionadas com a administração pública: "por mais que queiram apressados e superfluos argumentadores criticar, diminuir o valor dos especialistas, é certo e infallivel que sobre a civilização moderna, a technica especializada exerce uma influencia marcada, preponderante"(CONTINENTINO, 1937, p. 328). Para ele, os municípios deveriam ser subordinados ao estado, pois este concentrava os técnicos mais habilitados e familiarizados com os problemas urbanos, através de órgãos técnicos, que coordenariam as ações na esfera municipal. Esta ingerência, por parte do estado, abrangeria diversas atividades, em particular aquelas relacionadas com o urbanismo. Continentino ressaltava ainda que os problemas referentes à gestão administrativa das cidades se originaram a partir de múltiplos olhares: "a lei de zoneamento de New York de 1916 e sua disseminação, o Regional Plan of New York and its Environs, as soluções para inserção dos arranha-céus, as soluções para o tráfego de veículos na experiência de Radburn, as Comissões de Planos, os Planning Boards, passam a ser referências largamente abordadas" (FELDMAN, 1998, p. 2). Outros profissionais, como Armando de Godoy, Washington de Azevedo e Prestes Maia, técnicos experientes, esboçavam preocupações semelhantes, sendo que, para Continentino, as realizações destes urbanistas eram consideradas exemplares.

Continentino também ressaltava o estágio avançado da legislação urbanística em países como Itália, Prússia, Holanda e Suécia, com destaque para o Town Plan Act, elaborado na Inglaterra em 1919. Considerava, ainda, que nos Estados Unidos o progresso urbano havia atingido a sua máxima perfeição, sendo que a cidade norte-americana se colocava como um verdadeiro laboratório de ciência política. Sobre as realizações do urbanismo no Brasil, mencionava o Plano Agache no Rio de Janeiro, por Alfred Agache, em 1930, a conclusão do Plano de Avenidas, por Prestes Maia, em São Paulo, também em 1930, além dos planos de Recife e Porto Alegre, estes últimos elaborados em 1932. Continentino ainda destacava o contato com outros urbanistas, que proporcionava importantes trocas de experiências, uma prática que sempre soube cultivar. Como mencionado, as impressões de uma viagem que fez aos estados do Sul e à Argentina, em 1938, revelam o seu encontro com Carlos Della Paolera, diretor técnico do Plano de Urbanismo de Buenos Aires, cujos símbolos, representados pelo ar, sol e vegetação, defendidos por Paolera, haviam sido incorporados aos trabalhos de Continentino. Outros componentes adotados por Continentino, também presentes no plano para Buenos Aires, consistiam na implantação de um grande parque, bem como de um sistema completo de parques e jardins *(park-ways)*, estendendo-se por toda a cidade.

Por esta via, Continentino adotou os princípios do ideário *garden city* reinterpretados para a realidade das nossas cidades, com os exemplos ingleses, representados por Letchworth e Welwyn, e a matriz norte-americana, ligada ao subúrbio jardim de Radburn, como modelos urbanísticos. Esta reinterpretação significava adaptar as soluções técnicas para cada caso, vislumbrando a construção de uma cidade moderna, apesar de estar consciente das dificuldades implicadas. O distanciamento entre o real e o ideal era do seu pleno conhecimento, pois "a concepção moderna de Howard, das cidades jardins, a mais simples e econômica para áreas residenciais, ainda não obteve no Brasil, a consagração merecida, isto porque, por incrível que pareça, ainda não foi aplicada integralmente entre nós" (CONTINENTINO, 1954, p. 69). Estas considerações valiam para as suas proposições urbanísticas, tanto aquelas materializadas de modo incompleto quanto aquelas que permaneceram no papel.

Assim, para Continentino, o urbanismo abrangia um vasto campo de ação, tendo como principal objetivo o aperfeiçoamento dos aglomerados urbanos, com a sistematização e a coordenação de todas as funções municipais, incluindo os serviços públicos e todas as atividades urbanas, com vistas ao progresso material e social das comunidades e o bem estar dos seus cidadãos. Ressaltava ainda que o urbanismo consistia em um saber específico, como "sciencia e arte ao mesmo tempo, estylo seculo XX, epocha de collaboração e trabalho de conjuncto, deve-se recorrer aos conhecimentos oriundos de todas sciencias e artes, afim de utiliza-los em prol do desenvolvimento racional das cidades modernas"(CONTINENTINO, 1937, p. 319). E as responsabilidades pela elaboração do plano deveriam ser distribuídas como um trabalho multidisciplinar, desenvolvido por uma equipe técnica, afinal "o plano geral racional de urbanismo, [deve ser] estudado conveniente e demoradamente por autoridades medicas, engenheiros sanitarios e urbanistas" (CONTINENTINO, 1937, p. 248). A implementação do plano deveria ser feita pela administração municipal, que mobilizaria os técnicos para a elaboração da legislação necessária, além de proporcionar a divulgação dos trabalhos para a conquista da opinião pública. Neste sentido, o plano era considerado como uma concepção técnica altamente especializada que, no entanto, se caracterizava também como uma obra de arte. Os estudos preliminares incluíam uma planta cadastral planimétrica e altimétrica da região, o que era fundamental para a sua elaboração. O plano deveria assegurar ainda a melhor distribuição das indústrias e da população, como ele se referia, "intra, inter e extra-urbana", cuja concepção envolveria o estudo adequado das condições sociais e econômicas, bem como das tendências do desenvolvimento urbano. Por esta via, almejava-se o progresso cívico, na perspectiva de uma verdadeira economia e na busca de condições de vida salubre.

Os problemas de urbanismo deveriam ser estudados levando-se em consideração as especificidades de cada caso e os fatores relacionados com os mesmos, em face da complexidade da vida moderna. Neste sentido, Continentino preconizava o espírito científico e o critério técnico, além da necessidade do estudo dos métodos de urbanização do passado, para a solução dos problemas físicos e econômicos das cidades. Um aspecto importante para atingir estes objetivos era a cooperação entre o poder público, a iniciativa privada, os técnicos, os proprietários e os cidadãos comuns, sendo que as regras do urbanismo moderno deveriam ser aplicadas para que as cidades não se desenvolvessem de maneira "tumultuária e desorientadamente".

As propostas urbanísticas desenvolvidas por Lincoln Continentino buscavam orientar o desenvolvimento das cidades, por meio da organização de um plano geral, cuja incumbência caberia a um especialista. Isso se aplicava tanto para as intervenções sobre as cidades existentes quanto para a concepção de cidades novas, sendo que os componentes do plano de urbanismo estavam diretamente relacionados à ampliação das áreas verdes das cidades, incluindo taxas de ocupação mais reduzidas, com a criação de parques, interligados por avenidas arteriais. Tais técnicas possibilitariam a introdução de novas ideias urbanísticas, representadas pelo zoneamento, pela circulação e pelo tráfego urbano, pela regulamentação das edificações e pelo sistema recreativo de parques e jardins. Através do zoneamento *(zoning)* se previa a divisão da cidade por setores funcionais, estes classificados, de maneira geral, em zonas residencial, comercial e industrial. Boulevares e avenidas parques ou *park-ways,* conjugados com avenidas de contorno, integravam o sistema viário. Os parâmetros urbanísticos deveriam considerar as edificações no seu conjunto, umas em relação às outras e não individualmente. Esta regulamentação *(housing)* proporcionaria maiores benefícios para a coletividade. Os sistemas de recreio, compostos por campos de recreio para crianças, campos de atletismo, jardins, parques, bosques e reservas florestais na periferia reforçavam o caráter de cidade-jardim do conjunto urbano. Somava-se a estes componentes a opção por um traçado adequado ao sítio de implantação, na medida em que "os typos rigidos de arruamentos, dispostos segundo um systema quadrangular, triangular, ou em xadrêz (gridiron system) não mais se justificam a não serem em condições muito especiaes. A inserção de um systema de ruas em xadrêz, sem entrar em consideração com as condições topographicas locaes, acarreta varios erros, condemnados pelo urbanismo, principalmente o de rampas excessivas" (CONTINENTINO, 1937, p. 322). Continentino ressaltava também que os distritos residenciais deveriam compor "cidades cellulares de vida autônoma" (CONTINENTINO, 1937, p. 323). Com a unidade de vizinhança como um componente essencial para o desenvolvimento mais qualificado

Profissionais, práticas e representações...   107

das cidades, o sistema viário destes setores deveria obedecer aos tipos de arruamentos das cidades-jardins, evitando-se o emprego de muros confinantes, e, quando possível, deveria ser empregada a solução do tipo *cul-de-sac*.

Outro ponto a considerar refere-se ao aspecto regional do plano de urbanismo, o que antecipava questões que seriam debatidas apenas nos anos 1950, no Brasil, na medida em que "as questões municipaes affectam por vezes a varios municipios em conjuncto. São pois inter-municipaes. Outras vezes as grandes cidades tentaculares extendem seus serviços a cidades vizinhas menores, alargando assim, sua esphera de acção" (CONTINENTINO, 1937, p. 321). Como solução para o problema das grandes metrópoles, cuja expansão urbana ampliava de maneira ilimitada os seus horizontes, preconizava a descentralização, por meio de cidades-jardins satélites, "afim de tornar mais econômicos os serviços públicos, que encarecem extraordinariamente quando as cidades se extendem em demasia" (CONTINENTINO, 1937, p. 321).

As propostas elaboradas por Continentino eram precedidas de estudos minuciosos, nos quais discorria sobre os principais aspectos que interferiam nas soluções e procurava destacar os problemas mais evidentes, no quadro de preexistências, como um diagnóstico preliminar. Através destes estudos, eram introduzidos os princípios básicos e as ideias gerais a serem aplicados, com vistas a contemplar a especificidade de cada caso, com a definição dos componentes necessários para a organização dos planos, enfatizando a necessidade da aplicação das regras do urbanismo moderno. Continentino estruturava a sua composição urbanística em função destas normas referentes à porcentagem de áreas, ao parcelamento, ao zoneamento, ao sistema viário, aos tipos de habitação e equipamentos públicos e à infraestrutura urbana. Mesmo buscando uma adaptação, de acordo com os condicionantes locais, várias destas regras eram reproduzidas em contextos distintos. Assim, verificamos o mesmo enfoque para situações diversas, como na organização de leprosários, materializada pelas colônias Santa Isabel e Ibiá, ambas em Minas Gerais; também para as intervenções em centros urbanos preexistentes, como no Barreiro do Araxá/MG, ou mesmo a criação de uma cidade operária, como no concurso para Monlevade/MG; além do plano para a capital mineira, Belo Horizonte.

As propostas para os leprosários se inserem em uma campanha nacional contra a lepra que, a partir de 1935, foi objeto de uma ação metódica e ampla por parte do governo federal. Foi elaborado um plano nacional que, dentre as diretrizes, definia: "a) construção pela União de um número suficiente de leprosários, preferentemente do tipo colônia agrícola." (BRASIL – MINISTÉRIO DA SAÚDE, 1960, p. 18). Neste período Continentino apresentou trabalhos relacionados ao tema, como na III Conferência Pan-Americana da Cruz Vermelha, realizada no Rio de Janeiro – *Saneamento. Contribuição da Engenharia Sanitária para a melhoria das condições de salubridade das cidades* –, e a tese *Organização de Leprosarios no Congresso de Unificação do Combate á Lepra no Brasil*. Estes trabalhos reuniam componentes projetuais aplicados nos planos desenvolvidos por Continentino para leprosários, os quais eram pensados como núcleos urbanos autônomos em relação a outras cidades. A segregação dos doentes constituía um elemento vital para a organização destes conjuntos, tendo sido elaborados o Plano de Urbanismo da Colônia Santa Isabel, em 1931, e o Plano Geral do Leprosário de Ibiá, fundado em 1943, ambos trabalhos vinculados ao Serviço de Saneamento e Urbanismo da Secretaria de Viação e Obras Públicas do Estado de Minas Gerais.

Os planos para os leprosários foram elaborados considerando os princípios do urbanismo moderno, segundo Continentino, sendo que "quanto mais effectivo o caracter de cidade, peculiar a um leprosario, tanto mais restricta deve ser a applicação ao mesmo, das regras de urbanismo" (CONTINENTINO, 1937, p. 247). Neste sentido, "o desenvolvimento dos leprosarios ficará adstrito a um plano geral racional de urbanismo, estudado conveniente e demoradamente por autoridades medicas, engenheiros sanitarios e urbanistas. Estes planos não podem soffrer alteração, em suas linhas geraes, pelos administradores eventuaes" (CONTINENTINO, 1937, p. 248). O plano para Ibiá envolveu diversas modificações no projeto do arquiteto Aurélio Lopes para a então Colônia São Francisco, tendo à frente Lincoln Continentino. A proposta foi desenvolvida em área lindeira ao rio Quebra Anzol, no município de Bambuí/MG, com zoneamento que previa administração, zona de agentes, praça de esportes, cemitério e terreno para pastagem. A implantação das unidades de habitação, comércio, indústria e oficinas obedeceu a um esquema geométrico com via de ligação conectada a vias secundárias. O plano para a Colônia Santa Isabel, no município de Betim/MG, foi precedido de recomendações sobre a organização de leprosários no Brasil, tendo sido a proposta definida como um trabalho de engenharia sanitária em colaboração direta com a medicina, evidenciando a relação de Continentino com a linhagem dos engenheiros sanitaristas. Como na Colônia São Francisco, além dos médicos e dos engenheiros sanitários, ressaltava-se que o plano deveria incluir a participação de urbanistas. Adequação ao sítio, traçado sanitário das vias, separação por zonas, criação de um centro administrativo com o perfil de um centro cívico, dentre outros, configuravam os elementos básicos do plano. O arruamento do tipo "cidades-jardins", composto por faixas gramadas e canteiros no centro ou junto aos passeios, foi também preconizado, em particular o tipo relacionado com as unidades de vizinhança ou *neighbourhood units,* conforme a experiência norte-americana. Neste sentido, destacava-se que "as ruas secundarias residenciaes podem apresentar, de accordo com o terreno, varios trechos em curvas, constituindo um obstaculo ao trafego exagerado e tendo ainda a vantagem de ser um derivativo para o systema por vezes monotono e insipido do traçado de ruas em xadrez ou rectangular ('gridiron system')"(CONTINENTINO, 1937, p. 328).

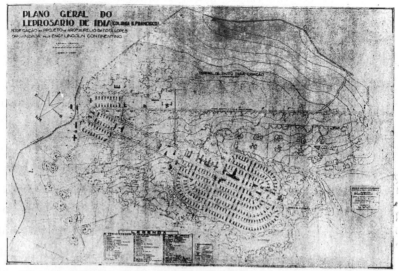

Figura 1: Plano Geral do Leprosário de Ibiá (Colônia São Francisco),
por Lincoln Continentino, desenhado por José Cantagalli,
com as modificações sobre o projeto original do arquiteto Aurélio Lopes.
Fonte: CONTINENTINO, 1937.

Para Monlevade, Continentino mais uma vez reiterava a aplicação dos preceitos do urbanismo moderno, este vinculado a um traçado jardim, visando atender à iniciativa da Companhia Siderúrgica Belgo-Mineira, na implantação de uma cidade industrial. Antes de apresentar os componentes do plano, foram feitas breves considerações sobre os aspectos a considerar, numa proposta de cidade nova, incluindo exemplos afins. Na organização do plano, buscava-se uma solução racional, visando o crescimento ordenado da cidade, ainda, que

> a etapa inicial, a primeira phase da construcção de uma cidade, mesmo havendo um projecto perfeitamente detalhado, especificado e orçado, precisa ser de perto acompanhada por um urbanista, pois que se impõe a orientação technica especializada para o solucionamento exacto de todos os problemas, de natureza as mais diversas, que se apresentam no decorrer dos

trabalhos e que desde início precisam ser orientados em seu sentido exacto (CONTINENTINO, 1937, p. 124).

A nova cidade se colocava à altura de outras importantes realizações: "Bello Horizonte e Goyania foram as primeiras cidades executadas no Brasil sob projecto previamente estabelecido e Monlevade será a primeira cidade industrial" (CONTINENTINO, 1937, p. 123). Continentino destacava, também, outras realizações do urbanismo, particularmente aquelas relacionadas com um programa industrial, como foram na Inglaterra as cidades erigidas por Lever e Cadbury, respectivamente Port Sunlight e Bournville, exemplos, como vimos, importantes e antecipadores do ideário *garden city*. Outra referência nos remete à cidade construída por Krupp, nos arredores de Essen, na Alemanha, e a uma realização da ARBED na Bélgica. Letchworth e Welwyn também foram citadas, bem como o subúrbio-jardim de Radburn, nos Estados Unidos. A experiência norte-americana novamente era evidenciada, pois lá "estão, mais do que em qualquer paiz, espalhadas em todas as direções, as cidades jardins, bellas, confortáveis, alegres, salubres e prehenchendo integralmente aos altos objectivos visados pelos seus organizadores"(CONTINENTINO, 1937, p. 124).

Além deste elenco de referenciais, Continentino fazia menção à sua própria experiência em Minas Gerais, nos planos dos leprosários e na proposta para Araxá, além da citação a diversos urbanistas. Assim, "foram aproveitadas no plano de Monlevade, que obedece á características fundamentaes de uma cidade jardim industrial moderna, as licções dos maiores urbanistas hodiernos, taes como, Thomaz Adams, Bartholomeu, Nolen, Unwin, Delano, Hubbard, Mme. Hubbard, Right, Ford, Agache, Benoit-Levy, Wudke e muitos outros urbanistas brasileiros Armando Godoy, Anhaia Mello, Prestes Maia e Washington Azevedo"(CONTINENTINO, 1937, p. 124). O longo memorial teve trecho anexado de palestra de Armando de Godoy sobre o problema da habitação, com indicações de realizações norte-americanas e inglesas, com referências diretas a Ebenezer Howard, além das experiências de loteamentos em São Paulo por Parker e Unwin.

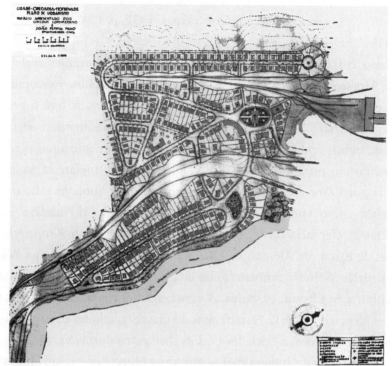

Figura 2: Cidade Operária de Monlevade: Plano de Urbanismo, implantação geral na proposta de Lincoln Continentino e João Penna Filho, com recorte ampliado. Na parte superior o título Cidade-operária-Monlevade: plano de urbanismo, escala graphica 1:1000, projecto apresentado por Lincoln Continentino e João Penna Filho, engenheiros-civis. Na parte inferior, legenda apresentando os seguintes equipamentos: 1. Igreja; 2. Armazém; 3. Clube; 4. Cinema; 5. Escola; 6. Administração; 7. Delegacia, Correios e Telégrafos e outros trechos ilegíveis. Fonte: CONTINENTINO, Lincoln. Plano de Urbanismo da Cidade Industrial de Monlevade, p. 131.

Em Belo Horizonte, Continentino aplicava este ideário numa proposta que, ao longo dos anos, assumiria cada vez mais o caráter de um plano regional. Ele dizia que "em todas as cidades do mundo tem-se verificado a repetição dos mesmos erros e falhas que agora focalizamos em Bello Horizonte; e isto pela falta de visão do conjuncto, ou melhor, pela falta de previsão dos seus administradores eventuaes e pela solução de continuidade entre as administrações" (CONTINENTINO, 1937, p. 344). Naquele momento, a capital mineira se caracterizava como uma "cidade nascente", cujos problemas não se revelavam tão difíceis como evidenciado nas "cidades tentaculares metropolitanas". O plano da cidade possibilitava a solução racional para estes problemas: "como povo culto, cumpre-nos, no entanto, não esmorecer, procurando melhorar e aperfeiçoar sempre mais a nossa urbs. Com este intuito é que eu proponho, a quem de direito, a organisação do plano de urbanismo de Bello Horizonte" (CONTINENTINO, 1937, p. 124).

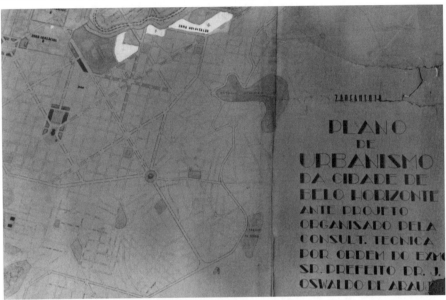

Figura 3: Plano de Urbanismo da Cidade de Belo Horizonte, 1940, escala 1:5.000. Constitui a primeira proposta global de revisão do plano elaborado para Belo Horizonte, desenvolvido por Continentino a partir de 1933.
Fonte: CONTINENTINO, 1940, p. 38.

Os principais argumentos que compõem o ideário urbanístico de Lincoln Continentino revelam a importância da contribuição deste técnico para o pensamento e para as práticas sobre as cidades brasileiras. Urbanistas brasileiros e estrangeiros, autores que escreveram sobre saneamento e urbanismo, foram citados como referenciais para as intervenções propostas. Diversos exemplos de idealizações, realizações e modelos apropriados para a realidade brasileira foram também empregados. Neste sentido, os ideários de urbanismo que circulavam pelos fóruns de conhecimento eram reintroduzidos, com enfoque vinculado à linhagem dos engenheiros sanitaristas, pioneiros no urbanismo brasileiro, solidários aos conceitos de cidade-jardim de Howard e a sua versão norte-americana representada pelo subúrbio-jardim de Radburn, desenvolvido por Clarence Stein e Henry Wright. Neste sentido, a formação assentada nos princípios da engenharia sanitária foi marcada por uma visão prática e objetiva dos problemas, não deixando que ele se abatesse pelas dificuldades interpostas na aplicação das suas ideias. E vários foram os obstáculos enfrentados por este urbanista, cujo apelo à neutralidade científica e crença no progresso alicerçado pela ciência eram recorrentes. Os inúmeros projetos urbanísticos e textos comprovam o papel deste profissional para a formação do urbanismo no Brasil.

Nos anos 1950 e nas décadas seguintes, Continentino continuou a empregar os mesmos argumentos para o desenvolvimento das cidades com uma preocupação, no entanto, para questões mais abrangentes, numa escala nacional, como por exemplo a transposição das águas do rio São Francisco, a construção de barragens e ligações regionais, por meio da implementação de vias férreas. Os problemas mais específicos, relacionados com a urbanização de cidades, ou mesmo a criação de cidades novas, pelas quais tanto se debateu durante anos, permaneceram, neste período, em segundo plano. Tanto as questões de caráter nacional quanto àquelas relacionadas com a especificidade das cidades permanecem em aberto, como campo de trabalho na atualidade.[21]

Referências bibliográficas

BRITO, F. S. R. de. *Urbanismo: traçado sanitário das cidades, estudos diversos*. Rio de Janeiro: Imprensa Nacional, 1944, Obras completas de Saturnino de Brito, vol. xx, p. 29

CONTINENTINO, C. Entrevista realizada em 30 jul. 2002, em Belo Horizonte.

CONTINENTINO, Lincoln. *Saneamento e urbanismo*. Belo Horizonte: Livraria Editora Médica, 1937.

---

21 O autor agradece ao Ministério da Cultura, Ministério das Cidades, Capes, CNPq e Fapemig.

_____. "Urbanismo; O Plano de Belo Horizonte: impressões de uma viagem recente à Argentina". *Arquitetura & Engenharia*, jul. e ago. 1940.

LEME, M. C. da S. (org.). *Urbanismo no Brasil: 1895-1965*. São Paulo: Studio Nobel; FAU-USP; Fupam, 1999.

LIMA, F. J. M. de (org.). *Urbanismo em Minas Gerais: pelas cidades*. Juiz de Fora: Editora da UFJF, 2010.

_____. *Por uma cidade moderna: ideários de urbanismo em jogo no concurso para Monlevade e nos projetos destacados da trajetória dos técnicos concorrentes (1931-1943)*. Tese (doutorado) – FAU-USP, São Paulo, 2003.

_____. "Ideários urbanísticos em confronto no concurso para Monlevade". *VII Seminário de História da Cidade e do Urbanismo*. Salvador, 15 a 18 out. 2002.

_____."Cidade Industrial de Monlevade: visões de urbanismo em jogo". *VII Congresso Luso-Afro-Brasileiro de Ciências Sociais*. Rio de Janeiro, 2 a 6 set. 2002.

_____. "Problemas de Urbanismo em Minas Gerais nos anos 30". *IX Encontro Nacional da Anpur: Ética, planejamento e construção democrática do espaço*. Rio de Janeiro, 28 maio a 1 jun. 2001.

_____. "Cidade Operária de Monlevade: novos conceitos de morar". *III Seminário DOCOMOMO Brasil*. São Paulo, 8 a 11 dez. 1999.

_____. *Bello Horizonte: um passo de modernidade*. Dissertação (mestrado) – FA-UFBA, Salvador, 1994.

Parte II
Planos e obras:
engenheiros e arquitetos na construção
da cidade e do território

O ideário dos engenheiros e os planos realizados
para as capitais brasileiras ao longo da Primeira República[1]

José Geraldo Simões Junior

O trabalho objetiva contribuir para o debate a respeito da repercussão do ideário urbanístico internacional nas propostas e práticas urbanas ocorridas nas principais cidades-capitais brasileiras ao longo da Primeira República. A partir da caracterização dessa ambiência iniciada em fins do século XIX, através de congressos de urbanismo e disseminação de publicações especializadas, mostra-se a relevância das experiências urbanísticas anglo-saxônica e francesa. No Brasil, a valorização da cultura francesa pelos republicanos e a difusão de seu ideário contribuiriam para que a *haussmannização* se tornasse panaceia para urbanistas da época. O exemplo das intervenções de Paris facilitava a implantação de um projeto de modernidade urbana em curto prazo, mas de alcance limitado, constituindo-se muito mais na produção

---

1   Este texto foi elaborado a partir de trabalho apresentado no Encontro Nacional da Anpur e também publicado no periódico *Arquitextos/Vitruvius*, São Paulo, ano 8, n° 90, nov. 2007

de cenários modernizadores do que propriamente de alterações estruturais nas cidades. De dez capitais brasileiras estudadas, São Paulo será a única a não seguir esta tendência, uma vez que o diretor de obras da época era um dos que possuía formação conceitual mais consolidada dentre os urbanistas brasileiros, em geral engenheiros.

A ambiência urbanística internacional

Ao longo do século XIX, registrou-se na Europa e nos Estados Unidos um forte processo de mudança no quadro econômico e social urbano, como consequência da Revolução Industrial. Podemos inclusive afirmar que a Revolução Industrial trouxe como consequência uma *revolução urbana*.

Este processo produziu, pela primeira vez na história, um deslocamento do centro de produção da economia, que do âmbito rural/agrícola/feudal transferiu-se para a ambiência urbana.

Tal fato trouxe como consequência um explosivo crescimento das cidades, em especial daquelas situadas nos países condutores deste processo de industrialização: Alemanha, Grã-Bretanha, França e Estados Unidos. A população total destes países, que em 1800 era de 64 milhões, passa ao final do século para 207 milhões. Em termos urbanos, surgem no período onze aglomerações que excedem 1 milhão de habitantes: na Grã-Bretanha (Londres, Manchester, Birmingham e Glasgow), na França (Paris), no Império Germânico (Berlim e Viena) e nos Estados Unidos (Nova York, Chicago, Filadélfia e Boston) (SUTCLIFFE, 1981, p. 2).

O fenômeno exige a elaboração de políticas de intervenção por parte das administrações governamentais:

- nas cidades europeias, a demolição dos muros defensivos das vilas e cidades de fisionomia ainda medieval, para dar lugar a novas áreas de expansão urbana e bairros, muitos deles destinados ao abrigo de conjuntos habitacionais;
- a implantação de planos de remodelação para as áreas centrais e históricas, demolindo estruturas fechadas de ruas estreitas e escuras e criando espaços viários mais amplos e adequados para o enfrentamento das novas necessidades de circulação e transporte;

- o estabelecimento de um novo padrão de ocupação e de edificação, objetivando o enfrentamento dos graves problemas sanitários e das epidemias, decorrentes da forte concentração humana;
- a implantação de redes de infraestrutura sanitária, de iluminação e de transporte público;
- a realização de projetos de embelezamento urbano, de criação de espaços de cunho cívico e monumental, assim como de áreas verdes e espaços públicos de lazer.

Uma nova classe social emerge, a burguesia comercial e industrial, passando a ocupar funções políticas junto às administrações municipais, impulsionando este processo de modernização e de produção de uma cidade enfatizando seus interesses – marcadas por intervenções de caráter embelezador, dominadas pela estética do ecletismo, e que consequentemente reforçavam a segregação socioespacial.

No bojo deste processo, a afirmação de profissões liberais como a dos engenheiros e médicos vem reforçar o advento de políticas visando uma gestão mais organizada da cidade, enfatizando práticas cientificistas, como o sanitarismo e as tecnologias associadas às novas infraestruturas, assim como o discurso competente para a análise dos problemas urbanos, para a proposição de planos de intervenção, para a aplicação de normativas ordenadoras do espaço urbano e para as práticas eficientes de gestão municipal.

É neste contexto que surge a ciência urbana ou urbanismo moderno.

A difusão desse conhecimento especializado no cenário europeu mais amplo começou a progredir verdadeiramente a partir do advento dos encontros e congressos internacionais, na década de 1890. Alguns anos mais tarde, ganharia projeção global com a divulgação proporcionada pelas revistas especializadas.

A questão urbana, a bem dizer, já estava presente em alguns eventos internacionais desde meados do século XIX, como por exemplo nas Exposições Universais. Embora essas exposições e encontros fossem uma atividade quase que cotidiana nessa época (entre 1886 e 1890 foi contabilizada a realização de 853 congressos internacionais de caráter geral, que atingiriam o número de 2271 no período de 1900 a 1914) (SUTCLIFFE,1981, p. 166), a existência de eventos especializados na difusão de questões urbanas passaria a acontecer na Europa somente após 1898, com a realização do 1º Congresso de Arte Pública, organizado em Bruxelas pelo então burgomestre da cidade, o urbanista Charles Buls.

Para que seja possível ter uma ideia do material disponível sobre esse assunto em 1903, por exemplo, poderíamos citar: o livro de Reinhard Baumeister (*Stadterweiterungen...*, 1876), o de Camillo Sitte (*Der Städtebau...*, 1889) e sua primeira tradução para o francês (1902), o manual de Joseph Stübben (*Städtebau*, 1890), o livro de Charles Buls (*Esthétique dês Villes*, 1894), o de Ebenezer Howard (*Garden Cities of Tomorrow*, 1902) e o de Charles Mulford Robinson (*Modern Civic Art*, 1903).[2] Outros urbanistas, como Raymond Unwin, Eugène Hénard, Werner Hegemann e Patrick Geddes só viriam lançar a público suas primeiras ideias alguns anos mais tarde.

O primeiro grande evento de divulgação urbanística é realizado em 1903, em Dresden, intitulado "Primeira Exposição Alemã de Cidades", onde são apresentados 214 planos desenvolvidos pelas municipalidades alemãs, causando impacto nos administradores públicos de outros países que visitaram o evento, pois perceberam aí uma clara metodologia para realizar o diagnóstico, elaborar planos e conceber instrumentos normativos para suas cidades.

Após a exposição de Dresden, os congressos de urbanismo realizados na Europa se constituíam na única oportunidade de aprendizado não livresco, de troca de experiências e de debates entre os técnicos das administrações municipais, projetistas e acadêmicos da área do urbano.

Outro encontro significativo a registrar foi o VII International Congres of Archiects, realizado em Londres no ano de 1906, que contou com a presença de Charles Buls, Joseph Stübben e Raymond Unwin.

---

2   Estes eram os livros que assumiam maior relevância em termos de difusão internacional. A produção sobre assuntos correlatos aos temas da cidade, urbanismo e gestão pública municipal era naquele momento já bastante ampla, mas acontecia de forma difusa em inúmeros periódicos e livretos e em geral com circulação local. Um extenso levantamento sobre tudo o que já havia sido publicado sobre o tema foi divulgado na revista americana *Municipal Affairs*, em 1901, num encarte especial, contendo a espantosa quantidade de 354 páginas.

Quatro anos mais tarde, em 1910, essa mesma cidade sediou um dos mais importantes eventos do período, a Town Planning Conference, que conseguiria reunir todos os mais relevantes urbanístas da época, como como os alemães Joseph Stübben, Albert Brinckmann e Rudolf Eberstadt, os norte-americanos Charles Mulford Robinson e Daniel Burnham, os franceses Augustin Rey, Louis Bonnier e Eugène Hénart, e os britânicos Raymond Unwin, Thomas Mawson, A. D. Adshead, Patrick Geddes e Ebenezer Howard.

Neste mesmo ano de 1910, a Alemanha sediaria a Exposição Internacional de Urbanismo, em Berlim, onde foram apresentados os planos do concurso da Grande Berlim e também trabalhos elaborados para as cidades de Budapeste, Estocolmo, Munique, Colônia, Londres, Paris, Viena, Chicago e Boston. Este evento teve continuidade em 1912, com a Exposição Internacional de Düsseldorf.

Merecem destaque também no período os Seminários Anuais de Urbanismo de Berlim-Charlottemburg, iniciados em 1908, e os eventos anuais norte-americanos intitulados National Conferences of City Planning, a partir de 1909.

Por fim, o ano de 1913 viria marcar a realização de um dos últimos encontros significativos do período anterior à Primeira Guerra. Coincidentemente, todos realizados na Bélgica e Holanda, dos quais o mais importante foi sem dúvida o Premier Congrès International et Exposition Comparée des Villes, onde estiveram presentes Joseph Stübben e Charles Buls.

Esses fóruns possibilitaram não só a troca de experiências entre os administradores municipais das diversas cidades europeias, como também abriu espaço para a internacionalização da cultura urbanística. Estes fatores foram reforçados com a difusão promovida pelas associações de urbanistas, que foram sendo fundadas em cada país, como as Vereins alemãs, o Town Planning Institute e o Garden Cities and Town Planning Association ingleses, a Societé Française des Urbanistes etc.

A presença americana neste cenário ainda não era marcante no período. Poucos eventos sediados nos Estados Unidos contaram com expoentes do cenário urbanístico europeu. Merece destaque o evento comemorativo dos 400 anos da descoberta da América, ocorrido em Chicago em 1892

(Exposição Colombiana), contando com a presença de Stübben. Na ocasião foi organizado o International Engineering Congress, onde foi difundido o ideário do movimento *City Beaituful*, do qual Mulford Robinson se tornaria o maior apologista. Posteriormente, após 1909, seriam organizados as National Conference of City Planning e somente após 1917 os fóruns de urbanistas ganhariam impulso, com a fundação da American Planning Association. Ainda no âmbito americano, merecem destaque as Conferencias Interamericanas, organizadas pelos países latinos a partir de 1897, fóruns onde a questão urbanística era, dentre outros temas, assunto das discussões.

Além desses encontros, a difusão desse novo campo científico de conhecimento passou a contar, a partir do início do século, com os periódicos especializados. Estes vieram a se constituir no meio mais eficiente de divulgação desse debate sobre a cidade, não só para aquele público tradicional já frequentador desses congressos, mas sobretudo para os administradores públicos que estavam mais distantes desse contexto europeu (que era o caso dos brasileiros).

A primeira revista especializada na matéria do urbanismo e com repercussão internacional foi lançada em 1904, simultaneamente em Viena e Berlim: *Der Städtebau* (A construção urbana). Os seus organizadores eram Camillo Sitte e Theodor Göecke. No mesmo ano, a Inglaterra lançaria a *Garden Cities and Town Planning*, uma das principais divulgadoras dos projetos de cidade-jardim. Em 1908, teria início a *Städtebauliche Vortrage,* editada em Berlim, e em 1910 a *Town Planning Review,* publicada em Liverpool. Em 1914, surge o *Journal of the Town Planning Institute* e em 1919, a revista francesa *La Vie Urbaine*.

No contexto norte-americano, pode-se citar como periódicos seminais os *Proceedings of the National Conference of City-Planning* (1910) e a *National Municipal Review* (1912).

Esse período anterior à 1ª Guerra Mundial é o momento então que é considerado por muitos autores [COLLINS (1965), PICCINATO (1974), SUTCLIFFE (1981)], como aquele em que se dá a gênese do urbanismo enquanto campo disciplinar específico do conhecimento, enquanto uma ciência, processo conduzido pelos países europeus.

Apesar da relevância do paradigma urbanístico anglo-saxônico no campo internacional, no Brasil a assimilação deste ideário aconteceu de forma bastante restrita, tendo prevalecido o ideário francês, como veremos a seguir.

O contexto brasileiro

No contexto brasileiro e mesmo sul-americano, as ressonâncias do processo de industrialização na Europa e América do Norte já se fazem perceber desde a década de 1880, uma vez que esses países passam a assumir posição de retaguarda em relação à Revolução Industrial, ficando responsáveis pelo fornecimento de matérias-primas e produtos agrícolas para os países mais avançados: o Brasil fornecendo café e borracha, a Argentina, carne e lã, o Chile, cobre e salitre etc.

No Brasil, a riqueza proveniente desta economia agroexportadora lançaria as bases para as mudanças no quadro cultural e social do país: o surgimento de uma elite econômica com fortes laços com a cultura europeia, em especial a francesa; a formação de um mercado elitizado e consumidor de produtos industrializados importados; a substituição do trabalho escravo pela mão de obra assalariada do imigrante europeu. Tais fatores contribuiriam decisivamente para alterar o quadro cultural da sociedade brasileira, com forte impacto no âmbito da arquitetura e do urbanismo. A referência ao modelo francês seria ainda reforçada pelo forte poder que o modelo da república francesa exercia sobre a classe política brasileira, assim como pelo ideário positivista *comteano*.

O progresso científico na área das ciências da saúde contribuiu, na segunda metade do século XIX, para a adoção dos princípios do sanitarismo nas práticas urbanas, num momento onde o enfrentamento das epidemias exigia que as áreas centrais fossem remodeladas, de forma a implantar serviços de infraestrutura de água e esgotos, a sanear áreas pantanosas e inundáveis, a prover espaços públicos abertos para facilitar a aeração e a insolação, a eliminar focos de concentração de moradias insalubres (cortiços) e a estabelecer normativas para as construções.

Nas cidades litorâneas esta política era acompanhada de projetos de ampliação e modernização das instalações portuárias, para adequá-las à economia agroexportadora e para inserir as cidades nos fluxos globais ligados ao comércio (o Rio de Janeiro, então capital do país e principal porta de entrada de viajantes estrangeiros, era conhecida como o "túmulo dos estrangeiros", devido à alta mortandade causada pelas epidemias, fato que chegou a desviar as rotas de navios europeus que lá faziam escala no destino a Buenos Aires).

Esta modernização foi acompanhada de uma evolução nos meios de transporte, com o advento do bonde elétrico e do automóvel, que exigiu expressivas alterações nas antigas malhas urbanizadas herdadas do período colonial, através de projetos de ampliação e retificação viária. Novas técnicas construtivas contribuíram para a mudança do padrão de ocupação, como as estruturas metálicas, o elevador e o concreto armado, trazendo a substituição das antigas construções por edificações de vários pavimentos, seguindo os cânones da estética do ecletismo.

A gestão da cidade também passava por aperfeiçoamentos, uma vez que a consolidação do poder político na esfera municipal criara novos cargos administrativos que foram ocupados por profissionais com formação técnica de nível superior voltada ao enfrentamento destas mudanças – os engenheiros –, a grande maioria formada nas escolas politécnicas, onde alguns lecionavam. Este fato criou as condições para o fluxo das ideias entre o que se passava no contexto urbanístico europeu e as práticas aqui realizadas, dando origem a uma abordagem mais cientificista da questão urbana, fato que marcaria o advento dos pioneiros do urbanismo no Brasil.

As intervenções urbanas nas capitais brasileiras

Como já mencionado, a influência de modelos e práticas urbanísticas advindas do cenário internacional estava fortememte marcada pelo poder exercido pela cultura francesa sobre nossas elites e governantes, especialmente pelo ideário da "Republique" e suas conotações simbólicas e positivistas.

A referência urbanística era o plano que o prefeito Haussmann tinha executado para a cidade de Paris na década de 1850, destruindo a malha urbana e viária medieval da área central, rasgando largas avenidas e implantando sistemas modernos de infraestrutura, parques, edifícios públicos, além de uma padronização estética para as novas construções. O então recente plano de Buenos Aires, realizado em 1907 pelo arquiteto francês Joseph Bouvard, foi também paradigmático. Tais projetos constituíram-se em referências muito mais importantes para o Brasil do que toda a teorização urbanística elaborada pelos germânicos.

Pereira Passos, no projeto de modernização da cidade do Rio de Janeiro, adotou as premissas *haussmannianas*, pois vivera em Paris na época dos *Grands Travaux* e presenciara o enorme sucesso daquele empreendimento. Aarão Reis, para a construção da nova capital de Minas Gerais, inspirara-se na grelha viária portenha e nas suas *percées* diagonais.

Outras capitais como Salvador, Recife, Fortaleza e Porto Alegre seguiriam caminhos similares aos do Rio, procurando adequar suas antigas estruturas coloniais às premissas da modernidade, marcadas pelo ecletismo e pela implantação de sistemas de infraestrutura urbana.

São Paulo, com o plano elaborado por Victor Freire e Bouvard em 1911, apresentava um contexto diferenciado, uma vez que esse padrão era questionado, adotando-se premissas da urbanística alemã, em especial a de influência *sitteana* e *stübbeana*.

No aspecto sanitário, as novas orientações da medicina e da saúde pública a partir de Pasteur contribuiriam para o enfrentamento desses graves problemas, mas não sem forte resistência popular, como foi o caso da Revolta da Vacina, ocorrida no Rio de Janeiro por ocasião da primeira campanha de vacinação em massa implementada por Osvaldo Cruz em 1904.

No campo da engenharia, a contribuição aconteceria através de planos integrados de saneamento envolvendo drenagem, canalização de cursos d'água, tratamento de esgotos e abastecimento de água potável. O maior expoente brasileiro foi Francisco Rodrigues Saturnino de Brito, que, com formação francesa, realizou planos para quase todas as grandes cidades brasileiras, num momento em que a ameaça de epidemias exigia intervenções sanitaristas imediatas.

A presença de engenheiros no tratamento de problemas urbanos começava nessa época a se firmar, num cenário que até então tinha sido dominado por administradores públicos com formação nas ciências jurídicas. Era o velho estamento imperial e agrarista que cedia seus lugares nas funções públicas a uma nova geração, composta por engenheiros, com ideário positivista e republicano – advindos das Escolas Politécnicas (RJ, SP, PE, BA, RS) e da Escola Militar (RJ) e que tinham como projeto político a busca do progresso do país através da industrialização e da modernização das cidades. O tecnicismo e a cientifização dos diagnósticos e propostas de intervenção urbana trariam destaque para profissionais engenheiros em todo o Brasil, como Teodoro Sampaio (BA, SP), Antonio Francisco de Paula Souza (SP), André Rebouças (RJ), João Moreira Maciel (RS), Francisco Pereira Passos (RJ), Jerônimo Teixeira de Alencar Lima (BA), Victor da Silva Freire (SP), Saturnino de Brito, dentre outros, pertencentes à primeira geração de urbanistas.

Alguns destes profissionais aliavam o campo da experimentação prática, junto às prefeituras, com a atividade acadêmica, o que os colocava em situação privilegiada para pensar os problemas urbanos com uma abordagem respaldada em conhecimento teórico advindo de referências internacionais. Um dos casos mais relevantes foi o do engenheiro Victor Freire, diretor de obras da prefeitura de São Paulo e ao mesmo tempo catedrático da Escola Politécnica.

No quadro abaixo estão apresentadas as dez maiores cidades-capitais identificadas pelo levantamento censitário de 1900. Essas cidades foram objeto de projetos de renovação urbana e melhoramentos, que em maior ou menor escala em cada caso, contribuíram para a adequação de suas estruturas físicas às necessidades econômicas do país, em grande parte condicionadas pelo seu papel no contexto internacional.

Profissionais, práticas e representações...

Cidades	População (mil hab.)	Projeto mais relevante	Urbanista responsável	Formação
Rio de Janeiro	810	Abertura da Avenida Central (1902-06)	eng. Pereira Passos (+ eng. André Gustavo Paulo de Frontin)	Escola Militar (RJ) e École des Ponts et Chaussés (Paris)
São Paulo	239	Parque Anhangabaú (1911-16)	eng. Victor Freire/ (+arq. Bouvard)	Escola Politécnica (Lisboa) e École dês Ponts et Chaussées (Paris)
Salvador	205	Melhoramentos na Rua Chile e abertura da av. Sete de Setembro (1910-16)	eng. civl Jeronymo Teixeira de Alencar Lima	Escola Politécnica (...)
Recife	113	Avs. Marques de Olinda e Central (1909-13)	eng. civil Alfredo Lisboa	Escola Politécnica (...)
Belém	96	Melhoramentos – Boulevard da República (1905-11)	eng. Manoel Nina Ribeiro	(...)
Porto Alegre	73	Av. Júlio de Castilho e imediações	eng-arq. João Moreira Maciel	Escola Politécnica (SP)
Manaus	65	Av. Eduardo Ribeiro (1893-1902)	gov. Eduardo Ribeiro	———
Curitiba	50	Melhoramentos – Rua 15 de Novembro (1920-24)	pref. e eng. João Moreira Garcez	Escola Politécnica (...)
Fortaleza	48	Melhoramentos – Passeio Público	gov. Antonio Pinto Nogueira Accioly	———
Teresina	45	Melhoramentos – Praças D. Pedro II e da Bandeira	govs. Antonino Freire da Silva e Miguel de Paiva Rosa	———

Quadro 1 – As dez maiores cidades capitais pelo censo de 1900.

As obras elencadas na tabela são as mais emblemáticas em cada cidade. Elas foram realizadas em espaços centrais e valorizados e que, em função do rápido crescimento urbano, precisavam ser remodelados.

Como já comentado, é em fins do século XIX que a presença dos engenheiros começa a se afirmar no campo da administração municipal e estadual, em substituição ao gestor da época do Império, que em geral era de formação jurídica. É interessante constatar que os projetos urbanos conduzidos por engenheiros (ou engenheiros-arquitetos) eram justamente aqueles realizados nas cidades de maior porte (Rio de Janeiro, São Paulo, Salvador, Recife, Belém e Porto Alegre) e que, possivelmente por este motivo, tais projetos estavam atrelados a um plano mais amplo de melhoramentos para a cidade. Nas cidades menores (Manaus, Curitiba, Fortaleza e Teresina) prevaleciam administradores com formação variada, conduzindo a intervenções de menor escala ou até mesmo pontuais, desprovidas de uma visão de conjunto sobre os problemas urbanos.

Assim, no Rio de Janeiro, que era a capital do país, o plano de intervenção do então presidente Rodrigues Alves estava alicerçado em três vertentes. A primeira, a do desafogo da congestão viária do centro (que implicava na abertura de uma grande avenida com quase 2 km de extensão e com largura de 33 metros, na derrubada de parte do morro do Castelo, na demolição de 590 velhas edificações, a maioria cortiços, e na reedificação de modernas construções de acordo com os cânones estéticos do ecletismo), cujo responsável era o prefeito Passos. A segunda, a do enfrentamento e eliminação das epidemias (malária, varíola, febre amarela e tuberculose), através de uma política inédita e polêmica, onde uma das componentes era constituída por campanha de vacinação domiciliar obrigatória, conduzida pelo médico sanitarista Osvaldo Cruz, que havia estudado no Instituto Pasteur de Paris e se notabilizara pela eliminação da peste bubônica na cidade de Santos. E, por fim, a terceira, a da modernização das estruturas portuárias, a cargo do ministro Lauro Muller, da Indústria, Viação e Obras Públicas, assessorado pelo engenheiro Francisco Bicalho.

A abertura da Avenida Central fazia parte, portanto, de um plano geral de melhoramentos que, "unindo mar a mar" (do cais à praia de Santa Lúcia), possibilitava a ampliação da aeração de toda a área do centro comercial carioca. A estratégia de criar um cenário de modernidade a partir desta obra é claramente explicitada através das novas regulamentações para as reedificações que aí fossem realizadas: deveriam seguir os cânones do ecletismo e obedecer a uma padronização para as fachadas (mínimo de 3 pavimentos e testadas pré-determinadas). Para tanto, foi instituído um concurso de fachadas (seguindo a tradição inaugurada por Mansard para a Place Vandôme em Paris, na época de Luis xiv, onde a fachada ganhava autonomia em relação ao restante do projeto) para o qual concorreram 134 projetos, dos quais 77 aprovados. Além disso, foram edificadas algumas obras de grande significado simbólico, como o Teatro Municipal, expressão máxima da influência do ideário francês.

A construção destes "cenários" estava alinhada com o pensamento progressista dos republicanos, que tinham como proposta urbana criar áreas diferenciadas para seu próprio usufruto, abrigando o comércio de luxo, com suas vitrines expondo a última moda em Paris, casas de chá, livrarias, assim como através da criação de praças com seus jardins à inglesa, seus coretos e quiosques favorecendo o *footing* e o lazer, numa clara política de estetização do espaço público, apoiada por uma legislação segregadora de usos que criavam uma ilusão de modernidade. Essas intervenções em geral eram organizadas a partir de um eixo viário monumental – uma avenida – harmoniosamente estética, salubre e provida das últimas inovações tecnológicas em termos de infraestrutura – e que não se integrava com o entorno imediato, ocultando por detrás de suas quadras um padrão urbanístico e arquitetônico colonial, mostrando assim as contradições sociais de um país ainda fortemente marcado pela dependência e pela desigualdade.

A abertura de grandes avenidas assume, então, um caráter emblemático, parte de um processo que muitos designam como *haussmannização* – definido por Pinon como a transposição simplificada de um ideário, de um tipo de intervenção ocorrida em Paris, para outros contextos (PINON, In: LORTIE, 1995, p. 43-48).

Em especial para os países da América Latina, a *haussmannização* tornou-se panaceia, ou seja, remédio para de todos os males urbanos – para descongestionamento das áreas centrais, melhoria da insolação e aeração visando a salubridade, eliminação dos indesejáveis casarios velhos e cortiços. Solução a ser identicamente utilizada para aplicação em contextos distintos:

cidades litorâneas ou no planalto, cidades com sítios de topografia plana ou elevada, com traçado viário em malha ortogonal ou orgânica. Sempre uma apropriação simplista do projeto francês, enfatizando unicamente a abertura de uma ou mais avenidas, largas e extensas e, se possível, convergindo para uma rotonda, uma praça ao estilo da *Place de L'Etoile*.

A solução estava associada a uma postura que fazia questão de negar as raízes de um passado colonial recente e copiar um modelo de modernidade urbana: a da cosmopolita Paris, berço da cultura, da elegância, das inovações do campo da arte e da tecnologia, local que sediava anualmente as famosas Exposições Universais.

A força deste paradigma cultural sobre nossas elites conduziu a essa tradução simplista de um modelo. Mesmo os engenheiros e administradores públicos com um certo conhecimento do que se realizava no exterior, contentavam-se com a realização de um projeto de modernização que se pautava às vezes na abertura de uma única avenida.

As avenidas Central, na capital carioca, a Sete de Setembro, em Salvador, Marquês de Olinda e Central, no Recife, Julio de Castilho, em Porto Alegre, e São João, em São Paulo – todas projetadas ou ampliadas por engenheiros – são expressões, em maior ou menor grau, desta visão. O próprio nome "avenida" já trazia uma conotação de modernidade, pois a acepção era algo de novo, que nunca existira até então em nossas cidades, acostumadas às nomenclaturas tradicionais de ruas, travessas, vielas e becos.

Mesmo nas cidades de menor porte como Belém, Manaus, Curitiba ou Teresina, onde a gestão pública era conduzida por profissionais sem formação técnica, observa-se o empenho em construir essas artérias, obtidas por retificações e alargamentos de antigas ruas centrais: a rua xv de Novembro de Curitiba, o *boulevard* da República em Belém, a avenida Eduardo Ribeiro, em Manaus.

São Paulo apresenta-se como uma exceção a este modelo, pois foi o único caso em que o principal projeto de modernização não esteve associado à criação de uma nova artéria viária. Aliás, por pouco esta cidade não teve seu centro rasgado por várias avenidas, uma vez que um grupo de poderosos empresários locais queria realizar tal projeto a qualquer custo – tratava-se do projeto "Grandes Avenidas", da autoria do engenheiro-arquiteto Alexandre de Albuquerque e apoiado pelo mais respeitável arquiteto da época, Ramos de Azevedo.

A razão desta mudança de orientação foi a marcante atuação do engenheiro Victor Freire, Diretor de Obras Municipais. Freire pode ser considerado um homem à frente de seu tempo, pois era, talvez, o único que ousava criticar as intervenções de Pereira Passos no Rio e o inadequado traçado urbanístico proposto por Aarão Reis para Belo Horizonte. Isto pela sua formação diversificada: diplomado na Europa, era também acadêmico – lecionava na Escola Politécnica e era assíduo frequentador de sua biblioteca, onde mantinha contato com as inovações na área, apresentadas nos periódicos internacionais. Freire e Saturnino eram praticamente os únicos brasileiros a frequentar os congressos e exposições internacionais de urbanismo que se realizavam na Europa e Estados Unidos.

Desta maneira, em termos de embasamento conceitual, Freire destaca-se em relação a seus colegas Passos, Alencar Lima, Lisboa e de seu ex-aluno Maciel, que realizavam projetos em outras capitais brasileiras.

Freire provocou um extenso debate público, discutindo o projeto das avenidas para a capital paulista, demonstrando que para esta cidade constituída por topografia acidentada, a melhor solução para o descongestionamento do centro seria expandi-lo para fora de sua colina histórica, através de várias conexões viárias de baixo impacto em termos de arrasamentos e demolições. Além do mais, enfatizava a necessidade de ampliação das áreas verdes públicas no centro. Desta forma, permitiria a preservação de grande parte de seu centro histórico, renovando somente a área ao redor da Sé, onde seria projetado um centro cívico.

Surge, assim, como solução e obra emblemática para São Paulo não mais uma avenida, mas o projeto de urbanização da área do Anhangabaú, integrando o centro velho com a região que abrigaria o futuro centro novo e com os bairros periféricos que se delineavam. Uma proposta marcada pelo ideário de Camillo Sitte e Joseph Stübben.

Esta visão de conjunto não era única nos projetos que aconteciam nas capitais brasileiras, uma vez que os planos para Salvador e Recife, por exemplo, apresentavam uma abrangência ampla. Mas o plano de Freire era o único que possuía uma fundamentação conceitual, baseada nas teorizações e intervenções recentes do contexto internacional, que foi por ele publicada na *Revista Polytechnica* em 1911.

Comentários finais

Com estas considerações constata-se, portanto, a dominância da influência do ideário da urbanística francesa nos projetos realizados nas capitais brasileiras ao longo da Primeira República. O ideário anglo-saxônico esteve mais presente em São Paulo, tendo perdurado ainda até o final dos anos 1920, num momento onde começa a se fazer presente a experiência urbanística norte-americana.

Freire foi, certamente, um dos poucos urbanistas brasileiros que na época conseguiu usufruir das práticas e teorizações que se produziam no exterior sobre esse novo campo de conhecimento – a ciência urbana. Saturnino de Brito também teve participação relevante neste processo, mas de forma menos abrangente, uma vez que sua ótica de atuação era o saneamento.

Sendo assim, Freire foi capaz de questionar um modelo dominante e propor um novo paradigma para a nossa prática urbana – a do *modelo anglo-saxão*, introduzindo Camillo Sitte, Joseph Stübben e Raymond Unwin entre nós e trazendo a experiência das garden-cities inglesas para as nossas cidades (por exemplo, a criação da imobiliária City Improvements, com o conceito dos bairros-jardins), deixando como herança uma importante geração de urbanistas nos quadros da administração municipal paulista, que souberam, nas décadas seguintes, elaborar planos de intervenção bem fundamentados – como por exemplo, o Plano de Avenidas de Prestes Maia –, adquirindo assim destaque em relação à produção similar que se realizava no restante do país e mesmo em relação à América Latina.

Basta recordar que, na década de 1920, a ausência de quadros técnicos qualificados fez com que muitas cidades optassem pela contratação de um urbanista (sempre da escola francesa) para a resolução de seus problemas urbanos, como foi o caso do Rio de Janeiro (Plano Agache), Montevidéu

(Plano de Leon Jaussely, Buenos Aires e Havana (Planos de Forestier) e Caracas (Plano de Henri Prost).

O legado deixado por Freire permitiu à prefeitura paulistana criar uma Divisão de Urbanismo, composta por engenheiros e arquitetos com sólida formação conceitual, que exerceram com autonomia o planejamento da cidade até o final dos anos 1960.

Ilustrações do texto

Figura 1: Imagem do Boulevard Sébastopol, em Paris, obra tipicamente haussmanniana.
Fonte: PINON, Pierre. *Atlas du Paris haussmannien*. Paris, Parigramme, 2002.

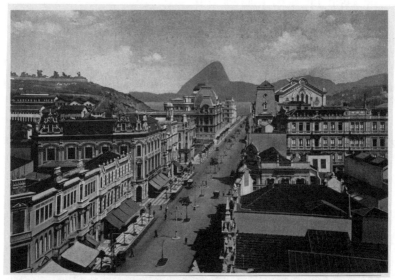

Figura 2: Avenida Central, no Rio de Janeiro, em 1910.
Fonte: FERREZ, Marc. *O álbum da Avenida Central*. Rio de Janeiro, Ex-Libris, 1982

Figura 3: Foto do Parque do Anhangabaú, recém-urbanizado, por volta de 1920.
Fonte: TOLEDO, Benedito Lima de. *Anhangabaú*. São Paulo, FIESP, 1989.

Referências bibilográficas

ALMANDOZ, Arturo. *Planning Latin America's Capital Cities. 1850-1950.* London: Routledge, 2002.

ANDREATTA, Verena. *Cidades quadradas, paraísos circulares: os planos urbanísticos do Rio de Janeiro no século XIX.* Rio de Janeiro: Mauad x, 2006.

belém da Saudade: A memória de Belém no início do século em cartões postais. Belém: Secult, 1998.

BENCHIMOL, Jaime Larry. *Pereira Passos: um Haussmann tropical.* Rio de Janeiro: Biblioteca Carioca, 1990.

CARS, Jean; PINON, Pierre. *Paris-Haussmann.* Paris: Picard, 1991.

CHALHOUB, Sidney. *Cidade febril: cortiços e epidemias na Corte imperial.* São Paulo: Companhia das Letras, 1996.

CHOAY, Françoise (org.). *Baron Haussmann, Mémoires.* Paris: Seuil, 2000.

COELHO, Edmundo Campos. *As profissões imperiais: medicina, advocacia e engenharia no Rio de Janeiro 1822-1930.* Rio de Janeiro: Record, 1999.

COLLINS, George R.; COLLINS, Christiane C. *Camillo Sitte and the birth of Modern City Planning.* Nova York: Rizzoli, 1986.

DEL BRENNA, Giovanna Rosso (org.). *O Rio de Janeiro de Pereira Passos.* Rio de Janeiro: Index, 1985.

EPRON, Jean Pierre. *Comprendre l'Écletisme.* Paris: Norma/IFA, 1997.

FEHL, Gerhard; RORIGUEZ-LORES, Juan (org.). *Städtebaureform 1865-1900 (Von Licht, Luft und Ordnung in der Stadt der Gründerzeit).* Hamburgo: Hans Christians Verlag, 1989.

FERREZ, Gilberto. *Bahia, velhas fotografias: 1858-1900.* Rio de Janeiro: Kosmos, 1988.

FERREZ, Marc. *O Álbum da Avenida Central.* Rio de Janeiro: Ex-Libris, 1982.

FREYRE, Gilberto. *Ordem e progresso.* São Paulo: Global, 2004.

GERODETTI, João E.; CORNEJO, Carlos. *Lembranças do Brasil: as capitais brasileiras nos cartões postais e álbuns de lembranças.* São Paulo: Solaris, 2004.

GOMES, Marco Aurélio F; FERNANDES, Ana. *Cidade e História: moderniza-ção das cidades brasileiras nos séculos XIX e XX.* Salvador: UFBA, 1992.

HARDOY, Jorge E; MORSE, Richard (org.). "Teorias y practices urbanisti-cas en Europa entre 1850 y 1930. Su traslado a América Latina". In: *Repensando la ciudad de América Latina.* Buenos Aires: Grupo Editor Latinoamericano, 1988, p. 97-126.

KRUECKBERG, Donald. *An introduction to the Planning History in the United States.* New Jersey: Rutgers University, 1985.

LADD, Brian. *Urban Planning and Civic Order in Germany, 1860-1914.* Cambridge: Harvard University Press, 1990.

LEME, Maria Cristina da Silva (org.). *Urbanismo no Brasil (1895-1965).* São Paulo: Nobel/Fupam, 1999.

LORTIE, André. *Paris s'exporte: architecture modèle ou modèles d'architec-ture.* Paris: Pavillon de l'Arsénal-Picard, 1995.

LOYER, François. *Paris XIX siècle. L'immeuble et la rue.* Paris: Hazan, 1994.

LUBAMBO, Cátia Wanderley. *O bairro do Recife: entre o Corpo Santo e o Marco Zero.* Recife: Fundação Joaquim Nabuco, 1991.

MONTENEGRO, Augusto. *Álbum do Pará em 1908.* Paris, 1908.

MOREIRA, Fernando Diniz. *A construção de uma cidade moderna – Recife 1909-1926.* Dissertação (mestrado) – MDU/UFPE, Recife, 1994.

MOTOYAMA, Shozo. *Prelúdio para uma história: ciência e tecnologia no Brasil.* São Paulo: Edusp, 2004.

NEEDELL, Jeffrey. *A tropical belle epoque: elite culture and society in turn-of-the-century.* Nova York: Cambridge University Press, 1987.

NOVIK, Alicia. *Tecnicos locales y extrangeros en la genesis del urbanismo argentino. Buenos Aires, 1880-1940.* Buenos Aires: [s.n°], [199-], p. 29-49.

PICCINATO, Giorgio. *La costruzione dell'urbanistica Germania – 1871-1914.* Roma: Officina Edizione, 1974.

PINHEIRO, Eloísa Petti. *Europa, França e Bahia: difusão e adaptação de mo-delos urbanos (Paris, Rio e Salvador).* Salvador: Edufba, 2002.

PINON, Pierre. *Atlas du Paris haussmannien*. Paris, Parigramme, 2002.

PONTE, Sebastião Rodrigo. *Fortaleza Belle Époque: reforma urbana e controle social – 1860-1930*. Fortaleza: Demócrito Rocha, 2001.

REIS FILHO, Nestor Goulart. *São Paulo: vila, cidade, metrópole*. São Paulo: PMSP, 2004.

ROMERO, José Luis. *Latinoamerica: la ciudad y las ideas*. México: Siglo XXI, 1984.

SALGUEIRO, Heliana Angotti (org.). *Cidades capitais do século XIX*. São Paulo: Edusp, 2001.

SCHWARCZ, Lilia Moritz. *As barbas do imperador: D. Pedro II, um monarca nos trópicos*. São Paulo: Companhia das Letras, 1998.

SIMÕES JR. José Geraldo. *Anhangabaú: história e urbanismo*. São Paulo: Imprensa Oficial/Senac, 2004.

SITTE, Camillo. *A construção de cidades segundo seus princípios artísticos*. São Paulo: Ática, 1992.

SOUZA, Célia Ferraz de. *O Plano Geral de Melhoramentos de Porto Alegre: da concepção às permanências*. Tese (doutorado) – FAU-USP, São Paulo, 2004.

SUTCLIFFE, Anthony. *Towards the Planned City – German, Britain, the United States and France (1780-1914)*. Nova York: St. Martin Press, 1981.

TOLEDO, Benedito Lima de. *Anhangabaú*. São Paulo, FIESP, 1989.

VILLAÇA. Flávio. *Espaço Intra-Urbano no Brasil*. São Paulo: Fapesp/Nobel, 1998.

O plano de Saturnino de Brito para Santos:
urbanismo e planejamento urbano entre o discurso e a prática

José Marques Carriço

Introdução

A República impulsionou a inserção do Brasil na economia capitalista, assentada na exportação de café, na segunda metade do século XIX, com a ocupação do centro-oeste paulista. Este processo ocorreu a partir da articulação de interesses econômicos por parte da elite brasileira, comerciantes e financiadores estrangeiros, sobretudo ingleses, possibilitado pela introdução paulatina da força de trabalho assalariada. Este esquema de expatriação de excedentes deu-se pela incorporação dos trabalhadores ao mercado de consumo, em condições precárias de reprodução, viabilizando a acumulação de capital necessária à formação de uma sociedade de elite, como apontou Fernandes (1981).

Uma das consequências marcantes deste processo foi a urbanização, essencial para o desenvolvimento do sistema, que provocou grande crescimento

142   Cristina de Campos • Fernando Atique • George A. F. Dantas

demográfico nas principais cidades brasileiras, em condições socioambientais inadequadas, que contraditoriamente vieram a se transformar em obstáculo à manutenção dos níveis de acumulação requeridos pelo novo regime. Milhares de imigrantes europeus, trazidos para o trabalho nas lavouras, migrantes nordestinos e escravos libertos fixaram-se nas grandes cidades, em busca de melhores oportunidades de trabalho, criadas pela nascente economia urbana.

No final do século XIX, este processo multiplicou exponencialmente a população da cidade de Santos, situada no litoral paulista e principal porto brasileiro de exportação do café, conforme Andrade (1989), Lanna (1996) e Gitahy (1992). Num sítio impróprio à ocupação, sem a realização de obras de saneamento, as últimas décadas daquele século, nesta cidade, foram marcadas por epidemias que dizimaram parcela significativa da população, impedindo o pleno funcionamento do porto e o desenvolvimento da economia cafeeira. Neste contexto, a ação estatal foi essencial para remover os impedimentos à reprodução do capital da atividade cafeeira, atendendo, ainda, aos interesses de outros setores da economia.

Após uma sucessão de planos e projetos, elaborados durante a década de 1890, o governo de São Paulo contratou, em 1905, como chefe da Comissão de Saneamento do Estado, o engenheiro sanitarista fluminense Francisco Saturnino de Brito, para complementar o plano de saneamento de Santos, iniciado na década anterior. Com experiência em trabalhos semelhantes em muitas outras cidades brasileiras, Brito já vinha estudando o caso de Santos desde 1898 (BERNARDINI, 2003), quando o serviço de saneamento da cidade já havia sido encampado pelo estado.

Contudo, Brito não se limitou ao saneamento, apresentando, também, proposta de plano urbanístico, de caráter geral, baseado nos princípios de higiene e embelezamento das cidades, que segundo Andrade (1991) apoiava-se no pensamento do urbanista austríaco Camilo Sitte. Este plano, denominado a Planta de Santos, foi apresentado à Câmara Municipal em 1910, por iniciativa do próprio engenheiro.[1] No entanto, o desenho elaborado por Brito e sua proposta de regulação urbanística, complementar ao plano, contrariavam interesses de promotores imobiliários locais, que a este se opuseram radicalmente, provocando sérias desavenças entre o sanitarista e a municipalidade, resultando em sua demissão da Comissão de Saneamento e na rejeição parcial do projeto.

Este processo conflituoso, exposto detalhadamente em Souza (1914) e Brito (1915), como também demonstrou Bernardini (2003), teve como pano de fundo disputas políticas e econômicas, que articulavam interesses locais aos grandes capitais comerciais que se formavam com o processo de urbanização da capital paulista. Assim, no início do século XX, a nascente atividade de planejamento urbano e de urbanismo estava mergulhada no impasse entre discurso e prática, que iria se reproduzir ao longo de todo este século, conforme apontado por Villaça (1999), para o caso da maioria das metrópoles brasileiras.

Com este pano de fundo, pretende-se discutir, no caso de Santos, as contradições entre discurso e prática, no âmbito das atividades de planejamento urbano e de urbanismo, no contexto dos conflitos de interesses entre setores econômicos, visando identificar na produção do espaço urbano, limites à atuação dos profissionais dessas disciplinas.

O processo de urbanização de Santos e os obstáculos à acumulação capitalista

A República garantiu o impulso necessário ao desenvolvimento do capitalismo, estendendo-o, progressivamente, a todas as áreas da economia, unificando o mercado nacional até então fragmentado. Isto foi possível graças

---

1   Conforme Santos (1912, p. 503): "Ofício do Sr. Dr. Francisco Saturnino Rodrigues de Brito [À Comissão de Obras e Viação, ouvindo-se a Prefeitura], Engenheiro-Chefe da Comissão de Saneamento, expondo longamente um plano de melhoramentos a serem adotados nesta cidade, tais como alargamento de ruas existentes, aberturas de outras, traçados de novos quarteirões, etc., tudo de conformidade com uma planta levantada por aquela Comissão, e que deverá ser examinada e aprovada com as indicações que por ventura sejam apresentadas pela Prefeitura Municipal.

à introdução gradativa do assalariamento, fazendo desaparecer formas de trabalho como meeiros em fazendas, produção familiar, produção independente, prática de escambo e plantações de subsistência. Assim, o trabalho assalariado foi paulatinamente se estendendo a todo o território nacional, dando um grande salto após 1930, com Getúlio Vargas no poder.

Neste processo, foi central a ação do Estado, garantindo investimentos e todo o arcabouço regulatório, desde a promulgação da Lei de Terras, em 1850, que possibilitou a vinda da força de trabalho estrangeira para trabalhar nas lavouras e a supressão paulatina e quase total do escravismo, incorporando milhares de trabalhadores ao mercado. Com esta lei, que possibilitou o de registro das terras, conferindo-lhes status de mercadoria, pouco a pouco os escravos foram sendo substituídos na composição da riqueza da elite brasileira. Contudo, este processo ocorreu marcado por características bem próprias. Tanto no final do século XIX como após 1930, quando ganhou impulso a industrialização, o nível de reprodução da força de trabalho manteve-se deprimido, de forma a possibilitar os níveis de acumulação de capital necessários à reprodução de uma sociedade de elite, profundamente desigual. Portanto, o processo brasileiro de urbanização, iniciado na segunda metade do século XIX, foi impulsionado sobre relações sociais desiguais, acarretando um quadro de crescente segregação espacial em nossas principais cidades.

Na virada do século XX, Santos já era o principal porto de exportação de café,[2] com a fixação de milhares de trabalhadores atraídos pelas obras e serviços de infraestrutura realizadas nas últimas décadas, como a ferrovia São Paulo Railway Company[3] e a construção do primeiro porto organizado pela Companhia Docas de Santos (CDS), detentora de concessão federal. Esta força de trabalho, formada, sobretudo, por imigrantes do sudoeste

---

2   Conforme Gitahy (1992, p. 24), entre 1903 e 1908, enquanto o porto do Rio de Janeiro exportou 16.413.200 sacas de café, o porto de Santos exportou 43.656.029 sacas do mesmo produto.

3   A São Paulo Railway Company foi inaugurada em 1867 e os primeiros 260 m de cais do porto organizado de Santos, sob concessão da CDS, foram inaugurados em 1892.

europeu, migrantes do nordeste e escravos recém libertos,[4] fixou-se na cidade em condições de remuneração convenientemente baixas, de forma a garantir a acumulação de capital necessária à reprodução da elite cafeeira. Assim, era reduzida a possibilidade de se habitar em locais minimamente adequados, do ponto de vista sanitário. Segundo Lanna (1996) e Andrade (1989), no final do século XIX, a habitação típica dos trabalhadores santistas eram cocheiras adaptadas ou cortiços que se generalizaram em seu então limitado território, hoje correspondente à área central.[5] Os cortiços, barracos construídos nos quintais dos casarões ou subdivisões em seus porões, além de alternativa habitacional para a população de baixa renda, constituíam uma modalidade rentista de mercado imobiliário.

O binômio porto-ferrovia impulsionou o desenvolvimento do estado e de Santos.[6] No final do século XIX, os limites da cidade ultrapassaram sua atual área central.[7] Mas o adensamento populacional acelerou a propagação de várias moléstias transmissíveis. Santos, desde sua fundação, era alvo de epidemias, em função do clima quente e úmido e do sítio natural alagadiço. Com o processo de crescimento demográfico, sem condições adequadas de urbanização, a cidade passou a ser local frequente de graves enfermidades, que neste período dizimaram grande parte da população.

Andrade (1989, p. 75) apresenta levantamento das principais moléstias que dizimaram grande parte da população de Santos, como febre amarela,

---

4   Segundo Lanna (1996, p. 169), o censo de Santos de 1913 apontou a existência de 39.809 imigrantes habitando a cidade, o que correspondia a 44,7% da população. Conforme a mesma fonte (LANNA, 1996, p. 185), no final do período da escravidão haviam se fixado em Santos, em função da existência do Quilombo do Jabaquara, entre 2 e 10 mil escravos fugitivos. Além destes, um número incerto de nordestinos foi arregimentado para as obras no porto.

5   Em Lanna (1996, p. 122-123) apresenta-se cartograma com a disposição dos cortiços existentes na área urbana de Santos, entre 1880 e 1889.

6   Conforme Álvaro (apud Gitahy, 1992, p. 36), a população santista saltou de 15.000 habitantes, em 1889, para 88.967, em 1913 (ÁLVARO, Guilherme. A Campanha Sanitária de Santos: suas causas e seus efeitos. São Paulo: Casa Duprat, 1919).

7   Segundo Lanna (1996, p. 120), o número de prédios em Santos saltou de 1.407, em 1872, para 10.578, em 1913.

tuberculose, varíola e impaludismo (malária). Conforme Lanna (1996, p. 69), a primeira epidemia de febre amarela ocorreu em 1844, antes do surto imigratório. Contudo, em 1889 a doença vitimou 4% da população. A mesma fonte revela que, entre 1890 e 1900, morreram 22.588 habitantes, metade da população urbana.[8] Segundo Gitahy (1992, p. 35), o ano de 1892, o mesmo em que foi inaugurado o primeiro trecho de cais, foi o pior em número de óbitos, tendo falecido 4.173 pessoas, sobretudo por febre amarela e varíola.

Andrade (1989, p. 70) reproduz o seguinte relato de viajante alemão, de 1887: "Da cidade em si, a única coisa interessante que há a dizer é que, a partir do mês de novembro até fins de abril, transforma-se em vasto cemitério internacional". Segundo a mesma fonte, acreditava-se que a epidemia de febre amarela, de 1873, chegara por navio. Assim, o governo provincial impôs às tripulações quarentena na barra, o que causou enormes prejuízos à economia, pois alguns armadores passaram a alugar propriedades distantes para acomodar tripulações. Logo, o porto santista passou a ter notória má fama no estrangeiro. Isto precipitou a reforma total do porto, formado, então, por pontes e trapiches de propriedade da ferrovia e de empresários locais. Neste contexto, a concessão do porto à CDS, por seu caráter monopolista, resultou em graves conflitos entre a companhia e proprietários de trapiches, em episódio conhecido como "Guerra dos Trapiches".

Conforme Gitahy (1992, p. 77), em 1888, quando a CDS iniciou a construção do cais, havia 23 pontes e trapiches, construídos por exportadores e importadores santistas. Embora o contrato inicial de concessão não previsse o monopólio, na prática as obras no porto implicaram na remoção destas antigas estruturas, contrariando interesses locais em benefício dos interesses do grande capital cafeeiro. A Câmara Municipal defendia os comerciantes locais, mas apesar do grave litígio, a posição do governo central prevaleceu e a CDS teve seu contrato de concessão ampliado para 90 anos.

---

8   Conforme Álvaro (*apud* Lanna, 1996, p. 36), o número de óbitos por febre amarela fora subestimado, em função do diagnóstico da doença não ser muito preciso.

As obras de implantação do porto organizado contribuíram para o saneamento de parte da cidade, e mais tarde, ampliaram a área urbanizada, ao sul. Contudo, as intervenções limitavam-se ao espaço portuário, tornando-se necessário que o poder público ficasse responsável pelo saneamento do restante do sítio urbano. Em princípio, a municipalidade procurou incumbir-se desta tarefa, por meio da concessão dos serviços de esgotos à Companhia de Melhoramentos e do abastecimento de água à Companhia City of Santos Improvements. Mas a atuação destas empresas foi extremamente deficiente, gerando sucessivas crises nos serviços, conforme descreve detalhadamente Bernardini (2003).

As epidemias que assolavam Santos penetravam o território paulista e o governo estadual viu-se obrigado a adotar medidas para controle da situação. Assim, nos anos 1890, foi criado o Serviço Sanitário do Estado, vinculado à Secretaria dos Negócios do Interior. E com o desenvolvimento da urbanização, tornou-se importante estabelecer uma regulação que permitisse controlar a qualidade sanitária das construções. Desta forma, em 1894, foi sancionado o Código Sanitário do Estado, inspirado na legislação higienista francesa.

Portanto, a preocupação com as epidemias, que reprimiam a imigração europeia, fundamental à política de subsídio ao fornecimento de mão de obra barata às lavouras cafeeiras, aliou-se à evolução da técnica, trazendo mais atenção a fatores como insolação e ventilação das construções. Esta atenção explicitou-se em códigos municipais, fazendo com que as restrições edilícias fossem grandes em territórios habitados pela burguesia, ao passo que as áreas onde passou a se fixar a população de baixos rendimentos não mereciam a mesma atenção, provocando um grave quadro de segregação espacial nas principais cidades brasileiras, que se manteve e ampliou-se até o presente.

Em 1892, foi implantada a Comissão Sanitária de Santos, vinculada à Secretaria do Interior e chefiada pelo médico Guilherme Álvaro, com poder de erradicar cortiços, em processo violento que marcou a cidade. Em seguida foi criada a Comissão de Saneamento, vinculada à Secretaria de Agricultura. Em 1896, Alfredo Lisboa assumiu a chefia da Comissão de

148   Cristina de Campos • Fernando Atique • George A. F. Dantas

Saneamento e um ano mais tarde o estado encampou o abastecimento de água e de esgotos de Santos, então alvos de severas críticas por parte da população. Contudo, conforme Bernardini (2003, p. 202), o governo estadual não realizou prontamente as obras necessárias à melhoria do abastecimento e à implantação da rede de esgotos, limitando-se à manutenção da rede existente e à elaboração de projetos de coletor de esgotos e de incinerador de lixo, semelhante ao proposto por Estevan Fuertes[9] anos antes.

Segundo este autor (2003, p. 197), a pressão do estado sobre a Companhia de Melhoramentos foi superior à atuação sobre a Companhia City. A primeira, de capital local, ao contrário da segunda, não possuía vínculos com o grande capital, ligado ao aparelho de Estado. Portanto, da mesma forma que no episódio dos trapiches, a relação do estado com o município, no tocante ao saneamento, era entremeada por um conflito de interesses entre distintas esferas de acumulação, aspecto que será explorado mais adiante.

No entanto, o processo de encampação, previsto em lei federal, não resultou em prejuízos à Companhia de Melhoramentos, a despeito da péssima administração que fazia do sistema de esgotos. Pelo acordo celebrado entre o estado e a Câmara, esta última, que já havia obtido recursos estaduais para iniciar a implantação do sistema, viu-se obrigada a indenizar a empresa concessionária, sem penalizá-la pela má execução do contrato.

Em 1895, a Comissão de Saneamento, então chefiada pelo engenheiro José Rebouças, passou ao comando do engenheiro Ignácio Wallace da Gama Cochrane, que a chefiou até 1897. Cochrane, filho do fundador da Companhia City of Santos Improvements,[10] formado no Rio de Janeiro e

---

9   O engenheiro porto-riquenho, professor da Universidade de Cornell, nos Estados Unidos, foi precursor do *urban planning* americano e fora contratado em 1892 pela Secretaria do Interior do estado, então chefiada pelo santista Vicente de Carvalho, com o objetivo de elaborar um plano de saneamento para Santos, como parte de uma série de projetos semelhantes a serem implantados em outras cidades do estado (BERNARDINI, 2003, p. 202).

10   A Companhia City foi vendida em 1870 a investidores ingleses. Portanto, quando Cochrane assumiu a Comissão de Saneamento, a empresa não era mais de propriedade da família.

monarquista, foi vereador em Santos e tinha sólida formação científica. Em 1896, ele apresentou detalhado relatório sobre os serviços de esgotos em Santos, apontando os principais problemas e as obras necessárias. Apesar da falta de sintonia com o governo republicano, sua posição foi fundamental para o encanamento dos serviços.

Conforme Bernardini (2003, p. 197), no mesmo ano Cochrane esteve em Santos, acompanhado por Rebouças, então chefe da superintendência de Obras Públicas, visando detalhar as obras necessárias que seriam iniciadas anos mais tarde por este último. Segundo a mesma fonte (BERNARDINI, 2003, p. 198), Cochrane propunha uma abordagem centrada nas obras de prevenção das epidemias, enquanto Fuertes, além desses aspectos, ocupava-se de questões comportamentais da população e da profilaxia médica. Foi o relatório de Cochrane o primeiro a enfatizar a necessidade de um sistema de separação absoluta, entre águas servidas e pluviais, adotado anos mais tarde por Saturnino de Brito.

Um aspecto central, a ser abordado adiante, foi o lapso de tempo decorrido entre os estudos de Fuertes e de Cochrane, até que, a partir de 1905, Brito iniciasse as obras de implantação do sistema de esgotos e de drenagem, apoiado em um plano geral que possibilitou a expansão da cidade até a orla marítima, ao sul. A face mais visível dessas redes foram os canais de drenagem, que alteraram a fisionomia da cidade e até hoje marcam sua paisagem.

O processo de conflito de interesses, que permeou toda a discussão sobre o saneamento de Santos, acabou aflorando mais tarde e fazendo com que o plano de Saturnino fosse totalmente desfigurado, evidenciando, desde cedo, os limites da atuação da atividade de planejamento urbano e de urbanismo, no Brasil.

O sanitarismo e o planejamento da cidade de Santos na aurora do século XX

O agravamento das epidemias, que passaram a obstaculizar o comércio cafeeiro, tornou necessário controlar a produção do espaço e a vida cotidiana no sítio urbano, por meio da legislação e de intervenções no meio físico. Os dispositivos do primeiro Código de Posturas de Santos, sancionado

150   Cristina de Campos • Fernando Atique • George A. F. Dantas

em 1857, não ofereciam instrumentos ao combate à série de moléstias que passaram a ocorrer nas décadas seguintes, nem foram capazes de impedir o surgimento do grande número de edificações precárias no sítio urbano. Assim, fazia-se necessário alterar a legislação e adotar outras medidas para combater as epidemias.

Com a proclamação da República, Santos teve nova Câmara empossada em 1897. No mesmo ano foi sancionado novo Código de Posturas, de caráter higienista, estabelecendo normas visando combater as graves condições sanitárias. Esse Código tratava de assuntos variados, mas um dos mais privilegiados foi a fixação de dispositivos para construção e localização de atividades econômicas e equipamentos públicos. Os capítulos que dispunham das normas edilícias tratavam do alinhamento das ruas, edificações e asseio, com especial preocupação em romper a ordem colonial, implantando-se outra, de concepção moderna e europeia. O embelezamento da cidade foi ponto crucial deste Código, como no Rio de Janeiro, com o plano de Pereira Passos (VILLAÇA, 1999). Este instrumento proibia a construção de moradias "rústicas" no "perímetro da cidade", o que foi definitivo para suprimir a arquitetura colonial, encarecendo-se as construções neste perímetro e segregando trabalhadores, fazendo surgir cortiços em áreas pericentrais.

Mas o Código dispunha da construção de "familistérios", solução habitacional preconizada pelos higienistas, indicando que já se percebia a falta de condições adequadas de moradia para trabalhadores. Porém, de forma segregacionista, previa que essas edificações deveriam ser construídas em lugar designado pela Câmara. Assim, no final do século XIX, tentava-se equacionar a questão de moradias populares, mas, como apontou Lanna (1996), ao se procurar conferir padrões de salubridade a essas moradias, o nível elevado de exigências edilícias aumentou o custo das edificações, induzindo a ocupação de áreas ambientalmente frágeis, na periferia da cidade à época. Por outro lado, embora se tenham estabelecido critérios de localização de fábricas e atividades comerciais, criando melhores condições para que a burguesia pudesse usufruir um espaço "higienizado", esta começou a abandonar o centro, no início do século XX, rumo à orla já saneada pelo plano de Brito.

Outras leis objetivaram a manutenção da cidade "higienizada", definindo novos limites na medida em que esta crescia, o que foi essencial para a política de segregação. No início do século XX, o perímetro urbano era formado pelo centro, parte da atual zona leste e dos morros, maciço central da área insular. Porém, as áreas fora do centro, onde em princípio a burguesia não se estabeleceu, não foram alvo do mesmo rigor na fiscalização de construções precárias. Ao mesmo tempo, a legislação visou transformar cortiços em "casas higiênicas", o que permitiu à polícia sanitária efetuar demolições no centro, em processo extremamente violento (LANNA, 1996). Procurava-se, também, dar alternativa aos trabalhadores, com construção de vilas operárias, sem sucesso devido aos custos inacessíveis. Na verdade, as alternativas habitacionais para os trabalhadores foram cortiços, e mais tarde, "chalés" de madeira, que segundo Caldatto (1998) eram a moradia popular típica em Santos na primeira metade do século XX.[11]

Leis posteriores ampliaram dispositivos mais adequados aos novos padrões de higiene da cidade que crescia em direção à orla, introduzindo a exigência de recuo mínimo, primeiramente nas vias mais importantes abertas em direção ao mar e na própria avenida da Praia da Barra, reduzindo-se o aproveitamento dos lotes e restringindo-se o acesso dos trabalhadores a imóveis construídos nesses locais, pelo encarecimento dos terrenos.

Segundo Rolnik (1997, p. 25), com a queda internacional do preço do café, fazendeiros passaram a investir em imóveis urbanos, nascendo a crença de que este negócio era seguro, o que permaneceu imutável até hoje. A legislação urbanística interferia no valor da terra, e como localização e vizinhança passaram a ter importância, surgiu a preocupação com sua elaboração. Mas como só a elite estava apta a votar na Primeira República, a democracia nas câmaras era frágil e o primeiro objetivo das legislações municipais, além de redesenhar as ruas centrais, foi eliminar certas formas

---

11 Os "chalés" de madeira, assim denominados pela população local, como referência a habitações da burguesia europeia, eram construções muito simples e características de Santos e municípios vizinhos, com vedação executada com tábuas encaixadas ou com juntas sobrepostas, cuja origem está vinculada à imigração de portugueses, especialmente da Ilha da Madeira (CALDATTO, 1998).

de ocupação nessas áreas, o que convergia com o higienismo e sua regulamentação urbanística, em benefício da segregação espacial. Em Santos, demarcaram-se territórios de excelência sanitária e, como resultado, aos trabalhadores não restou alternativa de moradia além de cortiços ou "chalés".

Outra transformação resultou de investimentos públicos em infraestrutura, nas áreas centrais e de expansão das cidades, provocando intensificação da atividade imobiliária, estabelecendo-se polêmica entre o sanitarismo radical e a verticalização das construções. Conforme Rolnik (1997, p. 44), o *Model Housing Law* do urbanismo americano contrapôs-se ao *Zoning* de Frankfurt e ao higienismo francês. A tese era de que reduzir pés-direitos e construir mais pisos diminuiria o custo das construções, beneficiando o trabalhador, mas que o controle do adensamento não se daria por meio da legislação urbanística, devendo ser tarefa das autoridades sanitárias. Como as teses não eram inteiramente opostas, o centro das grandes cidades pouco a pouco se verticalizou, suprimindo a arquitetura colonial e, posteriormente, parte da arquitetura eclética e *art déco*.

Em Santos, o processo de higienização, deflagrado a partir da criação das comissões Sanitária e de Saneamento, também provocou a supressão quase total da arquitetura colonial. O sítio urbano, na virada do século, sofreu várias intervenções, e a legislação urbanística garantiu a substituição das tipologias utilizadas pelos construtores, impondo a adoção de modelos europeus. A transformação da cidade colonial em uma cidade moderna, capaz de garantir a reprodução do sistema capitalista, ainda que não explicitamente, estava contida nos planos apresentados ao longo dos anos 1890. Em todos eles, a expansão da cidade, sobretudo para a orla, era essencial, pois garantiria desadensar o núcleo colonial.

Ainda que de forma não articulada a um plano global, há anos a própria Câmara Municipal promovia o prolongamento das duas principais artérias viárias da cidade, as avenidas Conselheiro Nébias e Ana Costa.[12] A abertura

---

12 A avenida Conselheiro Nébias, que corta a cidade de norte a sul, ligando o porto à orla, começou a ser construída na década de 1860 e foi concluída em 1902, no mesmo ano que a avenida Ana Costa. As obras dessas avenidas consumiram grande parte do orçamento municipal no final do século xix.

destas vias sinalizava o desejo de expandir a urbanização no vetor sul até a praia, promovendo a incorporação à área urbana de uma porção equivalente a mais de seis vezes a dimensão do núcleo central.

O primeiro plano elaborado nos anos 1890 foi o de Estevan Fuertes, contratado em 1892 pela Secretaria do Interior, cujo titular era o poeta e político santista Vicente de Carvalho, cuja ação foi fundamental para o planejamento do saneamento de Santos. Fuertes iniciou seus estudos sobre a cidade no auge das epidemias, no ano em que foi inaugurado o cais do porto e criada a Comissão de Saneamento, chefiada pelo engenheiro João Pereira Ferraz, que também possuía propostas para Santos. Segundo Bernardini (2003, p. 101), ao delegar a Fuertes a elaboração de um plano, revelou-se a intenção de planejar o saneamento por parte do estado. Este autor aponta, ainda, a existência de uma tensão entre interesses dos grupos políticos hegemônicos nas esferas federal e estadual, o que poderia ter levado o estado a escolher Fuertes como condutor dos estudos para Santos.

Em 1894, Fuertes concluiu seu plano, com caráter estritamente sanitário (BERNARDINI, 2003, p. 181). Conforme a mesma fonte, este plano "traduzia bem a aplicação de capital em larga escala para promover a infra-estrutura urbana, dirigida pela associação entre governo e elite capitalista". Contudo, embora suas propostas tenham sido consideradas posteriormente, o plano de Fuertes não seria realizado em grande parte.

Conforme Bernardini (2003, p. 210), Fuertes planejou a captação e a rede de abastecimento de água executada pelo estado a partir de 1897, por meio de novo contrato com a Companhia City. Quanto aos esgotos, o engenheiro produziu propostas, que podem ter sido consideradas, anos mais tarde, por Brito, na execução de seu plano de saneamento. Um aspecto que pode explicar a execução apenas parcial das propostas de Fuertes encontra-se na posição de Ferraz, que as considerava muito onerosas.

Em 1896, a Câmara Municipal contratou o engenheiro José Brant de Carvalho para chefiar o Setor de Obras Públicas e elaborar um plano de expansão para a cidade. Enquanto os estudos e propostas de Fuertes não eram executadas pelo estado, a municipalidade sinalizava claramente que não estava disposta a esperar pelo saneamento para estender a malha urbana. As obras das avenidas Conselheiro Nébias e Ana Costa já estavam avançadas, ao passo que o serviço de bondes, tracionados por animais, constituía-se em grande estímulo aos loteamentos que começavam a ser implantados fora do núcleo central. Não por acaso, proprietários de terrenos e loteadores faziam-se representar na Câmara, tendo como maior liderança Belmiro Ribeiro.[13] Desta forma, havia claro interesse comum entre os concessionários dos serviços de bondes e loteadores.

O projeto de Brant estabeleceu traçado de novo arruamento (Figura 1), com desenho típico das cidades dos Estados Unidos (BERNARDINI, 2003). Segundo esta fonte (BERNARDINI, 2003, p. 218-233), era mais um projeto de orientação da expansão da cidade do que propriamente um plano urbanístico. Acerca desta proposta, que consistia num desenho reticulado e monótono, antevia-se a expansão do núcleo central até a orla, sem que fossem respeitadas hidrologia e topografia. Brito (apud Andrade, 1991, p. 62) assim se referiu acerca da proposta: "o projeto não respeitava nada, tanto ação humana quanto natureza". No entanto, o desenho apresentado por Brant previa a construção de praças, mercados, moradias econômicas para os operários e, adicionalmente, previa a elaboração de um novo Código de Posturas, efetivamente sancionado um ano mais tarde.

Bernardini (2003, p. 220) revela que Brant possuía interesse em associar-se a empresários para construir as obras previstas pelo plano e implantar o serviço de esgotos. De fato, Brant demitiu-se ainda em 1896 da Seção de Obras e quatro anos mais tarde participaria, junto com os engenheiros João Pereira Ferraz e Augusto da Silva Telles, de concorrência pública estadual para construção e exploração dos serviços de saneamento da cidade.

Em 1897, a Câmara aprovou o plano de Brant, por meio da Lei n° 94, estabelecendo diretrizes viárias para a abertura de ruas dentro e fora do perímetro urbano. Desta forma, o plano atendia aos interesses dos loteadores e empresários de transportes, não sendo necessária sua realização plena. Por outro lado, a implantação das moradias para operários não se tornou realidade, por evidente desinteresse da Câmara Municipal.

---

13 Belmiro Ribeiro foi loteador e prefeito de Santos entre 1910 e 1914 e entre 1917 e 1920.

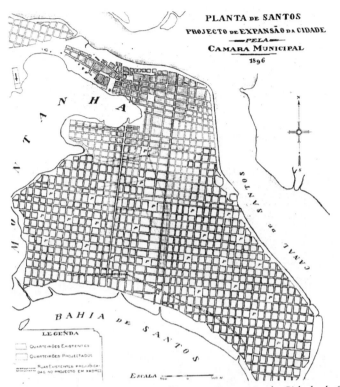

Figura 1: Plano de José Brant de Carvalho para Expansão da Cidade de Santos.
Fonte: BRITO (1915).

A partir de 1894, como desdobramento do Código Sanitário sancionado naquele ano e mais tarde do novo Código de Posturas de Santos, uma série de leis foi aprovada pela Câmara, no sentido de garantir o desenvolvimento de uma cidade moderna e higienizada, na qual os trabalhadores de baixa renda não tinham espaço para habitar (CARRIÇO, 2002). A municipalidade passou a utilizar a prática, aperfeiçoada no primeiro Código de Construções da cidade, que data de 1922, de demarcar o perímetro urbano para segregar (Figura 2).[14] Enquanto os espaços dentro deste perímetro passaram a ser

---

14 O primeiro Código de Posturas de Santos já definia um perímetro urbano, dentro do qual algumas atividades não seriam mais admitidas. A Lei n° 24, de 9 de junho de 1894, fixou novo perímetro, ampliando o anterior de forma a incorporar parte da zona leste da ilha de São Vicente. O Código de Posturas de 1897 utilizou esta

regulados pela legislação urbanística extremamente rigorosa, que resultou na elevação do valor imobiliário, as áreas fora do perímetro não continham o mesmo nível de restrições, possibilitando assim, convenientemente, que os trabalhadores expulsos da área urbana higienizada naquelas se estabelecessem, nos chalés de madeira, a nova moradia popular.

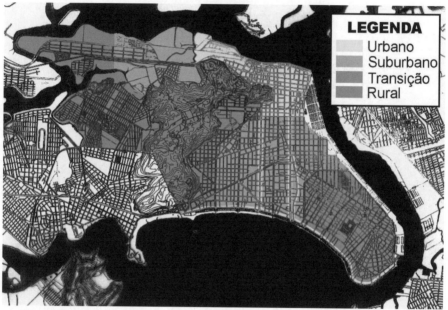

Figura 2: Santos: Perímetros estabelecidos pelo Código de Construções de 1922 (elaboração própria).

Em 1898, a Comissão de Saneamento foi extinta, sendo criadas as repartições de Águas e Esgotos da capital e Técnica de Águas e Esgotos do estado, unificadas, no mesmo ano, na Repartição de Águas e Esgotos, sob chefia do engenheiro sanitarista baiano Theodoro Sampaio (COSTA, 2001), que a chefiou até 1903, quando se demitiu após desgastante conflito com o governo. O engenheiro, desde que assumiu o comando da Repartição, criticava a atuação do estado na condução das obras de saneamento de Santos, embora reconhecesse as dificuldades financeiras. Sampaio era crítico especialmente

delimitação para nela aprofundar as restrições edilícias e urbanísticas, demarcando socialmente o território higienizado da cidade (CARRIÇO, 2002).

da forma desarticulada como as ações eram empreendidas e da ausência de um sistema de separação entre esgotos e drenagem. Tal como Fuertes, Sampaio defendia a adoção de um plano sistemático para o desenvolvimento do saneamento na cidade.

Nos últimos anos da década, embora grandes obras não tivessem sido executadas, a implantação de rede de esgotos na área central, com apoio em financiamento federal e a simples manutenção do que fora feito resultou no arrefecimento das epidemias. Sampaio iniciou a canalização do córrego Dois Rios, na orla, e implantou tanques de lavagem dos esgotos. Em 1899, o engenheiro passou a contribuir com o estudo de nova concessão dos serviços de esgoto em Santos. O edital, publicado pelo governo estadual, era tecnicamente baseado nos estudos de Fuertes, que previam a divisão da cidade em subdistritos, mais tarde adotada por Brito, em suas obras, mas não previa a realização de obras de drenagem. No entanto, o edital era extremamente liberal para com a empresa vencedora, pois não estabelecia limites de prazo ou de taxa a ser cobrada da população pela execução dos serviços. Além disso, a empresa vencedora gozaria de monopólio, podendo livremente desapropriar os terrenos necessários à implantação das obras.

Em um processo tumultuado, descrito detalhadamente em Costa (2001), habilitou-se para assumir a concessão uma empresa formada pelos engenheiros José Brant de Carvalho, João Pereira Ferraz e Augusto Silva Telles, todos com passagens por órgãos das administrações municipal e estadual. Em 1901, por influência de Sampaio, que criticou a proposta apresentada pela referida empresa, sua contratação foi recusada. Em seguida, a Comissão de Saneamento foi reorganizada para executar as obras paulatinamente, com recursos estaduais. Porém, em 1902, Bernardino José de Campos Jr., do Partido Republicano, assumi seu segundo mandato como governador de São Paulo, alterando o panorama político e nomeando o engenheiro José Pereira Rebouças como chefe desta Comissão.

Como apontou Bernardini (2003, p. 245), Brant e Ferraz possuíam ligações com o grupo político do governador e, após sua posse, entraram com ação indenizatória "por prejuízos causados pela desistência do contrato" por parte do governo estadual. Por outro lado, Rebouças passou a ocupar-se do saneamento de Santos, defendendo a utilização de manilhas de cimento armado para a construção da rede de esgotos. Esta solução, pelo seu custo, foi frontalmente criticada por Sampaio, resultando em ruptura com o governo estadual e seu retorno à Bahia (COSTA, 2001).

O grupo político de Campos era ligado a importadores de materiais de construção e empresários da nascente indústria cimenteira e da construção civil. O emprego do cimento armado, que tomou impulso no início do século XX, já vinha ocorrendo nas obras do porto. Sampaio era um crítico contumaz de sua utilização, preferindo a solução apontada por Fuertes, que defendia o revestimento de galerias construídas com tijolos, com cimento.

Rebouças, pertencente a uma família de engenheiros com larga tradição em obras públicas no século XIX, assumira as obras de saneamento de Santos sem, contudo, possuir um plano sistemático. O engenheiro, como revelou Bernardini (2003, p. 249), atuava articuladamente aos interesses da Companhia Mecânica e Importadora, que trouxe da Europa um equipamento para fabricação de manilhas de concreto. Estas manilhas foram utilizadas nos trabalhos desenvolvidos por Rebouças no curto período que se seguiu, mas seu emprego e a forma com que a intervenção era feita foram fortemente criticados por Sampaio e Brito, pois se tratava de intervenções pontuais, de alto custo e que não estavam apoiadas em um plano geral.

Rebouças passou a implantar um coletor de grandes dimensões, com as manilhas de concreto, visando afastar os esgotos da região central da nova área de expansão da cidade, correndo paralelamente ao traçado depois utilizado pela estrada de ferro Sorocabana, em direção ao bairro José Menino, na orla marítima, próximo à divisa com São Vicente. Este traçado era oblíquo ao das avenidas Ana Costa e Conselheiro Nébias, área onde ocorria mais rapidamente o desenvolvimento de novos loteamentos. Contudo, os gastos com a empreitada foram excessivos e a obra não chegava a termo.

Saturnino de Brito assumiu, em 1905, a Chefia da Comissão de Saneamento, a convite do novo presidente do estado, Jorge Tibiriçá. Embora Brito viesse a adotar o concreto, apontou várias falhas nos trabalhos executados por Rebouças, sobretudo pela ausência de um plano geral, pela utilização do sistema separador parcial, pela limitada abrangência das obras e por seu custo elevado.

Brito possuía formação positivista e já havia estudado o caso de Santos, no final da década anterior. Assim, ele assumiu a condução dos serviços de saneamento de Santos com um plano geral para a cidade. A partir desse momento, as obras ganham ritmo acelerado, permitindo a ocupação paulatina de toda a zona leste da ilha de São Vicente. É efetivamente o trabalho de Brito que vai possibilitar o desenvolvimento de Santos, apoiado em um moderno traçado, que respeitava sua topografia e hidrologia, evitando obras desnecessárias e conferindo à cidade, nas décadas que se sucederam uma qualidade de vida incomparavelmente melhor do que aquela do final do século XIX.

A polêmica entre Saturnino de Brito e a Câmara Municipal

Brito apresentou seu plano para o saneamento de Santos em 1905, com a adoção do sistema de separação absoluta e execução de uma extensa rede de canais de drenagem e galerias de esgotos, ao mesmo tempo em que o abastecimento de água se expandia. A Santos moderna já nascia apoiada em uma rede de infraestrutura suficiente para suportar o adensamento populacional da primeira metade do século XX. Andrade aponta (1991, p. 63):

> Sem dúvida, com o plano de saneamento, melhoramentos e extensão que Saturnino de Brito elabora e implanta em Santos, mesmo não tendo sido realizado em todos os seus aspectos, não apenas temos a construção de uma cidade moderna, mas também a aplicação de princípios urbanísticos revolucionários para a época, onde o passado colonial da cidade desaparece em nome de um futuro marcado pela higiene e progresso, que influenciará decisivamente o desenvolvimento do planejamento urbano no Brasil.

Ao contrário dos planos elaborados anteriormente para Santos, Brito previa a descarga dos esgotos em local afastado, para isso sendo construída a ponte pênsil em São Vicente, permitindo que estes fossem lançados na ponta do Itaipu, atualmente no município de Praia Grande. O plano previa a adoção de subdistritos, como Fuertes já havia preconizado, implantando-se uma série de estações elevatórias que permitiram a redução dos custos das obras. Uma rede de canais foi desenhada e executada aos poucos. Os canais foram ladeados por avenidas que estruturaram em definitivo o desenho urbano de Santos, transformando-se em seus mais expressivos referenciais.

O plano de Brito foi uma das mais completas contribuições ao planejamento urbano nacional até então realizadas. Embora Villaça (1999) considere o sanitarismo categoria de urbanismo à parte, nesta proposta de Brito identificam-se elementos de embelezamento que caracterizavam esta fase do urbanismo e não se limitavam ao saneamento. Era um projeto extremamente detalhado, ocupando-se desde a largura das vias, estabelecendo recuos e desenhando os equipamentos sanitários internos dos imóveis. Como ressalta Serrano (2005), "aproveitando-se dos levantamentos de Fuertes e mantendo o sistema separador absoluto, [Brito] iniciou as obras de construção dos canais. Estudou o volume e a periodicidade das precipitações pluviométricas em Santos. O regime das águas das chuvas e das marés. A topografia e as calhas naturais de drenagem da ilha de São Vicente".

Contudo, a face mais marcante do projeto foram os canais de drenagem, que garantiram a extensão da cidade sobre uma área particularmente frágil em termos ambientais, evidenciando o uso da tecnologia pelo homem para adaptar o espaço natural, e pela complexidade exigida pela crescente interferência das esferas de governo nesse processo. O primeiro canal de drenagem, inaugurado por Brito, foi o prolongamento da obra de retificação do Ribeirão dos Soldados, em 1907. O Ribeirão situava-se na área pericentral, junto ao loteamento de Mathias Costa, hoje bairro Vila Mathias, a primeira fronteira de expansão da cidade. Esta obra já havia sido iniciada pela própria municipalidade, porém Brito adotou o revestimento interno da calha do canal com concreto, solução inovadora para a época e que seria empregada na construção dos demais canais.[15]

---

15 Ao todo, nove canais foram projetados por Brito, sendo o Canal 5 o último a ser inaugurado, em 1927, dezessete anos após o engenheiro ter deixado a cidade.

As obras dos canais contemplavam os interesses de um dos circuitos locais de acumulação, formado por construtores e loteadores. Porém, em 1903, a Companhia City, que já operava o abastecimento de água da cidade, havia adquirido, com capital estrangeiro, a concessão de todas as linhas de bondes de Santos, eletrificando o serviço em 1907. A empresa passou a atuar em consonância com os proprietários de terrenos na área de expansão da cidade. Este binômio entre infraestrutura e loteamento, com sólido apoio na Câmara Municipal, obteve enormes benefícios dos trabalhos empreendidos por Brito, nos primeiros anos de sua atuação na cidade, pois no início suas propostas amalgamavam os interesses de distintas esferas de acumulação de capital: a do café e a imobiliária.

Contudo, as propostas de Brito não se limitaram ao plano de saneamento. Em 1910, o engenheiro encaminhou à Câmara a Planta (Figura 3), que consistia num completo plano urbanístico para a cidade de Santos, apoiado nas ideias de Camilo Sitte. Largas avenidas foram projetadas, com amplas áreas ajardinadas. Vários parques e equipamentos sociais e de lazer foram previstos, de forma a dotar a cidade de uma completa rede de serviços. Se o plano de Brito era um plano de saneamento completo, em igual medida continha elementos dos planos de embelezamento em voga nas maiores cidades ocidentais e adotados parcialmente no Rio de Janeiro de Pereira Passos. A Planta de Santos era um plano completo, superior neste aspecto até mesmo ao de Belo Horizonte, elaborado por Aarão Reis em 1894.[16] Segundo Serrano (2005), o plano de Reis fora muito criticado por Brito, que já havia se ocupado do saneamento daquela cidade antes de voltar-se ao plano de Santos (ANDRADE, 1997, p. 70), pelo fato de não prever o sistema de saneamento.

---

16 Segundo Lemos (1998, p. 81), "enquanto São Paulo e Rio de Janeiro receberam planos mais abrangentes apenas neste século [XX], cidades como Belo Horizonte, Vitória e Santos, entre outras, constituíram-se alvos de intervenções do poder público, lideradas por engenheiros sanitaristas como Francisco Saturnino de Brito [...]".

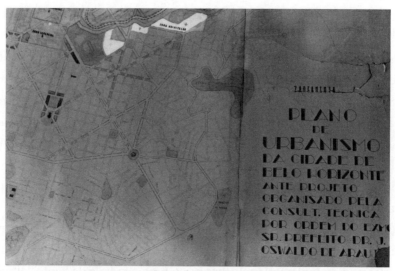

Figura 3: A Planta de Santos (BRITO, 1915).

Porém, as propostas de Brito para Santos não se limitaram ao desenho apresentado (BRITO, 1943), prevendo, também, a instituição de normas urbanísticas, que em muito feriam os interesses dos proprietários de imóveis, ao procurar facilitar a desapropriação dos terrenos necessários ao sistema viário, limitando o aproveitamento dos terrenos. Conforme Andrade (1991, p. 62), "quanto à legislação urbanística, Brito propõe diversos instrumentos jurídicos, formulando tanto uma legislação sobre vias particulares, como também disposições legislativas complementares às que regulavam as expropriações".

Este conflito resultou na ruptura de Saturnino com a Câmara Municipal e com setores da imprensa que defendiam aqueles interesses. Na verdade, os proprietários de terrenos na área localizada entre o antigo centro e a praia vislumbravam vantajosos negócios imobiliários, que se tornaram possíveis com a implantação do plano de saneamento e com a extensão do transporte por bondes, em direção à orla.

A proposta de Brito foi remetida à Comissão de Obras e Viação do município, que, coincidentemente, era chefiada pelo engenheiro Francisco da Silva Telles, filho de Augusto da Silva Telles, que década antes teve o contrato para a exploração dos serviços de esgoto entre o estado e sua empresa, recusado por influência de Theodoro Sampaio. O parecer n° 288, exarado pela Comissão em 1913, foi contundente, elencando uma série de irregularidades nas propostas de Brito e opinando pelo adiamento da aprovação da Planta "para melhor oportunidade". No ano seguinte, outros dois pareceres sobre o projeto de Brito foram exarados. O primeiro, de ordem técnica, fora elaborado por Francisco da Silva Telles, e o segundo, de natureza jurídica, elaborado por Nilo Costa, consultor Jurídico da municipalidade. Os argumentos de ordem técnica procuravam evidenciar contradições entre as propostas de Brito e o pensamento de Sitte, enquanto que os de natureza jurídica evidenciavam os riscos que o projeto representava ao direito de propriedade. Apoiada nestes documentos, a Câmara manifestou-se contrariamente à plena aprovação da proposta.

Diante da recusa da municipalidade, Brito reagiu contrariado, por meio de uma série de artigos publicados na imprensa da capital, pelos quais criticava abertamente os interesses representados na Câmara de Santos. A estes artigos seguiu-se uma polêmica intensa, narrada detalhadamente em Souza (1914) e Brito (1915). A primeira, escrita por encomenda da Câmara, fazia uma série de acusações a Brito e, sobretudo, criticava seu desprezo ao direito de propriedade. Nesta polêmica subjaziam os conflitos políticos entre a Câmara Municipal, dominada pelo Partido Municipal, e o governo do estado, cuja hegemonia era do Partido Republicano. Este conflito transparece em Souza (1914, p. 12), que acusou Brito de ameaçar o município com "intervenção" estadual. Este autor enumerou uma série de razões de caráter "jurídico, econômico e técnico" para que as propostas de Brito fossem rejeitadas. Mas certamente o ponto mais duro da obra de Souza (1914, p. 13) foi considerar o engenheiro competente apenas para projetos de saneamento, afirmando que este "nada entende da arte dificílima de projetar e construir cidades". Mais adiante (1914, p. 23), este autor qualifica o plano de Brito como "errado, destituído de estética e de conforto, e incompreensível, pela sua careza, com os recursos financeiros de nosso tesouro local". Mas a tônica principal dos ataques de Souza à Planta de Santos era a defesa ao direito de propriedade, defendido várias vezes em sua obra.

Nas décadas seguintes, a Planta de Santos passou a ser implementada com profundas modificações impostas pela Câmara, que descaracterizaram em grande parte o projeto inicial. Contudo, o que foi efetivamente concretizado marcou fortemente a fisionomia da cidade e tornou-se paradigma do urbanismo nacional da virada do século XX.

Brito, já trabalhando no plano para Recife, reagiu ao livro de Souza e publicou detalhada defesa de seu plano para a cidade (BRITO, 1915). Neste trabalho, já profundamente discutido por Andrade (1991, 1992a, 1992b), fica evidente que as propostas do engenheiro não contavam com o apoio total do governo estadual. Acerca deste ponto, Souza (1914) chamou atenção a um fator relevante. Para este autor, o estado implementou as obras de saneamento, em Santos, pela necessidade de desobstruir o caminho à acumulação agro exportadora. Segundo Souza (1914, p. 17), "o que forçou o Governo do estado a projetar o saneamento de Santos não foi nenhum motivo de ordem local: foi a defesa geral do território paulista e do nosso futuro econômico que se encontrava em perigo".

Conforme Schiffer (1989), o Estado capitalista meramente reproduz os conflitos no seio da luta de classes. Apoiada em Marx, a autora afirma que o Estado viabiliza a acumulação, segundo as relações de classe estabelecidas pelo capitalismo, reproduzindo a luta de classes. Schiffer, citando Chauí, acrescenta que o Estado representa a preservação dos interesses da classe dominante. Assim, o Estado exprime, na esfera política, as relações de exploração que existem na esfera econômica (SCHIFFER, 1989, p. 21). Portanto, o Estado capitalista organiza diversos interesses da classe dominante, de forma a garantir a reprodução do sistema. Esta análise explica o processo em curso no Brasil, desde o princípio de sua inserção no modo capitalista de produção, a partir da segunda metade do século XIX, quando a ação estatal passou a ser determinante na produção do espaço, pela implantação da infraestrutura necessária à reprodução do sistema. Portanto, é preciso compreender a evolução da ação do Estado nos distintos estágios de desenvolvimento capitalista no Brasil para avaliar o processo de produção do espaço e perceber os limites à atuação dos profissionais do urbanismo e planejamento urbano no país. É importante assinalar que em todos os estágios, o Estado garante a recriação sucessiva do espaço, segundo as necessidades de acumulação. É nesse sentido que se deve compreender a implementação das obras de saneamento em Santos e o abandono parcial às propostas de Brito, apresentadas na Planta de Santos, confirmando as teses de Villaça (1999).[17]

Neste aspecto, Bernardini dá contribuição essencial para a compreensão do processo ocorrido em Santos na virada do século XX:

> Não há, portanto, como explicar o planejamento neste período apenas pelas razões sanitárias e de controle de epidemias. Bem mais do que isso, a própria difusão do embelezamento e a adoção de uma nova estética foram utilizadas mais como um arcabouço adequado às possibilidades de investimento de capitais do que como atitudes de promoção e qualificação social para uma nova vida moderna (BERNARDINI, 2003, p. 312).

Fato central a destacar, é que o episódio da Planta de Santos constitui-se no primeiro caso de abandono parcial de um plano urbanístico, em Santos. Processos correlatos ocorreriam com o Plano Regulador da Expansão e Desenvolvimento de Santos, elaborado sob coordenação do engenheiro e urbanista Francisco Prestes Maia, e com os Planos Diretores de Desenvolvimento Integrado, de 1976 e 1978. Estas experiências evidenciam que os planos são efetivados pelo Estado, sempre que são úteis à desobstrução dos obstáculos à acumulação capitalista. Contudo, quando os planos tornam-se eles mesmos obstáculos a esta acumulação, encontram sérias dificuldades para serem implantados, caracterizando o que Leme (1999, p. 21) denomina "descompasso entre o proposto e o realizado".

---

17 A crítica que Villaça apresenta, por meio da análise da evolução da atividade de planejamento no Brasil, coloca esta e o urbanismo como atividades de discurso do Estado sobre o urbano, em que a "implementação" do plano surge como panaceia para os problemas da cidade, ocultando a ação direta do Estado. Assim, sua tese central é que, somente entendendo a atividade de planejamento urbano como ideologia, é possível compreender sua produção duradoura e sua sobrevivência até o presente.

166   Cristina de Campos • Fernando Atique • George A. F. Dantas

Por outro lado, a legislação urbanística que garantia o desenvolvimento do mercado imobiliário voltado à produção de unidades para alta e média rendas não encontrou maiores dificuldades para ser aplicada, em toda a história do urbanismo e do planejamento urbano santista. Ao todo, podem ser relacionadas sete grandes instrumentos legais[18] que instituíram zoneamentos extremamente detalhados, os quais, como demonstrado em Carriço (2002), contribuíram para o grave quadro de segregação socioespacial na cidade.

Conclusão

Em Santos, desde o final do século XIX, enquanto o zoneamento foi sendo "aperfeiçoado", contribuindo para a segregação de atividades e classes sociais, os planos foram aplicados na medida dos interesses dos distintos circuitos de acumulação. Quando havia conflitos entre estes interesses, como no episódio da Guerra dos Trapiches, prevaleceram as necessidades de reprodução do grande capital, vinculado ao comércio exterior. Quando estes interesses convergiam para um objetivo comum, como no caso do emprego da tecnologia do concreto nas obras de saneamento de Santos, os obstáculos aos investimentos eram removidos, ainda que isto implicasse no alto endividamento do estado.

Enquanto o instituto do zoneamento, sem grandes contestações, criou bairros predominantemente residenciais, habitados por população de média e alta rendas, por meio de complexas exigências urbanísticas, planos que apontavam para o equacionamento de outras questões, como controle da densidade populacional, melhoria da circulação, produção de áreas verdes e embelezamento da cidade nunca saíram inteiramente do papel.

---

18 Os principais instrumentos legais que instituíram ou alteraram o zoneamento de uso e de ocupação do solo em Santos são os seguintes: Lei n° 675, Código de Construções (1922); Decreto-Lei n° 403 (1945); Lei n° 1.831 (1958); Lei n° 3.519, Plano Diretor Físico (1968); Leis n° 174 e 209 (1986), Lei Complementar n° 312 e Ordenamento do Uso e da Ocupação do Solo na Área Insular (1998). Por meio destes instrumentos, o coeficiente de aproveitamento dos lotes foi progressivamente ampliado, atualmente alcançando na prática cerca de nove vezes a área do lote, nas áreas em que o mercado imobiliário é mais ativo.

Portanto, no caso de Santos, resta inteiramente comprovada a tese de Villaça (1999), que evidencia a dicotomia entre o discurso dos planos e a prática do zoneamento como limite à atuação dos profissionais de urbanismo e planejamento urbano. Embora os planos de saneamento, antes elaborados para Santos, encontrassem imensas dificuldades para serem implantados, o de Brito obteve sucesso inicial, por satisfazer à convergência de interesses de diferentes circuitos de acumulação de capital. A partir do momento em que suas propostas extrapolaram a agenda inicialmente proposta, passaram a ser rechaçadas e enfrentaram grandes dificuldades de implementação.

Referências Bibliográficas

ANDRADE, Carlos Roberto Monteiro de. *A peste e o plano: o urbanismo sanitarista do Eng. Saturnino de Brito*. Dissertação (mestrado em Estruturas Ambientais Urbanas) – Faculdade de Arquitetura e Urbanismo, USP, São Paulo, 1992a.

_____. "De Viena a Santos: Camillo Sitte e Saturnino de Brito". In: SITTE, Camillo. *A construção das cidades segundo seus princípios artísticos*. São Paulo: Ática, 1992b, p. 206-234.

_____. "O Plano de Saturnino de Brito para Santos". *Espaço e Debates*, São Paulo, nº34, p. 55-63, 1991.

_____. "Saturnino de Brito. Um projetista de cidades". *AU*, São Paulo, nº 72, jun./jul. 1997, p. 70.

ANDRADE, Wilma Therezinha Fernandes de. *O discurso do progresso: a evolução urbana de Santos. 1870-1930*. Tese (doutorado em História) Faculdade de Filosofia, Letras e Ciências Humanas, USP, São Paulo, 1989.

BERNARDINI, Sidney Piochi. *Os planos de intervenção urbana em Santos – de Estevan Fuertes a Saturnino de Brito – (1822-1910)*. Dissertação (mestrado em Estruturas Ambientais Urbanas) – Faculdade de Arquitetura e Urbanismo, USP, São Paulo, 2003.

BRITO, Francisco Saturnino de. *Projetos e Relatórios: Saneamento de Santos*, Obras Completas, vol. VII. Rio de Janeiro: Imprensa Nacional/Instituto Nacional do Livro, 1943.

_____. *A Planta de Santos*. São Paulo: Brasil de Rothschild, 1915.

CALDATTO, Gino Barbosa. *Chalé de madeira: a moradia popular de Santos* – Dissertação (mestrado em Estruturas Ambientais Urbanas) – Faculdade de Arquitetura e Urbanismo, USP, São Paulo, 1998.

CARRIÇO, José Marques. *Legislação urbanística e segregação espacial nos municípios centrais da Região Metropolitana da Baixada Santista.* Dissertação (mestrado em Estruturas Ambientais Urbanas) – Faculdade de Arquitetura e Urbanismo, USP, São Paulo, 2002.

COSTA, Luiz Augusto Maia. *O ideário urbano brasileiro na virada do século: o engenheiro Theodoro Sampaio em São Paulo (1886-1903).* Dissertação (mestrado em Estruturas Ambientais Urbanas) – Faculdade de Arquitetura e Urbanismo, USP, São Paulo, 2001.

FERNANDES, Florestan. "Classes sociais na América Latina". In: FERNANDES, F. *Capitalismo dependente e classes sociais na América Latina.* São Paulo: Zahar, 1981.

GITAHY, Maria Lúcia. *Ventos do mar.* São Paulo: Editora da Unesp e Prefeitura Municipal de Santos, 1992.

LANNA, Ana Lúcia Duarte. *Santos: uma cidade na transição. Santos: 1870-1913.* São Paulo/Santos: Hucitec/Prefeitura Municipal de Santos, 1996.

LEMOS, Celina Borges. "A cidade republicana. Belo Horizonte, 1897-1930". In: CASTRIOLA, Leonardo Barci (org.). *Arquitetura da modernidade.* Belo Horizonte: Editora UFMG, 1998, p. 79-125.

LEME, Maria Cristina da Silva (coord.). *Urbanismo no Brasil: 1895-1965.* São Paulo: Studio Nobel/Fupan, 1999.

ROLNIK, Raquel. *A cidade e a lei: legislação, política urbana e territórios na cidade de São Paulo.* São Paulo: Nobel, 1997.

SANTOS (Câmara). *Actas de 1910.* Santos: A Tribuna, 1912.

SCHIFFER, Sueli T. R. *As políticas nacionais e a transformação do estado paulista. 1955-1980.* Tese (doutorado) – Faculdade de Arquitetura e Urbanismo, USP, São Paulo: 1989.

SERRANO, Fábio Eduardo. "Centenário dos Canais de Santos". Santos, 2005. Disponível em: http://www.canaisdesantos.com.br/artigos. asp?idart=155. Acesso em: 19 fev. 2006.

SOUZA, Alberto. *A unicipalidade de Santos perante a Comissão de Saneamento: polêmica com o Dr. Saturnino de Brito*. Santos: Bureau Central, 1914.

VILLAÇA, Flávio. "Uma contribuição para a história do planejamento urbano no Brasil". In: DEÁK, Csaba; SCHIFFER, Sueli T. R. (orgs.). *O processo de urbanização no Brasil*. São Paulo: Edusp, 1999, p. 146-169.

Higienismo, urbanismo sanitarista e o plano de Saturnino de Brito para a cidade da Parahyba na Primeira República

Francisco Sales Trajano Filho

Pisamos sobre um vulcão latente e este fará um dia a sua explosão, se, por ventura, mão benfazeja não cuidar de dotar a capital de melhoramentos que nos acautelem contra a invasão de epidemias que encontram presentemente em nosso meio causas muito favoráveis ao seu repasto.[1]

Flávio Maroja

Contundente, a metáfora eleita pelo médico higienista Flávio Maroja adquire plena justificativa ao propósito de fazer com que seus concidadãos e autoridades sentissem e tomassem consciência da precariedade da infraestrutura

---

1   MAROJA, Flávio. "A nossa hygiene". *Revista do Instituto Histórico e Geográfico Paraibano*, vol. 3, 1911, p. 432. Originalmente divulgados em partes, nas páginas da revista *Philippéa*, no decorrer de 1905.

172   Cristina de Campos • Fernando Atique • George A. F. Dantas

urbana e do risco iminente de uma calamidade na saúde pública decorrente do periclitante estado sanitário da cidade da Parahyba ao adentrar o século XX, de tal gravidade que poderia convertê-la em "necrópole" no caso da incidência de novas epidemias. De outro modo, ao evocar a imagem do "vulcão latente", Maroja punha sob suspeição um lugar-comum nas representações e leituras da capital paraibana desde seus primórdios e que reiteradas vezes sustentaram a afirmação de um caráter naturalmente salubre do sítio em que fora erguida pelos portugueses, "mau grado sua posição entre os trópicos".[2]

Algumas vezes aparecendo como justificativa pelo fato da capital não possuir um completo serviço de saúde pública (*Revista do Instituto Histórico e Geográfico Paraibano*, 1911, p. 122), a fala de Maroja e de outros médicos e engenheiros, que nas primeiras décadas do século passado reclamavam com urgência a construção de um sistema de esgotos e de abastecimento d'água para uma cidade que pouco havia mudado desde a emergência do regime republicano – quando fora retratada como uma "cidade das sete necessidades"[3] pelo engenheiro João Claudino de Oliveira Cruz, tão taxativo em afirmar que "tudo falta nesta boa terra", até mesmo os principais elementos da vida, isto é, o ar, a água e a luz apresentam-se deficientes às necessidades do povo" –, revelava nessa ocasião a corrosão da propalada imagem de terra salubre e de clima benfazejo e sua substituição por outra, uma "cidade considerada insalubre, a maior parte do tempo", na visão de um contemporâneo de Maroja, o engenheiro Victor Kromenacker (1911, p. 777-787).

Assim como Flávio Maroja, esse engenheiro – envolvido no começo da década de 1910 com a construção do primeiro abastecimento d'água da

---

2   A representação da Paraíba como terra salubre se constata ainda no começo do século XX, como se constata no artigo escrito por Coriolano de Medeiros, intelectual, historiador e membro fundador do IHGP – "Algumas páginas. Subsídio para a história da higiene pública na Parahyba". *Revista do Instituto Histórico e Geográfico Paraibano*, vol. 3, 1911, p. 117-123.

3   Expressão cunhada por Lenilde Duarte de Sá em sua tese *Parahyba: uma cidade entre miasmas e micróbios: o Serviço de Higiene Pública, 1895 a 1918*. EERP-USP, Ribeirão Preto, 1999.

capital, a partir do projeto do bacharel e diretor das Obras Públicas, Miguel Raposo, feito com base no sistema adotado em Recife pela Companhia Beberibe – apontava na ausência de uma rede pública de esgotos a origem de um problema que se estendia e aumentava à medida que nos quintais das casas se espalhavam as fossas fixas, fonte de contaminação do subsolo da capital, "regado por um lençol subterrâneo de pouca profundidade, que recebe por infiltração, ha século, sem interrupção, a maior parte dos detritos produzidos pela conglomeração urbana" (KROMENACKER, 1911, p. 777).

Dependente, ainda no começo do século, de cacimbas e bicas como as de Tambiá Gravatá para o abastecimento d'água, distribuída precariamente em fontes espalhadas pela área urbana, a cidade convivia com o temor constante de contaminação das nascentes pelos dejetos e resíduos que das fossas penetravam no lençol freático. Uma das principais características que levaram à escolha do local em que afinal se fundou a cidade da Parahyba ao final do século XVI, a abundância de nascedouros d'água no seu sítio, tornava-se nessa ocasião um potencial agente deletério, razão de instabilidade da saúde pública.

Para não nos prolongarmos acompanhando esse debate, um aspecto importante a fixar nele é o fato de que, permeando seja as representações de um caráter salutar inata à cidade, seja as leituras médico-científicas, céticas em relação a essa imagem, está uma reflexão sobre as possibilidades de solução aos problemas sanitários e de saúde pública da capital, necessariamente mediada pela consideração dos atributos do meio natural, do sítio urbano e arredores com suas características climáticas e topográficas. De tal modo, é assim que, para o engenheiro Kromenacker, "uma das causas da sua insalubridade depende incontestavelmente de sua posição topográfica" (1911, p. 777).

A precariedade da higiene urbana, que afetava das ruas e praças às edificações, quer públicas, quer privadas, e o total desprovimento de recursos para organização de uma defesa sanitária mínima eficaz atingia tal gravidade que levou o presidente do estado, Castro Pinto, na mensagem encaminhada à Assembleia Legislativa em 1913, a reconhecer, resignado, que a capital tinha "na providência das brisas marinhas a proteção quase exclusiva à saúde pública [e que] não fosse a benéfica ação das interruptas correntes de ar que

174   Cristina de Campos • Fernando Atique • George A. F. Dantas

varrem estas plagas, o obituário desta cidade ascenderia a proporções inauditas" (*A União*, 02 set. 1913). A falta de uma galeria de esgotos pluviais e matérias servidas dos domicílios se elevava a uma situação insustentável, segundo Castro Pinto, ainda mais ante o fato da Parahyba ser uma cidade que "já não aumenta a olhos vista pelo número de prédios que se edificam, mas pelo número das ruas que se improvisam, embora nas mais deploráveis condições de higiene e arquitetura" (*A União*, 02 set. 1913).

Insulada em meio a uma geografia salpicada de potenciais focos de desestabilização do quadro sanitário, como a temerosa lagoa, margeando a leste largo trecho da área urbana, logo aquele que desde o último quartel do século XIX ensaiava uma expansão mais determinada, a capital seria em 1913 novamente afetada por um surto epidêmico pelo segundo ano consecutivo, desta vez pela varíola.

É nessas circunstâncias e em meio ao polêmico "caso das águas"– motivado por suspeitas levantadas quanto à qualidade do líquido fornecido pela rede de abastecimento recentemente inaugurada, que levaria médicos e engenheiros da prefeitura a exporem seus argumentos em sucessivas ocasiões nas páginas d'*União* – que se dá a vinda de Saturnino de Brito para estudar um plano de melhoramentos para a capital paraibana, aparentemente conseguida graças à intermediação do diretor de Obras Públicas, Miguel Raposo, depois de reiteradas recusas do engenheiro fluminense em aceitar a empreitada.

Os melhoramentos projetados em 1913 constavam dos serviços de esgotamento sanitário, adotando-se o sistema separador absoluto, já usado por Brito noutras cidades, que encontrava na própria topografia da capital, com ruas de inclinação acentuada, um elemento que concorreria para a redução dos custos de construção por facilitar o escoamento das águas; alargamento e abertura de ruas requeridas para a construção de galerias de esgotos; e o saneamento da lagoa dos Irerês, situada a leste da cidade, vislumbrada por Brito como a direção que melhor se prestaria para a expansão urbana, cujo entorno poderia ser aproveitado para a criação de um parque pelo seu potencial paisagístico.

Como o próprio Brito trataria de esclarecer logo na introdução do relatório de apresentação dos serviços, de cuja execução imediata declina, a razão das seguidas recusas aos convites feitos pelo presidente paraibano derivavam da enorme carga de trabalho em que estava envolvido. Viagens "ao sul para visitar os trabalhos de Santos, alguns dias passados na Bahia e no Pará, a serviço, e daí à Europa para estudar questões importantes relativas aos trabalhos em Recife"(BRITO, 1914, p. 3), nos quais atuava como chefe da Comissão de Saneamento, escasseavam o tempo disponível, impondo restrições a qualquer nova encomenda. Tanto assim que os projetos dos esgotos da Parahyba seriam feitos nas poucas horas que dispunha "em certos dias e à noite" (BRITO, 1914, p. 3).

Deve-se atentar para essa situação peculiar em que foram gerados os projetos para a capital paraibana, particularmente no instante de situá-los no interior da vasta e variada produção de Brito, iniciada ao final do século XIX, intensificada e ampliada largamente em seu alcance territorial no decorrer da Primeira República, já então afamado e reconhecido pelos seus trabalhos em Santos, Vitória, Campinas e Recife, então com as obras ainda em andamento.[4] Se visto no conjunto da obra de Brito, de modo algum se pode compará-lo, sob pena de incorrer em graves injustiças, com o destas cidades, cujos projetos constam entre as realizações mais emblemáticas do seu urbanismo sanitarista. De fato, talvez uma premissa adequada na aproximação ao caso da Parahyba seja não tratá-lo sem mais a partir de uma perspectiva de análise comparativa com aquelas realizações, mas antes reconhecê-lo como tributário de uma já consolidada prática profissional, de uma atuação sistemática e de um saber técnico e urbanístico em formação, constantemente em atualização com a literatura nacional e estrangeira produzida em torno das questões de técnicas sanitárias, processos construtivos, materiais, planejamento urbano etc.

Seguindo a sugestão de que um dos traços peculiares à atuação de Brito, inerente ao seu processo de trabalho e de elaboração teórico-projetual,

---

4 A referência fundamental para uma compreensão do conjunto da obra e do pensamento de Satunino de Brito continua sendo a dissertação de Andrade (1992).

reside no tratamento singular que confere à resolução de cada caso, sempre único em suas idiossincrasias e contingências, mantendo como diretrizes fixas basicamente a metodologia de intervenção e a hegemonia incontestável do principio sanitário que submete o plano e a técnica ao caráter topográfico do sítio ao seu *genius loci* – o que é, em síntese, a origem da racionalidade que permeia todo seu processo de projeto –, do qual decorre o conjunto do plano, dos aspectos gerais aos detalhes, daí surgindo soluções também particulares e originais que vão se agregando na formação de um repertório amplo de possibilidades à disposição para futuros projetos, num contínuo e constante *feed-back*, consideramos que mesmo uma realização secundária, como pode ser tomado o caso da Parahyba, revela atributos de interesse na compreensão da obra desse engenheiro, na medida em que a enraizemos no lugar do qual brota e se nutre para se configurar.

Isto posto, o aporte inicial que embasa nossa abordagem já foi observado por Andrade (1992) em sua breve análise do caso paraibano, e diz respeito ao protagonismo absoluto exercido pela topografia da cidade e arredores imediatos no delineamento da solução final adotada. Não sendo original como porta de entrada investigativa, tampouco o é no âmbito do pensamento urbanístico de Brito, cujo cerne está na adequação do plano às contingências topográficas, consubstanciado na forma do princípio sanitário, como já foi ressaltado por diversos autores que se debruçaram sobre sua obra.[5]

O que nos faz reincidir nesse aspecto é entendermos que a topografia da cidade da Parahyba, habilmente compreendida e traduzida em termos de plano por Brito, ao se sobrepor a qualquer outra determinante de projeto, tornou prescindível a aplicação de uma série de estruturas e soluções construtivas já experimentadas noutros casos e com isso reduziu sensivelmente a possibilidade expressiva da maquinaria demandada para o saneamento, que não se impõe com sua presença física nem tampouco adquire visibilidade plena na cena urbana, estando antes virtualmente absorvida,

---

5   Como seria delongado citar todos, limito-me a Andrade (1992) e também a Fernando Diniz Moreira (1998, p. 242-258), que reforça essa leitura nos seus estudos sobre Brito, particularmente em sua atuação no Recife.

"desmaterializada", na superfície da cidade, embora em intenso funcionamento no subsolo. Com os sinais de sua existência restritos a equipamentos mínimos, em pequena quantidade e dispersos pela área urbana, a cidade vive sem se aperceber da "maquinaria do conforto" montada para seu usufruto. Mesmo assim, também aqui as obras de saneamento, algumas de grande arrojo técnico-construtivo, não deixam de se caracterizar, ainda que de maneira sutil, como elementos que estruturam a cidade e sua configuração – de uma forma completamente distinta da que operam, por exemplo, os canais em Santos – na medida em que o desenho na superfície, o seu traçado, repercute o trajeto mais adequado à vazão dos resíduos, dejetos e das águas que percorrem nos encanamentos seu subsolo.

Prática plenamente incorporada em sua metodologia, contrária à aplicação generalizada de princípios e regras que não levem em conta as especificidades de cada situação, evitando assim inconvenientes para o bom funcionamento dos sistemas de esgoto e o desnecessário dispêndio de recursos financeiros, o primeiro movimento de Brito é o de reconhecer o sítio, compreender a organização topográfica, apreendendo a cidade em sua geografia específica e a evolução da forma urbana conforme a relação com essa geografia:

> A cidade da Parahyba do Norte, capital do estado, está edificada nas encostas e no planalto de um contraforte que se adianta até a margem direita do Sanhauá, braço do rio Parahyba do Norte. A cidade baixa ocupa mui pequena área. Ruas estreitas sobem pelas encostas de forte declive, cortando outras igualmente estreitas, até a cumeada do contraforte, onde algumas delas são mais largas (...) Transpondo a cumeada, pelas ruas longitudinais, na direção NO-SE, se chega a uma bacia fechada, onde as águas estagnantes se acumulam em pequeno lago, sem saída alguma visível; a infiltração no terreno c a evaporação eliminam o excedente das chuvas (BRITO,1914, p. 5).

No entorno desse lago e nos terrenos pendentes para ele, ponto a partir do qual traçará a expansão da cidade, como veremos adiante, identifica uma incipiente marcha de ocupação.

Da cidade para seu entorno, do meio urbano ao meio natural, o olhar de Brito se desloca para revelar que a "parte baixa dos terrenos, nos limites da cidade a NE e a SO, é pantanosa; aos lados da cidade e na frente, e na margem oposta do largo estuário, se estendem amplamente os *mangues*, ou pântanos marinhos, lavados pelos fluxos das marés e cortados pelas *gamboas*" (BRITO, 1914, p. 5). Ambiências potencialmente perturbadoras à salubridade urbana as quais a engenharia sanitária deveria tratar com os métodos habituais aplicados no seu combate, aterramentos, drenagens, dessecamentos: "é conveniente reduzir ao mínimo estas superfícies lodosas dos arredores da cidade e eliminar, pela drenagem e pelo aterro, os brejos de água doce" (BRITO, 1914, p. 6). Nesses trabalhos de aterramento para saneamento dos baixios, Brito considera a possibilidade de, ao mesmo tempo, ir regularizando o perfil de algumas ruas, "preparando superfícies escavadas, de um lado, e superfícies aterradas, de outro lado, para a expansão da cidade" (BRITO, 1914, p. 7).

É interessante perceber a semelhança na descrição do perfil topográfico do sítio onde se estende a capital do relato de Brito com o feito havia pouco pelo engenheiro Victor Kromenacker no seu *Saneamento da capital*, escrito em 1910 e divulgado no ano seguinte. Em ambos o percurso de exposição segue o mesmo trajeto: das margens do rio, subindo a acentuada encosta através de ruas estreitas de desenho variável, comunicando os dois estratos em que se organizou historicamente a cidade, daí o topo plano da colina, descendo pelo outro lado até atingir a lagoa. Mesmo sem entrar em detalhes de onde partiria, também Kromenacker, considerando que o saneamento implicaria num "renascimento de sua atividade", chama a atenção para a necessidade premente de um plano de extensão da capital, afinal, observa ele, "prever o plano de extensão, é construir o esqueleto da cidade futura, que a vida animara de pouco a pouco" (KROMENACKER, 1911, p. 785).

Brito considera a topografia da capital, com poucas exceções, por conta do desrespeito ao sentido da declividade do terreno no erguimento das construções, um agente potencial para obter uma situação salubre em condições econômicas no custo de implantação: "a forte inclinação das ruas facilita muito o plano da rede geral e o seu custo é notavelmente reduzido, por se ter geralmente uma pequena profundidade de escavação para a implantação dos coletores sanitários (...)"(BRITO, 1914, p. 29). Posição inversa a do engenheiro Kromenacker, que por outro lado afirmava apenas que "a topografia da cidade permite a criação de um sistema geral de *tout á l'egout*, tudo pelo esgoto", como o adotado por Brito no projeto do "Novo Arrabalde", em Vitória (1896), mas abandonado desde a proposta de saneamento para Paraíba do Sul (1899) (ANDRADE, 1992, p. 223), quando passou a usar o sistema separador absoluto, escolhido para a cidade da Parahyba.

Bem antes dele, ainda no final do século XIX, a comissão médica instaurada em 1889 pelo vice-presidente da província, o Barão de Abiaí, para identificar as causas que provocavam os surtos de febres perniciosas entre a população, convicta da natureza salubre da cidade, sustentava opinião semelhante quanto à topografia como fator a ser facilmente explorado no seu saneamento: "esta capital está bem situada, sua posição é mais ou menos elevada, seu terreno de ótima qualidade e superfície do solo tapisado sempre de abundante e viçosa vegetação ainda mesmo em tempo de seca como atualmente, os seus declives naturais podem dar fácil esgoto as águas pluviais (...) tem pois a cidade condições essenciais para uma boa salubridade"(SÁ, 1999, p. 40-41).

Com base no reconhecimento topográfico, procedimento preliminar ao delineamento dos trajetos do escoamento superficial e subterrâneo, bem como ao apontamento das vias a abrir na cidade existente e arredores, em conformidade com as necessidades ditadas pelo saneamento, Saturnino de Brito traça as linhas gerais do projeto de esgotos sobre uma planta da cidade remetida pela prefeitura. Embora não possamos asseverar, é possível que esta seja a planta topográfica a qual se refere Kromenacker em seu estudo, mandada levantar quando, no mesmo instante em que se inaugurava o serviço d'água, especulou-se a construção dos esgotos da capital, a partir de um projeto aparentemente levado a cabo por esse engenheiro, cujos estudos estavam em andamento na ocasião da vinda de Brito (KROMENACKER, 1911, p. 782-783).

Sobre essa planta, imperfeita, com "vários defeitos e insuficiente para a organização de um projeto de melhoramentos, completo, seguro"(BRITO, 1914, p. 7), Brito adiciona novas curvas de nível a cada cinco metros, aumentando o volume de dados técnicos requeridos ao perfeito equacionamento do projeto, para então traçar os melhoramentos urbanos que, como na maioria dos casos de projetos anteriores e posteriores aos da Parahyba, constituem um plano global, abrangente ao todo urbano objeto de intervenção técnica. Assim, não se restringem ao desenho do sistema de esgotamento sanitário e de águas pluviais, mas incorporam o conjunto das vias a serem abertas, alinhadas ou alargadas – operações justificadas nos pressupostos sanitários –, um plano de expansão da cidade e demais obras acessórias aos serviços durante a construção do saneamento e depois quando em funcionamento (Figura 1).

Longe de constituir um empecilho à concepção dos melhoramentos, a precariedade da planta como documento técnico, limitado e incorreto nas informações que porta, acaba por conferir ao plano um caráter de *obra aberta*, passível de se alterar sem constrangimentos no confronto com as condições concretas de intervenção, ou seja, quando a peculiaridade do lugar assim recomendar, de modo que se preserve a precedência da topografia na concepção do plano. Em algumas passagens do relatório, Brito alerta para a imperfeição e incompletude da planta da cidade que lhe serviu de base, admitindo que no caso de "se encontrar no terreno algum desacordo importante ao traçado com o princípio [sanitário] que acaba de ser enunciado, deve-se modificar o alinhamento do meu projeto para que o princípio seja mantido", e noutro lugar, "onde o projeto, depois de locado no terreno, não traduza esse critério [de adequação das linhas de escoamento às depressões do terreno], será preciso o modificar, quando o terreno e as habitações existentes permitam essa modificação econômica" (BRITO, 1914, p. 7 e 32). Ademais, novamente a topografia da capital não cria impedimentos nem à aceitação dessa planta nem à concepção do projeto sobre essa base imperfeita, já que sendo ela uma cidade acidentada, nas palavras de Brito, "admite que os erros sejam facilmente corrigidos na locação definitiva dos coletores, para a construção" (BRITO, 1943, p. 373).

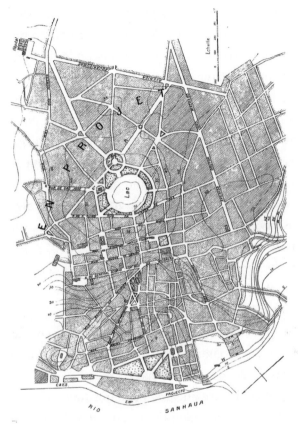

Figura 1: Saturnino de Brito – Plano de melhoramentos da Parahyba do Norte (1913).
Fonte: BRITO, 1914.

Adotando o sistema separador absoluto, com uma rede sanitária completamente distinta da rede pluvial, e seguindo as sugestões topográficas da cidade, Brito a dividiu em três distritos de esgotamento. O primeiro abarca a zona central, limitada do lado de cima pelo divisor de águas passando pelas ruas Duque de Caxias e Trincheiras, na cumeada, e para baixo pela linha quebrada formada pelas ruas Maciel Pinheiro, Augusto dos Anjos, Barão do Triunfo, Beaurepaire Rohan, República e Visconde de Itaparica. Além de ser o maior distrito em termos de volume a esgotar, recebe também a contribuição dos outros dois. O segundo distrito, correspondente à cidade baixa e aos espaços destinados à movimentação portuária no cais do Varadouro, tinha o menor trecho a sanear e, por conta da altitude em que se encontravam suas ruas, os despejos recolhidos convergiriam para um poço de elevação mecânica situado na praça Álvaro Machado, de onde seriam bombeados para um coletor no cruzamento das ruas Visconde de Inhaúma e Maciel Pinheiro. Ademais de prover o saneamento das ruas, avenidas e construções existentes, no projeto do segundo distrito é levada em conta também a perspectiva de expansão urbana e aumento da demanda do serviço de esgotamento das artérias a surgirem, as que insinuavam sua disposição a partir de estradas existentes e as que poderiam ser abertas cortando os terrenos, então baldios, ao sul da cidade. O último distrito sanitário compreendia a bacia da lagoa e suas adjacências, vasta área escassamente ocupada que, todavia, se mostrava a Brito como "a região que melhor se oferece a sua [da cidade] expansão".

No segundo distrito localizavam-se as instalações ferroviárias da *Great Western*, bem como o ancoradouro do Varadouro, que era responsável, juntamente com outro localizado na vila de Cabedelo, pelo grosso das trocas comerciais com o país e o exterior, ambos em precárias condições e envoltos numa polêmica que remontava ao final do século XIX, em tomo do lugar de porto preferencial do estado, ou seja, o "porto de mar", que significaria habilitar-se a receber melhoramentos para um funcionamento condizente com a importância que iria adquirir no conjunto da economia estadual. Apenas aludindo a essa questão em seu relatório, Brito recomendava entre os melhoramentos delineados que se fizesse o traçado de um cais, considerado necessário a um só tempo para o saneamento do litoral, a estética urbana e a movimentação portuária: "quer o porto de mar fique em Cabedelo, quer na Parahyba, o cais deve ser feito; apenas o tipo de obra diverge com a aplicação que vai ter"(BRITO, 1914, p. 8).

O primeiro distrito funcionaria como o destinatário das contribuições dos demais, recolhendo por gravidade as águas pluviais e servidas da zona de expansão, objeto de um trabalho mais acurado de saneamento e urbanização, que exigiu a construção de um túnel de esgotamentos da lagoa, e por elevação mecânica os dejetos do segundo distrito, situado na cota mais inferior do tecido urbano. Sobre o poço de reunião e elevação dos despejos do segundo distrito, de tipo similar ao escolhido nos trabalhos de Santos e Recife, encontra-se uma das poucas manifestações visíveis da infraestrutura e do maquinário exigido pelo saneamento na superfície da cidade, mas mesmo aí sua presença no espaço público se dá suavizada esteticamente sob a forma de um *chalet* convertido em "gabinete de asseio público", um ato de gentileza urbana, sem dúvida.

Convergentes para o primeiro distrito, os dejetos de toda a área urbana eram recolhidos no emissário geral situado no extremo inferior da ladeira de São Francisco, no Zumby, e daí conduzidos em canos de ferro fundido elevados em estacas de concreto até os dois grandes tanques de acumulação e descarga (popularmente conhecidos como "duplo S"), encravados em pedra calcária e revestidos de argamassa de cimento e areia, onde ficavam acumulados na maré montante e eram descarregados *in natura* na maré vazante na gamboa Tambiá Grande, percorrendo em encanamentos um largo trecho sobre mangues para finalmente se dispersar nas águas do rio Parahyba, num ponto seis quilômetros abaixo da cidade.

A opção de Brito pela descarga *in natura* dos dejetos – que não considera nociva nas condições em que se aplica, neste e noutros projetos de saneamento que realiza – reflete tanto a consciência das possibilidades ofertadas pela técnica sanitária no momento histórico que vivencia, das quais estava constantemente atualizando-se, como um ceticismo quanto ao uso precipitado de soluções e alternativas ainda carentes do crivo da comprovação conclusiva, da confiabilidade empírica e científica: "se bem que já disponha de algumas soluções recomendadas e aplicadas quando se esteja obrigado a depurar para não contaminar, os estudos e as discussões prosseguem e mostram que o termo desejado ainda não está fixado" (BRITO, 1914, p. 35). Por outro lado, como ele mesmo indica, as certezas do presente não implicam rigidez e inflexibilidade de opinião, como se atesta no caso do deslocamento de sua predileção do sistema unitário para o separador absoluto de esgotos, de tal modo que, "se, em futuro, previstamente remoto, verificar-se qualquer inconveniente [na descarga *in natura*], é conveniente de esperar que se disponha de um processo para o tratamento depurador mais eficiente e econômico que os oferecidos atualmente pela técnica sanitária" (BRITO, 1914, p. 35).

Com grande acerto, pode-se identificar nos trabalhos do terceiro distrito o cerne dos projetos de melhoramentos da capital paraibana, seja no que diz respeito ao traçado urbanístico da zona de expansão, seja na engenhosidade construtiva e técnica da solução para o saneamento da lagoa e terrenos adjacentes; a intervenção de Brito incide numa questão das mais inquietantes e recorrentes nas reflexões sobre a cidade pelo menos desde o século XVIII. Localizada no setor delimitado entre os bairros de Tambiá e Jaguaribe, em processo de franca urbanização desde o começo do século XX, a lagoa se impunha também como um forte obstáculo ao crescimento regular da cidade, que por isso se desenvolvia desde o final do Oitocentos, quando se insinuou uma ruptura do tecido que se constituíra nos três primeiros séculos de fundação, em dois braços de expansão quase ortogonais, a sudeste e sudoeste, sem transpor esse empecilho com a implantação de novos logradouros para além da lagoa.

Há tempos mal vista pelos médicos da capital, a lagoa era frequentemente apontada como um dos principais fatores deletérios à salubridade urbana. Tal fato não passou despercebido pelo engenheiro e ex-presidente da Parahyba, Henrique de Beaurepaire Rohan, na sua *Chorographia da Província da Parahyba do Norte*, onde notaria que

> na própria capital da província e ao lado oriental da cidade há uma pequena lagoa evidentemente formada pelas águas da chuva, que aí se conservam por efeito da impermeabilidade do terreno argiloso. Nada tem de extraordinária quanto as suas dimensões; mas as margens são notavelmente férteis e risonhas. Em todo o tempo que estive na Parahyba do Norte, observei que os médicos a encaravam com desgosto, atribuindo aos miasmas que se formavam uma ingerência perniciosa na saúde dos moradores ambientes e quiçá de grande parte da cidade. Bem que esta suspeita tenha todo o fundamento não me consta todavia que em tempo algum se houvesse procedido a estudos

quaisquer em relação aos meios de a fazer desaparecer, o que seria aliás possível, ainda que mui difícil e dispendioso (ROHAN, 1911, p. 189).

O mesmo Beaurepaire, preocupado com o estado sanitário com o qual se deparara ao assumir o governo provincial, manteve entre seus propósitos promover o nivelamento geral da cidade para a construção de um sistema de esgotos, questão que, reconhecia ele, "interessa sobremodo à salubridade publica". Foi com a intenção de executar esse serviço e como etapa preliminar e necessária à sua consecução que fez aplicar o que determinava a lei n° 22 de 15 de outubro de 1857, autorizando o levantamento da planta da cidade com os alinhamentos das ruas e a designação das praças pelo 1° Tenente do Corpo de Engenheiros, Alfredo de Barros Vasconcellos.[6] Décadas depois da passagem de Beaurepaire Rohan, esforços encaminhados pelo presidente Álvaro Machado em 1895-1896, no sentido de resolver o problema da lagoa através do seu dessecamento, dirimindo os riscos para a salubridade geral da capital, não passaram de ligeiras escavações sem resultados efetivos.

Diferente desses procedimentos habituais de dessecamento ou aterramento, aplicados na extinção de áreas palustres presumidamente críticas em termos de salubridade – que o próprio Brito, partidário das teorias mesológicas, chega a recomendar na redução de outras superfícies lodosas detectadas nos arredores da capital – o caso da lagoa receberia um tratamento distinto, decorrendo possivelmente das características físicas e atributos paisagísticos naturais do lugar que poderiam ser explorados com zelo estético no desenho urbano. Também a proximidade ao tecido urbano, com as ruas e avenidas abertas no entorno denunciando sua virtual condição de origem de um movimento expansionista da malha urbana, todos esses aspectos certamente contribuem para explicar a peculiar e ajustada solução desenvolvida por Brito, do que resultou a incorporação definitiva dessa região aos domínios

---

6   Informações gerais acerca de Beaurepaire Rohan e seu governo estão reunidas em PINTO (1977, p. 254-264).

186   Cristina de Campos • Fernando Atique • George A. F. Dantas

propriamente urbanos da capital. A conversão dessa área em cidade a partir do seu saneamento representaria uma passagem fundamental na formação histórica da capital paraibana, na medida em que, além de permitir que se configurasse rapidamente, entre as décadas 1920/40, como uma nova e forte centralidade urbana – condição ainda hoje mantida, não obstante o espraiamento da mancha urbana da capital nos dias atuais –, seria também o ponto a partir do qual se descortinaria um largo horizonte de expansão que encontraria no mar, décadas depois, sua fronteira final.[7]

Antevendo o aumento crescente das superfícies impermeáveis à medida que essa região se urbanizasse, com novas ruas e quarteirões preenchendo-se de construções, com os calçamentos das vias se fazendo, e tomando como parâmetro previsões de índices pluviométricos, a via mais corriqueira de saneamento, o dessecamento e aterramento da lagoa, é preterida pelo proje-to de tornar o lago no fundo da bacia um reservatório natural, recolhendo as águas pluviais que pendiam por gravidade, pela superfície ou através dos encanamentos, desde trechos dos bairros de Trincheiras, Independência, Jaguaribe, Tambiá e Rogers (PARAHYBA – ESTADO, 1923, p. 60). Dessa for-ma, definido um espelho d'água, com seu nível estabelecido por um contor-no de taludes de cimento armado, o projeto explora as qualidades pitores-cas do sítio, procurando conferir "uma feição estética ao aproveitamento" da bacia "como um lago no bosque a criar". E de maneira semelhante ao que fizera noutros trechos da cidade, transformados em áreas verdes, jar-dins e praças, "aos quais os higienistas atribuem as funções de pulmões da cidade"(BRITO, 1914, p. 7-8), como aquele nas proximidades da estação da estrada de ferro da *Great Western*, onde se localizava a estação elevatória do segundo distrito, também o entorno da lagoa assume a configuração de um parque verdejante desenvolvendo-se em suas margens.

No entanto, um passo fundamental a ressaltar aqui é a compreensão da lagoa, não tanto apenas do ponto de vista paisagístico e de desenho urbano, mas particularmente como um mecanismo de significativa operatividade no

---

7   Discutimos a esse respeito no artigo "Do rio ao mar: uma leitura da cidade de João Pessoa entre duas margens" (TRAJANO FILHO, 2006, p. 19-46).

âmbito do saneamento da cidade, na medida em que a entende como estrutura funcional na organização e desempenho desse serviço. De tal modo que, ao mesmo tempo em que recolhe, a lagoa opera como reservatório regularizador do caudal da galeria de esgotamento das águas pluviais da bacia, necessária ao saneamento dessa área, cujas contribuições, de água ou dejetos, deveriam confluir para o emissário geral do primeiro distrito. No caso, o engenho elaborado para possibilitar esse esgotamento constitui, como assinala o próprio Brito, um dos aspectos mais particulares do projeto de melhoramentos da Parahyba e uma solução de fato inovadora na sua obra até então, que é a construção de um túnel conectando à lagoa e os coletores do terceiro distrito com a rede coletora do primeiro distrito, no interior do qual correriam a galeria pluvial, no maior vão, os esgotos propriamente ditos, separados em tubulações distintas, e um ramal da rede de abastecimento d'água já instalada.

Entre as soluções disponíveis para retirada dos despejos e das águas da zona de expansão, o túnel evidenciou-se mais válido e acertado do que o sifão físico, vantajoso como "economia de primeiro estabelecimento e de custeio"(BRITO, 1914, p. 32), e de fato se justifica tanto pela descarga futura das águas pluviais, como "atende, de um modo radical, à expansão da cidade": "o túnel resolvera de um modo completo o problema do futuro e dá mais segurança à solução dos esgotos [não sendo seu custo] proibitivo, como parcela orçamentária do plano sanitário da pequena capital"(BRITO, 1914, p. 33) (Figura 2).

Projetado originalmente com a extensão de 350 metros, a ser construído em abóbadas de tijolo com uma das bocas na testa da bacia, com a qual se comunica por um canal de dezoito metros, e a outra na praça Aristides Lobo, a partir de onde é substituído por uma galeria pluvial descendo pela rua Barão de Passagem até os baixios do Zumby, ao encontro do emissário geral, o túnel é pensado também como uma alternativa futura de comunicação entre os bairros novos que se formariam a partir da lagoa, saneada, urbanizada e transformada num elemento de forte atração do crescimento urbano – como constatara o próprio engenheiro quando da execução dos projetos, mais de uma década depois – e o centro urbano já consolidado no momento do projeto: "é possível que em futuro remoto, quando a cidade tiver a importância das grandes capitais, o túnel se alargue e por ele passem os *tramways* elétricos, facilitando as comunicações com um bairro que será dos mais atraentes" (BRITO, 1914, p. 9).

Figura 2: Saneamento da Parahyba – construção do túnel. Fonte: BRITO, 1914.

Em si, a solução para o saneamento e urbanização do terceiro distrito é significativa da conciliação das exigências técnicas requeridas pela questão sanitária com o apuro estético-formal que Andrade (1992, p. 190) reconhece como peculiar na obra de Saturnino de Brito, e que assume neste caso uma expressão toda particular. De fato, aqui, arte e técnica convergem a ponto de se tornarem inextrincáveis, com a lagoa se configurando como um parque de caráter pitoresco, franqueado à emergência de novas sociabilidades associadas à vida pública, ao passeio ao ar livre, ao usufruto da cidade e seus espaços pelos habitantes, imbuindo-se assim de atributos similares aos dos canais em Santos; ao mesmo tempo em que se converte na maior "estrutura-máquina" a serviço da rede geral de saneamento, um imenso coletor de águas pluviais a *plain air*, cuja visibilidade enquanto artefato técnico é suavizada, "dissimulada", pelo tratamento formal e paisagístico que lhe é conferido.

De modo semelhante, é no traçado sanitário que a conciliação entre engenhosidade técnica e apuro estético adquire clara operatividade na reconfiguração da forma urbana. Nesse sentido, o plano propunha alterações pontuais na estrutura urbana existente, porém justificando para o bem da salubridade operações de abertura de ruas, alargamentos e regularizações, "sem a preocupação inconveniente, e hoje condenada, de alinhar ruas retas e longas, cortando em ângulos retos", mas antes de modo a terem "uma declividade favorável ao escoamento pluvial e à exceção dos esgotos [convergindo] para outras que seguem aproximadamente os thalwegs ou depressões naturais do terreno, onde passarão os coletores principais do esgotamento pluvial e sanitário" (BRITO, 1914, p. 7). Aqui tudo se dando conforme o critério sanitarista que permeia das disposições das redes coletoras ao traçado urbano que, portanto, torna-se tributário da conformação que melhor se adeque às possibilidades de esgotamento oferecidas pela topografia do sítio, ponto cuja importância faz Brito reincidir varias vezes em seus escritos, como em *Notes sur le tracé sanitaire des villes* (1916).

Sendo a Parahyba uma cidade de topografia acidentada, a conveniência do uso de um sistema retilíneo no traçado não se justifica plenamente, ainda que preferível por Brito pelas facilidades que apresenta na construção das redes de saneamento. Assim, se impõe, tanto nas operações corretivas de traçado como no delineamento de novas áreas, a precedência absoluta do princípio sanitário, cerne do pensamento urbanístico de Brito, atendendo à facilidade e economia na execução "sem a preocupação predominante da linha reta e da simetria"(BRITO, 1914, p. 8), portanto, imbuindo de uma racionalidade própria todo o processo, que não aparente na regularidade geométrica do traçado, traduz-se no atendimento às sugestões do sítio.

A compreensão dessas sugestões, a partir do reconhecimento do sítio a intervir, e o rigor do princípio sanitário na locação dos esgotos desenham os perfis do projeto, que na Parahyba não teve "a preocupação de os copiarem exatamente pois que a planta original não [era] perfeita". No entanto, a despeito de ser o plano um antídoto contra o acaso, a imprevisibilidade e o predomínio dos interesses privados, reconhecidamente as causas da insalubridade e desordem urbanas, as modificações que a imperfeição da planta da cidade permitem avançar quando de sua execução não podem ficar "ao critério dos empreiteiros, que porventura se encarreguem do serviço", face o risco de se aproveitarem desse expediente para reduzir ou aumentar os trabalhos "conforme o sistema de pagamento for por preço global ou unitário" (BRITO, 1914, p. 8). ...

Seguindo esses mesmos parâmetros de projeto, foi elaborado o traçado urbanístico da zona de expansão no entorno da lagoa. A área compreendida equivalia praticamente à abrangência da mancha urbana da cidade existente, e a intervenção implicou a articulação dos dois eixos de expansão urbana que então se estendiam rumo aos bairros de Tambiá, Trincheiras e Jaguaribe, reunidos nesse momento por quarteirões de formato irregular, decorrentes da aplicação do princípio sanitário à topografia local, de acentuada declividade em direção à lagoa. Embora nem sempre recomendável como opção de desenho de quadras (ANDRADE, 1992, p. 219), as ruas diagonais predominam no conjunto, definido pelas triangulações no traçado, e repercutem a disposição de arruamento apropriada ao caimento do terreno.

Como etapa preliminar e consequente na definição posterior do traçado, o estabelecimento da rede de esgotos se fez em conformidade com as linhas de escoamento sugeridas pela topografia, com as ruas e avenidas projetadas acompanhando as declividades naturais do terreno. Se até esta etapa as necessidades sanitárias de esgotamento prevalecem – traço este que, de resto, constitui um aspecto comum à produção do urbanismo sanitarista de Brito –, no momento em que se resolvem abre-se espaço para a intervenção de apelo menos técnico que estético.

Como se pode perceber numa análise ainda que breve da obra de Brito, num aspecto também presente no caso paraibano, a prioridade às demandas sanitárias se impõe sobre as demais solicitações, em detrimento mesmo de considerações estéticas que, no entanto, não ficam alheadas na concepção do plano. Pelo contrário, a dimensão artística encontra larga possibilidade expressiva na medida mesma em que se atende à racionalidade do princípio sanitário no desenho urbano, que por sua vez não pode ser alvo de implicações negativas derivadas de soluções estéticas em sua funcionalidade.

Ou seja, mais que uma oposição entre arte e técnica, o plano prima pela complementação e convergência entre aspectos de distintas esferas, conforme ressaltava Brito em passagem de um texto publicado poucos anos depois: "fazendo-se o traçado de acordo com a topografia do sítio ficara também razoavelmente atendido o princípio do 'belo efeito' [coincidindo] portanto, os resultados práticos dos dois princípios que procuram organizar os traçados de acordo com o terreno, ou com os sítios" (BRITO, 1920, p. 222-223). Na Parahyba, a nota pitoresca parece mesmo saltar no conjunto urbanístico, evitada a monotonia das longas vistas dos traçados hipodâmicos a partir da adequação dos percursos às declividades características dos terrenos da zona de expansão, trabalhada em suas solicitações sanitárias e agraciadas com um tratamento pitoresco no desenho, livre da rigidez geométrica, aberta às surpresas de vistas nos pontos de encontro entre as vias assinaladas por pequenas praças, rotatórias e espaços verdes pontuais que preparam o olhar para a aproximação com o entorno do lago transformado em parque e, ao mesmo tempo, numa peça de entroncamento entre os tráfegos da cidade existente e a essa nova vertente expansionista.

Embora não incorpore a higiene das edificações como uma das frentes na concepção dos melhoramentos para a capital, Brito, reconhecendo que as instalações sanitárias de água potável e de esgotos nas habitações "constituem o fator mais importante para o saneamento de uma cidade, ao mesmo tempo que representam um grande serviço no ponto de vista do conforto doméstico", preocupa-se em alinhar alguns serviços complementares em torno dessa questão a serem conduzidos pela edilidade. Assim, recomenda a aplicação de uma reforma sanitária nas habitações insalubres, de modo a dotá-las dos "predicados que a *higiene sensata* indica", como iluminação solar direta e ventilação natural em todos os aposentos; a proibição de construção de novos prédios que sacrifiquem as condições essenciais para sua salubridade, "tão prejudicada pelos construtores de 'casas populares' destinadas a exploração por aluguel"; e trabalho de formação de um sentido de salubridade e asseio doméstico a partir da educação nas escolas, "para que o asseio e a boa conservação do prédio sejam práticas tão habituais no domicílio quanto o asseio do corpo e da alma, no lar ou fora dele" (BRITO, 1914, p. 39).

Mesmo com a situação financeira favorável ao empreendimento do saneamento, praticamente sem qualquer iniciativa para sua execução desde que Brito concluíra os trabalhos, divulgado em 1914, o presidente da província Camilo de Holanda desconsideraria a urgência desse serviço e investiria num vultoso programa de remodelação da capital, notável tanto pela quantidade de obras realizadas, reformando ou construindo edifícios públicos, aparelhando e embelezando praças, como pelo grau de destruição que impingiu em certos trechos do tecido urbano, alvos de operações de desapropriação para abertura, alargamento e extensão de ruas e avenidas – como se deu com a rua da Medalha, sacrificada com a destruição de várias casas para a ligação da rua General Osório, um dos primeiros logradouros da cidade, com a praça Venâncio Neiva, ao lado do Palácio do Governo, dando origem à avenida General Osório (PARAHYBA – ESTADO, 1918, p. 40).

Ao fim do seu governo, sob denúncias de esbanjamento de recursos públicos em obras monumentais e de duvidosa qualidade construtiva que comprometeriam o orçamento do estado, Camilo de Holanda legaria uma capital pontuada por novos edifícios, praças reformadas e um majestoso prédio para a Escola Normal erguido na Praça Comendador Felizardo Leite, nas proximidades do Palácio do Governo, mas desprovida de serviços de esgoto e com uma rede de abastecimento d'água limitada a certos trechos da cidade, com a maior parte da população abastecendo-se nas bicas e fontes espalhadas pela área urbana e arrabaldes, como fazia desde o período colonial.

Investida de uma premência incomum, a questão do saneamento nortearia as ações dos poderes públicos no trato com a capital no começo dos anos 1920, aparecendo os esgotos da cidade como necessidade de primeira ordem para o presidente Solon de Lucena (1920-1924), como manifestaria em mensagem enviada à Assembleia Estadual em 1922: "é a maior aspiração de meu governo e a obra que considero inadiável, mau grado a situação precária das finanças do estado". Isso, contudo, parece não se dever apenas a uma vontade pessoal de Solon de Lucena, mas provavelmente decorre muito ao envolvimento do seu vice-presidente, o médico Flávio Maroja,

Profissionais, práticas e representações...

com esse tópico em particular, objeto já de diversos artigos de seu punho publicados em jornais e revistas da capital desde o começo do século; e que estaria entre as razões que o levaram a fundar a Sociedade de Medicina e Cirurgia da Paraíba em 1924, que teria as condições sanitárias da cidade como entre seus interesses mais recorrentes.

Ainda em 1922, o estado da Paraíba obteria recursos através de um empréstimo popular e assinaria contrato para realização dos serviços de saneamento da capital com Saturnino de Brito, que, impossibilitado de assumir pessoalmente a execução, indica como substituto o engenheiro Lourenço Baeta Neves, à época professor da Escola de Engenharia de Belo Horizonte e diretor da Viação e Obras Públicas de Minas Gerais. Desembarcando na capital paraibana em 26 de dezembro de 1922, Baeta Neves assume a chefia da comissão de saneamento formada também pelos engenheiros José Fernal, Francisco de Gouveia Moura e Saturnino de Brito Filho, encarregando-se de coordenar os serviços de construção do saneamento e ampliação do abastecimento d'água da cidade. Medida de imediato determinada como etapa preliminar aos serviços foi a execução de um novo levantamento topográfico necessário à locação e nivelamento da rede coletora de esgotos sanitários projetada e obras complementares, e a revisão, feita pessoalmente por Brito, "de todos os elementos do projeto, que, por falhas relativas da primitiva planta usada em 1913, no projeto, não puderam ficar, desde logo, definitivamente estabelecidos", havendo mesmo a "necessidade de se refazerem todos os perfis de locação dos esgotos, pelo fato de não terem encontrado os originais do primitivo projeto" (PARAHYBA – ESTADO, 1923, p. 57-58).

Com o estiramento de novas ruas, revolvendo a superfície das principais artérias, das áreas centrais, privilegiadas nesse serviço, as obras de saneamento, constando da ampliação da rede de abastecimento d'água, construção de galerias de esgotos, águas pluviais e do emissário geral, e do túnel de esgotamento sanitário e pluvial dos terrenos que vertiam para a lagoa, "obra das mais importantes, no ponto de vista higiênico de sua utilidade", se articulariam às ações do médico Walfredo Guedes Pereira, à frente da prefeitura, conformando um dos períodos de mais intensa transformação da paisagem da capital na Primeira República, para o que também contribuiriam os trabalhos de abertura da avenida de acesso ao porto do Varadouro (A UNIÃO, 11 fev. 1922), com a desapropriação de terrenos e a demolição de vários prédios (A UNIÃO, jul. 1922) situados em ambos os lados da rua Barão de Triunfo para alargamento desse logradouro no trecho entre a praça Álvaro Machado, nas proximidades do porto, e a praça Pedro Américo (A UNIÃO, 09 abr. 1922) (Figura 3).

Assim, em meio a um conjunto de operações de melhoramentos urbanos levadas a cabo na primeira metade da década de 1920, que acabariam por granjear à cidade novas áreas de crescimento e possibilitariam a abertura de um novo parque em torno da lagoa, os serviços de saneamento se realizaram mais de uma década após elaborado o projeto por Brito. Os serviços inaugurados em 1926 constavam da ampliação da rede de abastecimento d'água instalada, estendendo os limites da área urbana atendida pela rede primitiva construída em 1912, e da implantação dos esgotos sanitários, do que ficou restando o estabelecimento das instalações domiciliares, não incluídas no contrato firmado entre o governo do estado e Saturnino de Brito, e que por isso ficaria a cargo da Repartição de Saneamento, organizada logo em seguida pelo decreto n° 1428 de 24 de abril de 1926 (A UNIÃO, 24 jan. 1926).

Figura 3: Saneamento da Parahyba – Obras na Rua Maciela Pinheiro.
Fonte: BRITO, 1914.

Referências bibliográficas

ANDRADE, Carlos Roberto Monteiro de. *A peste e o plano: o urbanismo sanitarista do engenheiro Saturnino de Brito*. São Paulo: FAUUSP, 1992.

BARRETO, Maria Cristina Rocha. *Imagens da Cidade. A idéia de progresso nas fotografias da cidade da Parahyba (1870-1930)*. João Pessoa: UFPB, 1996.

BRITO, Francisco Saturnino de Rodrigues de. "Saneamento de Paraíba do Norte". In: *Obras Completas*. Rio de Janeiro: Imprensa Nacional, 1943, tomo V, p. 373.

_____. *Obras Completas*. Rio de Janeiro: Imprensa Nacional, 1943.

_____. "Nota sobre o traçado das ruas". *Boletim do Instituto de Engenharia*, vol. 3, n° 10, ago. 1920.

_____. *Saneamento da Parahyba do Norte. Projecto dos Esgotos apresentado ao Exmo. Snr. Dr. Castro Pinto, presidente do Estado, por Francisco Rodrigues de Brito, engenbeiro-chefe do saneamento de Santos e de Recife*. Parahyba do Norte: Imprensa Official, 1914.

CASTRO, Oscar Oliveira. *Medicina na Paraíba: flagrantes de sua evolução*. João Pessoa: A União Editora, 1945.

KROMENACKER, Victor. "Estudos e Opiniões. Saneamento da Capital". In: *Almanach do Estado da Parahyba para 1911*. Parahyba: Imprensa Officiai, 1911.

MELO, Osvaldo Trigueiro de Albuquerque. *A Paraíba na Primeira República*. João Pessoa: Secretaria de Educação e Cultura/A União Editora, 1982.

MEDEIROS, Coriolano. "Algumas páginas. Subsídio para a história da higiene pública na Parahyba". *Revista do Instituto Histórico e Geográfico Paraibano*, vol. 3, 1911.

MOREIRA, Fernando Diniz. "A formação do urbanismo moderno no Brasil: as concepções urbanísticas do engenheiro Saturnino de Brito". In: PADILHA, Nino (org.). *Cidade e urbanismo: história, teorias e práticas*. Salvador: MAU/FAU UFBA, 1998, p. 242-258.

196 Cristina de Campos • Fernando Atique • George A. F. Dantas

PADILHA, Nino (org.). *Cidade e urbanismo: história, teorias e práticas.* Salvador: MAU/FAU UFBA, 1998.

PARAHYBA – ESTADO. *Mensagem apresentada a Assembléia Legislativa do Estado da Parahyba. Dr. Solon de Lucena, 1923.* Parahyba: Imprensa Official, 1923, p. 57-58.

_____. *Mensagem apresentada a Assembléia Legislativa do Estado da Parahyba, na abertura da 3ª sessão ordinária da 8ª legislatura, a 1º de setembro de 1918, pelo Dr. Francisco Camillo de Holanda, presidente do Estado.* Parahyba: Imprensa Official, 1918, p. 40.

_____. *Mensagen apresentada à Assembléia Legislativa do Estado da Parabyba. Dr. Solon Barbosa de Lucena, 1923.* Parahyba: Imprensa Official, 1923, p. 60.

PINTO, Irineu Ferreira. *Datas e notas para a História da Paraíba.* vol. 2. João Pessoa: Editora Universitária UFPB, 1977.

ROHAN, Henrique de Beaurepaire. "Chorographia da Província da Parahyba do Norte". *Revista do Instituto Histórico e Geográfico Paraibano.* Paraíba: Imprensa Official, 1911, p. 189.

SÁ, Lenilde Duarte. *Parahyba: uma cidade entre miasmas e micróbios. O Serviço de Higiene Pública, 1895 a 1918.* Ribeirão Preto: EERP-USP, 1999.

TRAJANO FILHO, Francisco Sales. *D.V.O.P.: arquitetura moderna, Estado e modernização (Paraíba, década de 1930).* São Carlos: EESC-USP, 2003.

ANDRADE, Carlos Roberto Monteiro de. "'Putrid miasmata': higienismo e engenharia sanitária no século XIX". *Cadernos de Arquitetura*, Bauru, nº 2, jul./dez. 2000, p. 37-51.

_____."Do rio ao mar: uma leitura da cidade de João Pessoa entre duas margens". In TINEM, Nelci (org.). *Fronteiras, marcos e sinais: leituras das ruas de João Pessoa.* João Pessoa: Editora da UFPB, 2006, p 19-46.

_____. "Prelúdio parahybano: modernização e espaço público em João Pessoa". *Anais eletrônicos do VI Seminário de História da Cidade e do Urbanismo.* Natal, UFRN, 2001.

Permanências do urbanismo sanitarista:
o Plano Geral das Obras de Saneamento de Natal (1924)
e as transformações na paisagem da cidade[1]

George Alexandre Ferreira Dantas

Considerações iniciais

O ano de 1924 foi muito significativo, simbólica e materialmente, para o processo de transformações urbanas por que a cidade de Natal passava e ainda passaria nos anos seguintes. Ano do início da administração estadual de José Augusto Bezerra de Medeiros, cuja ênfase nos temas da educação e do saneamento já estava marcada em seu discurso de posse; de assunção do intelectual Manoel Dantas à presidência da Intendência Municipal de Natal, o que renovou as esperanças, pelo menos entre a elite letrada local, de acabar de vez com o "aspecto quase primitivo" da cidade, dotando-a de "grandes

---

1 Este texto é uma versão revista e atualizada do capítulo 3 da dissertação, intitulada *Linhas convulsas e tortuosas retificações: transformações urbanas em Natal nos anos 1920*, defendida em outubro de 2003 no Programa de Pós-Graduação em Arquitetura e Urbanismo da Escola de Engenharia de São Carlos (EESC-USP).

melhoramentos", depois de anos de poucos investimentos em obras públicas (IMPRESSÕES..., 1924, p. 1); da maior difusão e discussão nas "províncias", Natal incluída, do movimento modernista, principalmente a partir da divulgação da plaquete "A arte moderna", de Joaquim Inojosa – resenhado por Câmara Cascudo – e da carta de rompimento de Graça Aranha com a Academia Brasileira de Letras; do início da profícua correspondência entre Mário de Andrade e Cascudo; enfim, do alargamento da vida cultural em uma cidade cujo tecido social se tornava mais complexo e se politizava (SOARES, 1999; M. M. ARAÚJO, 1998; H. H. ARAÚJO, 1997 e 1995).

Mais ainda, ano – se é possível delimitar com precisão o início de processos históricos – de retomada do "projeto" de modernização urbana que era articulado desde o final do século XIX. Retomada que, como se pretende discutir neste texto, embora relacionada às discussões e propostas urbanísticas anteriores e ao enfrentamento do quadro de fragilidade e precariedade dos equipamentos e do fornecimento dos serviços urbanos, constituiu-se também em novas bases (discursivas e técnicas).

Nesse sentido, a criação da Comissão de Saneamento de Natal (CSN) e, principalmente, a elaboração do Plano Geral das Obras de Saneamento de Natal, realizado pela equipe chefiada pelo engenheiro Henrique de Novaes[2] nesse mesmo ano, podem ser considerados marcos desse processo, num momento de culminância e síntese dos debates técnicos sobre a cidade produzidos no início dos anos 1920. Podem ser tomados também como fatos ou eventos privilegiados para discutir os vários temas articulados então; como um primeiro esforço de materialização dos antes difusos esforços de

---

2   Henrique de Novaes nasceu em Cachoeiro do Itapemirim-ES, em 1884; formou-se em engenharia pela Escola Politécnica do Rio de Janeiro, em 1903; foi prefeito de Vitória-ES em duas ocasiões (1916-1920 e 1945), onde coordenou o plano geral da cidade (1917) e o Plano de Urbanização (1931); trabalhou ainda em cidades como São Paulo, Rio de Janeiro e Natal (FERREIRA, *et al.*, 2008, anexo 4, p. 275-276; NOVAES, 1987). A trajetória intelectual e profissional de Novaes, abrangendo múltiplas dimensões de um sujeito histórico de atuação em muitas cidades brasileiras, é tema da pesquisa de mestrado da arquiteta Anna Rachel Baracho, em fase de conclusão no Programa de Pós-Graduação em Arquitetura e Urbanismo da UFRN.

constituição e consecução de um projeto – agora sem aspas – de cidade moderna. Em vez (apenas) das narrativas literárias, uma nova – outra – narrativa, extensa, sistematizada, codificada, arrogando-se neutra e racional, se impôs. A cidade, defendiam os técnicos, não seria apenas esquadrinhada, como o olhar médico faria, mas também e principalmente redesenhada, o que implicaria a paisagem e o traçado urbano do período colonial transformados, sob os imperativos do urbanismo moderno sanitarista.

A emergência do saber urbanístico nesse momento, configurando o primeiro plano de fato para a cidade de Natal, com uma lógica e uma estratégia discursiva e operativa próprias, o que significava também a defesa da neutralidade e da independência frente às estruturas administrativas municipais e estaduais, acarretou uma série de implicações para a conformação do espaço urbano em transformação e para a maneira de olhar, nomear e descrever esse próprio espaço. Implicações que dizem respeito tanto à formação do urbanismo como uma disciplina autônoma, às suas formulações, práticas e representações, quanto às discussões e propostas pré-existentes, aos anseios de construção de uma cidade moderna que se exprimiam em Natal, assim como nas cidades brasileiras como um todo, desde o final do século XIX.

Inscrito no horizonte dos debates mais eminentemente técnicos – mas também políticos e culturais – produzidos na cidade, o plano elaborado pela equipe chefiada por Novaes permite-nos discutir e entender, portanto, a retomada do projeto de modernização urbana para Natal. Para tanto, faz-se necessário expor, ainda que brevemente, os esforços empreendidos no início da década de 1920 para minorar o quadro de precariedade dos serviços e equipamentos urbanos; a "pauta modernizadora" e a estrita relação entre educação e saneamento durante a administração estadual de José Augusto, responsável direto pelo convite a Henrique de Novaes para chefiar a CSN e elaborar um plano para a cidade; e, por fim, as formulações do urbanismo sanitarista e sua influência na configuração do aparato e da paisagem urbana modernos das cidades brasileiras.

De todo modo, como problema metodológico, deve-se reconhecer que há uma série de meandros, interesses, intermediações, conscientes ou não, diretas ou não, entre as representações da cidade, os projetos elaborados, as intervenções realizadas e a forma urbana, que devem ser compreendidas (quando possível e mesmo em parte) antes de se estabelecer qualquer ilação. O foco aqui proposto – nos fatos e acontecimentos de um campo disciplinar delimitado e em formação, o urbanístico – estabelece um ponto a partir do qual se pode discutir como a cidade foi pensada, interpretada, tomada como objeto de vários saberes. Servem como ponto de inflexão, portanto, para entender os processos mais amplos de transformação urbana. Como bem delineou Manfredo Tafuri, essa abordagem reconhece que é possível "realizar uma análise puramente linguística de assentamentos com Radburn ou como as Green belt cities do New Deal americano. Contudo, um método como este [...] resultaria inadequado para colocar aquelas propostas em seu próprio contexto". As propostas desenvolvidas pelo saber urbanístico não surgem como mera consequência do ambiente social, político e ou cultural. Introduzem novos elementos no debate, influem nas maneiras de olhar, pensar, nomear e estruturar a cidade.

Esforços de superação da "crise" urbana: 1920-1923

Como já discutido, as discussões e as representações de crise surgidas no contexto do quadro de precariedade e fragilidade dos equipamentos e serviços urbanos marcaram decisivamente a virada para a década de 1920 em Natal, conformando um ambiente de insatisfação, inquietação e pessimismo ante tal realidade (DANTAS, 2006). O ano de 1920 talvez tenha sido o auge desse quadro, se considerarmos os relatos oficiais da própria administração estadual.[3]

A insuficiência de recursos impedira a construção de qualquer obra, lamentava-se o governador Antônio de Mello e Souza, limitando-se a seção de obras públicas aos reparos inadiáveis, como a reconstrução dos muros

---

3   A pesquisa que secunda este texto baseia-se em várias séries documentais (algumas incompletas): Mensagens de Governo do Rio Grande do Norte, documentos da Intendência Municipal de Natal (resoluções, códigos, comunicados), relatórios oficiais e excertos de instituições federais (como, e.g., o Ministério de Viação e Obras Públicas), periódicos locais (sobretudo A República, A Imprensa e Diário de Natal), além das peças técnicas originais (planos, cadernetas de campo, ilustrações, esboços e esquemas gráficos etc.).

do orfanato João Maria e da Casa de Detenção, a conservação de algumas calhas de escoamento das águas pluviais e do motor do hospital Juvino Barreto, por exemplo. Obras de melhoramento e embelezamento estavam, reconhecia-se, fora da pauta orçamentária. Para agravar a situação, os serviços urbanos, a cargo da Empresa Tração, Força e Luz (ETFL), "alem de defficientes, [eram] também onerosos". Frente ao não cumprimento das exigências contratuais, do não atendimento dos prazos para melhoria dos serviços, o governo estadual decidiu rescindir o contrato de cessão dos direitos de exploração dos serviços urbanos e penhorar os bens e as rendas da empresa para pagamento das multas. Com o abandono da direção da ETFL antes da execução judicial, a administração se viu obrigada a providenciar, às pressas, condições para o funcionamento mínimo dos serviços de abastecimento de água, de iluminação elétrica e do transporte coletivo, com os bondes elétricos (RIO GRANDE DO NORTE – ESTADO, 1920, p. 37; 39-41).

Deve ter causado impressão tal fato. Ficar sem energia, sem água corrente, sem o bonde, sem a "alma da cidade", significava, pode-se especular, voltar à condição de atraso e ignorância, de isolamento e retraimento social, sem a possibilidade do usufruto dos "espaços elegantes" à noite, do teatro, do cinematógrafo, das vitrolas. Voltava-se à (falta de) condição do período pré-republicano que as elites pretendiam superado, sujeitas ao abastecimento precário das fontes do período colonial, aos riscos dos "miasmas" e das águas estagnadas, ao perigo das noites escuras, aos deslocamentos a pé ou no lombo de animais que constrangiam a possibilidade de crescimento da cidade e não coadunavam com a imagem de modernidade dos automóveis e do bonde elétrico.

A insistência nas chamadas práticas abusivas, como a lavagem de roupas nos logradouros e fontes públicas, como o Baldo,[4] parecem, à primeira vista, fundamentar ou justificar esse sentimento de retrocesso ou as representações

---

4   "O dr. Inpector de hygiene, acompanhado do medico auxiliar desssa repartição, esteve hoje pela manhã, no 'Baldo', tendo prohibido, a bem da saúde pública, a lavagem de roupa n'aquelle logreaoduro público, [...]. resolveram que alli permanecesse de plantão, diariamente, uma praça, afim de evitar a continuação dos abuzoz verificados" (PELA HYGIENE, 1920, p. 1).

de crise que se tornavam mais agudas. Por outro lado, tal insistência, mesmo depois de anos de repressão das autoridades policiais e sanitárias, pode ser reveladora da situação em que vivia parte significativa da população de Natal, sem condições (financeiras) de acesso ao aparato técnico da cidade moderna em formação. As estratégias de sobrevivência, como a lavagem de roupas, baseavam-se ainda no uso tradicional dos espaços da cidade. O que deve, no mínimo, servir-nos para relativizar e para entender o lugar (social e cultural) das formulações sobre a crise da cidade.

As crescentes dificuldades financeiras do estado e do município impediam, justificava-se, o pleno restabelecimento do fornecimento dos serviços. O tráfego dos bondes era cada vez mais irregular e, por vezes, nem mesmo acontecia. Ao longo de 1921, o governo estadual tentou, sem sucesso, a contratação de uma nova empresa concessionária (para os serviços urbanos de viação, iluminação pública e particular, telefonia, abastecimento d'água, remoção de lixo, drenagem das águas pluviais e fábrica de gelo) por meio dos reiterados editais de concorrência pública. Por fim, decidiu abrir um crédito extraordinário de 600 contos de réis por meio do decreto nº 150, de 8 de setembro de 1921, encaminhado *ad referendum* do congresso legislativo, com o intuito de viabilizar a operação dos serviços básicos por parte da administração pública, reparando a maquinaria da usina elétrica e adquirindo o material necessário – fios de transmissão de energia, dormentes, motores e carros novos – à normalização do tráfego dos bondes (EDITAIS, 1921, p. 02; RIO GRANDE DO NORTE – ESTADO, 1921, p. 32-33).

Essa decisão foi secundada pelo relatório produzido pela comissão técnica – da qual fez parte o engenheiro Henrique de Novaes – convocada para avaliar as condições dos serviços urbanos, em especial as da usina elétrica do Oitizeiro, em novembro de 1921. De forma significativa, as conclusões do relatório, cujos trechos principais foram publicados no jornal *A República*, levaram Manoel Dantas a escrever uma das sínteses mais contundentes desse período: "Retrocedemos a olhos vistos. [...]. A realização dos serviços de tracção, luz e esgotto é uma necessidade inadiável, porque, ou a cidade melhora os seus serviços, [sobretudo os citados], ou a cidade morre em que tanto importa a perda de sua atividade" (DANTAS, 1921, p. 1).

A constatação técnica da precariedade serviu para definir prioridades e, assim, direcionar melhor os esforços e os poucos recursos disponíveis. Mesmo assim, o processo era muito lento e estava sujeito aos "embaraços de toda especie, entre os quaes o da falta de recursos não é o mais incommodo", o que impedia a administração e o seu corpo técnico de atender a "paciente expectativa" dos natalenses. Dentre esses embaraços, os principais eram atribuídos às dificuldades de importação, aos atrasos na entrega dos materiais adquiridos – as peças de reposição dos motores, os carros novos, os fios de cobre da rede de suspensão dos bondes –, ou mesmo ao desinteresse das grandes fábricas em atender solicitações de pouca monta como as que eram necessárias para Natal (RIO GRANDE DO NORTE – ESTADO, 1922, p. 46-47).

Os relatos esparsos ou as séries documentais a que esta pesquisa não conseguiu ter acesso[5] não nos permitem acompanhar as minudências dos esforços pela superação da crise urbana instaurada da cidade. Deste modo, sabe-se que apenas em setembro de 1923 o tráfego dos bondes foi finalmente regularizado, ainda assim para o principal circuito (Alecrim-Petrópolis-Tirol-Cidade Alta). Tal fato só se tornou possível depois da criação, nesse mesmo ano, da Repartição de Serviços Urbanos (RSU), vinculada diretamente à Secretaria do Tesouro Estadual e dirigida pelo engenheiro mecânico e eletricista Ulisses Carneiro Leão. Contudo, e apesar dos mais de 400 contos de réis despendidos apenas no reaparelhamento dos carros, o restabelecimento pleno dos serviços ainda estava distante no horizonte e dependia da expansão da capacidade de fornecimento da energia que, com poucas alterações, ainda era a mesma de 1911 (TRAFEGO..., 1923, p. 1; RIO GRANDE DO NORTE – ESTADO, 1922, p. 45-49). Deve-se anotar que houve um incremento significativo nos recursos estaduais destinados aos "serviços urbanos": de apenas 70 contos de réis, em 1920, passou-se para 384, em 1921, 1.314, em 1922, e 1.235, em 1923 (RIO GRANDE DO NORTE – ESTADO, 1924, p. 11-70).

Para além dos esforços de reorganização dos serviços urbanos, o enfrentamento do frágil estado sanitário da capital talvez tenha sido o tema que

---

5   Como o acervo do jornal *A Imprensa* na década de 1920.

mais demandou atenção por parte da administração pública nesse período. No mesmo ano em que o médico Januário Cicco publicou o seu livro *Como se hygienizaria Natal* (1920), o governo estadual apontava a necessidade de reformar, física e administrativamente, a Inspetoria de Higiene, cuja situação de precariedade era atestada por muitos. As duas salas instaladas no andar térreo do Palácio do Governo não dispunham ainda dos aparelhos de desinfecção, nem de espaço para os exames ou para vacinação. Ademais, com poucos funcionários, a noção mais abrangente de higiene pública defendida nos documentos oficiais – que incluía a ação corretiva, educacional e ostensiva "para levar o asseio a todos os recantos e o conselho a todos os domicílios" – se tornava inexequível: "com o que temos por ora é impossível fazer alguma coisa que com isso se pareça" (RIO GRANDE DO NORTE – ESTADO, 1920, p. 19-20).

Com isso, os altos índices de mortalidade, sobremaneira infantil, se sucediam, configurando uma "verdadeira calamidade", diria o governador Mello e Souza, em 1923. O inimigo à saúde da população e do próprio corpo urbano tornava-se cada vez mais claro, não era externo, como já havia afirmado o próprio Januário Cicco, não irromperia nos portos ou nas estações (apesar da memória recente da devastação da *influenza* em 1918), mas espraiava-se nas más condições de vida, de habitação e de trabalho da maioria da população de Natal, na sua má alimentação e nos seus vícios, "causas principaes da hereditariedade mórbida". Inimigo que, diga-se, não se conhecia por inteiro: com assistência médica deficiente, 555 dos 963 óbitos registrados entre janeiro e novembro de 1923, por exemplo, ocorreram por "causas não determinadas ou mal definidas". A propósito, o alto índice de óbitos consignados sem qualquer assistência médica apenas atestava as consequências das limitadas possibilidades de ação da Inspetoria. Em 1919, por exemplo, dos 861 falecimentos, 434 (50,4%) foram consignados sem assistência; entre outubro de 1920 e setembro de 1921, 218 (72,9%) dos 299 óbitos infantis enquadraram-se nessa categoria (RIO GRANDE DO NORTE – ESTADO, 1920, p. 19-20; Rio Grande do Norte – Estado, 1921, p. 15-17; RIO GRANDE DO NORTE – ESTADO, 1922, p. 27-28; RIO GRANDE DO NORTE – ESTADO, 1923).

Com o objetivo de reverter esse quadro, o governo estadual começou, a partir de 1921, um processo de reestruturação administrativa que, centrada então nos órgãos de higiene e assistência públicas, depois, já no governo José Augusto, englobaria toda a burocracia estatal, suas secretarias e departamentos, num esforço de descentralização. O primeiro passo foi a instituição de um novo regulamento para a Inspetoria de Higiene, que agora passaria a se denominar "Directoria Geral de Hygiene e Saúde Publica", segundo o Decreto n° 148, de 1 de setembro de 1921. Subordinado diretamente ao Governo Estadual e com jurisdição em todo o território do Rio Grande do Norte, o novo regulamento da Directoria reafirmava preceitos contidos nas normativas anteriores e, mais importante, ampliava a esfera de atuação do órgão sobre a vida privada, permitindo a fiscalização desimpedida das habitações, prédios comerciais e de serviços,[6] especificando as situações que eram de sua competência e sistematizando a forma de enfrentar as epidemias e endemias – o que tinha uma relação direta com as formas de uso da casa e da rua.

Ampliava, da mesma forma, a abrangência de atuação sobre o espaço urbano, impondo normas – e punições quando do seu não cumprimento – para construções e reconstruções, para as habitações coletivas, para a limpeza pública, para o funcionamento de estábulos, estrebarias, matadouros, para as formas de enterramentos, exumações e cremações etc.

Reorganizou-se também o serviço demográfico-sanitário, instrumento considerado essencial para mapear e esquadrinhar a situação sanitária da cidade. Sucedem-se ações e proposições: em 1921 ainda, foi inaugurado o posto de profilaxia rural do Alecrim e nomeados o novo Diretor da Diretoria Geral de Higiene e Saúde Pública e o novo Inspetor de Higiene. A publicação, a cargo da Comissão de Profilaxia, das normas federais para o saneamento predial e para o combate ao impaludismo (malária) endêmico em Natal teve grande ênfase em 1922. As primeiras, por tornar obrigatório

---

6   As atribuições do fiscal de hygiene (Cap. ii, Art. 8, parág. 1 ao 14, do Regulamento do Serviço Sanitário do Estado do RN, Decreto n° 148, de 1 de setembro de 1921) ou "da Polícia Sanitária" (Cap. iv, Art. 156 ao 172).

e tentar popularizar as "instalações higiênicas adequadas" nas construções de prédios urbanos – como o vaso sanitário, os sifões e as tubulações para as redes de esgoto ou para as fossas sépticas; as normas contra o impaludismo, por sua vez, poderiam ter grande impacto na conformação do território da cidade, com as previsões de retificação dos cursos d'água, de aterro ou drenagem das áreas alagáveis, de abertura de valas e canais para o escoamento das águas ou mesmo de derrubada de matas nas chamadas "zonas palúdicas" (COMISSÃO..., 1922, p. 1; IMPALUDISMO..., 1922, p. 1).

Por fim, deve-se chamar a atenção, nessa sequência de proposições estatais que tinham como eixo a busca pela "salubridade urbana", para a publicação do regulamento para inspeção médica escolar no Rio Grande do Norte (incluindo a preparação dos professores para ensinar aos alunos preceitos sobre a higiene corporal, das habitações e das escolas), em 1923 (REGULAMENTO..., 1923, p. 1). Cada vez mais se reiterava um vínculo estrito entre higiene e educação, entre o ambiente saudável, natural e construído e a possibilidade de desenvolvimento físico, intelectual e moral dos indivíduos. Como já discutiu a professora Marta Carvalho, a "gravidade da questão sanitária no país reforçava o poder persuasivo da propaganda educacional" (CARVALHO, 1997, p. 124). Esse vínculo – e metáfora – seria levado a cabo no governo de José Augusto.

Mesmo assim, a situação do quadro sanitário de Natal pouco se alterou nesse período. Apesar da deficiente estatística demográfico-sanitária, não era difícil identificar uma das principais causas dos altos índices de mortalidade: as chamadas "molestias do apparelho digestivo", produzidas pela ancilostomose e as verminoses em geral, doenças ligadas diretamente às condições precárias de saneamento. Das 903 pessoas que faleceram entre 1º de outubro de 1923 e 30 de junho de 1924, em Natal, mais de 43% (392 pessoas) deveu-se a esse tipo de doença (RIO GRANDE DO NORTE – ESTADO, 1924, p. 27-28).

Apesar de todos os esforços, concluía-se que, "sem exgottos e sem abundancia d'agua, muito pouco ou nada se poderá fazer em materia de hygiene" (RIO GRANDE DO NORTE – ESTADO, 1923, p. 30-32). Só haveria solução possível, afirmava-se, com um sistema estruturado e eficiente de abastecimento d'água e de esgotamento sanitário, base técnica complementar à educação necessária da população em hábitos modernos de higiene corporal e da habitação.

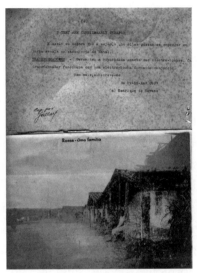

Figura 1: Página do relatório da Comissão de Saneamento de Natal, com sobreposição de fotografia do bairro das Rocas
(detalhe para o padrão da habitação popular)
Fonte: CSN, 1924, s/n (acervo Edgard R. Dantas)

A "pauta modernizadora" do governo José Augusto

A ênfase na necessidade da construção das redes de saneamento, do esgotamento sanitário em particular, já aparecia nas formulações sobre a cidade desde o final do século XIX. Contudo, se, por vezes, essa ênfase serviu apenas como peça de retórica nos discursos "progressistas", sem o vislumbre da sua materialização, agora, nos anos 1920 em Natal, seria tomada como condição imprescindível para a consecução do projeto de modernização urbana (e social e econômica) que se reestruturava.

A administração estadual de José Augusto Bezerra de Medeiros, que tomou posse em 1º de janeiro de 1924, foi crucial nesse processo.[7]

---

7   Deve-se lembrar que a ascensão de José Augusto ao governo do RN expressava também um deslocamento fundamental, na Primeira República, da ênfase econômica das atividades produtivas do estado do litoral açucareiro para o sertão agropecuário,

208   Cristina de Campos • Fernando Atique • George A. F. Dantas

Pode-se perguntar se independente dele, da figura política e intelectual de José Augusto, esse processo não teria sido encaminhado de alguma outra forma, tendo em vista o acúmulo de discussões sobre o saneamento da cidade, as proposições técnicas, como as do médico Cicco, ou mesmo os esforços empreendidos na administração anterior para reverter o quadro de "crise" urbana. Questionamento válido, quando se pensa no papel do "sujeito histórico", na contribuição dos itinerários individuais ao meio cultural de uma época e às relações econômicas mais estruturais, por exemplo (SALGUEIRO, 1997, p. 13-22; LEPETIT, 2001, p. 227-244).

Embora não seja objetivo deste texto analisar a contribuição individual de José Augusto – estudo já empreendido pela professora Marta Araújo (1997)[8] –, não se pode negar que a sua ação foi decisiva para viabilizar, e intensificar, os processos de modernização econômica e urbana. Ação mediada tanto pelos interesses econômicos do grupo político do qual fazia parte quanto pelas representações sobre progresso e civilização do ambiente intelectual que lhe formou e, depois, ajudou a construir e a disseminar. Nessas representações, os temas da educação e do saneamento foram tomados como os eixos centrais para construir um (novo) projeto de modernidade, para civilizar o estado, sua capital e, principalmente, seu povo.[9]

---

produtor de algodão, novo motor da economia nordestina e potiguar, em especial (ARAÚJO, 1998; CLEMENTINO, 1986).

8   Embora não trabalhe com o conceito de "biografia intelectual" – como o discute Heliana Salgueiro –, Araújo aponta as relações entre o tema da educação e as reformas administrativas e urbanas empreendidas a partir de 1924, discussão mediada pelas representações culturais e pela formação de José Augusto.

9   José Augusto esteve associado à criação da Liga de Ensino do Rio Grande do Norte, em 1911, e à da Escola Doméstica, em 1914; alguns dos principais trabalhos na área de história da educação, como os de Jorge Nagle e Vanilda Paiva, destacam o papel de José Augusto como um dos principais políticos nacionais a exprimir o ideal de reforma educacional no Brasil: participou ativamente da campanha de alfabetização (1915-23), como presidente da comissão de instrução pública da Câmara Federal, e da criação da ABE em 1924 (associação na qual seria presidente décadas depois, em 1943, 1957 e 1960-61); além de ter publicado *Pela Educação Nacional* (1918) e

É importante lembrar que esses temas não eram vistos de maneira dissociada. Ao contrário, a noção de saneamento seria discutida, amiúde, para além das redes técnicas, como uma metáfora da regeneração do corpo nacional, cujo instrumento principal seria a educação. Para Belisário Penna, por exemplo, um dos fundadores da "Liga Pró Saneamento do Brasil" e "entusiasta pela educação", a exemplo de José Augusto, o vínculo entre a salubridade da cidade, a moral da sociedade e o progresso do país era condição irrefutável. A higiene não mais revestiria um projeto repressor e nem o saneamento do país era apenas uma tarefa técnica, de construção de redes de esgoto e abastecimento d'água, mas principalmente de "saneamento physico, moral e intellectual dos seus habitantes". A "proverbial e decantada" indolência do brasileiro não se devia ao clima tropical ou ao caldeamento racial, afirmava, mas à doença, à ignorância e ao vício de alimentação. Como se formar como nação se boa parte de sua população, como a sertaneja, vivia abjetamente "em ranchos de palha ou de taipa, inçados de barbeiros, de percevejos e de piolhos, dormindo promiscuamente paes e filhos em giráos de páos roliços, sobre enxergas de palhas de burity, sem noção de asseio rudimentar, sem utensilios dos mais comezinhos, [...], alimentando-se deficientemente, innumeros delles apenas com raizes, peixe, farinha e caça", perguntava-se Penna. O saneamento do Brasil era antes de mais nada um problema de educação e organização social do país – que não havia sido contemplada pela "comédia democrática" da República – e que exigia a fixação do homem no campo, evitando o congestionamento das cidades e o abandono das áreas rurais (PENNA, 1918, p. 7-58).

Não é à toa que citamos as formulações de Penna. Além de visitar Natal em 1924 e 1927 para divulgar suas ideias, o conjunto de temas e preocupações que lhe moviam demarcam um ambiente intelectual comum a José Augusto. Distante das imprecações "antioligárquicas" e antirrepublicanas – ou, pelo menos, contra o modo como a República se fazia no Brasil – dos tempos de estudante de Direito na Faculdade do Recife, no início do século

Eduquemo-nos (1922), esteve vinculado às publicações da Revista Educação (1922-24) e da Revista Brasileira de Educação (1929) (M. ARAÚJO, 1998).

XX, José Augusto se aproximou cada vez mais da discussão da renovação da nação por meio de uma "educação integral" e se tornou uma das suas principais vozes. Educação para os tempos modernos, afirmava-se: a contraparte necessária para viver em um novo meio, saneado, de regras claras de trabalho e de higiene individual e coletiva (CARVALHO, 1997, p. 124-128).

O que, no governo José Augusto, buscar-se-ia concretizar por meio das reformas: do aparelho burocrático do estado nos "moldes da fábrica moderna" – com a criação de departamentos decentralizados, como o de Saúde Pública, de Educação e de Agricultura e Obras Públicas; da instrução pública baseada no ideário escolanovista (M. ARAÚJO, 1998); e, principalmente, por meio da reforma urbana da cidade.

Em 1924, as ações se intensificaram nesse sentido. A Diretoria de Higiene recrudesceu a sua ação, marcada pela análise de que "a defesa sanitária de Natal está por fazer". Submeteu, segundo o Regulamento do Serviço Sanitário, a cessão de licenças para construção e reformas prediais ao das autoridades sanitárias constituídas, que tinham o poder de suspender as obras irregulares e multar os infratores (VARIAS..., 1924, p. 1; [sem titulo], *A República*, 13 jan. 1924, p. 1). Iniciou, também, campanha e ações contra o uso incorreto das redes de coleta de águas pluviais que, na Ribeira, estavam sendo utilizadas para o despejo das águas servidas, do lixo e dos resíduos sólidos, que comprometiam a drenagem do bairro e, consequentemente, deixava-o novamente à mercê das inundações:

> Da ligeira inspeção procedida em estabelecimentos comerciaes, hotéis e restaurantes, casas particulares, etc., verificou-se que poucos possuem fossas para coleta de águas servidas e materiais fecaes. Muitos destes detritos foram, criminosa ou abusivamente, canalizados para o exgotto de águas pluviaes, *infeccionando as galerias, e, por este meio, infeccionando a cidade*, outros são collectados em fossas absorventes abertas na areia, em contacto com o lençol d'água permanente, sem nenhuma condição de asepcia ([sem título], *A República*, 20 jan. 1924, p. 1).

Com uma atuação limitada da Intendência Municipal,[10] a Diretoria de Higiene assumiria cada vez mais a responsabilidade para normatizar e fiscalizar o uso e a ocupação do solo em Natal, afirmando a cientificidade e a importância do rigor das medidas sanitárias que, defendia-se, "devem ser levadas até o fim, sem que interesses particulares prejudiquem sua eficácia" ([sem título], *A República*, 22 jan. 1924, p. 1).

Dentre as muitas proposições a ações, é importante registrar: a proibição da construção de estábulos e estrebarias na "zona urbana central", evitando assim mais um uso que trazia consigo a proliferação de moscas, "transmissoras de tantas doenças, que encontram nas estrumeiras as mais favoráveis condições para a sua procreação e desenvolvimento"; a assunção da responsabilidade pela cessão dos direitos de exploração do serviço de limpeza pública, antes a cargo do Tesouro estadual; a exigência do "habite-se" e a publicação das normas para a sua verificação e cessão; a regulamentação sobre o uso, formato e materiais adequados para a construção de fossas sépticas – para as áreas da cidade que não seriam atendidas a princípio pelo projeto de esgotamento sanitário do plano elaborado por Novaes; e a proibição da construção de casas geminadas.[11]

---

10 Apesar dos muitos esforços (que se revelam, por exemplo, na formulação e edição das muitas resoluções municipais desde 1892), a Intendência se tornaria um órgão mais atuante e efetivo apenas a partir da administração do engenheiro Omar Grant O'Grady (1924-1930). Sobre esse assunto, ver Dantas (2003). As pesquisas do professor Raimundo Arrais e do historiador Renato Marinho (dissertação em desenvolvimento no PPGH/UFRN) têm lançado novas luzes sobre a atuação da Intendência Municipal de Natal, permitindo reavaliar sua importância nesses processos de modernização e normatização urbanas nas primeiras décadas do século XX.

11 PELAS REPARTIÇÕES – Directoria Geral de Hygiene e Saúde Pública, *A República*, Natal, n° 31, p. 1, 10 fev. 1924; [sem título], *A República*, Natal, n° 77, p. 1, 5 abr. 1924; SOLICITADAS – TERMO de Contracto entre a Directoria de Hygiene e o cidadão Francisco Cardozo, *A República*, Natal, n° 115, p. 2, 24 maio 1924; PELAS REPARTIÇÕES – Directoria de Hygiene, *A República*, Natal, n° 126, p. 2, 6 jun. 1924; AS FOSSAS, *A República*, Natal, n° 130, p. 1, 11 jun. 1924, PELA HYGIENE, *A República*, Natal, n° 134, p. 1, 15 jun. 1924.

A reforma administrativa, implementada pelo governo estadual em junho de 1924, com a criação de departamentos – termo muito utilizado pelo sistema de organização da indústria moderna – que, a princípio, atuariam de forma mais autônoma (embora coordenados pela Secretaria Geral), não alterou o ritmo das atividades dos órgãos de higiene pública. A propósito, não se deve esquecer que autonomia de ação era uma prerrogativa defendida pelos profissionais que dirigiam esses órgãos.

Nesse aspecto, não houve alteração de fato no perfil de atuação do, agora, Departamento de Saúde Pública. Em julho desse mesmo ano, por exemplo, resolveu dividir a cidade em zonas para facilitar os trabalhos de inspeção e recenseamentos. Zoneamento ainda incipiente, mas que estabelecia instrumentos mínimos para o controle do espaço urbano. A proposta compreendia uma "zona urbana central" (Cidade Alta e Ribeira, da rua Silva Jardim ao córrego que passava do Baldo até o Oitizeiro e da avenida Deodoro e da rua São José até o rio Potengi), uma "zona urbana periférica" (Tirol, Petrópolis e Alecrim, até a avenida Alexandrino de Alencar) e a "zona suburbana" (Areia Preta, Rocas, Alto da Bandeira e demais localidades), além da "zona rural". Ainda estabeleceu as proibições e punições aos que sujavam as vias públicas, com "lixo, cascas de fructas, papeis, etc.", principalmente na zona urbana central; estendeu a exigência para todo o estado de um parecer sanitário para qualquer construção ou reforma realizada; e regulamentou e obrigou o uso de depósitos de lixo em todas as habitações.[12]

Contudo, por mais rigorosas que fossem as normativas e por mais eficaz que fosse a atuação do departamento e de seus profissionais e funcionários, afirmava-se que sem a construção das redes técnicas do saneamento e sem a reforma da cidade existente, de seus espaços e construções insalubres, tais medidas não teriam efeito duradouro e permaneceriam como paliativos apenas. A necessidade de um plano para a cidade colocava-se na ordem do dia uma vez mais, como o instrumento necessário para "transformar a

---

12 PELAS REPARTIÇÕES – Directoria de Higiene, *A República*, Natal, n° 148, p. 1, 4 jul. 1924; VARIAS, *A República*, Natal, n° 218, p. 2, 25 set. 1924; PELAS REPARTIÇÕES – Departamento de Saúde Publica, *A República*, Natal, n° 268, p. 1, 25 nov. 1924.

nossa capital, dando-lhe os elementos de higiene e conforto que ela está a reclamar para que se torne um centro de atração de capitalistas e homens de negócios que aqui podem e precisam vir colaborar conosco na obra de constante progresso de nossa terra", diria o governador José Augusto ao justificar a criação da Comissão de Saneamento de Natal (CSN) (RIO GRANDE DO NORTE – ESTADO, 1924, p. 35).

Instituída por meio do Decreto nº 231, de 26 de abril de 1924, a CSN tinha o objetivo expresso de:

> a) estudar, projetar, instalar e organizar todos os serviços de abastecimento d'água, esgotos domiciliares e pluviais do Município da Capital e de outros que se quiserem aproveitar do auxilio do Estado para os mesmo fins;
> b) estudar e projetar a ampliação da cidade, dando os alinhamentos respectivos e fornecendo ao Tesouro do Estado e ao Município os dados técnicos para a venda e aforamento dos terrenos de propriedade do Estado ou do Município;
> c) organizar o cadastro da cidade;
> d) estudar e projetar as obras outras que lhe forem ordenadas pelo Governo do Estado, e requisitadas pelos municípios a critério do Governador (RIO GRANDE DO NORTE – ESTADO, 1924, p. 35).

A CSN pode ser considerada, deste modo, pelo menos nos seus termos de criação, como o primeiro órgão de urbanismo da estrutura administrativa local. A normatização e as propostas de transformação do espaço da cidade não aparecem mais atreladas apenas aos imperativos da "higiene" ou da medicina social. Embora o discurso de José Augusto, por exemplo, ainda faça referência a temas de sabor oitocentista, como os "elementos de higiene e conforto" – constitutivos também, é certo, da formação do moderno saber urbanístico –, não deixa de ser reveladora a sua preocupação para que o plano contemplasse as necessidades de circulação dos "homens de negócio". Temas caros ao discurso dos urbanistas assomaram então à esfera de debates: a circulação de pessoas e mercadorias, a necessidade de prever e determinar a forma de crescimento da cidade e, principalmente, uma abordagem que contemplasse de forma abrangente a cidade e o seu território – como suporte físico para as atividades econômicas e sociais.

O plano elaborado no âmbito da CSN representou, ademais, a primeira tentativa de consubstanciação do projeto de modernização empreendido pelas elites para Natal. Para o governo de José Augusto, em particular, significou a (possibilidade de) materialização dos ideais de reformar – a cidade e os seus habitantes – por meio da educação e do saneamento. Enfim, a possibilidade de construir uma cidade moderna.

Conquanto logo tenha ficado constrangido às contingências das receitas estaduais – solapadas, em 1924, não por uma grande seca, mas pelas chuvas fortes e as consequentes inundações que danificaram as estradas de rodagem e prejudicaram a produção do sal e do algodão –, os estudos e as propostas contidas no Plano Geral das Obras de Saneamento de Natal constituíram-se numa importante referência para os debates, as reformas e os planos desenvolvidos nos anos seguintes.

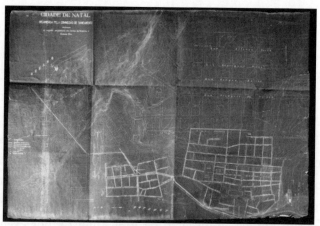

Figura 2: Projeto da rede de saneamento para Cidade Alta e Ribeira (com indicação de emissário submarino), elaborado pela CSN. Inclui esboço para o que deveria ser um novo bairro operário, ao norte da Ribeira, reestruturando Rocas, Areal, Limpa e estendendo-se até a praia. Fonte: FERREIRA *et al.* 2008, p. 106-107. Companhia de Saneamento de Natal.

Uma nova paisagem para Natal

Se não se pode pensar o lugar do Plano Geral das Obras de Saneamento de 1924 para Natal fora deste movimento mais amplo e geral no qual a questão sanitária – débil em todo o país – transformou-se em metáfora da condição nacional e a educação em obra de saneamento; se não se pode discuti-lo sem levar em conta as injunções políticas e econômicas que mediam os vínculos – muitas vezes determinantes para a consecução das propostas técnicas – entre os profissionais e os membros da classe dominante,[13] é certo também que o Plano operou com uma lógica própria que determinou ou influenciou a forma de ler, interpretar e intervir sobre o meio natural, sobre o espaço social e histórico da cidade.

O plano não foi portanto um reflexo condicionado das discussões, dos ideais ou das representações sobre a cidade moderna; ao contrário, ou melhor, em paralelo, introduziu novos elementos nesses debates, novas representações que se amalgamaram, se sobrepuseram ou mesmo eliminaram as antigas. Produzido por uma disciplina em formação, o discurso oriundo do urbanismo tem também os seus próprios procedimentos internos de controle e de delimitação, classificando, ordenando, distribuindo, construindo a validade dos seus termos e elementos, ou mesmo excluindo aqueles que não se enquadravam em suas categorias.[14] O plano trouxe e impôs assim uma nova forma de discutir a cidade que, nesse caso, é tributária do urbanismo sanitarista e, particularmente, da formação politécnica no Brasil.[15]

Convidado a dirigir os estudos, os serviços e as obras que ficariam a cargo da CSN, o engenheiro Henrique de Novaes não era desconhecido ou

---

13　Topalov (1996) discute que, a despeito da imagem de neutralidade e independência que projetam sobre si mesmos, os especialistas necessitavam do vínculo privilegiado com os membros das classes dominantes para poderem se legitimar socialmente.

14　Essa discussão baseia-se em Foucault (2002 [1970]).

15　Sobre a obra de Saturnino de Brito e o papel fundamental do urbanismo sanitarista no processo de modernização das cidades brasileiras na Primeira República, ver Andrade (1992).

"estrangeiro" na cidade. Conhecera Natal como engenheiro civil recém-graduado (pela Escola Politécnica do Rio de Janeiro, onde se formou, em 1903), integrante da comissão federal (antecessora da criação da Inspetoria de Obras Contra as Secas, em 1909) chefiada por Sampaio Correia, enviada ao estado para estudar e combater os efeitos da seca e concluir a estrada de ferro que ligaria a cidade de Ceará-Mirim a Natal. Chegara em março de 1904, num período de convulsão social, com a cidade invadida por milhares de retirantes que esperavam o embarque para os seringais do norte ou os cafezais do sul. Em suas "reminiscências do Rio Grande do Norte", contrasta a rica descrição do sertão com as poucas palavras que designam a "minuscula" e "atrazada" cidade (NOVAES, 1987).

Há registros de que teria feito um plano urbanístico para Mossoró-RN entre 1916 e 1917, durante o seu primeiro mandato como prefeito de Vitória-ES (maio de 1916 a janeiro de 1920), período em que coordenou o plano geral da capital capixaba e desenvolveu os projetos arquitetônicos da Catedral Metropolitana e do Ginásio Espírito-santense (LEME, 1999, p. 473-474). Em 1921 voltou ao Rio Grande do Norte para dirigir a seção local das Obras Contra as Secas,[16] cargo que ocupava quando recebeu o convite, em janeiro de 1924, para estudar e projetar os melhoramentos materiais necessários "em conjunto e em detalhe", para que pudesse ser

---

16 "Assumiu a direcção das Obras Contra as Seccas neste Estado o dr. Henrique de Novaes, portador de um nome atacado com justiça na engenharia. [...]. Tendo principiado a sua carreira no Estado sob a direcção do dr. Sampaio Correia de quem foi o mais proximo auxiliar entre nós, [...]. O dr. Henrique de Novaes projectou e construiu a obra mais notavel do Brasil em cimento armado, o grande reservatorio do Engenho de Dentro, no Rio de Janeiro e que ainda hoje é um verdadeiro modelo technico; fez a revisão dos Estudos do Engenheiro Schnoor, da Estrada de Ferro Noroeste do Brasil; realizou a exploração e organizou o projecto da Estrada de Pirapora a Belém, assim como o da cidade de Victoria, da qual foi prefeito, estudou e projectou a Estrada de Rodagem de Sta. Theresa a Sta. Leopoldina; e dirigiu a grande usina de Paineiras uma das mais perfeitas do Brasil, de producção de seis mil saccos diarios" (DR. HENRIQUE..., 24 ago. 1921, p. 1). O registro de um plano para Mossoró consta do prefácio das memórias de Novaes (1987).

executado de forma "racional e proveitosa" ([sem título], *A República*, 17 jan. 1924, p. 1).

Dentre esses melhoramentos, que incluíam a construção e expansão da infraestrutura de circulação (as estradas de ferro e de "rodagem"), afirmava-se a prioridade da construção do sistema de abastecimento de água de Natal, "porque é o problema mais premente, do qual dependem outros que se prendem ao problema geral do desenvolvimento das forças econômicas do estado" ([sem título], *A República*, 17 jan. 1924, p. 1). Assim, os esforços pela transformação da cidade em uma capital, centro do poder econômico e político de fato, justificavam-se também na necessidade de pôr termo aos "perigos" a que estavam sujeitas as aglomerações urbanas mais densas (RIO GRANDE DO NORTE – ESTADO, 1924, p. 35).

A autorização para que o governo pudesse encomendar os estudos dos mananciais mais próximos e mais adequados ao abastecimento de Natal já havia sido expedida no ano anterior (PARTE OFFICIAL..., 5 dez. 1923, p. 1), como uma das últimas deliberações da administração de Antonio de Mello e Souza no intuito de construir as condições necessárias para superação da "crise" urbana que, reiterava-se, ainda marcava o cotidiano da população. Afinal, condenadas pela leitura higienista, as antigas fontes que serviam ao abastecimento da vida urbana do período colonial, mesmo aformoseadas e vigiadas, como o Baldo, não eram mais suficientes, nem salubres, para o novo ritmo de crescimento que se pretendia imprimir à cidade.

Novaes encontrou um ambiente favorável para o desenvolvimento de seus trabalhos, sem disputas políticas e técnicas de relevo e sem impedimentos burocráticos. Assim, secundado pelos engenheiros (que formavam o corpo técnico auxiliar) José Candido Ferreira, Henrique Pyles, Carneiro Leão e Paulo Coriolano, e utilizando os instrumentos de medição e prospecção da IFOCS, Novaes pôde apresentar, em junho de 1924, o orçamento definitivo para a consecução das obras projetadas, agora no âmbito das atividades da CSN (COMISSÃO..., 17 jun. 1924, p. 1; RIO GRANDE DO NORTE – Estado, 1924, p. 36).

Chamado inicialmente para projetar o abastecimento de água de Natal, Novaes não se furtou a propor um plano para a cidade existente – o que expressa a sua filiação à "tradição" do urbanismo sanitarista, a uma mentalidade e a um conjunto de procedimentos e pressupostos teóricos, cujo maior exemplo encontra-se nas propostas e obras de Saturnino de Brito. A proposta de um plano geral talvez seja o traço mais evidente dos vínculos que, de várias maneiras, uniam esses vários profissionais.

Assim, deve-se precisar que os termos do decreto que instituiu a CSN revelam muito mais essa filiação do que uma preocupação original dos administradores estaduais. Não à toa, a divulgação do primeiro relatório da CSN, assinado por Novaes, antecede a data de publicação do citado decreto.[17] O relatório já discute a solução, dentre as várias opções estudadas, para o abastecimento de água para Natal e para a rede de esgotos, com uma apresentação prévia dos seus respectivos orçamentos, além dos esboços para a reforma do traçado urbano da Cidade Alta e para os novos edifícios que abrigariam a administração e os equipamentos do sistema. Devido à não existência de um memorial justificativo do plano ou das propostas arquitetônicas, deve-se ressaltar que esse relatório pode ser lido também por esse viés, como um documento que nos permite entrever as discussões, as representações, os pressupostos teóricos e as preocupações que o secundaram.

A exigência, ou melhor, a reivindicação da necessidade de um plano geral surgia, portanto, dentro do contexto do processo de constituição do urbanismo como uma disciplina autônoma; significava, ademais, demarcar um lugar preciso e exclusivo de atuação do técnico urbanista, uma esfera neutra, defendia-se, afastada das disputas políticas cotidianas; uma possibilidade de gerir os destinos da cidade e, assim, evitar o comprometimento das soluções técnicas devido ao crescimento desordenado e à sobreposição dos interesses particulares, como defenderia de forma veemente Saturnino de Brito, por exemplo (ANDRADE, 1996).

---

17 Em 4 de abril de 1924, o Jornal *A República* divulgava que Henrique de Novaes havia concluído os estudos preliminares para o sistema de abastecimento de água da cidade, antes portanto da publicação do citado decreto, do dia 26 do mesmo mês.

A elaboração do plano exigiu da equipe técnica um esforço amplo para a realização, em um tempo limitado e relativamente curto, tanto da identificação e da avaliação das possíveis novas fontes para o abastecimento d'água, do levantamento da demografia predial e populacional – os dados sobre a Ribeira e a Cidade Alta, por exemplo, foram apresentados em detalhes, rua a rua, enquanto que os das demais partes da cidade ainda estavam em "via de acabamento" (CSN, 1924, p. 2) –, e, principalmente, do levantamento e sistematização da planta topográfica e cadastral de Natal. A cidade, e a região circundante de influência direta, é então decodificada em dados técnicos mensuráveis e, segundo a visão progressista da ciência, manipuláveis. A especulação cedia lugar à previsão exata das necessidades de abastecimento da cidade existente. Em paralelo, o estudo das fontes – baseado nos levantamentos sobre a profundidade média, presença e nível dos poluentes, velocidade de descarga e seção da vazão – indicavam as possibilidades de expansão física e demográfica da cidade sem sobrecarga no sistema, por exemplo. O abastecimento, assim que implementado, poderia atender, de imediato, a uma população de 45.400 habitantes, considerando apenas os bairros mais populosos (Alecrim, Cidade Alta, Ribeira e Cidade Nova). Essa previsão de fornecimento era superior, portanto, à demanda instalada (apesar dos dados imprecisos, Natal teria, e apenas em 1930, aproximadamente 30 mil habitantes).

Nesse sentido, apresentaria as discussões estabelecidas pela equipe técnica sobre as duas novas fontes consideradas mais viáveis: as lagoas do Jiqui e do Pitimbu. Henrique de Novaes optaria pela primeira não só pela melhor qualidade e maior quantidade de água (1.413.505 m^3, ou seja, mais de 50 vezes o volume necessário para comportar a previsão de crescimento demográfico) ou pela sua distância dos centros habitacionais e da linha férrea (considerados elementos poluidores), mas principalmente pela maior eficiência e economia que a construção da adutora que levaria a água da lagoa ao reservatório central na Cidade Alta permitiria: de baixa pressão, era possível utilizar materiais mais econômicos em vários trechos da adutora (CSN, 1924, p. 3-9).

Quer dizer, Exmo. Sr. Governador, que agora temos em JEQUY cerca de 52 vezes o volume de que necessitamos, de águas limpidas, o que nos authoriza a afirmar, levando-se em conta a capacidade de armazenamento da lagoa, que *ali temos mais do que o sufficiente para a cidade, no grao de desenvolvimento imaginado, ou mesmo se lhe dobrando a população calculada.* A linha adductora partindo da margem da lagoa, altitude de 6 metros, galga apos um kilometro apenas de desenvolvimento, o taboleiro na altura de 46,500 [metros], e se manterá depois nas proximidades desta altura até o kilometro 4. As pressões de trabalho são, consequentemente, pequenas e dahi a possibilidade de uma canalisação economica.

[...]

Ora, como já assignalei a linha adductora da lagoa JEQUY é uma linha de baixa pressão, tendo varios trechos no grade plazometrico, nos quaes não há pressao interna dando-se o escoamento livremente. Pode-se portanto empregar um material mais leve com real economia. Assim, projectei, tambem, uma canalisação em cimento armado para entrar em competencia economica [...].

Para agir com absoluta segurança, [...], vou executar varios tubos de experiencia, que nos habilitará julgar das possibilidades de execução, dependentes da confecção e manejo das formas, da resistencia do tubo a pressão d'agua e ao transporte, e finalmente do seu custo real (CSN, 1924, p. 2, grifos nossos).

Esse tipo de discussão eminentemente técnica permeia, pela própria natureza do trabalho, todo o relatório. Mas daí é possível depreender, ainda que parcialmente, a implicação que a emergência desse novo saber – o urbanismo – teria para a compreensão, ou, mais ainda, para a construção da própria maneira de compreensão dos problemas da cidade e, em consequência, para propor a sua transformação.

A preocupação com a eficiência, a economia e a exequibilidade (incluindo o teste das soluções propostas), por exemplo, é uma característica que marca a atuação de vários urbanistas de viés sanitarista no Brasil e que ajuda a explicar a concretização de muitos dos projetos de Saturnino de Brito (ANDRADE, 1996, p. 304). A citação a Brito, mais uma vez, não é ocasional: influência no plano geral de Novaes para Vitória, em 1917 (MENDONÇA, 1999, p. 183-195), os trabalhos do engenheiro são explicitamente citados como referência e parâmetro (a partir dos dados do Plano de Saneamento do Recife, realizado entre 1909 e 1915) para aferir a excelência de sua proposta para o sistema de esgotos do bairro da Ribeira: "para confirmação dos numeros por nós determinados nos projectos de esgotos é justo que nos apoiemos em alheia experiência mormente quando ella é de um mestre reconhecido da especialidade, qual o illustre Engenheiro Saturnino de Brito" (CSN, 1924, p. 12).

Essa aproximação em relação à "tradição" do urbanismo sanitarista e, em particular, à "teoria urbanística" e à prática de Brito se torna mais evidente nas suas soluções para o projeto urbano. A solução para as redes de saneamento não são entendidas de maneira desvinculada da reforma da cidade existente e da previsão de seu futuro crescimento: "as obras de saneamento não se limitam somente ao abastecimento de agua e esgotos", afirmaria Novaes (CSN, 1924, s/p); incluiriam também o traçado de novas ruas, o aproveitamento dos terrenos alagados, a crítica e a reforma da cidade existente, pensada numa concepção de plano geral.

Mais ainda, faria dos elementos técnicos do sistema partes a compor, ordenar e transformar a paisagem natural e urbana. Nesse sentido, são muito significativas as propostas de transformação da Praça André de Albuquerque em um centro administrativo, destruindo a configuração do sítio primeiro de ocupação da cidade para a introdução dos edifícios do Palácio da Justiça, do Congresso do Estado e do Palácio da Higiene e Agricultura; de aproveitamento de um coreto na praça Leão XIII, na Ribeira, como uma estação elevatória; de construção de uma Avenida do Saneamento para receber o coletor geral dos esgotos; e de construção do reservatório central (que exigiria a demolição de um quarteirão inteiro) como o principal marco visual da cidade, com sua torre de quase vinte metros de altura, que suplantaria as torres das três igrejas da Cidade Alta.

Contudo, a intervenção no tecido urbano da cidade existente proposta pelo plano é, de maneira geral, sutil, pontual. No esquema gráfico da reforma da Cidade Alta, documento que compõe o já citado relatório da CSN, percebe-se que, à exceção do radical parcelamento da Praça André de Albuquerque e da implantação do reservatório central, não há nenhuma proposta, pelo menos nesse momento, de retificação das vias existentes, de realinhamento dos edifícios ou de regularização dos quarteirões.

No *blueprint* com as linhas gerais do projeto das canalizações de esgoto para os bairros da Ribeira e da Cidade Alta, incluindo a indicação do emissário submarino para despejo dos dejetos a 1,5 km da costa, percebe-se também a manutenção das linhas gerais do traçado urbano herdado do período colonial. Mesmo o novo traçado para o "bairro operário" – localizado na chamada zona dos cômoros, a área de dunas ao norte da cidade, entre a Ribeira, o rio Potengi e o oceano – estruturava-se a partir do prolongamento das vias principais existentes.

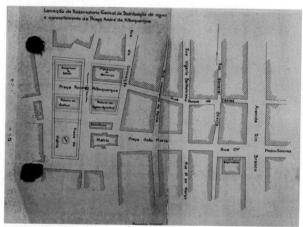

Figura 3: Esquema gráfico de reestruturação de trecho da Cidade Alta, criando um centro cívico, com novos edifícios para a administração pública e desdobrando a Praça André de Albuquerque em dois espaços distintos.
Fonte: FERREIRA *et al*, 2008, p. 106-107.

Considerações finais

A proposta da CSN, entretanto, não significou uma inversão na lógica sanitarista de pensar e submeter a forma urbana a partir da melhor solução das redes de saneamento. A adaptação dos preceitos urbanísticos a cada realidade era mediada pelo rigor técnico-científico, o que permitiria, por exemplo, como Novaes o faria para Natal, propor o aproveitamento dos terrenos alagados, no caso, a Lagoa do Jacob, nas Rocas, e os terrenos localizados nos fundos do teatro, na Ribeira. Ademais, não se pode deixar de mencionar que a flexibilidade dos projetos, adequando-se às condições materiais existentes – o que não deixa de revelar o pragmatismo da formação politécnica no Brasil –, faziam parte do conjunto de procedimentos dos urbanistas sanitaristas (ANDRADE, 1996).

Há ainda um último aspecto a assinalar em relação ao conjunto documental que secunda o Plano Geral das Obras de Saneamento de Natal. Para além da representação técnica da cidade – traduzida na planta cadastral e topográfica, por exemplo, com a indicação do trajeto dos trens e dos bondes[18] –, outro espaço, outra paisagem urbana pode ser entrevista nas fotografias que ilustram as páginas do relatório. A preocupação em esquadrinhar, mapear e, por fim, construir o "diagnóstico" da cidade em crise acabou revelando uma paisagem que não era retratada nas suas representações oficiais, nas narrativas fotográficas de um Manoel Dantas ou que ilustram o livro de Rocha Pombo.[19]

Mas que cidade é essa que se revela nos documentos fotográficos da CSN? É, de fato, a cidade dos operários, daqueles que viviam às margens do porto e das atividades portuárias; mais ainda, dos que sobreviviam às

---

18　O primeiro documento cartográfico de Natal desde o mapa do Atlas do Império do Brasil, de 1864 – considerando que nunca foi encontrada a planta cadastral levantada e organizada por volta de 1908; a mensagem de governo desse ano anunciava a conclusão do "primeiro trecho da carta da cidade" (RIO GRANDE DO NORTE, 1908, p. 10).

19　As fotos de Manoel Dantas foram publicadas pelo arquiteto e professor João Maurício (MIRANDA, 1981) e demandam nova edição crítica; o livro de Rocha Pombo (*História do Rio Grande do Norte*, 1922) é ilustrado por vários panoramas da paisagem urbana de Natal.

margens do processo de modernização, das representações progressistas, que vivenciavam a crise da cidade moderna em formação, impedidos ou sem condições de acesso às, como se dizia, benesses e maravilhas do mundo civilizado (não à toa, é também um lugar onde o bonde não chegava). Esse espaço não era resquício do período colonial, não é a não cidade tematizada pelas narrativas constituintes da história da cidade; é, isto sim, um espaço decorrente do próprio processo de modernização. O bairro das Rocas se configurou como um dos "espaços da pobreza" de Natal quando, no final do século XIX, começaram a recrudescer as normativas higienistas, com a consequente proibição das tipologias construtivas acessíveis ao (baixo) poder aquisitivo das camadas populares, como a taipa (SANTOS, 1998).

As dificuldades financeiras foram maiores do que as possibilidades de execução do plano organizado por Henrique de Novaes. Em novembro de 1925, funcionando contiguamente à Repartição de Serviços Urbanos e já sob direção de Paulo Coriolano, ex-assessor de Novaes e engenheiro responsável pelos dois órgãos, a CSN encontrava-se com todo o material comprado e desembarcado para execução do projeto. Mesmo assim, apenas o saneamento do Oitizeiro e a perfuração de alguns poços tubulares haviam sido realizados (RIO GRANDE DO NORTE, 1925 [1984], p. 104-107). Parte do sistema de abastecimento d'água, de esgotos e de canalização das águas pluviais na Ribeira (solucionando por alguns anos o problema de inundações no bairro) seriam concretizados nos anos seguintes.

Além do construído, as propostas de Novaes permaneceram no horizonte do debate político e, principalmente, técnico em Natal, informando diversas ações da administração do também engenheiro Omar O'Grady, constituindo-se como base (a partir da planta topográfica) para o Plano Geral de Sistematização do arquiteto Giacomo Palumbo, entre 1929 e 1930, e para o Plano Geral de Obras do Escritório Saturnino de Brito (que, por exemplo, incorporaria a proposta original de uma Avenida do Saneamento, a atual Avenida do Contorno), na segunda metade da década de 1930.

Agradecimentos

Ao professor Edgard Ramalho Dantas (UFRN) pelo acesso aos originais do relatório da CSN, cujas partes (folhas, anexos, telegramas, fotos e desenhos) foram fotocopiadas e digitalizadas e constam do acervo desta pesquisa; à Fapesp (1999/03345-0), pela bolsa concedida; ao professor Carlos Roberto Monteiro de Andrade (IAU-USP, São Carlos-SP) e aos pesquisadores do HCUrb (grupo de pesquisa em História da Cidade, do Território e do Urbanismo, do Departamento de Arquitetura da UFRN).

Referências

ANDRADE, Carlos R. M. de. "Camillo Sitte, Camille Martin e Saturnino de Brito: traduções e transferências de idéias urbanísticas". In RIBEIRO, L. C. Q.; PECHMAN, R. (orgs.). *Cidade, povo e nação: gênese do urbanismo moderno*. Rio de Janeiro: Civilização Brasileira, 1996.

_____. *A peste e o plano: o urbanismo sanitarista do eng. Saturnino de Brito*. 2 vols. Dissertação (mestrado em Arquitetura e Urbanismo) – FAU--USP, São Paulo, 1992.

ARAÚJO, Humberto H. *O lirismo nos quintais pobres: a poesia de Jorge Fernandes*. Natal: Fundação José Augusto, 1997.

_____. *Modernismo: anos 20 no Rio Grande do Norte*. Natal: Editora Universitária, 1995.

ARAÚJO, Marta M. *José Augusto Bezerra de Medeiros: político e educador militante*. Natal: EDUFRN, Assembléia Legislativa do RN, Fundação José Augusto, 1998.

CARVALHO, Marta M. C. de. "Educação e política nos anos 20: a desilusão com a República e o entusiasmo pela educação". In: DE LORENZO, H. C.; COSTA, W. P. da (orgs.). *A década de 1920 e as origens do Brasil moderno*. São Paulo: Editora Unesp, 1997.

CLEMENTINO, Maria do L. M. *O maquinista do algodão e o capital comercial*. Natal: Editora Universitária, 1986.

COMISSÃO DE SANEAMENTO DE NATAL. *Relatório de abril de 1924* [assinado pelo engenheiro Henrique de Novaes], datilog., Natal, s. nº, 1924.

COMISSÃO DE SANEAMENTO DE NATAL. *A República*, Natal, nº 142, p. 1, 17 jun. 1924.

COMISSÃO DE SANEAMENTO E PROPHYLAXIA RURAL. *A República*, Natal, nº 105, p. 1, 13 maio 1922.

DANTAS, George A. Ferreira. "Crise urbana em natal: impasses da modernização e saberes técnicos". *Revista Risco*, São Carlos, 2006, p. 66-85. Disponível em: <http://www.revistasusp.sibi.usp.br/pdf/risco/n3/06.pdf>.

_____. *Linhas convulsas e tortuosas retificações: transformações urbanas em Natal nos anos 1920*. Dissertação (mestrado em Arquitetura e Urbanismo), EESC-USP, São Carlos, 2003.

DANTAS, Manoel. "Os serviços da cidade". *A República*, Natal, nº 247, p. 1, 15 nov. 1921.

DR. HENRIQUE de Novaes. *A República,* Natal, nº 180, p. 1, 24 ago. 1921.

EDITAIS. *A República*, Natal, nº 145, p. 2, 8 jul. 1921.

FERREIRA, Angela L.; EDUARDO, Anna Rachel B., DIAS, Ana Caroline D., DANTAS, George A. F. *Uma cidade sã e bela: a trajetória do saneamento de Natal 1850-1969*. Natal: IAB-RN, Crea-RN, 2008.

FOSSAS, (AS). *A República*, Natal, nº 130, p. 1, 11 jun. 1924.

FOUCAULT, Michel. *A ordem do discurso*. São Paulo: Loyola, 2002 [1970].

IMPALUDISMO em Natal, (O). *A República*, Natal, nº 179, p. 1, 13 ago. 1922.

IMPRESSÕES do domingo. *A República*, Natal, nº 100, p. 1, 6 maio 1924.

LEME, Maria C. da S. *Urbanismo no Brasil – 1895-1965*. São Paulo: Studio Nobel, FAUUSP-Fupam, 1999.

LEPETIT, Bernard. "A história leva os atores a sério?". In SALGUEIRO, H. A. (org.). *Por uma nova história urbana/Bernard Lepetit*. São Paulo: Edusp, 2001.

LIMA, Pedro de. *Saneamento e modernização em Natal: Januário Cicco, 1920*. Natal: Sebo Vermelho, 2003.

_____. *Natal século XX: do urbanismo ao planejamento urbano*. Tese (doutorado em Arquitetura e Urbanismo). FAU-USP, São Paulo, 1998.

MENDONÇA, Eneida M. S. "O traçado de novos bairros em Vitória: repercussões do projeto de um Novo Arrabalde". In LEME, M. C. S. (org.). *Urbanismo no Brasil – 1895-1965*. São Paulo: Studio Nobel, FAU-USP, Fupam, 1999.

MIRANDA, João M. F. de. *380 anos de história foto-gráfica de Natal*. Natal: Editora Universitária, 1981.

NOVAES, Henrique de. *Reminiscências do Rio Grande do Norte*. Mossoró, s. n°, 1987.

PARTE OFFICIAL – Actos do Poder Legislativo. *A República*, Natal, n° 274, p. 1, 5 dez. 1923.

PELA HYGIENE. *A República*, Natal, n° 51, p. 1, 4 mar. 1920.

PELA HYGIENE. *A República*, Natal, n°134, p. 1, 15 jun. 1924.

PELAS REPARTIÇÕES – Directoria Geral de Hygiene e Saúde Pública. *A República*, Natal, n° 31, p. 1, 10 fev. 1924.

PELAS REPARTIÇÕES – Directoria de Hygiene. *A República*, Natal, n° 126, p. 2, 6 jun. 1924.

PELAS REPARTIÇÕES – Directoria de Higiene. *A República*, Natal, n° 148, p. 1, 4 jul. 1924.

PELAS REPARTIÇÕES – Departamento de Saúde Publica. *A República*, Natal, n° 268, p. 1, 25 nov. 1924.

PENNA, Belisário. *Saneamento do Brasil*. Rio de Janeiro: Typ. Revista dos Tribunaes, 1918.

POMBO, Rocha. *História do Rio Grande do Norte*. Rio de Janeiro: Annuario do Brasil/Porto: Renascença Portuguesa, 1922.

REGULAMENTO para inspecção medica escolar no Rio Grande do Norte. *A República*, Natal, n° 113, p. 1, 20 maio 1923.

RIO GRANDE DO NORTE – ESTADO. *Mensagem apresentada ao Congresso Legislativo a 01 de novembro de 1908*. Natal: Typographia d'A Republica, 1908.

_____. *Mensagem lida perante o Congresso Legislativo em 01 de novembro de 1920* [Antonio J. de Mello e Souza]. Natal: Typ. Commercial J. Pinto e Cia, 1920.

_____. *Mensagem lida perante o Congresso Legislativo na abertura da 1ª sessão da 11ª legislatura em 01 de novembro de 1921* [Antonio J. de Mello e Souza]. Natal: Typ. Commecial J. Pinto e Cia, 1921.

_____. *Mensagem lida perante o Congresso Legislativo na abertura da 2ª sessão da 11ª legislatura em 01 de novembro de 1922* [Antonio J. de Mello e Souza]. Natal: Typ. Commercial J. Pinto e Cia., 1922.

_____. *Mensagem lida perante o Congresso Legislativo na abertura da 2ª sessão da 11ª legislatura em 01 de novembro de 1922* [Antonio J. de Mello e Souza]. Natal: Typ. Commercial J. Pinto e Cia., 1923.

_____. "Mensagem lida perante o Congresso Legislativo em 01 de novembro de 1924" [José Augusto B. de Medeiros]. In: *Mensagens dos Presidentes do Estado do Rio Grande do Norte na Primeira República*, VIII, Coleção Documentos Potiguares, n° 16. Natal: Fundação José Augusto/Brasília: Centro Gráfico do Senado Federal, 1984, p. 11-70.

_____. "Mensagem lida perante o Congresso Legislativo em 01 de novembro de 1925" [José Augusto B. de Medeiros]. In: *Mensagens dos Presidentes do Estado do Rio Grande do Norte na Primeira República*, VIII, Coleção Documentos Potiguares, n° 16, Natal. Fundação José Augusto/Brasília: Centro Gráfico do Senado Federal, 1984.

SALGUEIRO, Heliana A. *Engenheiro Aarão Reis: o progresso como missão*. Belo Horizonte: Sistema Estadual de Planejamento Fundação João Pinheiro, Centro de Estudos Históricos e Culturais, 1997.

SOARES, Jamilson A. *Fragmentos do passado: uma (re)leitura do urbano em Natal na década de 20*. Dissertação (mestrado em Ciências Sociais)–CCHLA/UFRN, Natal, 1999.

SOLICITADAS – Termo de Contracto entre a Directoria de Hygiene e o cidadão Francisco Cardozo. *A República*, Natal, n° 115, p. 2, 24 maio 1924.

TOPALOV, C. "Da questão social aos problemas urbanos: os reformadores e a população das metrópoles em princípios do século XX". In: RIBEIRO, L. C. Q.; PECHMAN, R. (orgs.). *Cidade, povo e nação: gênese do urbanismo moderno*. Rio de Janeiro: Civilização Brasileira, 1996.

TRAFEGO urbano. *A República*, Natal, n° 208, p. 1, 13 set. 1923.

VARIAS. *A República*, Natal, n° 218, p. 2, 25 set. 1924.

VARIAS – Directoria de Hygiene. *A República*, Natal, n° 6, p. 1, 8 jan. 1924.

A gênese do planejamento urbano integrado e o urbanismo de Harry James Cole nos anos 1960

Maria Cecília Lucchese

Em 1964, no dia 1º de abril, o Brasil assistiu a mais um golpe militar. Apoiado pelas elites econômicas, pela classe média conservadora e por organizações díspares, como a Igreja e a CIA, o golpe militar deveria ter vindo para instaurar o "processo democrático", ameaçado, segundo esses apoiadores, pelos movimentos de esquerda e por trabalhadores. Esta ameaça, segundo eles, era um golpe de Jango Goulart nas futuras eleições presidenciais (que ocorreriam em 1965) e a consequente instalação da "república sindicalista".

Os grupos que apoiavam o golpe previam uma breve passagem dos militares pelo poder e a realização de eleições livres em 1965, mas com o expurgo dos partidos da esquerda (GASPARI, 2002).

O que ocorreu, como sabemos, foi diverso. O primeiro governo, do Marechal Humberto de Alencar Castello Branco, estendeu-se até 1967, e em 27 de outubro de 1965, a promulgação do Ato Institucional nº 2, que extinguiu os partidos políticos e estabeleceu eleições indiretas para presidentes e governadores, eliminou o sonho dessas elites de rapidamente colocarem um representante civil na presidência. A ditadura estava instalada.

Um dos ministros empossados por Castello Branco no Planejamento e Coordenação Geral de Governo foi Roberto Campos, economista liberal, que se aproximava ideologicamente da direita brasileira, em especial dos empresários urbanos, como industriais.

Campos acreditava em planejamento de estado; com pós-graduação nos Estados Unidos, foi para o ministério firmemente decidido a implantar o planejamento como instrumento de gestão pública. Mas não só o planejamento econômico preocupava Campos. Também o territorial era para ele prioridade de ação, e foi em sua gestão que as bases deste como política de governo surgiram.

Rapidamente o Ministério do Planejamento encaminhou para o Congresso o decreto que criou o Banco Nacional de Habitação (BNH) e o Serviço Federal de Habitação e Urbanismo (Serfhau). E já no final de 64, Campos e sua equipe haviam preparado o Programa de Ação Econômica do Governo (PAEG), que definiu diretrizes para a política econômica do governo Castello Branco.

A criação do Serfhau e do BNH de certa forma respondia a parte das reivindicações do Seminário de Habitação de 1963:[1] a proposição de um Plano Nacional de Habitação, a criação de um órgão autônomo para gerir a política habitacional dispondo de recursos para esse fim e a criação de um órgão técnico para elaboração e acompanhamento da política.

Mas não respondia a uma das questões-chave[2] levantadas naquele seminário, que era a instituição de um órgão central de planejamento urbano e o estabelecimento de ações habitacionais que respondessem a planos diretores

---

1 O Seminário Nacional de Reforma Urbana (SNRU), foi realizado pelos IABS Guanabara e São Paulo no Rio de Janeiro, no Quitandinha, e ficou conhecido por Seminário do Quitandinha.

2 A outra questão-chave era o acesso à propriedade da terra, questão que não foi tratada pela ditadura ou pelos regimes democráticos que se seguiram, e que só vem sendo enfrentada nos três últimos governos.

dos municípios. Essa questão só seria absorvida pelo novo governo em 1966, quando o Serfhau foi reformulado.

No Ministério, Roberto Campos tentou implantar um planejamento "compreensivo", que abordasse todas as questões-problema e que levasse ao desenvolvimento de políticas públicas integradas. Visão que contemplava o planejamento territorial.

A criação do EPEA

Em 1964 havia sido criado o Escritório de Pesquisa Econômica Aplicada (EPEA), que se transformou logo depois numa autarquia, o Instituto de Pesquisa Econômica Aplicada (IPEA), e o planejamento de mais longo prazo principiava, o que resultou, em 1967, no Plano Decenal. Para isso, Campos atraiu para o Ministério vários planejadores e pesquisadores territoriais.

O EPEA, segundo Loureiro Durand (1997), teve suas origens na Associação Nacional de Programação Econômica e Social (ANPES), associação privada financiada por vários empresários e em cujo grupo diretor esteve Roberto Campos.

A ideia de se formar uma agência governamental de planejamento tinha sido motivo de várias discussões de Campos com dirigentes da Fundação Getúlio Vargas e altos funcionários do governo americano, como o diretor da The United States Agency for International Development (USAID) no Brasil; a partir dessas reuniões, decidiu-se que a USAID faria contato com universidades americanas para trazer professores para colaborar com o EPEA.

Em relação a vínculos institucionais com outras agências, Loureiro Durand (1997) aponta:

> Cabe destacar, ainda, no contexto inicial de constituição do EPEA, os intensos vínculos de trabalho estabelecido com organismos internacionais, ou seja, a chamada "invasão das missões estrangeiras", originárias de organismos como o OEA, FMI, do BIRD, BID, Eximbank, Secretaria do Tesouro americano, etc. (DURAND, 1997, p. 109).

Os objetivos iniciais de sua criação não estavam bem claros, a não ser o fato de que não se queria uma instituição acadêmica. Aos poucos ele foi se transformando no órgão pensante dentro do governo, o que foi referendado com a reforma administrativa de 1967 realizada por Campos, que transformou o EPEA em Instituto.

No Ministério, como assessores de Campos, havia dois arquitetos e um engenheiro: Harry Cole, Luis Alfredo Stockler e Rubens de Mattos Pereira, respectivamente.

Harry Cole formou-se na Escola de Arquitetura da Universidade do Brasil em 1954, e fizera especialização em Planejamento Urbano na Universidade de Londres, além de ter trabalhado no London County Council, na área que desenvolvia os trabalhos de reconstrução de Londres. A família de Cole era amiga da família de Roberto Campos e, logo que tomou posse, Campos o levou para lá.

Stockler formou-se em 1962 no Mackenzie e em seguida foi fazer um curso de mestrado em Planejamento Urbano na Universidade de Yale, em New Haven, nos Estados Unidos. Lá ele conheceu João Paulo dos Reis Velloso, de quem ficou amigo.

Quando voltou ao Brasil em junho de 1964, Velloso já era o coordenador do Plano Decenal no EPEA e o convidou para ir trabalhar na instituição. Nessa época, a área de planejamento regional era chefiada por Rubens Mattos Pereira (STOCKLER, 2007).

Pereira, por sua vez, havia feito um curso de pós-graduação em *city planning* na Universidade da Califórnia. Entre 1956 e 1961 trabalhou no Centro de Pesquisas e Estudos Urbanísticos da Universidade de São Paulo (CEPEU--USP) onde eram desenvolvidos planos diretores para municípios paulistas. De 1964 a 1968 esteve no IPEA e de 67 a 71 foi membro do Conselho do Serfhau. Campos criou nessa época o Conselho de Planejamento (CONSPLAN) e esses três profissionais assessoravam o órgão em planejamento urbano.

Também em 1967, foram para o EPEA geógrafos, como Lísia Bernardes.

Esse grupo de pessoas começou a desenvolver estudos sobre a rede urbana brasileira, sobre as áreas metropolitanas e sobre o planejamento local, ideias que posteriormente foram implementadas pelo Serfhau. Fortuna (1975) diz que em 1966 o processo de planejamento urbano no Brasil foi institucionalizado, mas ainda em 65 o Ministério desenvolvia uma série de ações para a criação de um "sistema de planejamento municipal integrado".

Foi, entretanto, o surgimento do Setor de Planejamento Regional e Municipal, no Ministério do Planejamento e Coordenação Econômica, em junho de 1965, que representou um passo marcante com vistas à inclusão do planejamento urbano no processo de desenvolvimento econômico do país. Posteriormente, o EPEA criou um serviço especializado, agregado a este setor, para estudos de desenvolvimento urbano. Já em 1965 procurou-se incentivar a participação das prefeituras mais dinâmicas, para a obtenção de financiamentos para planos de desenvolvimento local integrado, junto ao recém-criado Fundo de Financiamento de Estudos de Projetos e Programas (Finep), com base no documento "Sistema Nacional de Planejamento Local Integrado", elaborado pelo Setor de Planejamento Regional e Municipal (FORTUNA, 1975, p. 45-46).

O Ministério esperava que em 1966 se implantasse uma política de desenvolvimento urbano, assunto de um artigo que Harry Cole publicou na revista *Arquitetura* (1966). Neste artigo, ao mostrar a evolução da população urbana no Brasil, ele dizia ser necessário criar mecanismos para lidar com a "explosão urbana".

Para isso, relacionava onze pontos para a formulação de diretrizes de uma política urbana. Entre esses pontos tínhamos:

1. Ser necessário criar uma secretaria especializada a nível ministerial para tratar dos assuntos urbanos e para coordenar um programa de desenvolvimento urbano nacional, vinculada ao Ministério do Planejamento;

2. Ser necessário criar o interesse pelo planejamento integrado das regiões de apoio aos aglomerados urbanos;

3. Ser necessário vincular o problema habitacional à política de desenvolvimento urbano;

4. Ser necessário ampliar ou facilitar o pré-investimento no setor de desenvolvimento urbano, através do investimento maciço em planos de desenvolvimento urbano e local;

5. Ser necessário que o governo federal preparasse normas, para informar aos municípios e estados sua intenção de ingressar numa fase ativa de planejamento para o desenvolvimento local;

6. Ser necessário criar um sistema nacional de planejamento integrado nos níveis regional, estadual e local, sendo esse o objetivo da política em sua esfera administrativa.

Esses pontos foram a base para a política implantada pelo Serfhau após a sua reestruturação em 1967. Contudo, uma secretaria com status de ministério não foi criada, e em 1966 já havia uma luta de poder para a definição de rumos para uma política urbana brasileira. O primeiro *round* foi parcialmente ganho por Campos, que conseguiu levar as ideias de seu Ministério para o Serfhau, além de colocar lá os arquitetos que o assessoravam.

A atuação do IPEA no planejamento territorial

Em 1967, Harry Cole assumiu o cargo de coordenador do Setor de Desenvolvimento Regional do EPEA, depois IPEA. Este foi o órgão responsável pela institucionalização do planejamento governamental no Brasil. (DURAND, 1997). Lá foram formulados os planos da ditadura militar, o PAEG, o Plano Decenal de Desenvolvimento Econômico e Social, o Programa Estratégico de Desenvolvimento, o I Plano Nacional de Desenvolvimento etc.

A reforma administrativa trouxe o IBGE para o Ministério do Planejamento, e foi realizado um convênio entre o IBGE e o IPEA para a realização de análises regionais.

O IPEA realizou várias pesquisas que tinham rebatimentos na política de desenvolvimento urbano do governo. Entre elas, uma pesquisa sobre um sistema de polos nacionais de desenvolvimento, um estudo sobre áreas metropolitanas e um estudo sobre a política nacional de saneamento.

O setor de desenvolvimento urbano do IPEA

No final de 1964, o grupo de planejadores do IPEA (Victor da Silva Alves – o secretário-geral, João Paulo do Reis Velloso – coordenador técnico, Og

Leme, Orlando Joseph Menezes, Rubens de Mattos Pereira e Vicente Unzer de Almeida) estabeleceu um programa de trabalho para 1965.

Nele foi proposta a elaboração de um plano de longo prazo (que se transformou no Plano Decenal), com a preparação de estudos específicos para um diagnóstico da situação que integrasse o planejamento regional com o planejamento nacional.

Para alcançar esses objetivos foram organizados dois grupos: um grupo de planejamento geral funcionando dentro do IPEA, que ficou responsável pela estrutura geral do plano e pelo plano macroeconômico; e um grupo responsável por estudos específicos necessários ao desenvolvimento do plano.

O grupo do planejamento geral preparou um esquema global para os programas setoriais, e os coordenadores dos grupos setoriais de assessoria ao Ministro ficaram encarregados de elaborar, juntamente com os ministérios afins, a programação setorial.

O coordenador do grupo setorial de planejamento regional e municipal do Ministério era Harry Cole, que passou a ser responsável pelo desenvolvimento do programa de planejamento físico.

Enquanto que como assessor do Ministério ele ficara encarregado de desenvolver os programas setoriais de planejamento urbano e regional, como coordenador do IPEA ele passa a acompanhar a produção dos conceitos que estabeleceram a política urbana e regional do governo Castello Branco (e de Costa e Silva, quando Cole leva essa experiência para o Serfhau).

Neste período estavam sendo desenvolvidos no IPEA os seguintes trabalhos, entre outros:

1. Diagnóstico e propostas do setor para o Plano Decenal;
2. Estudo sobre os padrões de urbanização das cidades brasileiras, baseado na experiência de Juan Pablo Terra, que desenvolveu em 1963 pesquisa semelhante no Uruguai;
3. Avaliação das experiências nacionais de planejamento municipal, em conjunto com órgãos de várias regiões;
4. Definição de hierarquia da rede urbana brasileira e caracterização das microrregiões homogêneas, estudo que já havia sido iniciado em 1966.

Esses estudos fizeram com que duas propostas fossem assumidas pelo Plano Decenal: a criação de um Sistema Nacional de Planejamento Urbano Integrado, que articularia as várias experiências municipais e estaduais e serviria como grande base de dados sobre o planejamento, e a reivindicação da elaboração pelas municipalidades de planos de desenvolvimento integrado.

Lísia Bernardes, Michel Rocheford e as redes urbanas

Almeida (2004), ao discorrer sobre a influência do pensamento geográfico do IBGE no planejamento estatal brasileiro, diz que o pensamento geográfico no Brasil foi influenciado, a partir de 1956, pelos geógrafos franceses, que vieram dar aulas em nossas universidades. Um deles foi Michel Rochefort, que estava terminando sua tese de doutoramento sobre redes urbanas.

Em meados de 1964, a partir de sua influência, a geografia brasileira caminhou para a valorização e predominância de estudos e pesquisas de Geografia Urbana, principalmente sobre redes urbanas e regionalização.

Rochefort desenvolveu uma grande amizade com o casal Nilo e Lísia Bernardes no IBGE nos anos 1960, e foi no início dessa década que o trabalho de Lísia, também geógrafa, cresceu em importância.

Lísia foi convidada para trabalhar no EPEA em 1967 e foi em parte devido à sua influência que foi levado para lá o enfoque regional desenvolvido no IBGE com a metodologia de Michel Rochefort.

Os primeiros trabalhos que, de certa maneira, conduziram à necessidade de uma vinculação forte entre a Geografia e a Estatística foram os estudos de regionalização realizados no contexto da criação de um novo Sistema de Planejamento nos primeiros anos do governo Castello Branco, o primeiro do ciclo militar, sob a organização dos ministros Roberto Campos e Otávio Gouveia de Bulhões.

Esses estudos deveriam dar conta de uma nova divisão regional centrada em processos que tendiam a polarizar áreas em torno de atividades urbano-industriais. O exemplo mais importante do período foi a obra *Subsídios à regionalização*, resultado de um convênio realizado entre o CNG e o EPEA para aplicação de um inquérito municipal que avaliaria a área de influência dos centros urbanos brasileiros. Este inquérito foi aplicado na rede de coleta do IBGE, isto é, eram os agentes estatísticos responsáveis pelas informações de seus municípios que respondiam os quesitos qualitativos e quantitativos do questionário; no caso específico do capítulo "Centralidade" (CORRÊA, 1968, p. 180)[3], avaliavam a estrutura de distribuição de produtos industriais através de sistemas de comércio atacadista e varejista e a oferta de serviços como o bancário, hospitalar e clínico especializado, educacional em nível médio e de divulgação de informações (atividades editoriais e de radiodifusão), conforme os estudos de Michel Rochefort e Jean Hautreux para a rede urbana da França (ALMEIDA, 2004, p. 414).

No desenvolvimento do pensamento geográfico regional, o IBGE estabeleceu o conceito de regiões homogêneas, que foi apresentado no Seminário sobre Pólos de Desenvolvimento, realizado no Recife em 1966, que se amparava num estudo nacional para a identificação das microrregiões e das regiões homogêneas brasileiras (COLE, 1967).

Na verdade, esta percepção do urbano datava de uns anos antes, pela via de análises regionais que foram sendo conduzidas pelo IBGE e pelo IPEA – que culminaram com a elaboração do modelo de regiões homogêneas feito pelo Departamento de Geografia do IBGE, e pelo de regiões funcionais urbanas que, embora também elaborado pelo Departamento de Geografia do IBGE, baseava-se numa pesquisa especial feita em convênio IBGE/IPEA, através de um questionário distribuído às agências de coleta do próprio IBGE (FAISSOL, 1988).

A caracterização das microrregiões homogêneas, que tinha como objetivo final rever a divisão regional, propunha-se a fornecer as bases para as políticas de desenvolvimento regional dos órgãos federais e estaduais, a formulação de planos de desenvolvimento municipais e metropolitanos e a formulação de projetos econômicos nos vários setoriais de desenvolvimento.

---

3   Almeida cita o trabalho "Os estudos de redes urbanas no Brasil até 1965" de Roberto Lobato Corrêa, publicado nos *Anais do Simpósio de Geografia Urbana*, realizado em 1968 em Buenos Aires.

Dentro desse contexto, a influência do professor francês Michel Rocheford é indubitável (ROCHEFORD, 1998, p. 93),[4] colocando os estudos urbanos numa posição de hegemonia no quadro de planejamento do governo federal, principalmente após o golpe de 1964 (ALMEIDA, 2004).

Esses estudos também subsidiaram a discussão sobre as regiões metropolitanas e ajudaram a definir quais capitais brasileiras apresentavam características de metrópole.

O plano de desenvolvimento integrado

A conceituação do que se considerava como plano de desenvolvimento integrado foi explicitada na redação do capítulo "Desenvolvimento Regional e Urbano" do Plano Decenal.

Esse Plano, que Campos considerou ter sido a atividade de planejamento "de fato" desenvolvida no Ministério (em oposição ao PAEG), não chegou a ser implantado no governo Castello Branco, nem foi considerado no do seu sucessor (CAMPOS, 1994). Contudo, Fortuna (1975) considera que foram os estudos desse plano que permitiram a elaboração do I Plano Nacional de Desenvolvimento.

A compreensão de que a ideia do planejamento integrado surge no Ministério do Planejamento não é nova, Steinberger (1976) já a apontava em seu trabalho.

Estávamos no início de 1965. Ainda não tinham decorrido nem seis meses da criação do BNH e do Serfhau e nem um ano da criação do Mecor. O Ministério Extraordinário do Planejamento resolveu assumir uma nova atividade: planejamento urbano e regional. Para desempenhá-la, foi criado, junto ao gabinete do Ministro, um Setor de Planejamento Regional e Municipal.

Esta nova unidade tinha por objetivo implantar um sistema de planejamento integrado de âmbito nacional, regional, estadual e local. Para isso produziu um documento intitulado *Sistema de Planejamento Local Integrado*, que era uma espécie de ideário básico, onde estavam contidos os

---

4 Almeida se refere ao livro *Redes e sistemas: ensinando sobre o urbano e a região*, publicado pela Editora Hucitec.

principais conceitos do Sistema. Foi a partir deste documento que surgiu o Fundo de Financiamento de Estudos de Projetos e Programas (Finep), para financiar vários tipos de projetos, inclusive os chamados "planos integrados municipais", (p. 37).

A respeito da regionalização, Steinberger (1976), ao estabelecer as origens do Sistema Nacional de Planejamento do Desenvolvimento Local Integrado,[5] diz:

Existem três documentos que consideramos básicos para a organização do SNPDLI: o Plano Decenal, o Decreto n° 59.917[6] e o Decreto-Lei n° 200.[7]

O capítulo [de Desenvolvimento Urbano do Plano Decenal] foi dividido em três partes. Uma primeira tratava dos aspectos significativos do processo de urbanização, onde era feita uma caracterização da problemática urbana. Uma segunda concebeu a formulação de uma política de desenvolvimento urbano segundo uma ótica regional, prevendo a definição de regiões-programa e polos de desenvolvimento, com vistas a compatibilizar o desenvolvimento urbano e regional. Finalmente, a terceira parte tratava do Planejamento Local e preconizava a implantação de um Sistema Nacional de Planejamento Local Integrado (p. 63-64).

De fato, na Política de Desenvolvimento Urbano do Plano Decenal houve um subitem intitulado "Necessidade de planejamento integrado do desenvolvimento local".

Nele definiu-se como plano integrado aquele que considerava aspectos regionais além dos locais, e ainda se esclarecia que esse conceito era uma reinterpretação do que era denominado de *comprehensive planning* nos Estados Unidos, uma vez que eles deveriam abranger estudos e proposições para os setores econômico, social, físico-territorial e institucional (MINISTÉRIO DE PLANEJAMENTO E COORDENAÇÃO ECONÔMICA, 1967).

---

5   Sistema implantado por Cole no Serfhau em 1967.

6   Decreto de regulamentação do Serfhau.

7   Decreto que instituiu a Reforma Administrativa e criou o Ministério do Interior.

O desenvolvimento regional e urbano no Plano Decenal

Quando o Plano Decenal foi finalizado, nos primeiros meses de 1967, o Serfhau tinha acabado de ser regulamentado – o decreto é de dezembro de 1966. Portanto, a formulação do capítulo foi elaborada durante o período em que Cole coordenava a área de Desenvolvimento Urbano no IPEA.

A primeira parte trata de diretrizes para a formulação de uma política de Desenvolvimento Regional do governo federal, propondo-se que esta seja conduzida com dois objetivos principais: fixação de uma taxa satisfatória de crescimento econômico para cada região, e que esse crescimento econômico se dê apoiado em atividades diferenciadas, como forma de criar um mercado interno integrado. Os instrumentos para atingir esses objetivos são um investimento federal em infraestrutura, o estabelecimento de uma rede de comunicações e transportes inter-regionais e certa disseminação de investimentos na melhoria dos serviços de saúde e educação.

Também deveria ser estimulado o mercado, através de instrumentos fiscais e creditícios, mas os estímulos deveriam desdobrar-se em várias modalidades, de forma a atender a diferenciação regional pretendida.

Com essas diretrizes básicas, o documento passa a discorrer sobre as várias diretrizes específicas para a indústria e para as macrorregiões brasileiras: Centro-Sul, Nordeste e Amazônia. São colocados elementos que foram utilizados e aprimorados depois na formulação dos planos nacionais de desenvolvimento dos governos seguintes.

O capítulo se encerra com a Política de Desenvolvimento Urbano, que se considera que deva ser elaborada a partir de uma ótica regional. Para isso são definidas "regiões-programa" e "polos de desenvolvimento".

Enfatizando-se que a definição de regiões-programa colocava em jogo interesses federais, estaduais e municipais, e ressaltando que os estudos até então realizados com dados do IBGE precisavam ser aprimorados a partir de levantamentos locais, o plano estabelece um "esboço preliminar de delimitação das regiões homogêneas" e um "esboço preliminar da delimitação das regiões polarizadas".

Em seguida, é explicitada a metodologia utilizada para se chegar a essa delimitação, e é importante ressaltar que estas delimitações definiriam a "estratégia espacial da política de desenvolvimento urbano".

É interessante notar que a metodologia trabalhava com definições claramente inovadoras, como a divisão geográfica de microbacias, caso de uma região em torno da bacia urbana de Joinville, Santa Catarina.

A definição de regiões polarizadas partiu das relações pendulares entre municípios, com viagens constantes da população para trabalho, educação, saúde ou negócios. A partir da intensidade dos fluxos definiu-se uma hierarquia de três níveis para as cidades-polo, e essa divisão foi uma primeira aproximação de quais cidades deviam compor as regiões metropolitanas.

A partir dessas divisões, as regiões se constituiriam como regiões-programa, onde uma "programação" da atuação do poder público expressaria que aspectos deveriam ser privilegiados em cada região. A definição de ações programáticas não fez parte do Plano.

No final dessa parte, o Plano entra no trecho específico de planejamento local, fazendo um balanço geral do crescimento da população urbana e expondo dados coletados pelo Instituto de Administração Municipal (IBAM), com sede no Rio de Janeiro, sobre o percentual de municípios brasileiros que possuíam normalização territorial, como planta cadastral, plano diretor, leis de zoneamento etc.

Em seguida, o documento expõe a necessidade de "planejamento integrado de desenvolvimento local" e o define.

Torna-se extremamente importante, pois, definir planejamento integrado. Nos Estados Unidos, é muito usado o conceito de *comprehensive planning* para exemplificar um tipo de planejamento físico que leva em consideração os aspectos sociais e econômicos do desenvolvimento.

Para o caso dos países subdesenvolvidos, é necessário uma reinterpretação do conceito *comprehensive planning* norte-americano, pois nesse caso os planos locais deverão orientar não apenas a ação do poder público, mas também fornecer informações básicas que sirvam de orientação aos investimentos do setor privado.

Em síntese, o planejamento do desenvolvimento local integrado deverá abranger, no caso dos países subdesenvolvidos, estudos e proposições em quatro setores básicos: o econômico, o social, o físico-territorial e o institucional (MINISTÉRIO DO PLANEJAMENTO E COORDENAÇÃO GERAL, 1967).

É importante essa diferenciação tão claramente expressa. Ainda que o plano de desenvolvimento integrado seja inspirado no planejamento compreensivo norte-americano, não se trata somente de definir lugares na cidade para colocação de equipamentos de educação e saúde, ou distritos industriais, mas sim de planejar políticas locais econômicas e sociais, além de diretrizes para uma modernização administrativa.

E para que o planejamento integrado possa ser gerido no âmbito federal, é proposta a criação de um "Sistema Nacional de Planejamento Local Integrado", e que o órgão central desse sistema seja o Serfhau. Define-se aí o papel que deveria desempenhar o Serfhau na condução da política.

Formulada a política, em termos de seleção de regiões-programa, polos de desenvolvimento, metas para o desenvolvimento econômico-social desses pólos e regiões, caberá ao Serfhau implementá-la e supervisionar as fases de sua execução, através da implantação do Sistema de Planejamento Local Integrado.

[...]

Na execução das atribuições que lhe são afetas, o Serfhau incumbir-se-á das tarefas globais de planejamento, coordenação e supervisão, delegando, através de convênio ratificado pelo Conselho de Administração do BNH, as tarefas propriamente executivas a outros órgãos e entidades especializadas, de direito público ou privado, os quais operarão sob sua fiscalização e responsabilidade (MINISTÉRIO DO PLANEJAMENTO E COORDENAÇÃO GERAL, 1967).

Não foi esse o papel que o Serfhau cumpriu posteriormente, como sabido, mas a maior diferença entre a ideia de planejamento local presente no Plano Decenal e a que foi implementada pelo Serfhau é a definição do que seria "local".

Entendia-se como local uma região-programa e não um município, e visualizava-se uma estruturação de "Escritórios Locais de Planejamento" implantados nos polos principais da região-programa. Seriam os escritórios locais que coordenariam o planejamento local, e ainda que se imaginasse que os planos preliminares poderiam ser elaborados pelos escritórios privados, a revisão e implementação do plano, o assessoramento às prefeituras da região para preparação de "Planos de Ação e Orçamento-Programa de cada município" caberia ao escritório local.

Dessa forma, a ideia de planejamento local era uma ideia de planejamento regional, e os municípios não elaborariam planos municipais, mas sim planos de ação, orçamento, programas anuais e plurianuais e projetos específicos.

Mais do que uma metodologia para fazer o plano, o planejamento integrado era uma organização de gestão do território de caráter regional, que se sobrepunha ao poder dos municípios. Era a racionalidade técnica predominando sobre a racionalidade política de cada município.

E também já surgia no Plano Decenal o papel que deveria ser dado aos escritórios privados, que:

> terão a importante função de elaborar e executar pesquisas, estudos e planos para os diversos organismos – federais, estaduais e locais – que integram o Sistema, devendo estar capacitados para prestar, direta ou indiretamente, assessoria nos quatro setores principais do desenvolvimento local: o econômico, o social, o físico-territorial e o institucional (MINISTÉRIO DO PLANEJAMENTO E COORDENAÇÃO GERAL, 1967).

E este "Sistema" foi inspirado no planejamento britânico, como é sugerido no início desse capítulo do Plano Decenal.

Lá se explica a ação desenvolvida na Inglaterra para obter o "esvaziamento metropolitano" e uma distribuição mais equilibrada da indústria e da população pelo território, e que foi a implantação do Sistema Nacional de Planejamento Local, emanado da esfera federal, que permitiu a execução de uma política nacional de descentralização urbana.

Dessa forma, subentende-se que o principal objetivo da política territorial que se queria implantar era uma descentralização da população e da atividade econômica pelo território brasileiro, com um consequente esvaziamento das regiões metropolitanas, política que só seria explicitada dessa forma em meados dos anos 1970, quando é publicada a Política Nacional de Desenvolvimento Urbano.

O incentivo ao planejamento local

O esforço de Harry Cole e dos outros profissionais do IPEA em prol do planejamento territorial mais abrangente, em que pese o papel fundamental que desempenhou em sua institucionalização, era também de inúmeros arquitetos do período, e estava claramente apontado desde 1963 pela revista *Arquitetura*.

Em 1941, foi realizado o I Congresso Brasileiro de Urbanismo, no Rio de Janeiro. O Congresso foi dirigido por Francisco Batista de Oliveira, grande amigo de Armando Augusto de Godoy. Mas também participaram da organização a engenheira Carmem Portinho e Warchavchik (INSTITUTO DE ARQUITETOS DO BRASIL, 2001).

Em março de 1941, a *Revista Municipal de Engenharia* publicou a tese apresentada pelo engenheiro Mario de Souza Martins no Congresso de Urbanismo. Nela, o engenheiro sugeria a criação de um "Departamento Nacional de Urbanismo" como órgão autônomo para orientar as proposições urbanísticas em todo o país. Pela primeira vez no Brasil, aparece uma proposta que depois vai se tornar constante na década de 1960, com a sugestão da criação de um órgão federal. A ideia de Martins era que este Departamento realizasse planos com a profundidade e a complexidade do Plano de Nova York e seus arredores. Propunha ainda que se criasse a obrigatoriedade de planos diretores municipais para todas as cidades brasileiras de um determinado tamanho (que não menciona), e a criação de Comissões Permanentes do Plano da Cidade.

Também recomendou a criação de um sistema de planejamento, com o desenvolvimento de planos regionais (que estabeleçam as melhores relações entre as cidades) e um plano nacional que coordene a relação entre os vários planos regionais.

O Plano Nacional prevê, pois, para a coordenação dos diferentes Planos Regionais, o estabelecimento de campos de pouso para as linhas de aviação comercial; de portos fluviais e marítimos; de linhas-tronco de estradas de rodagem, autoestradas e ferrovias interestaduais etc., sendo todos esses elementos estudados em conjunto e de modo a serem realizados de acordo e à medida que o desenvolvimento das diversas regiões assim o exigir (MARTINS, 1941, p. 130).

Em 1963, o Seminário de Habitação e Reforma Urbana recomendou a elaboração de um Plano Nacional Territorial, que forneceria diretrizes para se obter uma distribuição geográfica equilibrada da população, que compatibilizaria os diversos planos regionais territoriais, e esses com o planejamento econômico nacional e com as prioridades de investimento de interesse nacional. E determinava ainda que o plano nacional deveria aplicar os princípios de planejamento territorial consagrados pelos Congressos Internacionais de Arquitetura (IAB/Guanabara, Setembro 1963).

Em 1964, um artigo do arquiteto Jorge Wilheim (1964) discutia os conceitos relacionados ao planejamento urbano e sua importância na formação do arquiteto, elencando pontos que tinham sido discutidos no 7º Congresso da UIA, que ocorreu em Havana em 1963, com o tema "Architecture in Underdeveloped Countries", ao mesmo tempo em que se preparava para o seguinte, que ocorreria em Paris em 1965, e cujo tema foi "The Training of Architects".

Nesse artigo, Wilheim dividiu o planejamento urbano em três tipos: o primeiro se limitava ao desenho da cidade, o segundo eram os loteamentos realizados em zonas pioneiras pelas companhias colonizadoras e o terceiro era aquele destinado a acompanhar o crescimento das cidades existentes. Esses tipos, segundo ele, colocavam a necessidade de uma formação mais abrangente para os novos arquitetos, que abordasse desde a discussão de princípios urbanísticos consagrados, como separação do tráfego de veículos e pedestres ou unidades de vizinhança, por exemplo, até o desenvolvimento de trabalhos experimentais de planejamento, que permitiriam o contato com as várias facetas da profissão, como o trabalho com equipes multidisciplinares ou a atuação na assessoria de um prefeito.

Havia, portanto, toda uma discussão sobre o método e a abrangência do planejamento urbano, e de certa forma também do regional, e de como enfrentar os "tecidos urbanos doentes ou degenerados".

Nesse período de grande discussão do planejamento, Harry Cole não atuou só no governo federal; também desenvolveu intensa atividade intelectual. Continuou sua militância no IAB da Guanabara e participou de conferências e seminários internacionais, como o Seminário de Desenvolvimento Urbano, patrocinado pela ONU e realizado em Pittsburgh.

Também publicou alguns artigos nas revistas *Arquitetura* e na de *Administração Municipal* (RAM) publicada pelo Instituto Brasileiro de Administração Municipal (IBAM).

São deste período os artigos "Conceitos de planejamento em transformação" e "Anotações referentes à implantação de um sistema nacional de planejamento integrado, em nível regional e local".

O primeiro, publicado na revista *Arquitetura* de setembro de 1965, era a apresentação de um artigo de Otto Koenigsberger – "Planejamento da Ação" –, que Cole traduziu.

Na apresentação desse artigo, Cole defendia um planejamento mais expedito, que definisse somente diretrizes básicas, acompanhadas de instrumentos para a intervenção nas cidades. Era, segundo ele, hora de fazer, de agir, de realizar planos e os implementar, e não de discussões teóricas sobre metodologias ou ideias. Essa defesa espelhava, a nosso ver, a vontade de que os municípios se restringissem a desenvolver "planos de ação", ao invés dos planos integrados, que segundo a proposta que vimos do Plano Decenal, deveriam ser realizados somente pelas regiões-programa.

Em 1965, foi publicado pelo IBAM um livro que reuniu grande parte do que se pensava sobre planejamento na época. *Denominado leituras de planejamento e urbanismo*, o livro trazia artigos de um grande número de profissionais urbanistas, como Rubens de Mattos Pereira (que também trabalhava no Ministério do Planejamento e depois foi trabalhar no Serfhau), Hélio Modesto, Diogo Lordello de Mello, Wit-Olaf Prochnik e Francis Violich (professor em Berkeley, na Califórnia), entre outros.

O planejamento local que os arquitetos e geógrafos do Ministério do Planejamento concebiam era discutido pelos profissionais de outras esferas, e a discussão desses profissionais, da mesma forma que nos anos anteriores, tinha influenciado o pensamento dos planejadores federais, continuava fazendo isso, agora de forma mais incisiva, permitida pela intensa atividade de divulgação e de discussão do planejamento territorial que o Serfhau propiciou a partir de 1967.

A reformulação do Serfhau

O SERFHAU foi criado quando da criação do próprio BNH. A legislação foi criada pela equipe de Campos. O projeto foi do Paulo Assis Ribeiro, que criou o SERFHAU com características de organismo normativo da política de habitação. O próprio nome o indica. Foi essa a ideia inicial. O SERFHAU teria assim uma série de atribuições acima do BNH. Mas o Campos, quando tudo ficou pronto, escolheu a Sandra Cavalcanti, uma boa professora, boa política, mas tecnicamente uma droga. Não sabia nem fazer regra de três. Não sabia o que era duplicata, juros, etc. Na hora de tudo certinho, direitinho, entra a Sandra...Como política pega a lei que estava sendo determinada pelo Assis Ribeiro e diz: querem colocar uma coisa acima de mim? Alterou a lei e pôs o SERFHAU debaixo do Banco. Chamou o George de Almeida Magalhães (um bom arquiteto, mas que não entendia nada de urbanismo) e lhe disse: 'quero fazer casas adoidado por esse país a fora'... O SERFHAU virou um COHABÃO... Seria a repetição do modelo de casa popular, com 18 anos de atraso. [...]

Entra o Gonzaga de Nascimento [na presidência do BNH], homem excelente que coloca lá uma equipe de qualidade: o Mário Trindade, o Penna [José de Oliveira], o Rego Monteiro, o Andrade Pinto e o João Fortes. Gonzaga começou a mexer. Cria o Fundo de Garantia (a ideia foi do Penna). O Banco começou, na verdade, com o Gonzaga. Aí é que se lançou a filosofia inicial do Banco. /.../Quando entrou o Gonzaga ainda estava por lá o George. Mas não o deixaram mais fazer Cohabão. As atribuições do SERFHAU passaram então para a esfera de outros. O sujeito não percebeu e continuou insistindo... até que caiu. O SERFHAU ficou então sem superintendente. Vem o Costa e Silva e o Trindade consegue se firmar. É nomeado o Albuquerque Lima para o Ministério do Interior. O Veloso [Paulo dos Reis] me chamou. Tinha que fazer a parte do planejamento urbano. Fui para o IPEA para fazer esta parte no Plano Decenal. Na mudança de governo, o Beltrão [Hélio Marcos Penna] acha que o SERFHAU é um órgão inútil. Nós achávamos que não. Havia o planejamento urbano e isso era importante. Aí me propõe: porque você não faz uma proposta de reorganização do SERFHAU (COLE, 1975).

As discussões que ocorriam no Ministério do Planejamento, e principalmente aquelas vinculadas à necessidade de se criar um sistema nacional de planejamento local, foram levadas para o grupo de trabalho que, no final do ano de 1966, reformulou o Serfhau e estabeleceu as novas diretrizes do órgão, definidas pelo Decreto 59.917 de 30/12/66.

O grupo de trabalho foi formado pelo arquiteto Luis Alfredo Stockler e pelo engenheiro Rubens Mattos Pereira, além do próprio Cole. Lordello de Mello, presidente do IBAM, também participou do grupo (STOCKLER, 2007), e Cole (1975) ainda cita como participante Dirceu Figueiredo.

Segundo Cintra (1978), houve uma disputa entre o Ministério do Planejamento e o Ministério de Coordenação de Organismos Regionais (que nesse momento foi transformado em Ministério do Interior) pela formulação das diretrizes da política urbana. A disputa de forças no final do governo Castello Branco, início do governo Costa e Silva, resolveu-se pela criação de um novo Ministério (do Interior), o qual foi entregue ao General Albuquerque Lima, com grande prestígio na cúpula militar, que inclusive chegara a disputar o cargo de presidente da república na eleição interna do Exército.

Mas, para manter o equilíbrio de forças, o Serfhau foi entregue a Cole em março de 1967 – um arquiteto ligado a Roberto Campos, possivelmente conciliando as disputas em torno da política de planejamento urbano. Isso também foi colocado por Andrade (1976).

Em 1967, o órgão é tomado de assalto pela tecnocracia ligada ao então Ministro do Planejamento, e de novo ressurge a ideia que antecedeu sua criação.[8] A essa altura, a batalha já estava vencida, transformando o BNH em ponta de lança da política urbana, alimentado pelos recursos vultuosos do Fundo de Garantia (p. 141).

---

8   Que o Serfhau seria o órgão central ao qual o BNH estaria subordinado.

Em 16 de março de 1967, Roberto Campos deixou de ser Ministro de Planejamento e Coordenação Geral, e em julho a indicação de Cole para o cargo de Superintendente foi aceita pelo Senado, ainda que ele já tivesse assumido.

Levou com ele para o Serfhau Luiz Alfredo Stockler, que seria seu chefe de gabinete, e Rubens Mattos Pereira, que passou a compor o conselho do Serfhau e que sempre teve uma postura muito crítica em relação às decisões tomadas por Cole.

Seriam esses profissionais que coordenariam a implantação do Planejamento Local Integrado, levando para este órgão as discussões que acumularam naqueles anos no Ministério de Planejamento e Integração Regional e no IPEA.

Referências Bibliográficas

ALMEIDA, Roberto Schmidt de. "O pensamento geográfico no IBGE no contexto do planejamento estatal brasileiro". In MARTINS, R. A.; MARTINS, L. A. C. P.; SILVA, C. C.; FERREIRA, J. M. H. (orgs.). *Filosofia e história da ciência no Cone Sul: 3º Encontro*. Campinas: AFHIC, 2004.

ANDRADE, Luís Aureliano G. de. "Política urbana no Brasil: o paradigma, a organização e a política". *Estudos Cebrap*, São Paulo: out./dez. 1976.

CAMPOS, Roberto. *A lanterna na popa: memórias*. Rio de Janeiro: Topbooks, 1994.

_____. "Contra os super-homens ou a ciência fantasiada de Cartório". In: CAMPOS, Roberto. *Do outro lado da cerca*. Rio de Janeiro: Apec, 1968.

CINTRA, Antônio Octávio. "Planejando as cidades: Política e não Política". In: CINTRA, Antônio Octávio; HADDAD, Paulo Roberto (orgs.). *Dilemas do planejamento urbano e regional no Brasil*. Rio de Janeiro: Zahar, 1978.

COLE, Harry J. "Uma política de desenvolvimento urbano, o grande objetivo para 1966". In: *Revista Arquitetura*. Rio de Janeiro: IAB/RJ, nº 46, abr. 1966.

_____. "Urbanização e Desenvolvimento". RAM – *Revista de Administração Municipal*, Rio de Janeiro, nº 81, mar./abr. 1967.

DURAND, Maria Rita G. Loureiro. "Formação das elites político-administrativas no Brasil: as instituições de pesquisa econômica aplicada". *Revista do Serviço Público*, Brasília, vol. 48, n° 2, 1997.

FAISSOL, Speredião. "Planejamento e Geografia: exemplos da experiência brasileira". *Revista Brasileira de Geografia*, Rio de Janeiro, ano 50, tomo 2, n° especial, 1988.

FORTUNA, Affonso A. P. "O esforço governamental de Planejamento Urbano". RAM – *Revista de Administração Municipal*. Rio de Janeiro, n° 129, mar./abr. 1975.

GASPARI, Elio. *A ditadura envergonhada*. São Paulo: Companhia das Letras, 2002.

INSTITUTO DE ARQUITETOS DO BRASIL. "IAB 80 Anos no Rio de Janeiro". Rio de Janeiro: IAB/Dep. RJ, 2001.

INSTITUTO DOS ARQUITETOS DO BRASIL/DEPARTAMENTO DA GUANABARA. Seminário SHRU. *Revista Arquitetura*. Rio de Janeiro, n° 15, set. 1963.

MARTINS, Mário de Souza. Tese apresentada no I Congresso Brasileiro de Urbanismo. *Revista Municipal de Engenharia*, Rio de Janeiro, vol. XIII, n° 2, mês 3, 1941, p. 128-131.

MINISTÉRIO DO PLANEJAMENTO E COORDENAÇÃO GERAL. "Desenvolvimento Regional e Urbano". In: *Plano Decenal – versão preliminar*. Rio de Janeiro: Governo Federal, vol. 7, mar. 1967.

STEINBERGER, Marília. *Planejamento Local Integrado: uma fase necessária ao Desenvolvimento Urbano Planejado*. Dissertação (mestrado) – COPPE/UERJ, Rio de Janeiro, 1976.

WILHEIM, Jorge. "O planejamento e sua importância na formação do arquiteto". *Revista Arquitetura*, Rio de Janeiro, n° 24, ju. 1964.

Entrevistas

1. Harry Cole – duas folhas com transcrição de entrevista realizada com Cole em 9 de dezembro de 1975 por Antônio Octávio Cintra.

2. Luis Alfredo Stockler – entrevistado em São Paulo em 1º de novembro de 2007.

(Este trabalho está baseado em um capítulo da minha tese de doutorado: "Em defesa do Planejamento: ressonâncias britânicas e a trajetória de Harry James Cole")

Parte III
Configurações e representações:
profissionais e práticas na cidade do século xx

Identidade brutal:
Paul Rudolph, a cidade e a renovação do moderno

Cristina Mehrtens

Esta comunicação resulta de minha participação no simpósio realizado na Universidade de Massachusetts, Dartmouth, para celebrar o aniversário de 40 anos da construção de seu campus. Neste evento, trabalhadores e arquitetos envolvidos no projeto, acadêmicos de diferentes instituições, docentes, funcionários e estudantes da escola, além de representantes da comunidade em geral, se encontraram para divulgar suas experiências e refletir sobre o significado socioeconômico, tecnológico e histórico da arquitetura e urbanismo da universidade. Algumas das ilustrações que apresento aqui fazem parte do conjunto de 420 pranchas originais, selecionadas e doadas à nossa escola por Paul Rudolph nos anos 1980.

O campus da Universidade de Massachusetts em Dartmouth (UMassD) localiza-se na costa sudeste de Massachusetts e representa, em extensão, o maior de todos trabalhos do arquiteto Paul Rudolph nos Estados Unidos. Desde o início de sua construção, em 1963, e com a inauguração de seu primeiro grupo de edifícios, em 1966, o projeto vem provocando reações contraditórias. Visto por uns como o conjunto mais expressivo e genuíno da arquitetura moderna americana e por outros como um dos resultados mais assustadores e sinistros do uso do concreto. Tais aspectos conflituosos continuam presentes na obra e, seja qual for a opinião sobre a arquitetura de Rudolph, o fato é que ela continua a evocar fortes respostas em seus usuários e visitantes. Hoje, respostas pungentes a esta arquitetura encontram--se imersas em um contexto crítico peculiar que pode ser metaforicamente apreendido através da mídia contemporânea.

Em diferentes edições recentes, a *The New York Times Magazine* tem devotado um espaço constante e significativo a artigos que exploraram tanto a arquitetura moderna quanto a geração *baby boomer* que cresceu sob seu encanto. A edição especial de maio de 2007, intitulada "A nova idade média", se esforçou em dar sentido ao envelhecimento para este grupo acostumado a acreditar apenas na juventude. Outro número especial, intitulado "Selva de Concreto", exibia na capa a fachada ondulada do edifício Copan de Oscar Niemeyer para apresentar a "paisagem urbana moderna" de São Paulo (soletrada São Paolo), enquanto um número ainda mais recente privilegiou a arquitetura moderna do "engenheiro social paulista" Paulo Mendes da Rocha. Esta intensa abordagem acentua a necessidade de um trabalho mais refinado que articule os elos entre arquitetura, modernismo, Brasil e os Estados Unidos. Neste sentido, tal visão introduz esta curta reflexão sobre a obra de Rudolph e a arquitetura americana através do estudo de um de seus mais significativos representantes: o campus universitário.

O campus da UMassD foi um dentre muitos outros de instituições de ensino construídos no país durante a década de 1960. Era o auge da influência do movimento moderno nos EUA, que respondia à crescente demanda da nova geração de *baby boomers* que estava começando a ir para a faculdade. Hoje, estes universitários da década de 1960 constituem a "nova" geração de meia idade, cujos edifícios onde estudaram estão sendo renovados ou destruídos. A forma como o *campus* quarentão de Rudolph está sendo reinterpretado no século XXI reflete nossa compreensão sobre a identidade e o urbanismo do século XX. Exploro estas ideias em três partes: primeiro apresento o arquiteto e o contexto histórico da obra, depois focalizo no projeto para, finalmente, explorar sua situação atual.

Figura 1: Paul Rudolf, arquiteto.
Fonte: MEHRTENS, 2007.

Paul Rudolph, o arquiteto

Nascido em Kentucky, filho de um ministro metodista, Paul Marvin Rudolph (1918-1997) graduou-se arquiteto em 1940 no Instituto Politécnico do Alabama e trabalhou brevemente em Sarasota, Flórida, no escritório de R. S. Twitchell. Apesar deste início pouco promissor, tudo mudou entre 1941 e 1949. Ele iniciou a década como pós-graduando da Harvard's Graduate School of Design (GSD). Apesar de sua precocidade ter sido imediatamente reconhecida por Walter Gropius, Rudolph não ficou muito tempo na GSD, pois após seu primeiro semestre, com o início da Segunda Guerra, ele serviu por três anos na marinha (New York Naval Shipyard), e veio a retomar o curso por apenas mais um semestre após o final da guerra. Reconhecido, então, como um dos mais talentosos alunos de Gropius, ele recebeu a prestigiosa bolsa Wheelwright para viajar pela Europa do pós-guerra logo após sua formatura. Na volta da Europa, ele retornou ao escritório de Twitchell, na Flórida, mas desta vez como sócio.

Entre o final da década de 1940 até abrir seu próprio escritório em 1952, Rudolph já era considerado um dos mais bem-sucedidos arquitetos desta geração que foi aluna de Gropius. Em sua busca por uma expressão própria, Rudolph foi além das lições de seus mestres. Inovou ao adaptar as ideias do modernismo europeu primeiro à sua leitura da linguagem acadêmica da *Beaux-Art* via Louis Sullivan e Frank Lloyd Whright e, depois, ao aplicar esta mescla aos condicionantes locais da ensolarada Flórida. Lá Rudolph ousou com seus experimentos arquitetônicos nas casas de praia, que aqueciam o mercado de imóveis do pós-guerra. Em algumas usou plástico em camadas para criar tetos e forros, baseando-se na forma como eram usados na fabricação de navios. Inspirou-se, também, em venezianas do Caribe. Tal atitude revelava uma crítica frontal ao estilo internacional de Mies, que vinha sendo adotado por Philip Johnson. Portanto, o vocabulário de Rudolph não somente incorporou uma série de influências – de Wright, Mies, Corbusier e Gropius –, como também adicionou sua cuidadosa pesquisa sobre novos materiais de construção. Rudolph tornava-se mais e mais experimental. Em 1952, quando ele abrira seu próprio escritório, firmemente criticava a preocupação com o funcionalismo e o universalismo do estilo internacional.

Em 1954, a arquitetura experimental de Rudolph, tecnologicamente ousada e expressiva, serviu-lhe na crítica ardente contra o estado da arquitetura moderna e a crescente conformidade cultural dos anos do pós--guerra ao estilo internacional. Rudolph reivindicava o retorno ao vernacular e a um espaço que levasse em consideração a psicologia do indivíduo . Concreto seria a chave – mestra desta arquitetura mais humana e estaria no cerne de sua linguagem. Neste vocabulário, a monumentalidade expressava tanto liberação do espaço quanto provocação ao usuário, movendo-o e afetando-o psicologicamente. É interessante notar que aquele ano foi um importante marco na carreira de Rudolph, pois foi laureado com o Prêmio

Internacional de Arquitetura em São Paulo (RUDOLPH, 1958, p. 9), durante a celebração do quarto centenário da cidade. Curiosamente, apesar de lugar de destaque no currículo do arquiteto, não existe quase nada escrito sobre esta experiência no Brasil, tanto em livros e artigos como em catálogos de exibição das obras do arquiteto

A primeira oportunidade para colocar suas ideias em prática surgiu em Massachusetts. Seu primeiro projeto não residencial importante foi o *Mary Cooper Jewett Arts Center*, construído entre 1956 e 1958. Trata-se de um edifício moderno inserido na verdejante paisagem de Wellesley, uma faculdade neogótica do século XIX. O edifício respeita sua relação com outros no campus e se torna uma lição de convivência pacífica entre vizinhos. A relação entre o novo e o existente é resolvida através de novas entradas (*gateways*) ao campus. Esta relação com o entorno também é trabalhada nos vãos, cujas medidas foram calculadas em relação àquelas dos prédios que cercavam o Jewett Center. Outra observação importante é a preocupação, em todos os seus projetos, com o papel das luzes e das sombras no resultado final. O projeto do Jewett Center sugere que o moderno adapta-se à história.

Em 1958, Rudolph tornou-se chefe (*chairman*) do departamento de arquitetura de Yale (1958-1965) e teve a oportunidade de projetar o prédio da Escola de Artes e Arquitetura (finalizado em 1964). Esta obra colocou Yale no circuito internacional de arquitetura e coroa a fase inicial de experimentos com concreto.

Foi durante o auge desta fase que ele foi encarregado de construir o campus da Universidade de Massachusetts em Dartmouth.

UMassD, o edifício

Contexto histórico

Historicamente, Lowell, em Massachusetts, foi o berço da industrialização americana. Mais ao sudeste do estado, a indústria baleeira de New Bedford no século XIX deu lugar à têxtil na passagem do século, quando o Estado subvencionou duas escolas têxteis na região: uma em New Bedford, em 1895, e outra em Fall River, em 1899. Entre 1963 e 1965, estas escolas combinaram-se para formalizar uma única universidade estadual: a SMTI

(Instituto Tecnológico do Sudeste de Massachusetts). Seu primeiro reitor, Joseph Leo Driscoll, liderou os planos para o novo campus num local entre as duas cidades: Dartmouth. Driscoll conseguiu que o projeto-piloto fosse desenvolvido por Rudolph, um dos principais arquitetos nacionais do momento. Timothy Rohan (2000) explica que Rudolph "era uma figura central na arquitetura americana do pós-guerra [ainda] famoso pela textura trabalhada de suas superfícies e pelo seu estilo singular (*unique rendering style*)". O campus da UMassD foi, portanto, um projeto do governo estadual aprovado em 1963, cuja construção do primeiro grupo de edifícios (Group i) iniciou-se em 14 de junho de 1964. Por ter sido planejada como um *commuter* campus (não um campo residencial por excelência), Rudolph concebeu o plano diretor (*master plan*) do campus tendo em mente o local de entrada dos automóveis. A hierarquia dos edifícios se amoldaria a este determinante. Seguindo a visão corbusieriana da Carta de Atenas, um dos princípios fundamentais era manter os pedestres afastados dos carros depois de estacionados; e manter as passagens internas divorciadas tanto da rua quanto do estacionamento. O lider do projeto, arquiteto Grattan Gill, considerou aqueles anos de construção como os mais profícuos e otimistas de sua carreira. Antes da finalização do projeto, em 1969, Rudolph afastar-se-ia oficialmente deste e participaria pelos bastidores. Gill tomou as rédeas nesta fase e sob muita pressão finalizou o último edifício: a biblioteca inaugurada em 1972.

O projeto esteve imerso no mesmo clima de otimismo que cercava a disciplina da arquitetura no início dos anos 1960 quando modernidade e progresso tornavam-se sinônimo de arquitetura. Politicamente, o presidente John Kennedy (1917-1963) estimulava o renascimento cultural que se refletia em seu discurso político ao privilegiar ideias de intenso vigor e renovação. Lembremos, também, que o presidente graduou-se com honras em Harvard em 1940 e estava politicamente ativo em Massachusetts durante os anos profissionalmente formativos de Rudolph. Jacqueline Kennedy esteve presente na inauguração da Escola de Arquitetura em Yale. Arquitetonicamente, trata-se do mesmo período em que Gropius experimentava com a produção de casas em série em Lincoln, Massachusetts – neste caso ainda sob uma linguagem representativa do modernismo europeu. A gramática do novo campus se desenvolve brutalista, refletida em sua grande escala e em seus edifícios contorcidos que conduzem a uma dramática experiência.

Brutalismo foi a resposta crítica de toda uma geração de arquitetos do pós-guerra a certas facetas do Estilo Internacional: a monotonia dos espaços e suas linhas estólidas e sedadas. Era, portanto, uma atitude frente ao *design* moderno. Uma atitude que exigia uma nova expressão que também refletisse o discurso político cultural intenso do momento. Reagindo à alienação provocada pela uniformidade, o brutalismo permitiria o diálogo do edifício moderno com o ambiente e com as outras construções em seu entorno. A postura brutalista se propôs a manter o vocabulário moderno (e.g. vidros modulares, alto pé direito, poucos apoios em extensos interiores) e incorporá-lo aos mais recentes avanços técnicos. Rudolph explicaria:

> Eu nunca tive uma idéia original. Eu tento entender [...] não me preocupo se as pessoas gostam ou não gostam, eu me preocupo se elas percebem as coisas e se estas coisas significam algo a estas pessoas, seja este significado algo percebido como negativo ou positivo (BRUEGMANN, 1986, p. 24).

E completa:

> Penso que as coisas desenvolvem-se umas da outras, e crescem, e retraem, e vão além e não vão a lugar nenhum. [Porque os modernistas do estilo internacional] descobriram muitas coisas novas, eles nos deram as bases de onde partir e de onde continuar (BRUEGMANN, 1986, p. 153).

Durante os anos 1960, a UmassD tornou-se um dos mais significativos exemplares da arquitetura brutalista moderna nos Estados Unidos. Nos próximos parágrafos esta visão brutalista é analisada: 1) durante o período de construção da escola, através do estudo do papel vital do desenho e do concreto na arquitetura experimental de Rudolph; 2) no início dos anos

1970, quando tal visão deteriorava-se e perdia seu lugar no momento socio-político da história americana; e 3) no momento contemporâneo, quando tal visão resulta da intersecção entre as vozes do passado e do presente e busca a reinserção do moderno no tecido urbano.

O papel vital do concreto

Ao responder por que teria escolhido uma fachada de concreto pré-fabricado para seu edifício *Boston Blue Cross Blue Shield* de 1957, Rudolph disse que ele preferia "edifícios que respondessem à luz e à sombra àqueles edifícios que eram apenas reflexo" (ROHAN, 2000). Segundo ele, o concreto dialogaria ativamente com o ambiente, enquanto cortinas de vidro refletiriam passivamente este ambiente. A superfície texturizada

> rompeu com a escala das paredes e esta densa textura nas paredes respondem à luz de maneiras diferentes. [Nela] a luz fratura-se em milhares formas que aumentam o sentido de profundidade. Enquanto a luz muda constantemente, as paredes tremem, desmaterializam-se, [e] tomam uma solidez adicional ... Quando a luz atinge as chapas de concreto aparente e seus acabamentos em baixo relevo, o jogo constante das sombras amaciam o impacto que a massa de concreto do edifício impunha ao seu entorno. Enquanto que, ao mesmo tempo, seus elementos prevalecem na superfície (ROHAN, 2000, p. 85).

O plano diretor (*master plan*) da UMassD exemplifica os experimentos de Rudolph com concreto armado e coroam sua atitude brutalista. Concreto foi a linguagem do projeto e, sensibilizado por ela, a atitude brutalista e purista de Rudolph expressaria, portanto, não só sua familiaridade com este material de construção, mas, também, sua chave de uma arquitetura mais humana. Ele derrama o concreto em formas, e depois que as formas são retiradas o resultado é uma superfície enrugada, mas constante. As superfícies verticais de concreto, trabalhadas no canteiro, tornaram-se a fonte dos efeitos impressionantemente dramáticos que o arquiteto buscava.

Figura 2: O *campus* da UMassD.
Fonte: MEHRTENS, 2007.

Ao jogo das linhas somou a textura final, uma textura resultante da mistura do concreto com materiais locais. Na UMassD temos micas, conchas, pedras e até corais imersos no agregado que foi usado em todos os edifícios do conjunto. Tais estruturas texturizadas envolveram os espaços e desenvolveram-se em fluxo contínuo sob e abaixo do solo. O único elemento usado na criação de contraste foi o carpete colorido (originalmente laranja). As cores deveriam ser cores quentes, de preferência. Para Rudolph:

> A cor é uma das coisas mais complexas do mundo porque ela é sempre tão diferente dependendo das diferentes luzes [que incidem sobre ela, dependendo das] diferentes quantidades de luz nas diferentes horas do dia [que recebe, assim como quando ela se] justapõe a outras cores. Realidade e aparência são duas coisas distintas [...] Um dos aspectos da cor que mais me

fascina é a luz refletida pela cor. Eu trabalhei com concreto [...] e eu usei carpetes com cores mornas. (BRUEGMANN, 1986, p. 31).

As criações fantásticas de concreto resultaram destas superfícies forjadas no canteiro, a marca registrada da arquitetura expressiva de Rudolph. Esta versão brutalista de Rudolph, baseada em silhuetas elaboradas, foi copiada por muitos outros arquitetos. Nesta fórmula, a verticalidade das formas eram arranjadas de modo a intercalar com o ritmo do projeto em um único *leitmotiv* que unia todos os diferentes edifícios do campus. O expressionismo gráfico das paredes de concreto resultaram da regularidade linear destas superfícies, que evidenciavam uma textura irregular. A qualidade final resultava desta tensão latente. Qualidade que se desenvolve indefinidamente no espaço e, simultaneamente, com a estrutura, dando movimento implícito a ambos. Como foi enfatizado por Rohan, este processo de criar superfícies de linhas paralelas traduz-se diretamente na construção de superfícies com aparências similares, que se conformam às imagens desenhadas.

Os adjetivos usados para definir o resultado deste arranjo de superfícies texturizadas de concreto incluem: colagem, intensa malha, textura elaborada. Tais qualidades enfatizam características táteis e óticas, assim como aspectos controversos de uma arquitetura cuja presença forte e dramática requer gestos performativos e expressivos de seus usuários. Todos estes adjetivos reforçam a ideia do concreto como uma superfície paradoxal que simultaneamente atrai e repele. Seu extensivo uso nos diferentes níveis, tetos e virtualmente qualquer outra superfície imaginável do projeto acrescentou complexidade e ambiguidade visual a um espaço intrincadamente planejado e geometricamente obsessivo, quase labiríntico.

Rudolph era o mestre da multiplicação dos espaços. Iniciando com três andares, ele conseguia reorganizar diferentes níveis de espaços intercalados que seriam divididos seja por pontes, por paredes de concreto ou pelo vidro. Os edifícios labirínticos de muitos níveis assumem aqui uma metáfora surreal de cidade utópica. Neste sentido, observa Bernstein (2007):

Neste tempo em que o modernismo relacionava-se à produção em massa, Rudolph foi pelo caminho oposto, esculpindo uma variedade de formas diferentes. [Em seus projetos] o caminho de um quarto para o outro podia levar uma pessoa a subir e descer seis escadas diferentes.

Tal abordagem reafirma o princípio chinês contraintuitivo segundo o qual a subdivisão expande. O espaço também estimula a experiência multissensorial. Tais espaços metamorfoseiam-se enquanto sendo caminhados, alternativamente expandindo e contraindo, com pés direito baixos e altos e passagens largas e estreitas. Andares elevados forçam seus usuários a reduzir o passo. Espaços estreitos exigem decisões de navegação. Apesar do espaço fluir em uma só direção, ele parece infinito porque nunca é possível detectar onde ele acaba. Usuários são introduzidos a muitas subdivisões de diferentes tamanhos, que também se estendem do infinito ao infinitesimal. Este processo se repete por todo o conjunto de edifícios. Tais experiências espaciais especiais misturam-se aos ambiciosos interiores, cuidadosamente projetados com paredes texturizadas e uma profusão de massas. Desorientação faz parte, portanto, desta intriga arquitetônica, onde os caminhos vieram a se tornar passeios intrépidos de descoberta.

O papel vital do desenho

Uma característica definitiva do traço de Rudolph era sua atenção quase obsessiva pela linha e pelo detalhe, especialmente em relação à superfície [...] para Rudolph o trabalho gráfico existia como um fim em si mesmo, um meio para expandir e exercitar a disciplina e as possibilidades da arquitetura (CHASIN, 1998, p. 316-318).

Em seu método brutalista, Rudolph buscou uma estética que fundisse desenho e construção. Em sua preocupação com o design, Rudolph foi um dos poucos modernistas em seu tempo que afirmava valer a pena reconsiderar o movimento *Beaux-Arts* e sua visão sobre o design da cidade. Como o urbanismo era um problema central para Rudolph, o campus concretamente viria a expressar estas preocupações. Como vimos na UMassD, Rudolph brincou com a locação das formas de concreto, usando-as por todo o edifício e, muitas vezes, em locais inesperados – como nas escadas. Tais soluções inovadoras visavam a experiência constante de movimento.

Atraído pelo jogo lúdico e dramático destes espaços, Rudolph usou e abusou da luz e da sombra ao dispor suas grelhas de concreto. Tais arranjos e efeitos eram as respostas de Rudolph à omissão de decoração na agenda da arquitetura contemporânea. Apesar de sua ardente crença no modernismo, Rudolph não tinha medo do ornamento. Usando-o sob seus próprios termos, ele transformou estrutura e luz em decoração.

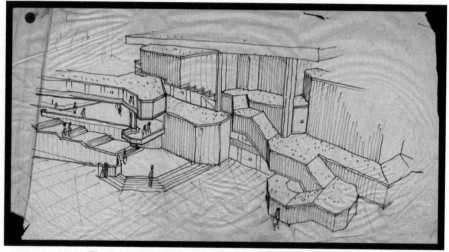

Figura 3: Espaços internos da Biblioteca da UMassD.
Fonte: MEHRTENS, 2007.

O concreto, esta superfície texturizada onipresente, tornou-se, nas mãos de Rudolph, em uma forma de baixo relevo, um ornamento. Tais superfícies reproduziam imagens desenhadas e fundiram desenho e construção. Segundo Reyner Banham, a fotografia de um edifício de Rudolph era exatamente como seu desenho "com toda a sombra de fora sendo apresentada como se tivesse sido alinhada por um grafite macio" (BANHAM *apud* ROHAN, 2000, p. 87). No entanto, a fotografia é incapaz de registrar a atenção empírica ao detalhe evidente nos desenhos. Desenhar era a origem do processo criativo de Rudolph, e seus edifícios refletiam a qualidade artesanal deste trabalho.

Rudolph excedeu na produção de cortes imensamente complicados e perspectivas em larga escala. Ele pessoalmente supervisionava e controlava cada esboço e cada linha em cada projeto descritivo; este era sua assinatura. Para Rudolph, "o corte é [...] tão importante quanto a planta, talvez até mais importante porque ele revela mais sobre o espaço" (BRUEGMANN, 1986, p. 27). Outro aspecto crucial eram os tons de cinza, mudos e sedados, dos desenhos, que contrastavam com os gritantes interiores. O desenho criava a ponte entre tecnologia e estética. Esta ponte permitia o sentido de novidade e bravura que permeava o espaço por ele projetado.

Se para Vincent Scully a Escola de Yale era um prédio "sadomasoquista" devido às superfícies ásperas do concreto, veremos que Rudolph, ao desenvolver similar linguagem na UmassD, iria substituir a aspereza das grelhas por um resultado mais plástico, liso e ondulado. Aqui, parece que a forma pede para ser tocada, sentida, e vem fazer parte da experiência. UMassD exemplifica tudo que é persuasivo na arquitetura de Rudolph: os espaços "espiralizados"; os *cantilever* (provocando a justaposição das forças, da luz e das estruturas pesadas) e a colocação intencional dos elementos para receber a luz. Esta arquitetura é também marcada por manipulações da escala. A escala seria para Rudolph a segunda em importância no projeto, pois em primeiro lugar viria o espaço. Nesta arquitetura, marcada por combinações entre escalas, UMassD tornar-se-ia um caso exemplar. Neste campus, dois edifícios simetricamente assimétricos exemplificam um jogo engenhoso de assimetria enquanto método de organização espacial.

Involuntariamente, ninguém definiu melhor este campus que Nikolaus Pevsner em 1963, no seu discurso na inauguração da Escola de Arquitetura em Yale (PEVSNER, 1967, p. 4-7), obra irmã da UMassD. Pevsner reconhecia a inteligência e a beleza do estilo moderno de Rudolph e via na ambiguidade do edifício uma arquitetura apropriada ao presente e que apontava para o novo milênio. O velho mestre comparou o edifício ao *tweed*, uma analogia que serve como uma luva ao campus da UMassD, cujas origens encontram-se em escolas voltadas à ciência têxtil. O *tweed* condensa ideias contraditórias da costura com um fio grosso e áspero que serpenteia agilmente para concluir num tecido de aparência inacabada, mas cuja textura macia revela um tecido concluso, flexível e consistente.

O edifício, a cidade e a renovação do Moderno

> Mesmo que se fale muito sobre espaço arquitetônico, não existe substituto para a experiência real de viver um edifício ou uma cidade, de sentir esse espaço arquitetônico nas diferentes horas do dia e sob os mais diversos climas, de vivenciá-lo e usá-lo enquanto tal. Sob raras exceções, eu me impressionei muito mais com a grande arquitetura do passado do que com os esforços contemporâneos (BRUEGMANN, 1986, p. 7).

Rudolph manteve-se polêmico em toda sua carreira. Dos edifícios em Massachusetts nos anos 1950 aos seus projetos no sudeste asiático dos anos 90, ele defendeu a arquitetura como uma disciplina socialmente engajada. No início de sua carreira, ele criticou a forma como o modernismo teria sido institucionalizado pelo estilo internacional, depois ele explorou megaestruturas, módulos, produção em massa de trailers – vide seus projetos visionários, como o Graphic Art Project de 1967 em Manhattan, onde ele usou legos na construção de seus modelos. No final dos anos 1960, a situação se inverteu, muitos de seus projetos foram cancelados e ele passou por um período difícil de adaptação. Em 1969, o fogo quase destruiu o prédio de Yale, que, ao ser renovado, perdeu muito de sua identidade. Ao mesmo tempo, por razões políticas, ele foi formalmente afastado do projeto da UMassD antes de sua finalização.

Quando novos ventos sopraram no início dos anos 1980, Rudolph iniciou frutífera produção de edifícios na Ásia, numa fase que substituiu o uso pesado de concreto por materiais mais leves. No entanto, Rudolph voltou às soluções leves que marcaram seus experimentos dos anos 1940 na Flórida. Segundo alguns críticos, sua carreira teria completado um círculo completo.

Quando faleceu em 1997, Rudolph era reconhecido como "o talento americano que adaptou a ideia dos modernistas europeus a uma arquitetura genuinamente americana" (BERNSTEIN, 2007). A alta qualidade de seu trabalho o colocou em lugar central no modernismo dos EUA, e o campus da UMassD tornou-se um dos mais aclamados expoentes desta arquitetura. Esta década também presenciou o crescimento do movimento de preservação histórica nos EUA.

Apesar de muitos de seus trabalhos terem sobrevivido à onda pós-moderna, 2006 não foi um ano bom para Rudolph. Em recente artigo, Anastasia Bowen relatou que muitas das casas de veraneio da Flórida foram destruídas por terem sido consideradas "muito modernistas" (BOWEN, 2007).[1] Dois exemplares vitais: o Centro Governamental do Condado de Orange em Goshen, Nova York, e o edifício Blue Cross/Blue Shield no centro de Boston, Massachusetts, estão com seus dias contados. O último será demolido para a construção de uma torre de 80 andares projetada por Renzo Piano.

Por outro lado, obras como a UMassD adaptaram-se aos novos tempos. Sob o novo sistema da Universidade de Massachusetts, o campus em Dartmouth tem ao mesmo tempo preservado, expandido e se firmado como a peça central no esquema de conexões regionais que envolve o sistema educacional estadual. Esta nova rede inclui a construção de três novas escolas e a renovação de três outros edifícios em áreas centrais nas cidades de New Bedford e Fall River.[2] O campus em Dartmouth recebeu dois novos edifícios residenciais (2002) e, em 2004, sob crítica acirrada, construiu o edifício da Escola de Negócios e Administração dentro da área do projeto piloto de Rudolph. É importante notar que o estado de conservação dos edifícios tem sido exemplar, assim como os constantes cuidados na manutenção da

1   Ver BOWEN, 2006.

2   Por exemplo: a Escola de Ciência e Tecnologia Naval (1997), localizada em New Bedford; o edifício da Loja Star (2001), no centro da cidade de New Bedford (incluindo a Galeria de Arte Universitária); o Instituto de Estudos Tecnológicos e Manufatureiros Avançados (2001), em Fall River; a renovação do edifício Cherry and Webb (2002), em Fall River; e o Centro de Estudos Contínuos e Profissionais (2004), num edifício central totalmente renovado em New Bedford.

estrutura de concreto e seus telhados planos. Existe também um grande orgulho da comunidade acadêmica pelo conjunto de edifícios, cuja fotografia aparece em publicações, logotipos, *screen savers* e outros materiais ligados à escola.[3]

Durante sua longa carreira de meio século, a reputação de Paul Rudolph conheceu altos e baixos. Independente destes valores, suas obras sempre foram sinônimo do discurso moderno da arquitetura norte-americana. As ideias de Rudolph amadureceram durante os debates dos anos 1950, e seus trabalhos tornaram-se modelos para toda uma geração. Hoje os críticos reabilitaram o modernismo, e a obra de Rudolph encontra no campus da UmassD o expoente vital do estilo brutalista. Estes edifícios, uma vez rejeitados e considerados simplistas e vazios, reaparecem hoje sob a luz de uma nova visão que enfatiza sua decoração estrutural e sua força geradora de uma arquitetura "neomodernista," vista não só como exemplo plástico mas também intelectual.

Conclusão

Em sua entrevista ao Instituto de Artes de Chicago, em 1986, Rudolph explicou que a rede profissional é fundamental e que todo projeto na vida de um arquiteto é resultado de suas conexões sociais e de sua história de vida. Entre as décadas de 1970 e 1980 eu estudei no Brasil em uma escola de concreto, a Faculdade de Arquitetura e Urbanismo da Universidade de São Paulo (FAU-USP) e, hoje, eu leciono em uma escola de concreto nos Estados Unidos (UmassD); ambas foram construídas no mesmo período. No entanto, o brutalismo da FAU-USP, do arquiteto Vilanova Artigas, construída em tempos de ditadura militar, é muito diferente dos edifícios brutalistas exagerados da América de sonhos de Rudolph. Nestes trabalhos, dois arquitetos geniais souberam se expressar numa mesma linguagem usando entonações

---

3 Apesar dos edifícios exigirem constante manutenção, a comunidade acadêmica parece ter muito orgulho da história deste espaço. Um amigo arquiteto recentemente comentou a forte presença dos edifícios no website da escola, e visitantes, como Fernando Henrique Cardoso, ao ser agraciado com mais um PhD honorário em nossa escola em 2004, mostram-se intrigados pela obra.

completamente diferentes em seu discurso arquitetônico. Apesar disso, a linguagem brutalista cumpre a mesma mensagem em ambas as obras, onde o que é silêncio torna-se ensurdecedor e onde o que é vazio revela-se densamente no espaço.

O edifício americano, resultado então do único significativo investimento público na região da costa sudeste de Massachusetts desde a depressão, veio a simbolizar nos dias de hoje uma comunidade diversamente étnica.[4] Ambas obras ainda provocam intensas respostas e percepções em seus usuários e visitantes e continuam a exigir constante trabalho de manutenção. Estes edifícios têm revelado para as diferente gerações a forma como o moderno tem sido lido e relido e abrem-se para um estudo maior do papel das renovações dos espaços modernos quarentões. O que estas obras revelam sobre a cidade que as encerra, sua história e modernidade, é um trabalho ainda em andamento. Este artigo faz parte de um esforço preliminar na compreensão das transformações materiais e ideológicas na segunda metade do século XX, privilegiando as conexões entre a arquitetura moderna americana e brasileira e sua influência nos espaços públicos. O diálogo desta linguagem arquitetônica moderna que se desenvolveu entre ambos os países é um importante trabalho esperando para ser escrito.

Referências bibliográficas

ANTONSEN, Lasse B. *Interview with Paul Rudolph*, 12 jan. 1996.

BERNSTEIN, Fred A. "A Road Trip Back to the Future". *The New York Times*, 23 mar. 2007.

"Best and Worst of 2006. Our Year-End List of Preservation Woes and Wonder". *Preservation Online*, 29 dez. 2006.

BOWEN, Anastasia. "Too Modernist". *Florida Inside Out*, maio/jun. 2006.

BOWEN, Ted Smalley. "Rudolph Building, Eyed for Piano Skyscraper, Gets Temporary Stay of Execution". *Architectural Record*, 15 mar. 2007.

---

4 Notemos aqui a importância da tradicional imigração portuguesa, africana e a recente onda da imigração brasileira nesta área.

"Bright New Arrival". *Time Magazine*, 1º fev. 1960.

BRUEGMANN, Robert. "Interview with Paul Rudolph". Compiled under the auspices of the Chicago Architects Oral History Project. *The Art Institute of Chicago*, 28 fev. 1986, p. 24.

CHASIN, Noah. "Paul Rudolph: Selected Drawings". *The Journal of the Society of Architectural Historians*, 57(3), 1998, p. 316-318.

DORMIN, Christopher; KING, Joseph (curators). "Paul Rudolph: The Florida Houses" Exhibition at UMass Dartmouth with Photographs by Ezra Stoller, 3 fev.-24 mar. 2006.

DORMIN, Christopher. *Paul Rudolph: The Florida Houses*. Princeton Architectural Press, 2002.

FAUSCH, Deborah. "Rococo Modernism: The Elegance of Style". Resurfacing Modernism, *Perspecta* 32, 2001, p. 13

FISHER, Thomas. "Nietzsche in New Haven: How One Philosophizes with a Hammer". *Perspecta* 29, 1998, p. 50-59.

GILL, Grattan. "The Master Plan: Its Design and Execution". *Paul Rudolph Symposium*. University of Massachusetts Dartmouth,11 abr. 2005.

GIOVANNINI, Joseph. "If There Is Heaven, It Should Expect Changes". *The New York Times*, 14 ago. 1997.

HALL, Stephen S. "Can Science Tell us Who Grows Wiser?". *The New York Times*, 6 maio 2007.

HAY, David. "Another Building by a Noted Modernist Comes Under Threat, This Time in Boston". *The New York Times*, 7 mar. 2007.

IOVINE, Julie. "A Treasure at Yale, Freed of Wallboard". *The New York Times,* 16 nov. 2000.

MCDONOUGH, Tom. "The Surface at Stake: A Postscript to Timothy M. Rohan's 'Rendering the Surface". *Grey Room* 5, 2001, p. 102-111.

MCQUADE, Walter. "The Exploded Landscape". *Perspecta* 7, 1961, p. 83-90.

MEHRTENS, Cristina. "Identidade brutal: Paul Rudolph, a cidade e a renovação do moderno". *Arquitextos*, São Paulo, nº 8. Disponível em: <www.

vitruvius.com.br/revistas/read/arquitextos/08.090/189>. Acesso em: 5 maio 2012.

_____. "Municipal Employees and the Construction of Social Identity in São Paulo, Brazil, 1930s". *Municipal Services in the Modern City*, Ashgate, 2003.

_____. *Politics and Urban Space: Constructing Social Identity and the Middle Class in São Paulo, Brazil, 1930s-1940s*. PhD Dissertation, University of Miami, 2000.

MELLINS, Thomas. "An Architect's Home Was His Modernist Castle". *The New York Times*, 21 jun. 1998.

OUSTERHOUT, Robert G. "On the Destruction of Paul Rudolph's Science Christian Building: The Vicissitudes of Functionalism". *Inland Architect* 31(2), 1987, p. 66-73.

PEVSNER, Nikolaus. "Address Given at the Inauguration of the New Art and Architecture Building at Yale University, November 9, 1963". *The Journal of the Society of Architectural Historians*, 26(1), 1967, p. 4-7.

POGREBIN, Robin. "Last Exam: Renovate a Master's Yale Shrine". *The New York Times*, 1' jul. 2006.

ROHAN, Timothy. "Enriching Modernism: Paul Rudolph and Postwar Architecture". *Paul Rudolph Symposium*. University of Massachusetts Dartmouth, 11 abr. 2005.

_____. "Rendering the Surface: Paul Rudolph's Art and Architecture Building at Yale," *Grey Room* 1, 2000, p. 84-107.

RUDOLPH, Paul. "Regionalism in Architecture". *Perspecta* 4, 1957, p. 12-19.

_____. "To Enrich *Our* Architecture". *Journal of Architectural Education* 1(13), 1958, p. 9.

"SMTI President Tells Hopes, Goals for the University". *Standard Times*, New Bedford, MA, 12 maio 1963.

"Saving a Modern Masterpiece". Editorial. *The Boston Globe*, 16 abr. 2007.

SROAT, Helen. "Brutalism: An Architecture of Exhilaration". *Paul Rudolph Symposium*. University of Massachusetts Dartmouth, 11 abr. 2005.

TILLMAN, Zoe. "A New Endangered Species: Modern Architecture". *The Christian Science Monitor*, 20 jun. 2007.

University of Massachusetts – Dartmouth. Disponível em: <www.umassd. edu/about/timeline.cfm>.

Rotas, balizas, fronteiras:
reflexões sobre os caminhos pan-americanos da americanização

Fernando Atique

O debate acerca da "americanização" tem encontrado solo fértil no meio acadêmico nos últimos tempos. Se este processo foi visto na grande área das Humanidades durante parte do século XX como uma demonstração intensa – às vezes incontestável – de "Imperialismo", nas duas últimas décadas, pelo menos, parte das investigações tem perscrutado os paralelismos e as reciprocidades que envolvem a relação entre alguns países ao redor do globo e os Estados Unidos. No caso do Brasil, embora diversos trabalhos venham dando conta de delinear seus vínculos com a terra de "Tio Sam", é ainda tênue e bem recente a caracterização de que o processo "americanizador" deva ser visto como relacionado a um outro processo, chamado de "pan-americanização" das Américas. Esta relação interna ao continente, aparentemente óbvia, é, em especial no campo da arquitetura e do urbanismo, muito recente e ainda passível de maiores explorações. Visto como "ressonância" ou até mesmo "cópia imatura" do que acontecia nos Estados

Unidos, o processo americanizador foi, e ainda é, criticado e analisado no seio da comunidade acadêmica como um atestado de dominação cultural.[1] Em parte, esta leitura procede, inegavelmente, mas não devemos nos furtar de dizer que a consulta de fontes históricas diversas nos mostram que o propalado "panorama de dominação e submissão cultural entre os Estados Unidos e os países americanos"[2] possui meandros que fazem corar os mais ferrenhos anti-imperialistas.

O texto que elaboramos para esta coletânea procura sistematizar algumas dessas relações tocadas, *en passant*, acima. Focando a questão central do *deslocamento*, uma vez que diz respeito não apenas à circulação de pessoas, mas, sobretudo, de ideias e de opções tecno-metodológicas de atuação sobre o espaço, procura-se responder de que maneira a Arquitetura e o Urbanismo devem ser vistos como telas privilegiadas para esta leitura acerca do americanismo e do pan-americanismo. Essas discussões são fruto da pesquisa de doutoramento desenvolvida junto à Faculdade de Arquitetura e Urbanismo da USP, entre 2003 e 2007, no âmbito do doutorado em História e Fundamentos Sociais da Arquitetura e do Urbanismo e apresentadas, em formato reduzido, no evento "Construindo a cidade do século XX: uma cidade americana?", ocorrido em 2007. Para a publicação nesta coletânea, incorporamos outras considerações obtidas mediante pesquisas realizadas após aquela data e que tem proporcionado um desdobramento das

---

1 Referência maior nesta construção de repúdio ao imperialismo americano é o livro de Eduardo Prado, *A ilusão americana*, datado de 1893. Documento ao mesmo tempo monarquista e antiestadunidense, *A ilusão americana* é uma obra que se tornou clássica ao ser mobilizada para expor as ideias de repúdio ao propalado "*imperialismo yankee*", antes da Primeira Guerra e, sobretudo, após a Segunda Guerra Mundial. *A ilusão americana* acabou sendo confiscado pelas tropas do governo federal, no mesmo dia do lançamento, em 1893, e só veio a público em 1894, em Londres, cidade onde o autor se encontrava exilado (PRADO, 2001).

2 Ver, por exemplo, nesta linha, as crônicas de Lima Barreto, publicadas nas primeiras décadas do século XX, em periódicos cariocas, como, por exemplo, a denominada "O Convento", aparecida na *Gazeta da Tarde* em 23 de julho de 1911. Ainda a respeito, conferir Resende (2005) Também a consulta a periódicos, como o *Almanack Laemmert* e outros, tratados adiante, corroboram a argumentação.

descobertas anteriores. Assim, neste texto, ocupamo-nos de pelo menos três chaves atreladas ao "deslocamento" que, metaforicamente, denominamos: rotas, balizas e fronteiras. Por meio destas palavras procuraremos expor ponderações que estão no âmago do debate relacional entre o Brasil e os Estados Unidos, mas, também, dos Estados Unidos com os demais países americanos, e, como não poderia deixar de ser, do Brasil com seus vizinhos de continente.

Rotas

No relacionamento entre o Brasil e os países americanos, incluindo os Estados Unidos, algo que é relevante é a compreensão das rotas, dos itinerários e de seus respectivos agentes. Embora possamos retroceder ao século XVIII ao encontro de documentos que atestam contatos recíprocos entre a América lusa e as 13 colônias inglesas,[3] o que nos interessa neste artigo é o período compreendido entre a década de 1870 e a de 1940. Algumas explicações acerca deste recorte temporal se fazem necessárias. A década de 1870 é considerada como um dos marcos cronológicos para aquilo que se convencionou chamar de Segunda Revolução Industrial. Nas palavras de Jeffrey Cody (2001), é neste período que os Estados Unidos começam diligentemente a "exportar" sua arquitetura ao redor do mundo. É também em 1876 que o Brasil faz uma declaração explícita de interesse e de ligação política com os Estados Unidos, pois, nesse ano, o antigo imperador Dom Pedro II visita a Exposição Internacional da Filadélfia (ATIQUE, 2007). Quanto aos limites da investigação que empreendemos, circunscrevemo-la à década de 1940 e, mais especificamente, ao ano de 1945, porque com o fim da Segunda Guerra Mundial um processo que denominamos de o "arquitetar da Boa Vizinhança" se encerra, para que entre em cena uma outra política relacional, tingida pelas tintas da Guerra Fria e explorada

---

3 Não devemos nos esquecer da correspondência trocada entre Thomas Jefferson e José Joaquim da Maia, em 1787, período em que tanto as colônias inglesas quanto a portuguesa, lutavam por independência. Ver, para maiores informações BANDEIRA (2007, p. 26) e CALMON (1941).

por autores nacionais e estrangeiros com cuidado nos últimos anos (SALVI, 2005; IRIGOYEN DE TOUCEDA, 2005; MAUAD, 2001; TOTA, 2000).

Este trabalho se vale, então, do entendimento da pluralidade do processo "americanizador". Transcorrida, como mostra o trabalho de Jeffrey Cody, a partir da década de 1870, a disseminação dos referentes americanos alcançou muitos países ao redor do mundo e imprimiu marcas que permitem entender uma das facetas do capitalismo: a criação de demandas, a qual deve ser vista como uma das principais razões do processo histórico denominado "americanização". Alguns historiadores, como Eric Hobsbawm em *A era dos impérios (1875-1914),* defendem que essas demandas, como aqui se preferiu chamar o processo de livre comércio, baseavam-se na ideia de que entre os países produtores de matéria-prima e os países processadores dessas matérias existia um intercâmbio que os coadunava. Hobsbawm, repudiando a noção frequente de países desenvolvidos e países atrasados, explicitou que "enquanto o (...) Primeiro Mundo, apesar de suas consideráveis disparidades internas, era movido pela história e por ser o portador conjunto do desenvolvimento capitalista, o Segundo Mundo (muito maior) não era unido senão por suas relações com o primeiro" (HOBSBAWM, 1988, p. 33). Embora se concorde com esta característica apontada pelo historiador, deve-se ressaltar algumas ressalvas à sua exegese de que

> embora a posição futura da América como superpotência econômica mundial já estivesse assegurada pelo ritmo e pelo ímpeto de sua industrialização, o produto industrial europeu ainda era duas vezes maior do que o americano, e os principais avanços tecnológicos ainda provinham basicamente do leste do Atlântico. Os automóveis, o cinema e o rádio foram inicialmente desenvolvidos com seriedade na Europa (HOBSBAWM, 1988, p. 36).

Obviamente, não se repudiam os dados estatísticos levantados por Hobsbawm, mas não se pode concordar com a análise de que após 1914, com o deflagrar da Primeira Guerra Mundial, os Estados Unidos "obtiveram licença" das grandes potências de então para iniciar seu processo americanizador. Sabe-se que com a Primeira Guerra Mundial a participação efetiva dos Estados Unidos na produção e na distribuição dos bens industrializados assumiu preponderância, quer sobre os britânicos, quer sobre os germânicos, duas nações que disputavam com os americanos essa proeminência comercial há algumas décadas. Contudo, soa um tanto quanto "eurocentrista" afirmar que "a cultura americana, mais democrática e igualitária, só assumiu uma posição própria na era da cultura de massa do século XX" (HOBSBAWM, 1988, p. 37). Nem mesmo no caso europeu, como enfaticamente mostrou Jean-Louis Cohen, consegue-se sustentar a ideia de que apenas no segundo pós-guerra a Europa descobriu os Estados Unidos. No caso brasileiro, como claramente revelou Steven Topik, mesmo com a implantação do regime republicano, as dificuldades alfandegárias, certo insucesso do acordo Blaine-Mendonça de 1891 e o descontentamento com a figura de Deodoro da Fonseca, os comerciantes americanos e os brasileiros experimentaram um comércio recíproco nos primeiros anos de República, embora cercado por esses sobressaltos (TOPIK, 2009, p. 321-360). O que se procura mostrar é que o processo de recepção do mundo americano, a despeito de poder ser visto por muitos analistas como "intrometido", "tardio" ou até "infrutífero", de fato não deve ser lido apenas por estas chaves. Os Estados Unidos souberam abrir frestas para sua atividade econômica e cultural nas mais diferentes culturas, e por tentarem driblar a concorrência britânica, se fizeram menos proeminentes naquela nação europeia. Entretanto, para diferentes realidades, a "Terra de Tio Sam" construiu diferentes caminhos, pavimentando relações comerciais que se confundiram com relações sociais, culturais, estéticas, tecnológicas, educacionais e morais. No caso brasileiro, esta relação foi pouco a pouco ampliada, reforçando a ideia de uma construção, desvelada através da metáfora de andaimes de uma obra que se impõe com ritmos diversos, no tempo e no espaço.

Entretanto, convém apontar pelo menos algumas das rotas da "americanização" mapeadas em outras realidades além-continente americano, antes de se mostrar a especificidade de seu percurso pan-americano. Cody afirma que a americanização é um mosaico, montado com peças similares e provenientes do mesmo lugar, mas com resultados diferentes em cada local em que aportou (CODY, 2003, p. XIV). Ainda em fins do século XIX, o *know-how* adquirido pelos americanos na construção com estruturas metálicas e com concreto proporcionou o desenvolvimento de muitos projetos em lugares como Atbara, na África, onde uma firma da costa leste estadunidense construiu uma ponte para ferrovia (CODY, 2003, p. 11). Em anos subsequentes, outros viadutos foram erigidos em Uganda, Austrália, Nova Guiné, Mandchuria do Sul, Japão, México, Nova Zelândia, Taiwan e Colômbia pela United States Steel Products Export Company (CODY, 2001, p. 13). Valendo-se ainda de estruturas metálicas, uma loja de departamento foi erigida no México; um hotel e diversos engenhos de açúcar, em Cuba; alguns arranha-céus, em Johannesburgo, na África do Sul; várias fábricas na Rússia; pontes e passarelas na Costa Rica; um hotel em Buenos Aires; um palácio em Cabul e um templo na Índia, apenas para citar alguns exemplos recuperados por Cody em revistas como a *American Steel*, e que mostram a ação técnica e tecnológica dos Estados Unidos no período estudado por Hobsbawm em *A era dos impérios*.

Focando o caso da Europa, tanto Cody quanto Cohen mostram como a Rússia se interessou e adotou aspectos ligados ao mundo americano, sobretudo no que dizia respeito à expansão industrial. Lenin trouxe à Rússia alguns engenheiros para divulgarem os métodos de gerenciamento científico de Taylor e diversos profissionais e empresários soviéticos; depois, nutriram grande admiração por Henry Ford (CODY, 2003, p. 101). Jean-Louis Cohen mostra que, na Rússia, Ford era considerado o "São Pedro de um Deus chamado Lenin", e o mesmo autor ainda divulgou que Stalin, escrevendo à American Chamber of Commerce, apontou Ford como a personificação de "Tio Sam" (COHEN, 1995, p. 72).

Na França, Cohen mostrou a grande importância dos Estados Unidos na vida profissional de Le Corbusier e na cunhagem dos termos da racionalização da construção, precocemente preconizados pelo franco-suíço com a *"Maison Dom-inó"*, de 1912. Na obra deste arquiteto autodidata estão presentes, também, a admiração pelo automóvel, claramente visível em sua *"Cidade para Três Milhões de Habitantes"* e nas casas riscadas para os mais diversos clientes, nas quais a garagem assume papel articulador do projeto. Na Alemanha, também é possível sondar o elogio de Walter Gropius, na Bauhaus de Weimar, ao elevador e à linha de montagem de Ford (COHEN, 1995, p. 78). Ainda no ambiente nórdico europeu, não se pode furtar de falar da importante experiência de Adolf Loos nos Estados Unidos, em princípio do século XX, que lhe rendeu subsídios para a escrita de seu contundente *Ornamento e delito*,[4] do começo da década de 1910 (LOOS, 2001).

Na Itália, cuja recepção e adoção dos princípios americanos rendeu, inclusive, considerações de Antonio Gramsci, em seu importante texto *Americanismo e fordismo*, de 1936, o ambiente fabril automotivo transformou-se, na interpretação de Cohen, com a ideia trazida por Giovanni Agnelli, o fundador da Fiat, dos Estados Unidos, nas viagens por ele realizadas em 1902 e 1912 à Highland Park, o "quartel general" de Henry Ford, em Detroit (COHEN, 1995).

No Oriente, sobretudo na China, a presença dos Estados Unidos também se fez notar com certa ênfase. Embora as maiores expressões sejam do segundo pós-guerra, o período do primeiro conflito mundial serve para mostrar como os princípios ocidentais, sobretudo pelo filtro dos americanos, estavam sendo mobilizados na transformação do país. O livro de Wilma Fairbank sobre os dois arquitetos egressos da University of Pennsylvania, Liang e Ling, revela a adesão ao método *Beaux-Arts* de projetação pelo viés americano (FAIRBANK, 1994). No Brasil, Sidney Piochi Bernardini (2008) levantou os alunos da Cornell University ali graduados e que exerceram atividades profissionais no Brasil, algo que também realizou Fernando Atique (2007) na University of Pennsylvania.

Mas esses apontamentos feitos até aqui referem-se pouco ao relacionamento interamericano, de fato. Entretanto, se analisados, os deslocamentos realizados dentro do continente dão margem à constatação do mosaico americanizador evocado por Cody.

---

4   Uma versão em português desta obra encontra-se publicada em *Babel: textos clássicos de arquitetura*. Disponível em: <http://www.eesc.usp.br/babel/loosmenu.htm>. Acesso em: 26 ago. 2011.

No Cone Sul como um todo, Topik mostra as dificuldades encontradas pelos americanos na larga e efetiva comercialização de produtos na década de 1890. Aponta este autor que grande parte das dificuldades se davam, àquela época, por conta dos vapores americanos, que eram mais lentos, mais caros e com fretes elevados se comparados aos congêneres ingleses (TOPIK, 2009, p. 334-335). Revela ainda que, nas décadas de 1880 e 1890,

> vinte e cinco navios a vapor aportavam por mês no Rio, vindos da Europa, contra apenas um dos Estados Unidos. A relação é ainda mais acentuada na Argentina, onde, em 1885, 1.153 vapores ingleses lá chegaram, mas nem um único navio dos Estados Unidos. Esses navios competiam entre si por cargas de retorno à Europa, fazendo cair o valor dos fretes na perna para o norte. Eles também se dispunham a transportar exportações brasileiras para os Estados Unidos, mas apenas uma empresa, a U.S. and Brasil Mail Steamship Company, que com regularidade zarpava dos Estados Unidos para o Brasil, e mandava apenas dois navios por mês (TOPIK, 2009, p. 335).

Entretanto, a despeito das ponderações de Topik, no que diz respeito à dificuldade da chegada de produtos americanos ao país, algumas descobertas foram elucidativas não só do que os brasileiros adquiriram, mas, sobretudo, do que os estadunidenses vendiam aos trópicos antes da década de 1880 e nos primeiros anos do século XX. Pesquisando o *Almanak Laemmert*, editado no Rio de Janeiro entre 1844 e 1889, encontraram-se alguns "reclames" ilustrativos do que a indústria norte-americana disponibilizava, na então capital brasileira, a partir da metade do século XIX. No almanaque, a classificação das referências de produtos dos Estados Unidos se dava por meio da categoria de "armazéns de cadeiras americanas, esteiras da Índia para forrar salas e para cama, e outros artigos da Índia e da América do Norte". Os distribuidores arrolados, em 1859, eram Felix Antonio Vaz & Cia., e Antonio José Pedroso (*Almanak Laemmert*, 1859, p. 409). Já por volta de 1870, aos dois distribuidores originais agregou-se Manoel Olegário

Abranches, cuja casa de comércio ficava à rua da Alfândega, bem no coração da capital imperial (*Almanak Laemmert*, 1876, p. 574). Neste almanaque foi possível verificar, também, a existência de uma loja chamada *"Ás Duas Américas"*, de Generoso Estrella & Queiroz, que se apresentava como casa "importadora de gêneros inglezes, francezes, allemães, autriacos, norte-americanos; mecanismos, objectos de agricultura, ornamentos para jardim, e grande sortimento de generos para uso domestico e para viagem, por atacado e a varejo" (*Almanak Laemmert*, 1877, p. 48). Esta mesma empresa fornecia o "oleo electrico Rei da Dor (King of Pain)", importado de Nova York (*Almanak Laemmert*, 1877, p. 748). Havia ainda no *Laemmert* anúncios de companhias telegráficas, de empresas de navegação e de jornais internacionais, dentre os quais se destaca o *Novo Mundo*, apresentado no reclame como "o primeiro jornal illustrado da America no idioma portuguez, redigido por Brasileiros, em Nova-York, com especial destino ao Brasil" (*Almanak Laemmert*, 1880, p. 941). O objetivo desta publicação, segundo seu anúncio, era proporcionar o acesso a notícias variadas sobre os Estados Unidos e o resto do mundo, além de pôr à disposição do público leitor "gravuras delicadas e artigos de transcendente importancia (...) e uma secção destinada ás senhoras, illustrada de figurinos, bordados e outras coisas dignas de apreço" encontradas naquele país (*Almanak Laemmert*, 1880, p. 941).

A gama de produtos *made in* USA deixada nas cidades portuárias brasileiras era bem maior do que as encontradas nas páginas do *Almanak Laemmert* ou dos jornais da corte, a despeito da pouca frequência dos cargueiros a vapor americanos. Ainda na década de 1870 era possível comprar, em Salvador, por exemplo, máquinas de costura, mobílias, ferros de passar roupa e, principalmente, relógios de bolso, conhecidos como "cebolões", os quais ajudaram a efetivar a mudança do tempo religioso para o tempo mecânico, no país (ALENCASTRO, 1997, p. 42-43; MATTOSO, 1997, p. 165).

Entretanto, convém mostrar que um possível reflexo do acordo Blaine-Mendonça, de 1891, estudado por Topik, é a presença, no espaço doméstico de São Paulo, de um fogão de ferro "dotado de serpentina [e] importado dos Estados Unidos (...) conhecido como 'fogão econômico'". Este fogão foi batizado desta forma "porque permitia o melhor aproveitamento da lenha", somando-se ao fato que proporcionava o aquecimento da água a ser usada nas torneiras e no banho de uma só vez, remindo o tempo a ser gasto nas tarefas domésticas, coadunando-se, assim, à noção de "progresso tecnológico" buscado pelas elites nacionais naqueles anos (HOMEM, 2003, p. 131). Este produto podia ser adquirido na rua da Imperatriz, sob o nome de *"Uncle Sam"*, numa casa importadora chamada George Harvey & Silva (A PROVÍNCIA DE SÃO PAULO, 28 dez. 1879 *apud* HOMEM, 2003, p. 130).

Outro produto que, apesar de restrito a casas muito abastadas, causou repercussão na cidade de São Paulo em fins do século XIX foi a "geladeira americana", também importada dos Estados Unidos. Este utensílio doméstico "tinha estrutura de madeira" e, internamente, folhas de flandres, nas quais eram colocados blocos de gelo fornecidos, diariamente, pelas cervejarias existentes na capital. Aliado ao seu alto custo, Maria Cecília Naclério Homem (1996, p. 132) apontou alguns outros inconvenientes da "máquina" em questão: "só funcionava enquanto durasse o gelo" e deixava a água do degelo empoçada no chão.

Na manutenção da balança comercial brasileira, alguns outros acordos alfandegários foram efetuados, dando favorecimento explícito aos Estados Unidos para além daquele de 1891. As taxações, por diversas vezes, foram reduzidas, redundando na disseminação, pelas principais capitais do país, de "leite condensado, borracha manufaturada, farinha de trigo, relógios, frutas, tintas e vernizes" estadunidenses. Em 1910, ao lado destes produtos, o país passou a receber também "cimento, espartilhos e frutas secas" ampliando a gama de produtos estadunidenses no país (SINGER, 1975, p. 375). Produtos estes que alteravam a dimensão do cotidiano desde a feitura de edifícios, como no caso do cimento, mas também, até o arranjo doméstico espacial e social.

A ideia de tecnologia como proveniente dos Estados Unidos tem relação, como mostra Topik, tanto no Brasil como no cone sul da América, pelo fato de que "desde os últimos anos da década de 1880, três linhas telegráficas [foram] concluídas ligando o Brasil aos Estados Unidos via Buenos Aires; e a costa da América do Sul, América Central e Texas via Caribe rumo à

Flórida, ou cruzando o Atlântico rumo ao Senegal, subindo a Europa e voltando a Nova York" (TOPIK, 2009, p. 339). Nesse sistema de comunicações, as duas empresas que ligavam "o Brasil aos Estados Unidos pelo oeste da América do Sul e Caribe eram norte-americanas, e as outras duas, inglesas". Segundo aferiu Topik 2009, p. 389), "essa concorrência fez com que os custos do telégrafo caíssem pela metade, facilitando a proximidade entre os mercados de Nova York e Rio". Convém ressaltar que a própria operação do telégrafo era vantajosa e aproximava nações. Podemos imputar, então, um peso de valor simbólico à atividade de comunicação para além de seu valor pecuniário *stricto senso*.

O telégrafo e também o telefone, instalado no Brasil por ação de D. Pedro II após voltar dos Estados Unidos, simbolizam algumas possibilidades de comunicação e de deslocamento de ideias, notícias e atividades comerciais e profissionais. No caso da "americanização" do continente, algumas considerações se fazem necessárias, em particular tomando como partida os investimentos em comunicação. Se dentro do contexto americano o Brasil foi visto como um "ente estranho" durante parte do século XIX, o processo de "americanização", sobretudo aquele transcorrido no campo da arquitetura e do urbanismo, aproximou o país das demais nações americanas e, em especial, dos Estados Unidos. A circulação de ideias, pessoas, produtos e imagens entre as três Américas permite atestar o que Antonio Pedro Tota mostra: não se pode pensar numa intromissão cultural de um país sobre outro, a não ser que os signos e os símbolos mostrados por um país satisfaçam aspirações de um outro povo (TOTA, 2000, p. 193). A recepção de ideários, produtos, formas, imagens e modelos operacionais no campo da casa e da cidade só puderam ser fixados, no Brasil, porque houve, em certo sentido, uma demanda da sociedade brasileira por eles, e, em contrapartida, um arguto olhar norte-americano para o oferecimento daquilo que poderia vir a ser consumido no país, mesmo que tenha, em determinados momentos, sido frustrado. Este olhar estadunidense foi *estrategista* – na medida em que pôde satisfazer demandas já existentes junto às classes urbanas nacionais – e *sedutor* – quando as criou para fazer presente o mundo americano.

Balizas

O que se entende por "caminho pan-americano da americanização" é a similaridade com que o processo de recepção dos produtos estadunidenses ocorreu em todos os países americanos. Vistos como herdeiros de uma origem comum – a península ibérica –, as nações americanas foram reunidas num fundo que alinhavou elementos tidos como unívocos. Muitas vezes, contudo, a generalidade desta operação foi um problema, já que entre Portugal e Espanha, e sobretudo entre suas antigas colônias americanas, existiram mais diferenças e mais idiossincrasias do que se intui. Línguas diversas, paisagens díspares, regimes políticos diferentes foram, no mínimo, três caracteres que tiveram de ser superados para que uma unificação, pelo menos em teoria, pudesse ser instalada.

A Academia já falou sobre o papel desempenhado pelo cinema e de como as histórias transcorridas nas telas conseguiram repercutir no Brasil. O que se gostaria de acrescentar é o fato de que o caminho pan-americano da americanização criou até mesmo personagens que mostraram que era nas diferenças das Américas que se encontrava o fator de sua possível união. Estes personagens, saídos dos estúdios de Walt Disney nos anos 1940, eram um pato – que remetia ao fundo anglo-saxão da América do Norte e de sua tradição de caças –; um galo – que permitia a recuperação do colorido dos hispanos e de seus hábitos rurais; e, ainda, um papagaio que tentava mostrar a importância das florestas tropicais americanas. Os três personagens – Pato Donald, Panchito e Zé Carioca – podem ser vistos como a encarnação do que a América, com toda a sua pluralidade, poderia garantir: "boa vizinhança".[5] Talvez esta tentativa de aproximação cultural pan-americana tenha fracassado, mas o que se gostaria de mostrar aqui é mais uma face

---

5   As aventuras de Zé Carioca e Pato Donald podem ser assistidas no filme *Alô, Amigos (Hello, friends)*, de 1941/1942, produzido nos estúdios de Walt Disney, por Norman Ferguson, onde ocorreu a estreia de Zé Carioca. A tríade de aves aparece em *Você já foi à Bahia? (The Three Caballeros)*, produção de 1943. Disney criou, ainda, um personagem para remeter à Argentina de forma específica, o *Gauchinho Voador* (TOTA, 2000).

desta aproximação cultural que repercutiu grandemente: a propagação da arquitetura das missões, do *mission style,* defendida como um legítimo fenômeno pan-americanismo.

Baseada num arranjo espacial típico das missões jesuíticas e franciscanas plantadas num território que passou do domínio espanhol para o mexicano, e deste para o estadunidense, o *mission style* foi a resposta dada pela produção capitalista da arquitetura para expressar a particularidade da costa oeste dos Estados Unidos. Região vista com olhos desconfiados pelos *yankees* da costa leste, a Califórnia, como também o Novo México e o Texas, tiveram de ser inseridos no escopo daquela nação, enaltecendo características que eram julgadas mais "nobres" do que a herança mexicana: os indícios de uma herança mediterrânea. A necessidade de incorporar novas referências latinas à arquitetura descoberta nas missões era uma tentativa de mão dupla: facilitar as concepções de espaço pelos arquitetos, treinados em escolas e escritórios acostumados com os métodos de projetação *"beauxartianos"*, referenciados por modelos impressos, como os manuais de Vignola e de César Daly, mas, também, dignificar algo que julgavam bruto demais. Se, afinal de contas, procurava-se apagar a herança direta dos mexicanos sobre o território outrora a eles pertencente, não se podia reproduzir modelos de espaço vinculados diretamente aos mesmos. Era necessário, por isso, remeter ao mundo latino europeu, sobretudo ibérico, "fonte original" da arquitetura "distorcida" pelos mexicanos, como diziam. Assim, os projetos de George Washington Smith são exemplares no uso de um partido residencial compacto, mas movimentado, com poucos mas enfáticos ornamentos e com inúmeras referências italianizantes que, conjugadas aos referentes missioneiros, desenvolveram uma arquitetura plenamente identificável, apesar de não rígida (ATIQUE, 2010).

Por isso, a convenção sobre o que é o *mission style*, em termos de composição espacial e de ornamentação, é muito variável. Entretanto, alguns elementos se transformaram em signos dessa arquitetura: pátios internos, geralmente conformados por arcadas; poucos andares; uso de telhas cerâmicas do tipo capa e canal; a quase inexistência de beirais – já que as missões ficavam em áreas desérticas, onde pouco chovia; lajotas cerâmicas ou lajes de pedras para os pisos, dentre alguns outros. Apesar de idealizado na Califórnia, o *mission style* foi seguido por outros estados, dando origem a processos semelhantes e a variações nem sempre fáceis de serem vistas como pertencentes ao mesmo escopo. De fato, foi a arquitetura da Califórnia que ficou conhecida como o exemplo mais bem acabado do *mission style*, nos Estados Unidos e, consequentemente, nas Américas. O nome *mission style* foi empregado pela primeira vez, oficialmente, na década de 1920, e transformou-se na mais comum designação da arquitetura que se produzia, no momento em que Charles Fletcher Lummis[6] incentivava a reconstrução da cidade de Santa Bárbara, destruída por um terremoto, em 1925. Lummis acreditava que Santa Bárbara deveria articular seu passado romântico, perpetrado nas ruínas de sua antiga missão, com uma arquitetura que tivesse expressões locais, que fosse um atestado da identidade do lugarejo. Como diz Sagarena (2002, p. 439), Lummis acreditava que "o tão propalado 'mission style' em franco crescimento em toda a Califórnia, não era missões coisa nenhuma, nem arquitetura, apenas um fake" (SAGARENA, 2002, p. 439).

---

6 Personagem histórico que deve ser apontado como crucial para o surgimento do *mission style* é o jornalista Charles Fletcher Lummis. Provindo de Chillicothe, no estado de Ohio, Lummis chegou à Califórnia em 1884, para se recuperar de malária. Sua chegada ao estado que se insinuava como sendo uma quase edênica terra se deu, como apontou Mike Davis, em circunstâncias quase messiânicas, uma vez que ele fora, a pé, de Ohio a Los Angeles, embora acometido de malária. Sua empreitada atraiu a atenção dos cidadãos da cidade. O proprietário do *Los Angeles Times*, Harrison Gray Otis, interessado na história daquele peregrino, acabou por torná-lo editor do jornal. Como observou Davis, baseado em Kevin Starr, autor de um livro de sugestivo nome *Inventing the Dream*, a associação entre Otis e Lummis foi "o protótipo para a cooptação de toda uma geração de intelectuais do leste (em geral de alto nível social, de gosto e intelecto refinados) como agentes culturais do boom" econômico, cultural e imobiliário que transformaria Los Angeles e seus arredores (DAVIS, 1993, p. 38). Torna-se interessante ver como as missões popularizadas por Hunter e Lummis passaram a ser vistas pelos empresários. Nas palavras do próprio Lummis, em fins do século XIX as missões eram, "juntamente com o clima e suas consequências, o melhor capital de que [dispunha] a California Meridional" (LUMMIS *apud* DAVIS, 1993, p. 37).

Recorrendo ao cinema mais uma vez, o que se nota é que nos anos 1920, quando o primeiro filme da saga do Zorro foi lançado, ainda em tempos de cinema mudo, o foco norte-americano era mostrar a validade do projeto expansionista estadunidense em todo o continente americano, recorrendo àquilo que o governo de Washington D.C. julgava como sendo o lado latino dos Estados Unidos: a costa oeste. Naquele tempo, o que os Estados Unidos almejavam era a expansão de seu modo de vida e de sua forma de organização do espaço sobre as demais áreas da América. Para tanto, criou estratégias de "americanização das Américas" que perpassaram diversas áreas, entre elas a arquitetura e o urbanismo. Neste sentido, a arquitetura das missões, possível de ser vista nos cenários daquela produção cinematográfica, foi edificada em quase todos os países americanos, com exceção, talvez, do Canadá, dentro de uma lógica de referências e de recuperações que foi praticada por arquitetos estadunidenses, como Albert Kelsey e Rexford Newcomb, argentinos, como Horacio Acosta y Lara, e brasileiros, como Edgard Vianna (ATIQUE, 2007).

A maneira como esses arquitetos registravam suas obras, além das referências bibliográficas que empregavam para a prática da arquitetura, são imprescindíveis balizas para o estudo da circulação e da recepção do "americanismo". Embora possam ser encontrados estudos acerca das instituições brasileiras ligadas à formação dos profissionais do espaço construído com relativa facilidade, é muito raro encontrar estudos que tenham analisado a fundo os acervos das antigas bibliotecas dessas instituições.[7] Se tomarmos como ponto de partida a antiga Escola Nacional de Belas Artes (ENBA) do Rio de Janeiro,[8] perceberemos a existência de farto material americano na

---

7   Rara exceção é o artigo de Luiz Augusto Maia Costa, publicado no número 25 da revista *Pós*, em junho de 2009, de nome "A presença norte-Americana na Revista Politécnica, 1905-1930".

8   A ENBA tem sua origem na Academia Imperial de Belas Artes (AIBA), que passou a ministrar o curso de Arquitetura em 1827, ano em que seu funcionamento foi oficialmente autorizado. Este ensino tinha como um dos lentes principais Auguste Henri Victor Grandjean de Montigny, arquiteto laureado pela École de Beaux – Arts de Paris, em 1799, e ganhador do *Grand-Prix de Rome*. Sabe-se que, com a

instituição. A pesquisa revelou que havia livros editados em 1897 e 1902 destinados às aulas de topografia,[9] mas também outros títulos, como o livro de Russell Sturgis, de nome *A dictionary of architecture and building: biographical, historical, and descriptive by and many Architects, painters, engineers, and other expert writers, american and foreign*, publicado em Nova York pela MacMillan, em 1901. Com relação às revistas voltadas à arquitetura foram localizados exemplares da *Architectural Record*, editada em Boston, desde 1876, primeiramente sob o nome *The American Architect and Architecture* e, depois de 1910, já com esta designação. O acervo desta revista na biblioteca da antiga ENBA iniciou-se em 1912, no número 31, e está completo até os dias de hoje. O significado da *Architectural Record* para a divulgação do estilo das missões foi grande. Assim como muitas revistas estadunidenses, a *Architectural Record* também foi porta-voz dos estilos historicistas e do modernismo, dedicando reportagens inteiras ao movimento de construção de edifícios dentro do repertório do *mission style*.[10]

Proclamação da República, o curso sofreu alteração significativa, recebendo, inclusive, no começo do século xx, uma nova sede, construída na Avenida Central, então recém-aberta por Francisco Pereira Passos. Também sob a República, a separação dos cursos artísticos (pintura, desenho, escultura) do curso *"aplicado"* (arquitetura) se tornou mais nítida, chegando a estipular exame admissional específico para a carreira arquitetônica. Até 1945, a ENBA ofereceu o curso de Arquitetura na sua sede da Avenida Central, nesse período já chamada de avenida Rio Branco. A partir de 1945, contudo, este curso deu origem à Faculdade Nacional de Arquitetura, criada pelo decreto nº 7918, de 31 de agosto, a qual passou a funcionar na Praia Vermelha, no casarão que antes abrigava o Hospício Pedro II. Até 1961, a Faculdade de Arquitetura esteve locada na Praia Vermelha, quando, juntamente com outros cursos da então Universidade do Brasil, foi transferida para o campus da Ilha do Fundão, passando a se chamar Faculdade de Arquitetura e Urbanismo. Até hoje, a designação e a sede permanecem as mesmas (ATIQUE, 2010).

9   Como os de Henry A. Reed, intitulado *Topographical Drawing and Sketching, Including Applications of Photography*, publicado em Nova York por John Willey & Sons, e o *A Manual of Topographical Drawing*, de Lieut Smith, editado pela já referida John Willey & Sons, em 1902.

10   Em 1922, por exemplo, o número de janeiro trouxe reportagem sobre a residência J. P. Jefferson, em Montecito, Califórnia, projetada pelo arquiteto Reginald D.

Além da *Architectural Record*, localizaram-se números da revista *Architectural Digest*, no entanto sem volumes sequenciais. A edição mais antiga remonta a 1920. Esta revista possui como estrutura, até os dias de hoje, a mescla de reportagens sociais com a publicação de projetos de arquitetura. A *Architectural Digest*, produzida desde 1914 em Los Angeles pela California Knapp Communications Corporation, também abordou projetos de formas hispânicas, em diversos números, ao longo dos anos.

Junto dessas revistas, na ENBA, estão os livros técnicos estadunidenses, estes, sim, mais numerosos. Extremamente importante é a presença dos livros de Paul Harbeson,[11] no acervo da ENBA: *The Study of Architectural Design, with Special Reference to the Program of the Beaux-Arts Institute of Design,* publicado em Nova York pela Pencil Points, em 1927, e *Winning Designs, 1904-1927, Paris Prize in Architecture,* editado pela mesma companhia, em 1928, no qual são expostos projetos criados dentro das regras *"beauxartianas"*, mas com várias referências hispânicas, aos moldes do *Pan-American Union Building*, de Paul Cret e Albert Kelsey.

Embora os livros de Harbeson sejam importantes, não são comparáveis aos produzidos por Rexford Newcomb,[12] o principal divulgador da história

---

Johnston, de feições tipicamente missões (*Architectural Record*, jan. 1922, p. 8-15). O número de julho dedicou 21 páginas para abordar os projetos recentes do escritório de Marston & Van Pelt, atuante no sul da Califórnia, e mostrou quatro projetos completos vinculados ao *mission style,* além de muitas fotografias das obras (*Architectural Record*, jul. 1922, p. 17-38), para citar apenas alguns casos elucidativos da abundância desta temática.

11 John Frederick Harbeson, nascido em 1888, foi um arquiteto diplomado pela Penn em 1910, que teve trajetória profissional e afetiva muito próxima de Paul Philippe Cret, tornando-se colaborador, após a I Guerra, e sócio, a partir de 1923, no escritório que Cret mantivera antes com Albert Kelsey (ATIQUE, 2011).

12 Nascido em 1886, em Independence, no estado norte-americano do Kansas, Newcomb formou-se, em 1911, no curso de Arquitetura da University of Illinois, depois de ter frequentado, até 1908, a universidade de seu estado natal. Já arquiteto e casado, em 1912 mudou-se para a Califórnia, onde abriu um escritório, seguindo os passos de muitos arquitetos recém-formados nos Estados Unidos, que eram atraídos pelas possibilidades imobiliárias da costa oeste. Ali, ele começou a lecionar, junto à Long Beach Polytechnic for Adults. Em 1917, Newcomb recebeu o

294   Cristina de Campos • Fernando Atique • George A. F. Dantas

e dos edifícios criados dentro do vocabulário hispânico nos Estados Unidos. Na ENBA foi possível encontrar volumes do *Spanish House for America*. Este livro, publicado pela editora J. B. Lippincott, da Filadélfia, tornou-se muito popular no Brasil nos anos 1930, e foi, sem sombra de dúvida, uma das principais referências para o projeto de edificações dentro dos princípios coloniais hispano-americanos em todo o continente (ATIQUE, 2010).

Se havia fontes para apreensão da arquitetura das missões, dentro da ENBA, não se deve esquecer de apontar o valioso acervo encontrado na Biblioteca Central da Escola Politécnica, em São Paulo. Em um universo de obras germânicas, francesas e inglesas, a atual Escola Politécnica da USP possui em seu acervo publicações americanas que permitem atestar as fontes de projeto e de erudição utilizadas pelos graduandos e pelos professores, desde fins do século XIX.[13] Dentre os títulos lá encontrados, procedentes dos Estados Unidos, figuram obras como: *American Renaissance: a Review of Domestic Architecture*, escrita por Joy Wheeler Dow e editada

---

grau de bacharel em Sociology and Political Science, pela Universidade da Southern California, em Los Angeles. Neste mesmo ano o arquiteto se mudou para lecionar no *Texas Agricultural and Mechanical College*, em seu Departamento de História da Arquitetura. Em 1918, a University of Illinois concedeu-lhe o título de Mestre em Arquitetura e o convidou a desenvolver, ali, carreira como professor. Em 1931, ainda em Illinois, ele organizou o College of Fine and Applied Arts, tornando-se seu diretor até 1954, quando se aposentou. Durante sua carreira como educador, Newcomb publicou 250 artigos e 18 livros, quase todos devotados ao estudo das heranças arquitetônicas provenientes do período colonial dos Estados Unidos, sobretudo daquela encontrada em territórios que foram colonizados por espanhóis (APPLETON, 1999, p. XIV).

13 Segundo o relatório encaminhado pelo Diretor da Escola Politécnica, Paula Souza, em 14 de janeiro de 1895, ao "Secretário dos Negócios do Interior, Dr. Cezario Motta Jr.", e recuperado por Maria Cecília Loschiavo dos Santos, a biblioteca da Politécnica possuía, naquela data: "489 volumes, integrado por livros de ciências, artes, revistas, dicionários, enciclopédias, relatórios, folhetos diversos e as coleções das leis e do Diário Oficial do Estado" (SANTOS, 1985, p. 382). A biblioteca iniciou suas atividades em 1895, sob o comando do engenheiro-bibliotecário Eugenio Alberto Franco. Em 1907, a autora em questão apontou que o acervo havia subido para 6.442 volumes e, em 1982, possuía 47.202 volumes (SANTOS, 1985, p. 382).

pela Comstock, de Nova York, em 1904; a revista *Domestic Engineering*, editada em Chicago e com números que remontam a 1900, no acervo, e o periódico *The Craftsman*, que remete ao ano de 1905.[14] Todavia, o que mais chamou a atenção foi a descoberta do livro *The Franciscan Mission Architecture of Alta California*, escrito por Rexford Newcomb, em 1916, e da revista *Pacific Coast Architect and Building Review*, de 1924, transformada depois em *California: Arts and Architecture*, cuja coleção principia em 1929 e segue até 1943.

É bem compreensível o porquê dretudo a.e estarem estes títulos nas estantes da Escola Politécnica, uma vez que a maioria de seus professores eram os mais importantes divulgadores dos estilos historicistas em São Paulo, em nosso arco temporal de pesquisa. Por outro lado, deve-se frisar que a existência de títulos americanos na instituição paulistana demonstra que não havia um foco de interesse apenas sobre a produção europeia, e revela uma multiplicidade de olhares por parte da instituição, dentro do mundo tecnológico e artístico, extremamente enriquecedor, revelando algumas balizas na montagem discursiva e imagética da produção do espaço (ATIQUE, 2010; COSTA, 2009).

Se essas instituições que guardavam relações de ensino com o universo europeu, mais detidamente (SANTOS, 1985; CAMPOS NETO, 2000), nos permitem mostrar a pluralidade de títulos capazes de repertoriarem a produção do *mission style*, o que não esperar do Mackenzie College, fundado e dirigido por educadores americanos e com professores de arquitetura com formação nos Estados Unidos? Analisando o acervo da biblioteca da atual Faculdade de Arquitetura e Urbanismo, o acervo do Centro Histórico e a Biblioteca George Alexander – a mais antiga da Universidade Presbiteriana Mackenzie – conseguiu-se obter um panorama dos títulos que estiveram disponíveis entre 1917 – ano de formação do curso de Arquitetura – e 1945, quando termina o arco temporal desta pesquisa. Como era esperado, muitos

---

14 A revista *The Craftsman*, produzida em Syracuse, estado de Nova York, publicou, como relata Marc Aplleton, "uma variedade de artigos que alimentou, também, a produção do American Spanish, nos Estados Unidos" (APPLETON, 1999, p. XII).

296   Cristina de Campos • Fernando Atique • George A. F. Dantas

títulos relativos à arquitetura clássica, editados nos Estados Unidos, foram encontrados, mas não apenas eles, deve-se frisar. Volumes ligados à difusão do modernismo também foram achados e, o que interessa de forma especial a este texto, algumas obras ligadas ao repertório hispano-americano.[15]

Uma grande discussão com relação ao ensino de arquitetura no Brasil foi suscitada por José Marianno Filho, e dizia respeito, em um primeiro momento, à persistência de modelos de ensino *beauxartianos:*

> na escola, aprendem os arquitetos a compor os estilos arquitetônicos, de acordo com uma serie de ponto de vistas convencionais. A preoccupação acadêmica, é meramente artística, e para instruir os arquitetos na busca de efeitos de composição arquitetônica, elles se exercitam longo tempo a copiar e a compor, de acordo com as idéas do mestre e de qualquer sorte com o proprio sentimento artístico da Escola. Saídos da Escola, atordoados com a Grécia, fascinados pelo moderno, enveredam pelo caminho mais curto, na ansia de conquistarem posição e independência (CUNHA FILHO, 1931, s.p.).

Entretanto, outras duas situações podiam ser verificadas a partir do relato de Marianno: uma dizia respeito ao "caminho curto" mencionado acima, em que ele via uma sequência de arquitetos praticando arquitetura de maneira a aplacar os desejos dos mais diversos clientes imbuídos de repertórios de morar vistos nas telas do cinema e nas páginas de inúmeras revistas de variedades. A outra era a dificuldade de conseguir impedir a proliferação de revistas nacionais de construção que, via de regra, eram publicadas mensalmente por desenhistas divulgavam aspectos formais da arquitetura que propalava, facilitando ainda mais um percurso cuja condição basilar era a investigação de uma herança "nacional" construída ainda capaz de ser encontrada no país, em cidades de origem colonial.

---

15   A este respeito verificar Atique (2007).

A presença de casas muito semelhantes às encontradas na Califórnia, mas também na Argentina, no Panamá, no México e no Brasil nos coloca a pergunta: "seriam as fronteiras no campo da arquitetura e do urbanismo realmente estanques?"

Figura 1: Fachada de casa em "Estilo Missões" ou "Mission Style",
de Bratke e Botti, em São Paulo.
Fonte: Cartão Postal, anos 1940.

Fronteiras

É importante mostrar que os processos arquitetônicos verificados no Brasil foram semelhantes aos de muitos outros países americanos. As referências da arquitetura missões foram empregadas tanto nos Estados Unidos como em lugares como Cuba, Colômbia, Argentina, Chile, Venezuela e Bolívia, entre outros, seguindo os mesmos caminhos mostrados no caso brasileiro. Mesmo que, por vezes, se chame de arquitetura hispano-americana ao *mission style*, percebeu-se que os países de colonização espanhola, além de buscarem encontrar suas referências arquitetônicas nos edifícios coloniais de seus próprios territórios, como ocorreu no Brasil, também se valeram das revistas, manuais e álbuns emanados dos Estados Unidos na produção de seus neocoloniais.

298   Cristina de Campos • Fernando Atique • George A. F. Dantas

A leitura sistêmica da produção arquitetônica do continente americano
é tarefa árdua e demorada, mas foi um desafio a ser enfrentado, permitindo afirmar que houve, durante muitas décadas, entre fins do século XIX e
a primeira metade do século XX, diálogos entre o Brasil e os demais países
americanos, fossem eles de fala espanhola ou inglesa. Esses diálogos velados
têm sido notados por poucos pesquisadores ligados à história urbana e, em
menor número, por interessados na história da arquitetura. Ao escolher o
mission style como mote discursivo desse contato, intentou-se colaborar com
essa área de estudos, que ainda merece maior atenção neste campo, a despeito de uma consolidada e efervescente produção historiográfica no campo das
representações pictóricas, da música e das ideias políticas da América.

Algumas semelhanças verificadas nos processos de recepção e desenvolvimento do *mission style* nos países americanos devem ser apontadas.
Parece ser importante mostrar que os interesses econômicos dos Estados
Unidos espalhados por muitos países de ascendência hispânica permitiram
a construção de arquiteturas missões, diretamente por arquitetos e empresas americanas. Como mostram Francisco Ramirez Potes, Jaime Gutiérrez
Paz e Rodrigo Uribe Arboleda, no livro *Arquitecturas Neocoloniales: Cali
1920-1950*, sabe-se que a firma nova-iorquina de Fred Ley & Co. desenhou
edifícios na Colômbia, no Equador, no Peru e no Chile, via de regra, em-
pregando a arquitetura missões, julgada como adequada a países ligados
à Espanha, no passado. Outro americano a trabalhar na América do Sul
foi Geo Bunker que, para Cali, projetou reservatórios de água dentro da
temática das missões. No mesmo país, outro escritório nova-iorquino, o
de Clifford C. Wendehack, realizou algumas residências e, em Caracas, na
Venezuela, essa firma projetou e executou o Caracas Country Club (POTES,
2000, p. 34). Uma empresa urbanizadora, de nome Foundation Co., atuante em Lima nos anos 1930, não apenas divulgou o modelo de subúrbio habitacional, como nele implantou os primeiros *"chalets"* californianos. Como
mostra Potes (2000, p. 35) o modelo habitacional derivado da Califórnia
e também da Flórida foi produzido em Barranquilla, Colômbia, no bairro
El Prado, pelo arquiteto americano Karl Parrisch, que trabalhou ao lado do
paisagista estadunidense Roy F. Wyrick.

No México, a construção de Rosita, indústria adquirida pela American Smelting & Refining Co. da Compañia Carbonífera de Sabinas, nos anos 1910, e transformada em *company town*, em 1921, mostra outra faceta dos arquitetos estadunidenses nos demais países americanos. Pelo projeto do arquiteto Hjalmar E. Skougor, de Nova York, que projetou 208 casas para operários, teatro, hospital, escola, mercado, galpões industriais e muitas dezenas de casas para chefes e administradores, os referentes missioneiros, algumas vezes conjugados aos estilemas do *pueblo style*, passaram a ser vistos como uma boa referência para outras empreitadas fabris dos americanos. Para exata compreensão deve-se ter em mente não só a dimensão do projeto, mas ainda o fato de ele ter sido publicado em 1921, na revista *Coal Age*, destinada a empresários do setor (COAL AGE, 1921, p. 983-1040). A repercussão desses núcleos fabris dentro da arquitetura missioneira foi mostrada por Telma de Barros Correia, em núcleos fabris destinados à extração de nitrato, no norte do Chile, por empresas norte-americanas, as quais se valeram, também, de edificações missões. Entre eles, a autora aponta, está a Oficina Maria Elena, de 1925 (CORREIA, 1995, p. 117). No Panamá, a Compañia del Canal del Panamá construiu, em 1915, um bloco de apartamentos para solteiros, dentro dos estilemas neocoloniais (AMARAL, 1994, p. 303).

Igrejas, como a episcopal de Santíssima Trinidad, de 1905, já demolida, foi riscada pelo arquiteto americano Bertram G. Goodhue, em Cuba. A ilha, que depois da Guerra de 1898 se tornou um dos principais locais de ação americana, recebeu inúmeras edificações semelhantes às encontradas na Califórnia e na Flórida. Como exemplo, cita-se a estação central de trens de Havana, projetada e construída por Kenneth Murchison, entre 1910 e 1912 (CODY, 2003, p. 24). Jefrrey Cody aponta que, fora Goodhue e Murchison, atuaram ativamente em Cuba os escritórios de arquitetura de Barclay, Parsons and Klapp e o de Carrere and Hastings, além da construtora Purdy & Henderson (CODY, 2003, p. 24). Este mesmo autor mostra que o projeto do Bank Boston de Buenos Aires, na Argentina, de 1921-1924, foi feito por Paul Bell Chambers, educado na Grã-Bretanha, e por Louis Newberry Thomas, nativo, mas que fora educado no Brooklyn's Pratt

Institute, ao lado de dois outros escritórios (Edward Tork & Philip Sawyer e Stone & Webster) que haviam acabado de inaugurar a sede da instituição bancária, em Boston. O projeto foi concebido dentro da incorporação dos estilemas missioneiros, com direito a suntuosa portada barroca sobre uma estrutura metálica, em franca difusão nos Estados Unidos naquele momento (CODY, 2003, p. 64-65).

Aliás, estas informações de Cody abrem espaço para comentar a ação de arquitetos nativos ou fixados no Brasil que produziram arquiteturas seguindo os princípios norte-americanos. Convém recapitular que o pavilhão dos Estados Unidos, construído por ocasião da Exposição Internacional do Centenário, ocorrida entre 1922 e 1923, foi feito pelo arquiteto Frank Packard, que se valeu de muitas características do neocolonial de fundo luso-brasileiro, mas que, sem dúvida, incorporou muitos referentes missioneiros, sobretudo na conformação do pátio central da obra, que serviu, por algum tempo, como sede da Embaixada dos Estados Unidos no Brasil (ATIQUE, 2011).

Como apontaram Potes e equipe, o desenvolvimento da arquitetura neocolonial no continente americano fez necessária a investigação aprofundada das arquiteturas do passado, por meio da emergência da figura do arquiteto-historiador. Aglutinação de ofícios e diluição de fronteiras profissionais em busca de uma origem ou de um plano de ação na produção do espaço? Crê-se que na América Latina pode-se falar de uma geração que teve os mesmos interesses, como Angel Guido, Martín Noel e Mario Buschiazzo, na Argentina; Roberto Dávila Carson, no Chile; Emílio Harth-Terré e Héctor Velarde, no Peru; Frederico Mariscal, no México; e José Marianno Filho e Lucio Costa, no Brasil, aumentando a pertinência de se olhar para o continente americano em ampla visada (POTES, 2000, p. 43). Os autores, entretanto, excluem o Brasil e os Estados Unidos desta lista, a despeito das contribuições desses países. A importância desses levantamentos foi capital para muitos arquitetos e críticos ligados à difusão do neocolonial no continente americano e mostra a eclosão de um movimento pan-americano, de fato, ligado à publicação dos espaços e dos elementos arquitetônicos, ampliando a circulação de imagens e projetos entre as Américas. No Brasil, por exemplo, como sugere Carlos Kessel, Ricardo Severo contratou os serviços de José Wasth Rodrigues para representar as edificações, ornamentos, arremates, ferragens e demais elementos constitutivos da arquitetura colonial, para a publicação de um *Dicionário sobre a Arte e a Arquitetura Colonial do Brasil*, obra nunca saída do prelo, mas que pode ser vislumbrada, em certa medida, no livro que Rodrigues publicou, décadas depois, sob o nome de *Documentário arquitetônico relativo à antiga construção civil no Brasil* (KESSEL, 2002; RODRIGUES, 1979). José Marianno, por sua vez, comissionou as famosas viagens de estudo da Arquitetura Tradicional do Brasil, em 1924, da qual fizeram parte Lucio Costa, Nestor Emgydeo de Figueiredo e Nereo Sampaio. É impossível não comparar a iniciativa dessas viagens saídas do Rio de Janeiro e de São Paulo pela mão do engenheiro politécnico paulista Alexandre Albuquerque, visando a constituição desses "álbuns", com as publicações de Rexford Newcomb e de Richard W. Sexton, americanos que depois de visitas de levantamento a lugarejos nos estados do Novo México, Califórnia e Texas publicaram manuais de divulgação da arquitetura hispânica, os quais se tornaram referências obrigatórias para o entendimento da arquitetura colonial nos territórios hoje ocupados pelos Estados Unidos (NEWCOMB, 1916). É importante, ainda, não esquecer da viagem de Albert Kelsey ao México durante a feitura do projeto do Pan-American Union Building, em Washington D.C., em 1907.

No universo hispano-americano, deve-se apontar também a contribuição de Mario J. Buschiazzo, que fez publicar, nos mesmos moldes dos seus colegas brasileiros e norte-americanos, seus *Estudios de Arquitectura Colonial Hispano Americana,* em Buenos Aires, em 1944.

Ainda dentro da discussão da divulgação da arquitetura por meio de publicações, deve-se falar da circulação, no contexto pan-americano, de revistas como *Architectural Digest, American Architect, Arts and Decoration, House and Garden, Landscape Architecture, California Arts and Architecture,* que foram importantes referências para a chegada do *mission style* ao Brasil, mas que também foram cruciais em outros países. Potes e equipe afirmam que o conhecimento dos projetos publicados nessas revistas, pelos latinos, ajudou a cristalizar algo que já foi indicado neste artigo: a atenção dada à arquitetura americana. Esta mesma equipe de pesquisadores ajuda a elencar os arquitetos leitores dessas publicações estadunidenses: na Argentina, Alejandro Christophersen recomendava a leitura da revista *The Architect*, onde "havia encontrado tipos de casas de campo e de estâncias perfeitamente adaptáveis à Argentina"; sua atitude era amplificada, entretanto, por seu colega Raúl J. Alvarez, que dizia, explicitamente, da necessidade de tomar os exemplos dos norte-americanos, que têm sabido erigir sobre toda a Califórnia uma arquitetura regional, a qual deveria ser "transplantada" para seu país. No Uruguai, por meio da *Revista Ultra*, Raúl Llerena Acevedo recomendava a adoção do "Colonial Californiano" (POTES, 2000, p. 34). No Brasil, apesar de mais reticente ao neocolonial, Christiano das Neves também afirmava, por meio da *Revista de Engenharia do Mackenzie College*, que o *Spanish Renaissance* era "o estylo que devíamos cultivar por ser realmente agradavel e adaptavel ao nosso clima e á nossa natureza" (NEVES, 1919, p. 41).

Todo este entusiasmo pelo *mission style* alcançou não apenas os profissionais de formação erudita nas academias, como os nomes acima citados permitem ver, mas, principalmente, clientes. Entre estes, algo que não pode deixar de ser citado é a recomendação de Eva Perón, na Argentina, para que as casas construídas durante o governo populista de Perón fossem adeptas do *mission style*, que demonstraria "a apropriação simbólica", por parte de grandes setores populares, de um dos "principais atributos físicos de conforto e de dignidade" exibidos, até aquele momento, apenas em edifícios destinados às altas e médias camadas da população (PETRINA, 1994, p. 291). A sugestão de "Evita" parece ter sido a oficialização de um processo, como mostra Ramon Gutierrez:

> Se moldou, assim, a mítica imagem do "chalet californiano" como símbolo de status, de prestígio, e como modelo. Inicialmente, foi utilizado pelas classes altas, em suas variantes pitorescas; o consolidaram logo as classes médias, nos subúrbios das grandes cidades, em especial Buenos Aires, Córdoba, Rosário e La Plata, e, insistentemente, os setores populares o requisitavam para as habitações que o Governo planejava [tradução minha] (GUTIERREZ, *apud* POTES, 2000, p. 35).

Figura 2: Pátio do Pan American Union Building, de 1907.
Foto: John Collier.
Disponível em: http://www.flickr.com/photos/library_of_congress/2179927806/

Figura 3:
Edgard Pinheiro Vianna: casa-sede da Usina São José,
década de 1920.
Campos dos Goytacazes, Rio de Janeiro.
Foto: James Lawrence Vianna, década de 1990.

304   Cristina de Campos • Fernando Atique • George A. F. Dantas

Por essas similaridades não apenas estético-construtivas, mas, sobretudo, de método divulgador e de recepção, é que se pode afirmar que o *mission style* foi uma arquitetura pan-americana, encontrada do norte do continente americano à Terra do Fogo.

Considerações finais

Como tem interpretado Maria Lucia Caira Gitahy (GITAHY, 2010), há muita pertinência no entendimento de um relacionamento pan-americano. Muito embora a situação econômica dos países americanos fossem diferentes no período em estudo e as origens sociais e culturais também, um dado que se poderia chamar como relativo à *cultura material* promove uma inegável e importante aproximação entre essas nações: a necessidade de soluções para problemas similares no campo do espaço construído. A ocupação do continente americano esbarrou em superações semelhantes, quer ela ocorresse na porção setentrional, na central ou na sulista. Tomando, em específico, a relação Brasil-Estados Unidos, é possível notar como os dois países se entreolharam ao longo de suas histórias. Quando ainda era uma colônia de Portugal, o Brasil procurou a ajuda dos recém-libertos americanos no evento da Inconfidência Mineira (CALMON, 1941). No século XIX, não apenas houve troca de correspondências entre os dois países, como missionários estadunidenses aportaram no Brasil para evangelizar e disseminar métodos novos de educação (ATIQUE, 2010). Houve, ainda, a recuperação de elementos e de políticas estadunidenses quando da preparação das Cartas Magnas brasileiras e importantes acordos alfandegários (DOLHNIKOFF, 2005; GUNN, 1985). Quando a Segunda Revolução Industrial tomou corpo nos Estados Unidos, o Brasil foi convidado a celebrar, por meio das feiras internacionais, os avanços tecnológicos daquela nação. Em contrapartida, travou importante diálogo com o universo da ciência e do planejamento e se tornou um maior consumidor dos produtos exportados por aquela nação (COSTA, 2001; DOMINGUES, 1999).

A divulgação de princípios operativos do espaço segundo os ditames e gostos dos Estados Unidos forjou uma proliferação de arquiteturas e de referências infraestruturais para as cidades brasileiras e americanas que se disseminaram para além do universo erudito da construção, já que vinham atender o anseio de certas classes sociais que viram tais projetos nas ruas, nos livros e nas telas dos cinemas que passavam a fazer parte de suas vivências de urbanidade.

A produção da arquitetura neocolonial é o atestado maior para isto. Se, por um lado, é possível afirmar que o *mission style* nasceu na Califórnia, ele, por outro, se delineou e se reestruturou, de fato, ao se fundir com outras referências coloniais das Américas, dando origem àquilo que ilustra a construção de um percurso pan-americano para a arquitetura.

Referências Bibliográficas

ALENCASTRO, Luiz Felipe de. "Vida privada e ordem privada no Império". In: ALENCASTRO, Luiz Felipe de (org.). *História da vida privada no Brasil*, vol. 2. São Paulo: Companhia das Letras, 1997.

AMARAL, Aracy. *Arquitectura neocolonial: América Latina, Caribe, Estados Unidos*. São Paulo: Fondo de Cultura Econômica/Memorial da América Latina, 1994.

APPLETON, Marc. "Introduction". In: NEWCOMB, Rexford. *Mediterranean domestic architecture in the United States*. Nova York: Acanthus Press, 1999.

ATIQUE, Fernando. "Celebrando (com) 'Tio Sam': a Exposição do Centenário da Independência do Brasil e os Estados Unidos". *Pterodáctilo: revista de arte, literatura, lingüística y cultura*, Austin, nº 10, primavera 2011. Disponível em: <http://pterodactilo.com/numero10/?p=2516>. Acesso em: 26 ago. 2011.

_____. *Arquitetando a "Boa Vizinhança": arquitetura, cidade e cultura nas relações Brasil-Estados Unidos, 1876-1945*. Campinas: Pontes/Fapesp, 2010.

_____. *Arquitetando a "Boa Vizinhança": a sociedade urbana do Brasil e a recepção do mundo norte-americano, 1876-1945*. Tese (doutorado) – FAU-USP, São Paulo, 2007.

BANDEIRA, Luiz Alberto Moniz. *Presença dos Estados Unidos no Brasil*. Rio de Janeiro: Civilização Brasileira, 2007.

BERNARDINI, Sidney Piochi. *Construindo infraestruturas, planejando territórios: a Secretaria de Agricultura, Comércio e Obras Públicas do Governo Estadual Paulista (1892-1926)*. Tese (doutorado) – FAU-USP, São Paulo, 2008.

BUSCHIAZZO, Mario José. *Estudios de arquitectura colonial hispano americana*. Buenos Aires: G. Kraft, 1944.

CALMON, Pedro. *Brasil e América: história de uma política*. Rio de Janeiro: José Olympio, 1944.

CAMPOS NETO, Candido Malta. *Os rumos da cidade: urbanismo e modernização em São Paulo*. São Paulo: Editora Senac, 2002.

CODY, Jeffrey W. *Exporting american architecture: 1870-2000*. Nova York: Routledge, 2003.

COHEN, Jean-Louis. *Scenes of the world to come: European architecture and the American challenge, 1893-1960*. Paris: Flammarion/Canadian Centre for Architecture, 1995.

CORREIA, Telma de Barros. *Pedra: plano e cotidiano operário no sertão*. Campinas: Papirus, 1998.

COSTA, Cacilda Teixeira da. *O sonho e a técnica: a arquitetura de ferro no Brasil*. São Paulo: Edusp, 2001.

COSTA, Luiz Augusto Maia. "A presença norte-americana na *Revista Politécnica*, 1905-1930". *Pós: Revista do Programa de Pós-Graduação em Arquitetura e Urbanismo da* FAU-USP, São Paulo, n° 25, jun. 2009, p. 80-98.

CUNHA FILHO, José Marianno Carneiro da. "As características do estilo arquitetônico nacional". *O Jornal*, Rio de Janeiro, 8 jul. 1931.

DAVIS, Mike. *Cidade de Quartzo: escavando o futuro em Los Angeles*. São Paulo: Página Aberta, 1993.

DOLHNIKOFF, Miriam. *O pacto imperial: origens do federalismo no Brasil*. São Paulo: Globo, 2005.

DOMINGUES, Heloisa Maria Bertol. "As demandas científicas e a participação do Brasil nas exposições internacionais do século XIX". *Quipu*, Cidade do México, vol. 12, n° 2, maio-ago. 1999, p. 203-215.

DOW, Joy Wheeler. *American Renaissance: a review of domestic architecture*. Nova York: William T. Comstock, 1904.

FAIRBANK, Wilma. *Liang and Lin: partners in exploring China's architectural past*. Philadelphia: University of Pennsylvania Press, 2003.

GITAHY, Maria Lucia Caira. "'Um elefante sentado na sala de visitas': uma história pouco conhecida da Arquitetura do Continente". In: ATIQUE, Fernando. *Arquitetando a "Boa Vizinhança": arquitetura, cidade e cultura nas relações Brasil-Estados Unidos, 1876-1945*. Campinas: Pontes/ Fapesp, 2010.

GUNN, Philip Oliver Mary. *Espaço, Estado e território: contribuição à análise crítica da organização social em São Paulo e no Brasil*. Tese (doutorado). FAU-USP, São Paulo, 1985.

HARBESON, Paul. *Winning designs: 1904-1927, Paris prize in architecture*. Nova York: Pencil Points, 1928.

_____. *The study of architectural design, with special reference to the program of the Beaux-Arts Institute of Design*. Nova York: Pencil Points, 1927.

HOBSBAWM, Eric. *A era dos impérios (1875-1914)*. São Paulo: Paz e Terra, 1988.

HOMEM, Maria Cecília Naclério. "O princípio da racionalidade e a gênese da cozinha moderna". *Pós: revista do Programa de Pós-Graduação em Arquitetura e Urbanismo*. São Paulo: Faculdade de Arquitetura e Urbanismo, Universidade de São Paulo, n° 13, jun. 2003, p. 124-155.

_____. *O palacete paulistano e outras formas urbanas de morar da elite cafeeira*. São Paulo: Martins Fontes, 1996.

IRIGOYEN DE TOUCEDA, Adriana Marta. *Da Califórnia a São Paulo: referências norte-americanas na casa moderna paulista, 1945-1960*. Tese (doutorado) – FAU-USP, São Paulo, 2005.

KESSEL, Carlos. *Entre o pastiche e a modernidade: arquitetura neocolonial no Brasil.* Tese (doutorado) – UFRJ, Rio de Janeiro, 2002.

LOOS, Adolf. *Ornamento e Delito.* São Carlos: SAP-EESC-USP, 2001. Tradução de Anja Pratschke e revisão técnica de Fernando Atique. Disponível em: <http://www.eesc.usp.br/babel/loosmenu.htm>. Acesso em: 26 ago. 2011.

MATTOSO, Kátia de Queirós. "A opulência na província da Bahia". In: ALENCASTRO, Luiz Felipe de (org.). *História da vida privada no Brasil*, vol. 2. São Paulo: Companhia das Letras, 1997.

MAUAD, Ana Maria. "A América é aqui: um estudo sobre a influência cultural norte-americna no cotidiano brasileiro (1930-1960)". In: TORRES, Sonia (org.). *Raízes e rumos: perspectivas interdisciplinares em estudos americanos*, vol. 1, Rio de Janeiro: 7 Letras, 2001, p. 134-146.

NEVES, Christiano Stockler das. "Architectura Colonial". *Revista de Engenharia do Mackenzie College*, São Paulo, n°19, jul. 1919.

NEWCOMB, Rexford. *The Franciscan mission architecture of Alta California.* Nova York: Dover Publications, 1916.

_____. *Spanish – Colonial Architecture in the United States.* Nova York: J. J. Augustin, s.d.

_____. *The Spanish house for America: its design, furnishing and garden.* Philadelphia: J. B. Lippincott, 1927.

_____. *The Mediterranean Domestic Architecture in the United States.* Cleveland: Janson, 1928.

PETRINA, Alberto. "Tránsito de la arquitectura hispanocriolla: de la vitalidad nacional a la banalidad comercial". In: AMARAL, Aracy. *Arquitectura neocolonial: América Latina, Caribe, Estados Unidos.* São Paulo: Fondo de Cultura Económica/Memorial da América Latina, 1994.

POTES, Francisco Ramírez; PAZ, Jaime Gutiérrez; ARBOLEDA, Rodrigo Uribe. *Arquitecturas neocoloniales: Cali, 1920-1950.* Cali: Centro de Investigaciones em Territorio, Construcción y Espacio, Universidade del Valle, 2000.

PRADO, Eduardo. *A ilusão americana*. São Paulo: Alfa Ômega, 2001.

REED, Henry A. *Topographical drawing and sketching, including applications of photography*. Nova York: John Willey & Sons, 1897 [1902].

RESENDE, Beatriz (comp.). *Lima Barreto: melhores crônicas*. São Paulo: Global, 2005.

RODRIGUES, José Wasth. *Documentário arquitetônico relativo à antiga construção civil no Brasil*. Belo Horizonte/São Paulo: Itatiaia/Edusp, 1979.

ROSITA. *Coal Age*. Nova York: McGraw-Hill, vol. 24, jan. 1921, p. 983-1040.

SAGARENA, Roberto Lint. "Building California's past: mission revival architecture and regional identity". *Journal of Urban History*, vol. 28, n° 4, maio, 2002, p. 429-444.

SALVI, Ana Elena. *Cidadelas da civilização: políticas norte-americanas no processo de urbanização brasileira com ênfase no processo de metropolização paulistana dos anos 1950 a 1969*. Tese (doutorado) – FAU-USP, São Paulo, 2005.

SANTOS, Maria Cecília Loschiavo dos. *Escola Politécnica da Universidade de São Paulo: 1894-1984*. São Paulo: Reitoria/Escola Politécnica/FDTE, 1985.

SINGER, Paul. "As relações internacionais do Brasil durante a Primeira República". In: FAUSTO, Boris (org.). *História geral da civilização brasileira*. Tomo III, vol. I. São Paulo: Difel, 1975.

SMITH, Lieut. *A manual of topographical drawing*. Nova York: Willey & Sons, 1902.

TOPIK, Steven C. *Comércio e canhoneiras: Brasil e Estados Unidos na Era dos Impérios (1889-97)*. São Paulo: Companhia das Letras, 2009.

TOTA, Antonio Pedro. *O imperialismo sedutor: a americanização do Brasil na época da Segunda Guerra*. São Paulo: Companhia das Letras, 2000.

Periódicos consultados

A Casa

Almanak Laemmert

Architectural Digest

Architectural Record

Arts and Decoration

California: Arts and Architecture

Craftsman

Domestic Engineering

House and Garden

Landscape Architecture

Pacific Coast Architect and Building Review

The Architect

Da cidade planejada à cidade construída: a formação de Maringá, PR, em dez anos de plano (1947 a 1957)

Fabíola Castelo de Souza Cordovil

No contexto da implantação de cidades novas no norte do Paraná, analisamos o plano inicial de Maringá até o final da primeira gestão municipal para entender como uma cidade ideal e planejada torna-se uma cidade construída e materializada.

Fruto de um empreendimento privado, Maringá estabeleceu-se em um território onde não havia ocupação urbana anterior e sua demarcação territorial deu-se exclusivamente baseada num plano. A rede regional, na qual a cidade se inseriu como polo e centro de escoamento de safras, fez parte de um processo de abertura de fronteiras agrícolas nas quais as cidades, previamente planejadas e conectadas por uma ferrovia, urbanizaram o território. Vinculados à efetiva propaganda, empreendida inicialmente pela Companhia de Terras Norte do Paraná (CTNP) e, posteriormente, pela Companhia Melhoramentos Norte do Paraná (CMNP), a devastação da mata

312   Cristina de Campos • Fernando Atique • George A. F. Dantas

atlântica e o plano moderno contribuíram para o sucesso do empreendimento e para a transformação da rede urbana.

Portanto, estudamos a transição do plano encomendado pela CMNP ao engenheiro paulistano Jorge de Macedo Vieira, em meados da década de 1940, e o real estabelecimento dos usos e do traçado urbanos até a primeira administração municipal, que se encerrou no final de 1956. Analisamos determinados aspectos espaciais que se efetivavam em relação à proposta original, baseando-nos numa peça gráfica de 1957. Verificamos quais foram as modificações necessárias, solicitadas pelas demandas e limitadas pelas possibilidades da nascente municipalidade. Ressaltamos a influência política dos diretores da CMNP, que visavam, sobretudo, a isenção de tributos sobre suas terras urbanas, e os conflitos causados pela transferência de poder, que culminou com o processo litigioso de cassação do mandato do primeiro prefeito pela Câmara Municipal. Detivemo-nos na análise da influência do plano moderno na paisagem urbana construída no início da efetivação do traçado de Vieira. Para tanto, abordamos brevemente o contexto da formação da rede urbana na qual Maringá se insere, a propaganda planejada pela CMNP, além de determinadas particularidades da elaboração do plano inicial.

Aspectos da formação da rede urbana norte-paranaense

Os planaltos ocidentais do norte do Paraná foram palco de um notável processo de ocupação urbana decorrente da expansão do complexo cafeeiro proveniente do estado de São Paulo. No seu desenvolvimento, foram marcantes o ritmo acelerado com que as culturas se implantaram, principalmente a cafeeira, a atração que a região exerceu sobre diversos tipos de trabalhadores e o estabelecimento das vias de comunicação ligando zonas rurais aos centros de comercialização dos produtos agrícolas. Esses fatores foram determinantes para que a região se transformasse rapidamente.

A formação de núcleos urbanos, as culturas agrícolas e a abertura de caminhos rapidamente substituíram a mata atlântica. Vários autores (MONBEIG, 1984; TOMAZI, 1999; LUZ, 1997; DEAN, 2007) descrevem o estabelecimento de uma paisagem heterogênea, na qual se intercalavam áreas de queimadas, áreas cobertas de cafezais e áreas de mata, que, reservadas provisoriamente com vistas à valorização, desapareciam paulatinamente com o prosseguimento da colonização.

As implicações socioespaciais desse processo despertaram o interesse de pesquisadores de diferentes áreas do conhecimento. As consequências do avanço da chamada "marcha pioneira" vêm sendo estudadas em seus mais variados aspectos. Em linhas gerais, análises diversas propõem explicar um fenômeno de estruturação regional ocorrido em uma conjuntura de dinamismo geográfico e populacional. Em poucas décadas, a paisagem se transformou e um novo caráter foi dado a uma vasta área (GONÇALVES, 1999; TOMAZI, 1999).

O geógrafo francês Pierre Monbeig (1984) afirma que a história do café e a do povoamento confundiram-se por muito tempo. A cultura cafeeira estendeu-se a partir das partes montanhosas do estado do Rio de Janeiro, no segundo quartel do século XIX, acompanhando o vale do Paraíba do Sul. Na segunda metade do século XIX, o café expandiu-se para o interior de São Paulo, alcançando planaltos ocidentais por volta de 1870-1880. Assim, foi somente no último quartel do século XIX que os planaltos ocidentais de São Paulo e os do norte do Paraná se tornaram zonas de pioneirismo.

France Luz (1997) destaca que a cafeicultura paranaense resultou da expansão para oeste dos agricultores paulistas em busca de terras novas e baratas. Aliados a isso, desde o início do século XX havia outros fatores que contribuíam para o alastramento dessa lavoura para o Paraná, como a procura pelas chamadas "terras roxas", consideradas ideais para o cultivo do café, os programas de defesa desse produto e o incentivo do governo estadual. Os paulistas aproveitaram a possibilidade que a legislação paranaense oferecia para o plantio em solos muito superiores aos existentes nas zonas novas de São Paulo. "Assim, o movimento iniciado na terra roxa do Paraná entre 1920 e 1925, com a proibição[1] que pesava sobre São Paulo, ganhou

---

1   Segundo Tomazzi (1989), o Decreto federal n° 139.688, de 11/02/1931, proibiu a plantação de novos cafezais, porém a medida não se aplicou às terras da Companhia. Já Monbeig (1974) fala da proibição de novos plantios em novembro de 1932, quando houve o controle do tráfico interno e do comércio exterior, além de altas e numerosas taxas.

maior velocidade. [...] O café atravessou o Tibaji quando os ingleses puseram à venda as terras de Londrina, que, a partir de 1935-37, tornou-se o grande produtor do norte do Paraná" (MONBEIG, 1984, p. 260).

Em menos de meio século, novas cidades surgiram, acompanhando o avanço da ferrovia, e a floresta cedeu espaço às plantações, marcadamente aos cafezais. A relatividade do tempo, em decorrência da rapidez de tal processo, é destacada por Monbeig (1984), que, ao comentar sobre o povoamento nos limites ocidentais do estado de São Paulo e da região norte do estado do Paraná, espantava-se quando se chamava de "velha" a cidade de Ribeirão Preto, que tinha, na década de 1930, menos de 75 anos, e que a palavra "outrora" significava apenas 20 ou 30 anos atrás. "Tudo se passa como se este país conhecesse em setenta e cinco anos, um século no máximo, o que se levou milênios para se fazer na Europa" (MONBEIG, 1984, p. 23). No caso de Maringá, o passado é ainda mais recente. O historiador José Henrique Rollo Gonçalves lembra que o núcleo inicial da cidade, que logo se denominou Maringá Velho,[2] é de 1942, e o aniversário da cidade comemora-se no dia da sua implantação territorial, em 10 de maio de 1947, e não no dia da sua emancipação política, 14 de novembro de 1951. O "velho" no norte do Paraná não chega a ter 10 anos (GONÇALVES, 2007, p. 31). Isso reflete a efemeridade e o dinamismo que acompanharam o surto de cidades em uma região que teve nos negócios prodigiosos e nos golpes especulativos bem-sucedidos o seu maior estímulo.

O arquiteto e sociólogo Carlos Roberto Monteiro de Andrade (2008) considera que, constituindo uma vasta rede urbana hierarquizada, o processo de colonização do norte do Paraná – como também o de urbanização – pode ser considerado uma experiência pioneira de planejamento urbano em escala regional. Londrina, Maringá, Cianorte e Umuarama foram planejadas como cidades-polo, articuladas a outras cidades menores, como Apucarana e Rolândia, ao longo de uma ferrovia, a Estrada de Ferro São Paulo-Paraná.

---

2   A denominação "Maringá Velho" foi adotada pela população. O núcleo inicial foi nominado no masculino.

A propaganda planejada e a transformação da paisagem

A partir dos anos 1930, no noroeste do Paraná, além do adensamento demográfico, ocorreu um processo de identificação da expressão "Norte do Paraná" ao espaço dominado pela Companhia de Terras Norte do Paraná (CTNP), posteriormente denominada Companhia Melhoramentos Norte do Paraná (CMNP). Esta produziu documentos que formaram, durante muito tempo, imagens regionais consistentes e duradouras (GONÇALVES, 1999).

A propaganda planejada pela CTNP/CMNP e por outros agentes imobiliários visou construir uma imagem para a qual, por vezes, utilizavam-se expressões pitorescas, como, por exemplo, "Nova Canaã", "Eldorado" e "Terra onde se anda sobre dinheiro" (GONÇALVES, 1999, p. 118), enfatizando e promovendo a região que se desbravava. Os pesquisadores também renovaram o discurso da CTNP/CMNP ao se referirem a Maringá, glorificando os pioneiros e a iniciativa da Companhia. Segundo o historiador Nelson Tomazi (1999, p. 51), desde 1950 há duas posições nas várias descrições e análises do processo de (re)ocupação da região, hoje situada no norte do Paraná: os que analisaram a questão de um "ponto de vista científico" e os que procuraram confirmar (e muitas vezes construir) o discurso dominante, sendo que estes foram a maioria.

A propaganda realizada para a atração de compradores de terrenos no mundo pioneiro foi analisada por Monbeig (1984). Para o autor, os grandes golpes de propaganda evidenciavam a ingenuidade e o ardor dos pioneiros, que eram seduzidos com esperanças de lucros desmesurados.

> Lança-se uma cidade, como se lançaria uma moda, com grandes golpes de propaganda. Os primeiros compradores de terrenos eram comerciantes que tinham sido atraídos. Os que os seguiram, vinham em busca de bons negócios. E por fim, exatamente como se torna popular a moda, depois de adotada por uma minoria, afluíam então para o jovem centro urbano pessoas de todas as classes sociais e de todas as regiões, novas ou velhas. E, sem dúvida, bem justificam a confiança dos pioneiros

os progressos do povoamento rural, a extensão da rede ferroviária, a melhoria das comunicações por ferrovia. Mas tal confiança é fortalecida e acrescida pela publicidade. Dela se beneficiaram Londrina e Marília, mais que as suas vizinhas, que tanto quanto elas associavam-se ao surto rural (MONBEIG, 1984, p. 357).

As cidades são preestabelecidas e, juntamente com o plano urbano, as vantagens são enaltecidas para atrair compradores. Monbeig enfatiza o caráter da comercialização dos terrenos, destacando a semelhança da promoção das vendas com outros produtos. As cidades-polo são promovidas pelo seu plano urbano, que foi difundido como um avanço para a época e, principalmente, para a região que se colonizava. Tais aspectos foram fundamentais para promover o polo regional criado pela CTNP/CMNP.

Enquanto isso, a floresta desaparecia rapidamente, a diversidade da vegetação nativa era exibida em fotografias e em relatos diversos. A supremacia do homem sobre a paisagem "selvagem" a ser civilizada era glorificada. Segundo Jorge Ferreira Duque Estrada, liquidou-se "o maior perobal do mundo, reduzindo grande parte a cinzas, nas queimadas que somavam léguas" (DUQUE ESTRADA, 1961, p. 17). Os animais nativos eram afugentados e desapareciam paulatinamente. A descaracterização foi violenta em todos os sentidos.

O historiador estadunidense Warren Dean (2007, p. 254) avalia que "a derrota súbita e decisiva da floresta fora inevitável, porque a agricultura, na maioria dos lugares, era praticada como antes, com queimada da floresta primária, seguida, mais cedo ou mais tarde, por pastagem de gado". Ao se referir à atuação da CMNP, esse mesmo autor denuncia que, "em 1975 e 1981, a companhia queimou e desmatou duas enormes faixas não vendidas, as últimas de bom tamanho em seu poder, totalizando 140km², para plantar pasto e cana-de-açúcar" (DEAN, 2007, p. 256).

Segundo Gonçalves (1995), no processo de venda dos lotes rurais, a CTNP/CMNP não se responsabilizou pelos problemas referentes ao impacto ambiental, imensamente ecocida. Houve descumprimento do Código Florestal aprovado em 1934, que mantinha a preservação das matas em 25%. A empresa assegura que mantinha cláusulas preservacionistas, obrigando a manutenção de 10%. Porém retira-se da responsabilidade, alegando que os proprietários aproveitavam todo o terreno para produção, para se capitalizar e pagar as prestações do lote.

Comentamos alguns aspectos da formação de uma cidade em um novo território que foi considerado destituído de uma história preestabelecida e de habitantes. A política colonizadora realizada por uma empresa privada impôs uma nova realidade, a partir de um processo civilizatório que modificou sobremaneira a paisagem original e introduziu novos problemas e novos programas.

No início dos anos 1940, vislumbrava-se em Maringá o lugar onde se poderia implantar um verdadeiro projeto de modernização. Nesse contexto, o projeto urbanístico assumia importância fundamental. Há uma defasagem entre o projeto e a realidade em uma região que se transforma ao introduzir uma nova paisagem, civilizatória e moderna. No Paraná, um projeto moderno de cidade foi implantado *ex-novo*, uma década antes do início da construção de Brasília.

Maringá, uma década antes de Brasília, surgiu com a missão de exercer uma função integradora, com um forte apelo simbólico que, de certa forma, constituía-se também no seu plano urbanístico e na propaganda planejada feita pela CTNP/CMNP e por seus seguidores.

A aproximação entre o plano de Brasília e o de Maringá merece uma análise mais aprofundada, pois ambos foram formulados para cidades onde a presença da cobertura vegetal original era fator comum, apesar das diferenças entre o cerrado e a mata atlântica. Sendo duas cidades implantadas *ex-novo* e em zonas de expansão de fronteiras, a ideologia civilizatória marcou nelas a defesa de sua implantação e contribuiu para a formação da carga mítica presente em suas representações e nos discursos sobre a história de cada uma. No entanto, há diferenças óbvias. Brasília contou com investimentos públicos e com o empenho nacional; já Maringá foi criada a partir de uma empresa particular, embora, segundo Gonçalves (1999), com a intermediação pública. Além disso, é claro, ressalte-se diferença de funções entre uma cidade de colonização e uma capital federal. Os traçados urbanos e as configurações dos lotes e dos edifícios nas duas cidades são marcadamente distintos. Porém, ambos os planos urbanísticos surgiram num contexto nacional de transformações da rede urbana nacional.

Assim como Brasília, Maringá constituiu-se como terra de promissão. No norte do Paraná, inúmeras cidades foram construídas *ex-novo*, porém algumas especialmente tiveram a tarefa de se destacar como polos regionais e polos modernizadores, diferenciando-se em termos de escala, de localização, de função e também de desenho urbano. A cidade, então, nasce de um sonho moderno e, portanto, a produção de sua carga mítica constitui-se em fator importante para atração de pessoas. O processo de criação de Maringá ilustra o que ocorria na América Latina na época. Pode-se dizer que a CTNP/CMNP, guardadas as particularidades de ser uma empresa privada e inicialmente de capital inglês, contava com o "voluntarismo construtivista" que vislumbrou no novo território a possibilidade de empreender uma modernização sem o ônus dos países desenvolvidos (GORELIK, 2005), ratificando uma região divulgada como terra de promissão em um país moderno.

> [...] de modo que o mainstream do pensamento social duplicou uma característica tradicional do imaginário social latino-americano, depositando no continente uma série de aspirações que, novamente, convertiam-no em terra de promissão para a construção ex-novo do Ocidente, como pareciam ratificar a criação de cidades novas como [...] Guayana e, mais importante ainda, Brasília, o sonho da cidade moderna como só podia acontecer em um país "condenado ao moderno"(GORELIK, 2005, p. 119, aspas do autor).

Maringá pode ser considerada um exemplo de criação de novos centros, que encontrou na "integração a expressão de sua modernização" (HARDOY *apud* GORELIK, 2005, p. 119). Portanto, o plano urbano e a propaganda planejada contribuíram para a promoção da imagem, com o objetivo de atrair pessoas e investimentos.

O plano inicial de Maringá

Maringá foi criada em 10 de maio de 1947, pertencente à circunscrição municipal de Apucarana. Posteriormente, com a fundação do município de Mandaguari, em 10 de outubro de 1947, incorporou-se como distrito, sendo elevada a município em 14 de novembro de 1951. France Luz (1997) aponta Maringá como um dos mais importantes centros urbanos do norte do Paraná, propulsor do desenvolvimento regional e com um desenho urbano traçado a partir da definitiva demarcação da linha ferroviária no sentido nordeste-noroeste.

Em linhas gerais, o plano urbanístico de Maringá possui, como principais diretrizes de implantação, o eixo da ferrovia e o eixo central que o corta transversalmente. No plano formulado, verifica-se uma concepção fortemente permeada pela ideia de cidade-jardim de Ebenezer Howard, entre outras influências europeias e estadunidenses.[3]

O eixo da ferrovia foi traçado no sentido leste-oeste, conforma-se na parte mais alta e plana do sítio e, a partir dela, configuram-se as vias paralelas. O eixo central transversal à via férrea segue a mesma lógica do eixo da ferrovia, situando-se no espigão que divide os dois córregos, Moscados e Cleópatra. Estes têm a vegetação nativa preservada e abrigam dois parques.

Embora tenha sido projetada para abrigar 200.000 habitantes em 50 anos, após 49 anos de sua fundação, ou seja, em 1996, já se estimava em Maringá uma população de 270.000 habitantes (MARINGÁ, 1996). No ano de 2010, a população passou para 357.117 habitantes (IBGE, 2010). O crescimento verificado e sua progressiva importância como cidade polarizadora de uma próspera região agrícola e industrial, atuando também como centro de comércio e serviços, estimulam a modificação e a ampliação da estrutura da cidade no intuito de consolidar sua função.

Assim, Maringá desponta como exemplo de padrão urbanístico, vinculando-se ao ideário de cidade-jardim. Não foi sem propósito, portanto, que

---

3   O plano inicial foi abordado com maior profundidade no artigo "Referências teóricas e urbanísticas do plano inicial de Maringá: aproximações e distanciamentos", apresentado no XIV ENANPUR, Rio de Janeiro, 2011.

tal desenho foi traçado por Jorge de Macedo Vieira, que projetava, na época, vários bairros na cidade de São Paulo, além de outros no interior daquele estado e na cidade do Rio de Janeiro.

O engenheiro Vieira estagiou na City of San Paulo Improvements and Freehold Land Company Limited, que, nesse mesmo período, contratou os serviços do escritório dos arquitetos Raymond Unwin e Barry Parker, expoentes do movimento cidade-jardim na Inglaterra e que propagavam a obra de Ebenezer Howard (ANDRADE; STEINKE, 2002). Difundiu-se a relação do plano à teoria e à prática howardiana em diversas fontes, enaltecendo sua concepção, como no seguinte trecho do livro *O fenômeno urbano numa zona pioneira*, de France Luz: "Com os dados indispensáveis sobre a topografia, o clima e a vegetação da região, que lhe foram fornecidos pela Companhia, o referido urbanista [Jorge de Macedo Vieira] planejou Maringá de acordo com *a mais avançada concepção de cidade existente na época*" (LUZ, 1997, p. 72, grifo nosso).

Embora reconhecendo o expressivo trabalho realizado por France Luz, salientamos que o clichê criado pela CTNP/CMNP foi repetido, inclusive, entre pesquisadores cujos estudos se tornaram referência em diversos trabalhos sobre a região. No trecho acima, a observação da autora, longe de ser uma avaliação urbanística rigorosa, constitui um fortalecimento da imagem urbana. A afirmação leva a reconhecer que um dos propósitos para que tais princípios nascessem incorporados ao plano para a cidade seria evidenciá-lo como um dos mais modernos e importantes exemplos de planos urbanísticos realizados no país, com o objetivo de alardeá-lo e, assim, inseri-lo no discurso recorrente da CTNP/CMNP, de acordo com a sua estratégia publicitária.

Figura 1: Anteprojeto para a cidade de Maringá, de autoria de Jorge de Macedo Vieira, elaborado em meados da década de 1940. Acervo do Museu da Bacia do Paraná.

O plano urbano de Maringá foi utilizado como recurso para o destaque de um núcleo regional que se criava no centro geográfico de uma extensa área planificada e com acessibilidade eficiente. Relacionado a isso, além de toda uma rede viária que garantia o escoamento das safras e a integração dos diversos núcleos, o planejamento das ações da Companhia voltou-se, também, para a facilidade de aquisição dos lotes por parte dos colonos (LUZ, 1997; GONÇALVES, 1999). A atração dava-se, sobretudo, pela expansão da fronteira agrícola.

A elaboração do plano

O plano de Maringá foi encomendado no momento em que a Companhia foi adquirida dos ingleses, entre 1943 e 1944, por um grupo liderado por

322   Cristina de Campos • Fernando Atique • George A. F. Dantas

Gastão Vidigal[4] e Gastão de Mesquita Filho. A possível proximidade entre Gastão de Mesquita Filho e Jorge de Macedo Vieira pode ser uma das chaves para o entendimento da escolha deste profissional para a elaboração do plano inicial. Ou, então, a indicação pode ter-se dado de forma indireta, a partir de Francisco Prestes Maia. Lembremos que a atuação de Gastão Vidigal como deputado federal coincidiu com o período em que Prestes Maia foi nomeado prefeito de São Paulo pela primeira vez, de 1938 a 1945.

Gastão de Mesquita Filho foi contemporâneo de Jorge de Macedo Vieira na Escola Politécnica. Formando-se dois anos depois de Vieira, certamente era conhecedor das transformações que se davam na capital paulista e da reconhecida competência deste profissional.

Outra chave importante seria a amizade entre Jorge de Macedo Vieira e Prestes Maia. Tal informação foi dada pela sobrinha-neta do engenheiro, em entrevista ao coordenador da exposição sobre o trabalho dele, na IV Bienal de São Paulo, em 1999. Além de amigos, Vieira e Prestes Maia formaram-se em engenharia na Escola Politécnica no ano de 1917.

A proximidade entre Prestes Maia e Vieira é comprovada nos projetos realizados na cidade de Campinas. Segundo o texto do catálogo da exposição *O Urbanismo do Engenheiro Jorge de Macedo Vieira*, da IV Bienal Internacional de Arquitetura de São Paulo, realizada em 1999, Vieira foi chamado para projetar bairros em Campinas no momento em que Prestes Maia foi contratado para assumir o seu Plano de Melhoramentos. Vieira havia elaborado a primeira planta cadastral da cidade no final da década de 1920. Na década de 1940, certamente indicado por Prestes Maia, Vieira ampliou suas atividades naquela cidade, projetando três bairros: Nova Campinas, Chácara da Barra e Vila Iza. Os dois primeiros situavam-se nas margens do córrego Proença, que "fazia parte do plano na forma de uma *park-way* que fazia parte da perimetral externa da cidade e que começou a ser implantada na década de 40" (ANDRADE *et al.*, 1999, p. 21).

---

4   Entre 1935 e 1946, Gastão Vidigal foi deputado federal por São Paulo. Em 1946, foi ministro de Estado da Fazenda do governo Gaspar Dutra.

Outra possibilidade aparece em decorrência do projeto para a cidade de Panorama, de 1946, elaborado por Prestes Maia. A cidade, que era terminal do tronco oeste da Companhia Paulista de Estradas de Ferro, localizava-se nas margens do Rio Paraná, no limite entre os estados de São Paulo e Mato Grosso do Sul. Além de ser ponta de trilhos, o sítio e a situação de Panorama assemelhavam-se à realidade da área onde se implantaria Maringá. Ambas as cidades foram construídas *ex-novo* e a partir de um projeto moderno, fazendo parte de um plano de colonização no qual a ferrovia teve papel preponderante. O projeto de Panorama pode ter sido uma referência para os acionistas da CMNP, que, pela sua proximidade com os meios políticos, solicitaram o projeto da nova cidade norte-paranaense a Prestes Maia. Por impossibilidade de atender ao pedido, o ex-prefeito pode ter indicado o seu amigo Jorge de Macedo Vieira.

Embora a parceria entre Prestes Maia e Vieira tenha ocorrido em diversos trabalhos, não se encontram provas cabais de que o plano de Maringá tenha sido intermediado pelo primeiro. O certo é que as indicações que levaram à escolha do autor do projeto da cidade se deram nas altas esferas das relações políticas da época, pois os empreendedores envolvidos circulavam em espaços importantes e influentes do cenário político nacional.

Junto com a elaboração do projeto de Maringá, Jorge de Macedo Vieira elaborou cálculos e plantas do trecho ferroviário entre Apucarana e Maringá, evidenciando-se sua participação no projeto no segundo e no terceiro trimestres de 1945. Os registros foram encontrados no arquivo do engenheiro em consignação com o Departamento de Patrimônio Histórico da Prefeitura do Município de São Paulo (DPH/PMSP).

Em seu relato, a Companhia atribui ao engenheiro Cássio da Costa Vidigal uma importante participação na elaboração do plano inicial de Maringá. Segundo a Companhia, o projeto foi desenvolvido "com base em anteprojeto de Cássio Vidigal e Gastão de Mesquita Filho" (CMNP, 1977, p. 137). Em sua biografia, podemos constatar que Cássio Vidigal nasceu no mesmo ano que Vieira, ou seja, em 1894. Formou-se na Escola Politécnica e, em janeiro de 1918, assumiu a função de engenheiro da Secretaria da Agricultura de São Paulo. No mesmo ano ocupou a Diretoria de Obras da Prefeitura, encarregando-se do sistema rodoviário da capital. Foi membro do conselho diretor do Instituto de Engenharia em 1927 e 1928, exercendo o cargo de diretor-tesoureiro. Foi presidente da CMNP e publicou um estudo sobre o norte do Paraná nos números 6 e 7 da revista *Ateneu Paulista de História*. Esse estudo encontra-se no anexo da edição comemorativa do cinquentenário da CMNP, sob o título *Um estudo de Cássio Vidigal* (CMNP, 1977, p. 6).

No seu depoimento, Jorge de Macedo Vieira explica que se baseou em uma planta topográfica fornecida por Cássio Vidigal. E, assim como a CMNP, Luz (1997) atribui a Vidigal o traçado das linhas mestras do projeto.

> Com a demarcação definitiva da estação da estrada de ferro, 2km a leste da primitiva posição, pelo Departamento Nacional de Estradas de Ferro, a Companhia de Terras Norte do Paraná mandou realizar os levantamentos e estudos da topografia local para o planejamento urbano. As linhas mestras para a construção da futura cidade foram estabelecidas pelo Dr. Cássio Vidigal, cabendo ao engenheiro Dr. Jorge de Macedo Vieira traçar o seu plano geral e definitivo (LUZ, 1997, p. 72).

A tentativa de identificar as relações de Jorge de Macedo Vieira com personalidades diversas leva-nos a concluir que o meio em que se formou apresentou-lhe grandes oportunidades, proporcionando-lhe relacionamentos importantes para contatos profissionais. Muitos de seus colegas e amigos estavam inseridos na política da época. Além disso, a própria localização do seu escritório técnico no Centro Velho paulistano, funcionando a maior parte dos 40 anos de atuação no edifício eclético que pertenceu à Condessa Álvares Penteado, facilitava as aproximações com outros profissionais prestigiosos (ANDRADE, 1999).

A construção da cidade

Como observamos, em 1947, o definitivo traçado da ferrovia já havia sido demarcado, as principais vias haviam sido abertas pelos técnicos da CMNP, conforme determinado pelo plano do engenheiro Vieira, e a cidade inaugurava-se no dia 10 de maio daquele ano. Porém, as primeiras eleições para prefeito de Maringá e para os membros do legislativo somente puderam ocorrer após a emancipação do município, que se deu no ano de 1951.[5] As disputadas eleições de novembro de 1952 levaram à vitória o industrial Inocente Villanova Júnior, que recebeu 1.871 votos, contra os 1.725 obtidos pelo candidato Waldemar Gomes da Cunha, apoiado pela CMNP[6] (DIAS, 2008). Eleito prefeito pelo mesmo partido de Getúlio Vargas, o Partido Trabalhista Brasileiro (PTB), Villanova tinha a vultosa tarefa de estruturar minimamente a administração pública, além de iniciar a construção da cidade propriamente dita, ou seja, sua infraestrutura básica, e definir efetivamente os espaços de uso público.

De início, essa tarefa traduzia-se numa complicada demarcação entre o público e o privado. Para o prefeito, seria necessário retirar a CMNP dos mandos e desmandos quanto ao que se relacionava ao público, além de regular e tributar o que era de sua propriedade. Porém, as superposições do que era da Companhia, os seus deveres para com a municipalidade e o que deveria ser público, não raro, deram origem a querelas e conflitos que culminaram no processo litigioso de cassação do mandato do prefeito pela Câmara Municipal.

Emancipado o município, estabeleceram-se as primeiras leis municipais e, entre elas, as leis que instituíram normatizações sobre o meio urbano. Embora nosso objetivo não seja explicar o processo de formação e consolidação do legislativo municipal, destacamos que o controle da área urbana saiu das mãos da CMNP quando o candidato a prefeito Inocente Vilanova Júnior ganhou as eleições. Sobre o processo, bastante conturbado, de transferência de poder, o historiador Reginaldo Benedito Dias (2008, p. 46) registra:

---

5   Anteriormente à primeira eleição para prefeito do município, o distrito de Maringá elegeu os seus representantes na Câmara de Mandaguari em dois pleitos (DIAS, 2008).

6   Para detalhes sobre as eleições municipais em Maringá, ver Dias (2008).

Não foi um parto tranquilo a transferência do mando da Companhia para o nascente poder público municipal. Após perder a eleição que ungiu o primeiro prefeito, a Companhia procurou controlar a Câmara Municipal e influenciou um processo de cassação do prefeito, que foi aprovado pelos vereadores e só foi revertido na justiça. Conseguiu também a aprovação de leis de privilégios fiscais, uma das quais com efeito retroativo, sangrando o erário. A Companhia, em vez de cumprir o seu papel de agente civilizador, fragilizava o poder público. Um dano foi o atraso na expansão dos serviços públicos na consolidação da coisa pública (DIAS, 2008, p. 46).

A cerimônia de posse do primeiro prefeito foi realizada no dia 14 de dezembro de 1952, no prédio da Agência Chevrolet. Segundo a "Ata da Instalação da Câmara Municipal de Maringá", transcrita por Jorge Ferreira Duque Estrada (1961), os discursos versaram sobre a necessidade de infraestrutura básica, como água, esgoto e luz, além da melhoria do ensino. Napoleão Moreira da Silva, vereador eleito e representante da União Democrática Nacional (UDN), pediu providências para a devolução da renda municipal, bem como dos móveis utensílios, levados para o município de Mandaguari, do qual Maringá fazia parte até 1951. Observamos que o município emancipado iniciava a sua trajetória sem a estrutura mínima necessária para a instalação de sua sede.

Segundo Dias (2008), o fato de não ter restado nada da subprefeitura herdada de quando Maringá era distrito de Mandaguari, evidenciado nos discursos de Duque Estrada e Napoleão Moreira da Silva na ocasião da posse dos vereadores e do prefeito, deu-se em decorrência da resistência de certos políticos em relação à emancipação da cidade, que nascia num momento de efervescência política nacional, com o fim do Estado Novo e a "grande esperança de incorporação do povo à cena política" (DIAS, 2008, p. 29).

Diante da precariedade material dos primeiros anos de emancipação do município, é compreensível que os edifícios e áreas públicas indicados por Vieira ficassem somente no papel no início da formação da cidade, sendo que muitas simplesmente foram parceladas para venda pela Companhia. De imediato, era necessário estabelecer o local da Prefeitura; para isso, no plano de Vieira, havia uma área destinada à instalação dos edifícios públicos. Em 1952, no chamado centro cívico, havia apenas a igreja de madeira, que não se implantara exatamente no local designado pelo projeto. Além do mais, o local reservado à igreja no plano de Vieira abrigou um hotel particular, de propriedade da CMNP.

A influência política da CMNP na condução da administração pública

A vitória de Inocente Villanova Júnior sobre o candidato apoiado pela poderosa Companhia Melhoramentos antevia que o prefeito digladiaria com os interesses da empresa e, obviamente, essa disputa recairia principalmente sobre a propriedade territorial. Em outras cidades fundadas pela Companhia, a eleição do prefeito apoiado por ela foi determinante para o incremento da infraestrutura urbana, com o objetivo de obter vantagens fiscais. O geógrafo Vanderlei Grzegorczyk (2000) explica que a Companhia assumia algumas atribuições do setor público, incluindo a construção de infraestrutura mínima para dar credibilidade ao empreendimento visando à comercialização dos lotes. Muitas vezes, contribuía para a eleição do primeiro prefeito e sucessores, sendo que não raro o prefeito era um ex-funcionário da própria CMNP, porém o que se visava era a isenção de impostos sobre os seus terrenos urbanos.

Em Maringá, a perda de poder político pela Companhia ao não eleger o seu representante significou que, além de não assumir certas tarefas em relação à implantação e ao incremento da infraestrutura, como fazia em outros municípios, ela por certo não manteria as vantagens das taxas tributárias incidentes sobre as suas terras. A defesa apresentada pelo prefeito à Câmara Municipal no dia 25 de junho de 1954, na ocasião de sua cassação, transcrita por Jorge Ferreira Duque Estrada (1961, p. 130-131), revela as dificuldades que se enfrentava, inclusive do ponto de vista da extensão do território e da falta de infraestrutura.

No território, logrado um loteamento aprovado por quem de direito, mas em cujo loteamento nada se previra e em nada se obrigara seu titular referentemente ao saneamento ou outras providências de caráter público. Neste território imperavam os interesses comerciais da Companhia Melhoramentos Norte do Paraná. Iniciativas, realizações, tudo aqui fora visado segundo as conveniências particulares dessa Firma (...) A cidade, aberta dentro de dilatados limites, com as ruas extensas, e muitas por conservar; a limpeza pública variada e necessária, por fazer; os serviços administrativos multiformes e inadiáveis, por iniciar.

A Companhia passou a influenciar a Câmara Municipal para manter os mesmos privilégios que desfrutava em municípios nos quais mantinha o seu representante no Executivo. Com a consolidação do poder público municipal, a Companhia perderia gradativamente o controle no que se refere à determinação do ordenamento da cidade e, até mesmo, da construção de edifícios, já que, em seus contratos de venda dos terrenos, obrigava os compradores a construírem em um ano (LUZ, 1997, p. 77). Porém, as primeiras leis que se referem às ações públicas na área urbana, como o primeiro Código de Posturas, aprovado em 1953, mostram a tentativa de seguir as diretrizes do zoneamento que se definiram no plano de Jorge de Macedo Vieira.

Dez anos de plano: a efetivação até 1957

A partir de uma peça gráfica datada de 1957, comparamos a proposta final de Vieira com a que efetivamente havia sido implantada até aquele ano, com o intuito de verificar as semelhanças e as diferenças entre elas. A peça gráfica é composta por uma planta da cidade na escala 1:7000, editada pela Sociedade Comercial e Representações Gráficas Ltda., de Curitiba, formulada a partir de original fornecido pela CMNP. Identificamos quais foram os equipamentos que se mantiveram na planta de 1957, bem como sua modificação ou sua eliminação em duas zonas do projeto e na área central. Para tanto, comparamos três trechos do projeto inicial e da planta de 1957, ou seja, três situações, a da Vila Operária, ou Zona 3, a da Zona 2 e a do centro cívico.

Na proposta de Vieira para a Vila Operária, ou Zona 3, os equipamentos urbanos previstos foram hospital, escola e parque infantil, instituto profissional, campo de esportes, praça de lazer e igreja. A zona teria formato côncavo, limitada por uma via que divide o parque e o bairro no lado oeste. A mesma via liga o centro da cidade à saída leste. Duas vias principais cruzam-se no centro do bairro, marcado por uma rotatória, que, a seu redor, teria uma área comercial. A avenida principal da cidade, a Avenida Brasil, cruza o bairro de oeste a leste e insere-se entre duas rotatórias que marcam o limite da Zona 3 e para as quais convergem a *parkway* e sua continuidade. No trecho da Avenida Brasil localiza-se a igreja, marcando o centro da zona. Atrás da igreja, inicia-se a Zona de Armazéns. Como o próprio nome diz, a Vila Operária foi pensada para ser a residência dos funcionários da área industrial que deveria ter usos mistos – residencial, comercial e industrial – e oferecer lotes com preços mais baixos em relação às zonas 1 e 2 (MARINGÁ, 2002).

Na efetivação da proposta até 1957, as áreas destinadas aos equipamentos mencionados foram significativamente substituídas por áreas parceladas. Há a supressão da rotatória ao sul, mas a rotatória ao centro foi conservada, bem como as que limitam o bairro a oeste e a leste da Avenida Brasil. A área reservada à igreja também foi mantida. Os cantos ajardinados foram incorporados às subdivisões de novas quadras e transformaram-se em lotes. Os destaques em vermelho da figura 3 comprovam que mais de 70% da área destinada aos equipamentos foi transformada em lotes a serem comercializados.

Como já citamos, os equipamentos propostos por Vieira eram hospital, escola, parque infantil, instituto profissional, campo de esportes, igreja, além de praça ajardinada ocupando uma quadra, cantos ajardinados em duas quadras. Analisando o trecho no sentido anti-horário, iniciando pela primeira quadra destinada a equipamentos a oeste, ou seja, na quadra reservada ao hospital, observamos que, na efetivação, esta foi dividida em duas, sendo que uma delas foi loteada. A outra, em 1957, não apresentava ocupação por lotes. A quadra destinada à escola e parque infantil, localizada abaixo da quadra reservada ao hospital, foi dividida em duas quadras maiores e duas quadras menores. As duas quadras maiores foram loteadas e as menores apresentam-se vazias na planta de 1957. O mesmo aconteceu na quadra reservada ao instituto profissional, localizada a leste do trecho. A quadra destinada ao campo de esportes, inserida acima da quadra do instituto profissional, teve sua terça parte ocupada por lotes. A praça ajardinada acima do campo de esportes foi loteada. Mantiveram-se a igreja e a rotatória do centro da zona, onde se cruzam as vias principais.

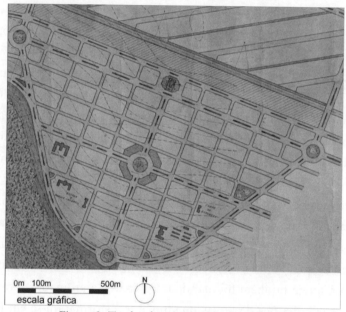

Figura 2. Trecho da proposta final de Vieira,
mostrando a Vila Operária ou Zona 3. Acervo DPH/PMSP.

A Zona 2 deveria ser zona popular, segundo a proposta de Vieira. Porém, na estratégia de vendas promovida pela CMNP, tornou-se a área nobre da cidade. Considerou-se que aquela área tinha localização privilegiada pela proximidade ao centro cívico e por inserir-se entre os dois parques.

O bairro tem uma via central, que é o espigão que divide os dois córregos, nas margens dos quais se implantaram os dois parques. A via central liga o bairro diretamente ao centro cívico. Os preços dos lotes vendidos, no período de 1946 a 1952, variavam de Cr$ 10.000,00 a Cr$ 20.000,00, enquanto que na Zona 3, ou Vila Operária, variavam de Cr$ 5.000,00 a Cr$ 10.000,00 (LUZ, 1997). O preço dos lotes era diferenciado de acordo com a metragem e, principalmente, com a localização. Por isso, a Zona 2 concentrou uma população de maior poder aquisitivo em relação à Vila Operária: "na área central e nas zonas residenciais melhor localizadas, os preços mais elevados provocaram uma certa seleção dos compradores, atraindo os que possuíam maiores recursos" (LUZ, 1997, p. 82).

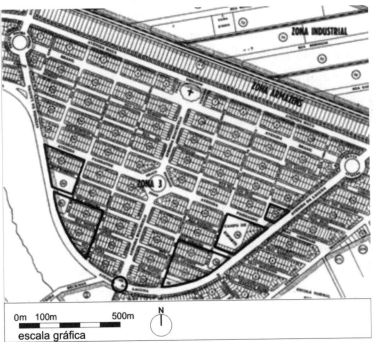

Figura 3. Trecho do mapa da cidade de 1957, mostrando a Vila Operária ou Zona 3.
Acervo BCE/UEM.

Não somente a localização da Zona 2 era privilegiada, mas percebemos que a implantação de equipamentos ocorreu de maneira desigual em relação à Vila Operária.

Na proposta de Vieira, os equipamentos urbanos a serem implantados na Zona 2 seriam escola, parque infantil, hospital, campo de esportes, internato de meninos, igreja e cemitério. Na efetivação da proposta até 1957, todas as áreas reservadas aos equipamentos se mantiveram, embora com algumas mudanças em relação à localização. O espaço reservado ao internato de meninos ocupou a quadra ao lado, denominando-se parque e asilo infantil. A quadra reservada para o hospital, que deveria localizar-se nas margens da avenida central, a Avenida Cerro Azul, mudou-se para outra quadra, de tamanho menor, nas margens da *parkway*, a oeste. O campo de esportes transformou-se no Maringá Clube, frequentado pela elite maringaense até os dias atuais. A escola ocupou a quadra ao lado da que estava definida, aproximando-se do centro cívico, passando a denominar-se colégio estadual. O parque infantil inseriu-se no triângulo em frente ao colégio, deixando de ocupar a quadra inicialmente proposta. A igreja e o cemitério foram implantados conforme as indicações de Vieira.

Assim, verificamos que houve interesse maior da Companhia em manter os equipamentos propostos no plano inicial de Vieira para a Zona 2, provavelmente por ter consciência de que a existência deles valorizaria a área e que poderiam ser usados como argumento para o preço mais elevado dos terrenos.

Embora houvesse a reserva das áreas para hospital, parque e asilo infantil, em 1957 não houve a efetivação de tais usos nas quadras indicadas.

A área central, em linhas gerais, segundo a proposta de Vieira, abrigaria o centro cívico, que seria diretamente ligado por um eixo principal à estação ferroviária com a sua praça principal. O pátio de manobras da ferrovia localizou-se logo atrás da estação ferroviária, ocupando uma grande área no centro do plano. A área, de aproximadamente 20ha, tinha um grande espaço esportivo ao norte, de aproximadamente 14ha.

Ao centro cívico destinaram-se os edifícios públicos, mas na efetivação da proposta verificamos que a ocupação não se deu de modo exclusivo. Na quadra onde deveria localizar-se a igreja, implantou-se o hotel da CMNP, deslocando a matriz para o centro do espaço destinado ao centro cívico. Os edifícios desse centro cederam lugar não só à igreja, mas a um grande espaço verde em volta dela. Na planta de 1957, no entanto, o espaço verde deveria ser destinado ao centro de saúde, uso diverso do inicialmente formulado.

Comparando a proposta inicial com a planta de 1957, observamos que duas quadras foram loteadas e assinalados os usos dos edifícios públicos, bem como do hotel. Os equipamentos públicos que estariam no centro cívico, chamado de "zona central", eram Prefeitura, Correios, Fórum, praça e centro de saúde, além da igreja, que é indicada por uma cruz. As duas quadras loteadas são as que estão nos extremos superiores leste e oeste. Porém somente a quadra leste foi efetivamente parcelada na "zona central".

Considerações finais

A rapidez do processo de construção da rede regional vinculou-se à expansão da fronteira agrícola. A propaganda planejada pela Companhia promoveu o polo regional que teve no seu plano moderno o apelo simbólico para a criação de uma nova paisagem que substituía paulatinamente a mata atlântica.

No início da construção da cidade, no entanto, houve dificuldades para a implantação da infraestrutura básica e para a edificação dos edifícios do centro cívico propostos no plano de Vieira.

A gestão que compreende o período de dezembro de 1952 a dezembro de 1956 pode ser considerada uma das mais embaraçosas, por ter o primeiro alcaide a difícil tarefa de estruturar um município que não possuía o mínimo para a sua administração. Lutava contra a poderosa Companhia, que se empenhou em manter os seus privilégios fiscais e perseguiu o prefeito investindo na sua cassação. Porém, mesmo diante de todas as dificuldades, a cidade foi sendo construída e o plano de Vieira efetivou-se no que se refere às ruas e em alguns espaços determinados reservados para os equipamentos mencionados, marcadamente nas áreas destinadas à população de maior poder aquisitivo. Nas áreas estruturais do plano inicial garantiram-se os parques, a área do estádio municipal e algumas escolas, que, no entanto, não se constituíram na agregação dos bairros como foram concebidas.

O plano inicial modifica-se a partir das demandas apresentadas com o desenvolvimento urbano e o adensamento populacional, alterando-se também em vista dos interesses da empresa que o encomendou. Todavia, apesar das transformações, influencia a paisagem urbana, que se constrói progressivamente.

Referências bibliográficas

ANDRADE, Carlos Roberto Monteiro et al. *O urbanismo do engenheiro Jorge de Macedo Vieira*. Catálogo da Exposição. IV Bienal Internacional de Arquitetura de São Paulo, 1999.

ANDRADE, Carlos R. M.; STEINKE, Rosana. "Desenhando uma nova morfologia: o urbanismo do Eng. Jorge de Macedo Vieira". In: *Seminário de história da cidade e do urbanismo*, VII, 2002, Salvador. Anais SHCU 1990-2008. Recife, UFPE, 2008.

COMPANHIA MELHORAMENTOS NORTE DO PARANÁ. *Colonização e desenvolvimento do Norte do Paraná*. Publicação Comemorativa do cinquentenário da CMNP. São Paulo: CMNP, 1977.

DEAN, Warren. *A ferro e fogo: a história e a devastação da mata atlântica brasileira*. São Paulo: Companhia das Letras, 2007.

DIAS, Reginaldo Benedito. *Da arte de votar e ser votado: as eleições municipais em Maringá*. Maringá: Clichetec, 2008.

DUQUE ESTRADA, Jorge Ferreira. *Terra crua*. Maringá: Edição do autor, 1961.

GONÇALVES, José H. R. *História regional & ideologias: em torno de algumas corografias políticas do norte-paranaense – 1930/1980*. Dissertação (mestrado em História) – Programa de Pós-Graduação em História, UFPR, Curitiba, 1995.

_____. "Quando a imagem publicitária vira evidência factual: versões e reversões do Norte do Paraná – 1930-1970". In: DIAS, R.; GONÇALVES, J. H. R. (coords.). *Maringá e o Norte do Paraná: estudos de história regional*. Maringá: Eduem, 1999, p. 88-121.

_____. "Maringá: algumas facetas coloniais do projeto urbano". In: MACEDO, O.; CORDOVIL, F.; REGO, R. *Pensar Maringá: 60 anos de plano*. Maringá: Massoni, 2007, p. 23-36.

GORELIK, Adrián. "A produção da 'cidade latino-americana'". *Tempo Social. Revista de Sociologia da USP*, vol. 17, n° 1, jun. 2005.

GRZEGORCZYK, Vanderlei. *Novo Centro de Maringá: estratégias e conflitos na produção do espaço urbano.* Dissertação (mestrado em Geografia) – Unesp, Presidente Prudente, 2000.

INSTITUTO BRASILEIRO DE GEOGRAFIA E ESTATÍSTICA. *Censo Demográfico,* 2010.

LUZ, France. *O fenômeno urbano em uma zona pioneira: Maringá.* Maringá: Prefeitura Municipal, 1997.

MARINGÁ (Prefeitura). *Perfil da cidade de Maringá.* Secretaria de Planejamento. Maringá: Gráfica Municipal, 1996.

_____. Secretaria da Cultura. Gerência de Patrimônio Histórico. *Memória dos bairros: Vila Operária.* Maringá, 2002. (Projeto Memória dos Bairros).

MONBEIG, Pierre. *Pioneiros e fazendeiros de São Paulo.* São Paulo: Hucitec, 1984.

TOMAZI, Nelson D. *Certeza de lucro e direito de propriedade: o mito da Companhia de Terras Norte do Paraná.* Dissertação (mestrado em História) – Unesp, Assis, 1989.

TOMAZI, Nelson D. "Construções e silêncios sobre a (re)ocupação da região norte do estado do Paraná". In: DIAS, Reginaldo B.; GONÇALVES, José H. R. *Maringá e o Norte do Paraná: estudos de história regional.* Maringá: Eduem, 1999.

Brasília: a construção de um mito

Luisa Videsott

A inquietação que dá origem à pesquisa é a "imagem magnífica que foi sendo criada à medida que Brasília tomava forma" e "a atmosfera de epopeia com que foi envolvida a cidade nascente" (BRUAND, 1999, p. 354). Essa "imagem magnífica" emerge das matérias das revistas ilustradas, dos programas do rádio e dos cine-jornais, isto é: de forma geral das publicações da imprensa popular da época da construção da cidade, das músicas e das suas letras, emerge das memórias dos trabalhadores, dos discursos do presidente da república, dos relatos dos mais diferentes participantes da realização do projeto, das declarações de Oscar Niemeyer à imprensa, enfim, de um corpo amplo e complexo de narrações que, juntas, contribuem a formar essa representação como que unitária e coral dos acontecimentos.

Portanto, o objeto da pesquisa são as matérias da imprensa popular sobre a construção da cidade e publicadas durante a edificação de Brasília: suas representações e suas imagens, suas palavras e suas fotografias. O objetivo da pesquisa é descrever e analisar os conteúdos dessas matérias; ao debatê--los, a pesquisa pretende indagar suas raízes históricas e, sobretudo, suas eventuais transposições no projeto urbano.

A análise baseia-se na metodologia de leitura das imagens. A noção de mito, nas acepções antropológico-estruturalistas de Claude Lévi-Strauss e semiológica de Roland Barthes, é a chave de leitura e de aproximação crítica. A pesquisa está em andamento.[1]

Na época de sua construção, a realização de Brasília foi reputada e propalada como a premissa necessária para alcançar o futuro – melhor – da Nação. Esse futuro melhor concretizava-se ao redor das palavras "democracia", "unidade" e "integração nacional", e a nova capital era a expressão tangível desse novo rumo da história nacional. Entre os anos 1956-1960, o fato de se concretizar o antigo projeto de edificar uma nova capital foi o evento catalisador que, apesar dos conflitos aparentes, harmonizou as posições políticas, sociais e culturais do país; entusiasmou os intelectuais das diferentes colorações éticas, comprometeu os políticos e os militares, os capitais estrangeiros e os interesses comerciais das empresas nacionais e internacionais. Observa-se também que entre os anos de 1956 e de 1958, nas revistas populares ilustradas *Manchete* e *O Cruzeiro*, as razões e os ensejos que sustentavam a transferência da capital para o interior do País desfrutavam, entre outros, um complexo e entrelaçado repertório de mitologias e/ou lugares comuns sobre a identidade e a história do país.

Vamos olhar para um exemplo. A primeira missa oficial de Brasília foi celebrada em 3 de maio de 1957 e o acontecimento foi acompanhado por uma grande ressonância na imprensa popular. Sancionando publicamente o início da edificação da cidade, quando na realidade as obras já tinham sido iniciadas há mais de seis meses, a data estabelece a coincidência entre a fundação da nova capital e a primeira missa celebrada no Brasil em 1500 pelos portugueses, ato simbólico da fundação do Brasil.

---

1   A pesquisa sobre as interlocuções entre as matérias das mídias que acompanharam a construção de Brasília e a noção de mito não foi concluída; a análise das imagens das próprias matérias conclui-se na tese de doutorado defendida em 2009. Ver Videsott (2009).

Cabe lembrar que a importância daquela cerimônia de 1500 está, antes de tudo, na documentação escrita pela carta de Pero Vaz de Caminha e na sua revisão do século XIX, funcional à definição e incipiente construção de uma identidade nacional para o Brasil independente. No século XIX, de fato, a "descoberta do Brasil" foi revisitada pelos intelectuais nacionais e deu origem às representações mitológicas do povo e da nação brasileiras que são tão bem sintetizadas na obra *A Primeira Missa* de Victor Meirelles, assim como analisada e comentada por Jorge Coli (COLI, 1998, p. 107-121 e p. 375-413). Com base nessa leitura, a pintura de Victor Meirelles é a escritura de um mito a serviço da construção da Nação; Lévi-Strauss (2002) observa que quando um documento, a história, é usado para construir uma interpretação unilateral e, antes de tudo, totalizadora de um acontecimento, isto è, quando o compromisso do historiador favorece um determinado tipo de dados, a própria história se torna mito, desde que é característico dos mitos propor interpretações sem esclarecer e ligar entre si, metodicamente, os dados.

A obra de Victor Meirelles é muito popular e não por acaso as revistas populares a evocam e repropõem, mimetizando-a em suas fotografias e citando-a em suas manchetes; nessas últimas, através de uma associação, digamos "elementar", de imagens e palavras, a fundação da nova capital encarrega-se da tarefa de ser a segunda, mas também a primeira descoberta do país. Roland Barthes (1974 e1994) chamaria essa operação de construção de um mito. Dessa forma Brasília incorpora, via história, mito e mídia, a tarefa de refundar a Nação como integração de diferentes nações e como direito, soberano, à autodeterminação.

Entretanto, outras narrações recorrentes sustentam uma genealogia áulica e mítica para a nova capital.

Figura 1: "Uma alta cruz de madeira, destacando-se no azul do céu profundo, assinala em Brasília a presença da fé, os princípios cristãos do povo brasileiro.
Símbolo benfazejo, a cuja sombra se inicia a construção da capital, ele nos relembra a profecia de São João Bosco, que, numa das suas famosas visões, em 1883, descortinou o futuro grandioso reservado ao Brasil e anteviu, com notável precisão, no planalto Central [...] o aparecimento da 'Terra Prometida de uma riqueza inconcebível': profecia que ora se realiza. Na foto, o senhor Presidente da República, em companhia dos Sr General Teixeira Lott, Governadores José Ludovico e Antonio Balbino, Ministro Lucio Meira, Dr Israel Pinheiro, General Nelson de Melo, Dr Altamiro Pacheco, Dr Ernesto Silva, Dr. Bernardo Sayão, outras autoridades e pessoal da Companhia Urbanizadora, quando de uma recente visita a Brasília."
Fonte da fotografia e da legenda: Revista *Brasília* n° 1, Rio de Janeiro, jan. 1957.
Propriedade do Arquivo Público do Distrito Federal.

Desde 1956[2] o sonho-visão de Dom Bosco, que anuncia a construção de uma cidade junto à fundação de uma nova civilização, justifica as origens divinas e supra-históricas de Brasília. Essa narração convida a refletir, entre outras, sobre a noção de predestinação que a própria traz consigo. Nesse contexto, gostaria de reportar a observação de Manoel Fernandez de Sousa Neto (SOUSA NETO, 2000). Em sua opinião, o tema da predestinação e da Promessa de Terra foi uma "invenção" para justificar, por parte dos portugueses, o direito à expropriação e ao saqueio, levando-os a explorar os territórios do interior do Brasil para além dos limites do Tratado das Tordesilhas. Nas palavras de Lucio Costa (1991), o projeto de Brasília é ato de conquista, um gesto desbravador, nos moldes da tradição colonial. A tradição é evocada por um signo simples, aparentemente inocente, o sinal da cruz, com o qual se inicia a cidade. Ainda no texto de Lucio Costa, a tradição justifica essa nova aventura colonizadora. Hoje vale a pena meditar melhor sobre o significado profundo daquele sinal da cruz, pois estamos chamados a reconsiderar os limites da ação de antropicização, não mais justificada pelo poder dos mitos ou pelas determinações divinas.

Cabe frisar duas "imagens": uma com relação à colonização como direito – divino – à exploração, uma apropriação que exclui quaisquer preexistências; outra com relação ao preceito – outro tanto divino – de ultrapassar os confins estabelecidos.

Enquanto a primeira nos reconduz às observações já levantadas, a segunda remete ao tema do pioneirismo.

Algumas figuras históricas são recorrentes na genealogia histórica de Brasília: Tiradentes, pioneiro da ideia de República, evocado via data de inauguração da capital; José Bonifácio, pioneiro da ideia de uma capital no interior do país, homenageado no memorial de Lucio Costa; os bandeirantes, cujas heranças são continuamente lembradas pelas condutas do presidente e do quadro dirigente da Novacap.

---

2   Notar as reportagens como esta, assinada por Joel Silveira e Gervasio Batista, "Deus também quer a nova capital", publicada na Revista *Manchete*, em 2 de junho de 1956.

Uma espécie de poética do pioneirismo emerge de todas as matérias das mídias examinadas. Eles são os protagonistas mais importantes das representações da mídia sobre a fundação da cidade e até das propagandas comerciais. Nas revistas populares e nos comerciais, nos discursos do presidente à nação propalados pelos cinejornais, o pioneirismo é uma condição ética, uma atitude generosa, heroica; o pioneiro, ultrapassando os limites estabelecidos, destina suas fatigas e seus esforços a melhorar, e para sempre, o bem estar da comunidade; seu trabalho é uma busca puxada, pródiga e gratuita. Aproveitando a interpretação de Lucio Costa (*apud* xavier, 2003) sobre o papel do artista na história, o esforço criador do artista de gênio é tarefa de pioneiro, que, ultrapassando os limites estabelecidos, imprime à história sua evolução beneficiando a humanidade inteira. Oscar Niemeyer interpreta e sustenta, enriquecendo-a entre 1958 e 1960, sua imagem de artista-pioneiro através das fotografias e das entrevistas concedidas às revistas populares, quase a dizer e confirmar que sua competência em Brasília é para ela tornar-se a cidade capital do futuro.

Enfim, poderíamos falar em mito do pioneirismo, pois é a representação da identidade nacional mais compartilhada e mais participada desde os primeiros momentos. Um mito é também uma representação coletiva, compartilhada por todos, que, na leitura de Schiller (nicoletti, 1998, p. 283), resolve o problema da angústia e da solidão, pois define uma identidade e a pertença a uma coletividade.

A récita da personagem do pioneiro interpretada pelo arquiteto Oscar Niemeyer para a mídia constitui outro ponto de partida para uma nova reflexão: seria possível até interpretar a tensão à descoberta e à criação de algo sempre novo [ir para além dos Tratados, como celebra também a Sinfonia da Alvorada] como algo profundamente congênito, quase uma necessidade existencial, que pertence a uma mitologia sobre a própria cultura brasileira; uma mitologia que deve suas razões tanto à contínua reescritura da história sobre o Brasil [aquela escritura da história que, nas culturas ocidentais, desenvolve o mesmo papel dos mitos] quanto às representações sobre o que está para além do Oceano que, desde a figura de Ulisses ou o imaginário sobre Atlântida, torturam a cultura ocidental empurrando-a à procura de novos conhecimentos.

As esperanças de algo excepcional e o imperativo de planejar arquitetônica e urbanisticamente um rumo ao futuro melhor da nação – no século XX o planejamento assumiu formas e expectativas específicas e peculiares – caracterizaram o caldo cultural em que foi criada a cidade e influenciaram seu projeto. Todavia, parece interessante aprofundar a hipótese de que essas complexas mitologias, utopias e representações tenham não só impulsionado a carreira artística de Oscar Niemeyer, mas também as ambições autorrepresentativas do Brasil no momento em que construiu seu cartão de visita internacional: sua capital.

Figura 2: Lucio Costa e Mies Van der Rohe;
em primeiro plano a maquete de uma superquadra de Brasília.
Foto: Mario Fontenelle.
Propriedade do Arquivo Público do Distrito Federal.
Fonte: Revista *Brasília*, Rio de Janeiro, n° 12: dez. 1957.

Brasília foi propalada também como o saldo histórico do débito com a democracia (TENDLER, 1980). Sua inauguração foi fixada para o dia 21 de abril, justamente como comemoração do esforço mais trágico, mais original e completo de instaurar um regime democrático em um Brasil independente. Frisamos também que o presidente JK é recordado pelo compromisso de reforçar e consolidar a democracia e que, elegendo Brasília a Meta Síntese, a transformou em manifesto do poder democrático; frequentemente ele ressaltou que a construção da nova capital era cumprimento constitucional.

Vale a pena lembrar que a cidade, pelo menos na cultura ocidental, em todas as épocas e desde a Antiguidade, oferece-se à imaginação como o lugar eleito onde realizar a perfeição da vida humana. Lugar privilegiado da vida social e do poder político, suas arquiteturas são continuamente redesenhadas visando o objetivo de planejar o espaço adequado para um estado perfeito. Os ideais do Movimento Moderno compartilham e incorporam essas heranças histórico-culturais e, com relação às intervenções de saneamento do século XIX, acrescentam à cidade valores e funções para além de seu papel de simples "máquina" de reprodução da força-trabalho: a cidade transforma-se, ou volta a ser, lugar ético e apto à experimentação. O plano melhorará as condições de vida e determinará relações políticas mais democráticas e adequadas à nova sociedade de massas.

A ideia de um futuro melhor que inexorável se impõe não pertence somente ao compromisso político dos arquitetos do Movimento Moderno, mas também à interpretação positivista da história, aparentemente bem enraizada entre a *intelligentsia* brasileira. Além disso, a ideia – expectativa e certeza – de um futuro melhor vincula-se a outro corpo de mitos, que definem as Américas e o Brasil como lugar do futuro, isto é: das esperanças, da natureza virgem e maravilhosa, das experimentações utópicas para corrigir os erros do passado. Desde seu primeiro nome coletivo, Novo Mundo, as Américas representaram o Éden, o Eldorado, a Terra Prometida, Atlântida etc., que oferecem-se à imaginação criadora acrescentadas de mais outros mitos e expectativas. Assim, um conjunto de construções idealísticas, ideológicas, religiosas e mitológicas individua nelas o lugar onde impor/salvaguardar, via construção de núcleos urbanos, a pureza das utopias que as criou. Mancomunam todas essas projeções mitológicas a ideia de que o Novo Mundo é o lugar das muitas possibilidades, ao alcance de todos, o lugar onde construir o futuro (e/ou encontrar o passado perdido) de harmonia e perfeição (ARGAN, 1958).

Viram concretas essas possibilidades o fato de o Novo Mundo ser "virgem", alheio à civilização ocidental baseada no dinheiro, na propriedade, na exploração.[3] Todavia, cabe pensar, a outra face do mito é assustadora, pois um lugar aberto a quaisquer aventuras não é isento de prevaricações e arbítrios, nem tem instrumentos eficazes para se opor.

Nos relatos dos trabalhadores (desde os trabalhadores braçais até os empreiteiros, os agricultores etc.), Brasília é "a esperança de algo melhor". Vamos observar agora a evolução dos temas da democracia e do pioneirismo, ainda como mito da integração e união nacional, durante os anos da construção da capital até a data de sua inauguração.

A imprensa, entre 1958 e 1960, acompanhou com termos entusiásticos e eufóricos a evolução das obras, exaltando as qualidades originais e inéditas de suas arquiteturas e a modernidade de seu urbanismo. É necessário lembrar as excepcionais condições de vida no lugar: o isolamento e a falta de comodidades sustentaram ainda mais aquela poética e ética heroica do pioneirismo como generosidade e esforço a aparelhar o futuro melhor da comunidade que há de vir. Vale a pena lembrar que a mesma já tinha sido aproveitada pela propaganda de Vargas ao promover a marcha para oeste e a construção de Goiânia, e que um conjunto de valores e palavras de ordens já estavam disponíveis para suas explorações.

É interessante observar como esse corpo de valores caracterizou a identidade dos que trabalharam na construção da cidade provocando sentimentos especiais, que sempre são saudosamente lembrados e relatados (TAMANINI, 2003). Vamos citar uma frase indicativa de Israel Pinheiro, de 1963: "No dia da inauguração houve uma grande transformação. Cessou grande parte do encanto: a cidade perdeu as características igualitárias que os pioneiros

---

3   Consultar Romero (2004); MORSE, 1982 In: MORSE; HARDOY, 1985.

lhe deram. Encerrava-se a fase heroica e afetiva. Começava o cotidiano, com suas vulgaridades" (PINHEIRO, 1963).

Gostaria de frisar as palavras "afetivo" e "heroico". Nos anos da construção da capital, no vocabulário das matérias das revistas, a igualdade e a democracia são negociadas com vínculos afetivos; a generosidade e o heroísmo dos pioneiros unem quaisquer pessoas que se mudem para o Planalto, as relações familiares substituem os vínculos contratuais do estado moderno. A ausência de contratos de trabalho e controles sindicais nos canteiros de obras suma-se à privação do direito de voto aos analfabetos. É outro tanto significativo que, de vez em quando, as revistas populares (*Manchete*) levantem o pano de boca sobre um comércio de carteiras de votantes.

Figura 3: Obras de construção do Palácio do Congresso.
Foto: Mario Fontenelle.
Propriedade do Arquivo Público do Distrito Federal.
Fonte: Revista *Brasília*, Rio de Janeiro, n° 39, mar. 1960.

O herói dessa fase da construção da cidade é o trabalhador; sua identidade é definida pela palavra *candango*, termo comum que, a partir de 1958, indica de maneira geral todos os que colaboram na construção de Brasília e todos os que migram para o Planalto Central, desde o presidente e os dirigentes da Novacap até o último dos retirantes, desde os comerciantes da cidade livre até os transportadores de material humano que dirigiam os "paus-de-arara" saindo do Nordeste até os canteiros de obra da capital.

Graças às matérias das revistas populares – antes de tudo às fotografias – o candango possui um aspecto físico e moral que mancomuna a todos, ele é a identidade nacional, realiza a integração e a harmonização social e racial de que Brasília é a expectativa. Ele comprova o inexplicável: nas manchetes da *Manchete* ele é a "demonstração que o impossível acontece" (MELO FILHO; GOMES, 1958).

O candango nessa altura (1958) já é um mito, ou uma narrativa popular difusamente compartilhada, abundantemente explorada pelo presidente e funcional à viabilização de Brasília. Ele é não só uma identidade na qual todos, por um breve momento, reconheceram-se, mas é o alicerce que realiza todas as expectativas das quais foi encarregado o projeto da nova capital. Ao analisar as estratégias comunicativas do século XX, Roland Barthes (BARTHES, 1994) define como mitos aquelas metalinguagens que aproveitam, evocam e falam de outras representações e de valores já estabelecidos.

Vamos propor alguns exemplos, muito diferentes entre eles.

O fato de trabalhar para a mudança da capital reforça as reivindicações dos trabalhadores que, reunindo-se num hipotético movimento de apoio à transferência (SOUSA, 1983), pressionam o presidente para obter benefícios trabalhistas. A estátua de Bruno Giorgi, colocada antes da inauguração da cidade na futura Praça dos Três Poderes, tinha o nome expressivo de "*Guerreiros*"; todavia, em 1960, já se chamava "*Os Candangos*", inspirava as letras da Sinfonia da Alvorada de Vinicius de Moraes[4] e as propagandas comerciais; enfim, dava espaço, em 1985, às reflexões de Mario Barata sobre os verdadeiros guerreiros de Brasília: "os únicos que atuaram em combate em Brasília foram os seus construtores [*todos juntos, todos como um conjunto* (grifo nosso)] ao aceitarem o desafio de erguerem a capital no cerrado vazio do planalto Central" (BARATA, 1985). Em 1960, a palavra e suas imagens são exploradas pelas propagandas comerciais: o nome batiza brinquedos e modelos automobilísticos.

---

4   Ver a letra de Vinicius de Morais para a "Sinfonia da Alvorada", datada de dezembro de 1960. Disponível em: <www.letras.mus.br> Acesso em 4 de maio de 2012.

De onde vêm as características físicas e morais do candango? Vemos assim a figura do candango emergir dos murais de Portinari no Ministério da Educação e Saúde Pública, revistada pelas fotografias da *Manchete* e dos cinejornais; ela empresta muitas de suas qualidades da elaboração ideológica sobre o trabalhador no estado moderno, assim como analisados por Anateresa Fabris (1990); pelas propriedades evocativas das imagens, ela emerge também dos mitos, silenciosos e autoritários, sobre a raça e a identidade nacional, elaborados desde a fundação dos Institutos Históricos Geográficos no século XIX (LOURENÇO, 1995) e continuamente atualizados para resolver o problema da integração social e cultural do país.

Com relação à arquitetura da capital, relevamos, antes de tudo nas matérias das revistas populares, a progressiva afirmação de uma espécie de poética do extraordinário na qual a modernidade arquitetônica é lida como a criação de algo continuamente inédito. Acima disso, uma série afortunada de eventos, como a primeira vitória na Copa do Mundo da seleção brasileira em 1958, confirma o sucesso internacional do Brasil e se sobrepõe à construção de sua capital. Gostaria de salientar que a arquitetura no Brasil é uma experiência participada a nível popular. Talvez isso contribua para explicar porque a arquitetura constrói no século passado a afirmação da identidade nacional e vice-versa, por que a afirmação da identidade nacional passou através da construção teórica, ideológica e formal de uma nova arquitetura. Essa ligação de mão dupla é evidente em muitas das representações populares como também das eruditas. Lembrando também as observações de Nair Bicalho de Sousa ao relevar como o nacionalismo é a liga do pacto entre burguesia, trabalhadores e Estado nos anos JK, podemos avançar a hipótese de que Brasília afirmou-se e fossilizou-se justamente graças à imprensa popular desses anos 1956-1960 e no ambiente nacional como a prova visível, concreta, da asserção da identidade do Brasil. Brasília, seu plano e suas arquiteturas, suas experimentações, suas utopias, suas ideologias, vinculam-se ainda mais à nação que representa, e a construção da cidade assume os traços de um mito, por sua natureza indiscutível, a-histórico, imperativo e totalizador.

As representações fotográficas da cidade nesse anos 1958-1960 são peculiares e abstraem ainda mais a cidade de seu contexto. O vocabulário das revistas populares deu ainda mais corpo a uma teoria do milagre: a cidade "surgiu no nada", "cresceu do nada", brotou como "do dia para a noite", como a sugerir que ela é milagre da natureza; suas arquiteturas são orquídeas de cimento armado, ela é um "jardim de ferro e vidro", um "poema de concreto e vidro", "obras geniais" (*Manchete*, 13 set. 1958). As contemporâneas experimentações arquitetônicas e urbanísticas ganham relevos nas matérias da imprensa nacional quando são espelho das maravilhas atingidas com a construção da capital. Assim, "a Índia também tem sua Brasília" (CHINWALLA, 27 dez. 1958) e Niemeyer faz escola (FREITAS, 30 abr. 1960). Enfim, o sucesso absorve/absolve as contradições: comentando a inauguração da capital, *O Cruzeiro* publica: "São peças de museu também os protestos bem intencionados" (*O Cruzeiro*, 26 mar. 1960).

Falando em representações, não podemos esquecer a simbologia retórica que liga Brasília, desde o desenho de sua planta, ao avião. Signo de modernidade e da vitória sobre as distâncias, da integração do território nacional, conforme as palavras de Lucio Costa – Brasília, cidade aérea e rodoviária –, até as arquiteturas de Niemeyer flutuando no vazio no Planalto e na área dos Três Poderes, a cidade sobre pilotis foi realizada "em tempo de jato" para e por um presidente que imprimiu a seu mandato o tempo do jato.

Conjuntamente, a cidade-avião é a mais fotografada do avião. As representações das perspectivas a voo de pássaro subentendem uma simbologia muito forte. Nascidas para devolver a ideia da realidade, de sua objetividade, como ressalta Erwin Panofsky (1961), essas representações são signos das orientações culturais de um determinado momento histórico. Assim vale a pena refletir sobre o valor comunicativo das fotografias, antes de tudo quando usadas pelos meios de comunicação de massa, no que diz respeito a seus papéis em construir mitos.

Enfim, não podemos esquecer um aspecto inquietante que atravessa a profissão dos arquitetos e urbanistas. O plano de Lucio Costa é um texto escrito mais do que um projeto tradicional de desenhos e cálculos: de fato alinha-se com as tendências de seu momento histórico se pensarmos que a produção escrita do Movimento Moderno equilibra, e não só em termos de importância e consequências, a produção construída. Lembramos assim que o século XX foi o século da procura de novos meios de comunicação e do nascimento da sociedade de massas e que seu traço cultural característico foi a procura de novas linguagens e de novos meios expressivos, adequados aos novos tempos e às novas sensibilidades. Todavia, não podemos desconsiderar o uso peculiar de palavras portadoras de valores, explorado pelos escritos de Le Corbusier ou de Lucio Costa. Suas estratégias narrativas parecem se encaixar tanto na definição de pensamento mítico proposta por Lévi-Strauss (2002) – de que este "procura alcançar, através dos meios mais escassos possíveis, uma compreensão do universo (...) não só geral mas também *total*" – quanto nas reflexões de Roland Barthes (1994) sobre os mitos do século XX como construções de pensamentos geradas por estratégias comunicativas.

A pesquisa avaliará a hipótese de que este complexo entrelaçamento de representações, mitologias, valores, história, linguagens e representações construiu, entre 1958 e 1960, uma avaliação totalizadora e sem história tanto das qualidades arquitetônicas e urbanísticas de Brasília como das modalidades de sua construção. De fato, a partir da inauguração, Brasília virou uma metalinguagem, continuando a desfrutar valores consolidados e a harmonizar contrastes que não encontravam soluções no plano da realidade.

A vida em Brasília nos anos 1960-1964 foi caracterizada pelos desconfortos e pelos protestos. As críticas, no nível popular, provinham dos "deportados" do Rio de Janeiro e dos trabalhadores, em especial os trabalhadores das obras.

Os primeiros enfrentavam uma cidade incompleta, de fato um vasto canteiro de obras, ainda por cima muito cara; a cidade era cheia de buracos vazios e poeirentos; as distâncias enormes, impossíveis a pé, a ausência de vegetação, o clima difícil, a fadiga de reconstruir relações sociais somavam-se à carência de mercadorias básicas e à qualidade ordinária dos produtos.

Os operários das obras enfrentavam novamente a precariedade do trabalho: as medidas anti-inflação tomadas pelos governos Jânio Quadros e João Goulart reduziram os financiamentos estaduais para completar as obras da capital, e muitos que imigraram ao Planalto Central encontraram-se desempregados. Por outro lado, nem o parque industrial de Brasília – não previsto a não ser com indústrias de pequeno porte – nem o setor agrícola de Goiás constituíam válidas alternativas para absorver o excesso de mão de obra migrada ao Planalto durante os anos JK. O custo de vida era muito alto, a casa uma questão complexa acima da qual se chocavam opostas linhas políticas e idealísticas. De fato a situação não tinha soluções que pudessem agradar pelos menos uma das frentes de contendores e contribuiu em colocar em crise o governo (SOUSA, 1983).

Nesses anos de 1961-64, na imprensa popular a imagem de Brasília manteve-se a do milagre e do sucesso internacional do Brasil, porém diminuiu sensivelmente o número de matérias dedicadas à construção da cidade. Os comerciais continuaram a usar suas arquiteturas monumentais e representativas para apresentar seus produtos: a palavra *alvorada*, as colunas do Palácio, as duas torres do Congresso, o esqueleto da Catedral viraram signos de boa qualidade, requinte e modernidade. No entanto, uma certa crítica à cidade, olhando para suas contradições e cotidianidade, propunha uma leitura do projeto, em sua totalidade, como ruína. Um complexo de contradições reais e sonhos fracassados estava desmentindo Brasília, *tout court*. Sua arquitetura e seu urbanismo foram atacados; arquitetos e urbanistas atacaram a si mesmos, chocando-se com os dogmas, as ideias, as teorizações, as posições políticas, as ideologias e os mitos produzidos justamente pelos próprios projetistas e pelas condições complexas e extraordinárias da edificação da cidade.

Cabe ponderar se o conjunto de retóricas e propagandas lançadas durante a construção da cidade influenciou os julgamentos sobre a arquitetura e o urbanismo da nova capital. De fato, a cidade, por sua natureza política, continuou objeto de demonstrações e reivindicações, e a transferência da capital a tornou também teatro das mesmas, ainda por cima acrescentando aos conflitos novos atores e novos argumentos de diatribe. Conjuntamente, as mudanças da liderança política, suas escolhas em matéria de economia, alteraram ainda mais os conteúdos das reivindicações. Nossa hipótese é que esse novo clima não simplesmente influenciou, mas aprofundou, fossilizando, as apreciações conflitantes e/ou ideológicas e/ou mitológicas sobre o plano de Brasília, apreciações postas durante os anos da edificação da cidade e rapidamente, via imprensa, transformadas em mitos.

Emerge assim a importância de se apreciar criticamente as matérias da imprensa popular realizadas durante a construção de Brasília, dedicando um cuidado tanto especial quanto inédito justamente às fotografias e às imagens em geral divulgadas pela mídia.

Referências bibliográficas

BARATA, Mario "Monumentos de Bruno Giorgi". *Skultura*, São Paulo, inverno de 1985.

BARTHES, Roland. *Miti d'oggi*. Torino: Einaudi, 1974 e 1994.

BICALHO DE SOUSA, Nair Heloisa. *Construtores de Brasília*. Petrópolis: Vozes, 1983.

BRUAND, Yves. *Arquitetura Contemporânea no Brasil*. São Paulo: Perspectiva, 1999.

CHAUÍ, Marilena. *Mito fundador e sociedade autoritária*. São Paulo: Fundação Perseu Abramo, 2000.

COLI, Jorge. "A pintura e o olhar sobre si: Victor Meirelles e a invenção de uma história visual no século XIX brasileiro" e "Primeira missa e invenção da descoberta". In: COLI, Jorge. *A descoberta do homem e do mundo*. São Paulo: Companhia das Letras, 1998, p. 107-121 e p. 375-413.

COSTA, Lucio. "Razões da nova arquitetura". In: XAVIER, A. (org.). *Depoimento de uma geração*. São Paulo: Cosac Naify, 2003.

_____. *Brasília, cidade que inventei*. Brasília, 1991.

"Edital do Concurso Nacional do Plano Piloto" e "Memória descritiva do Plano Piloto, 1957". In: DUARTE, L. S. da Silva (org.). *Relações cidade-campo: fronteiras*. Goiânia: Editora UFG, 2000.

FABRIS, Anateresa. *Portinari pintor social*. São Paulo: Perspectiva/Edusp, 1990.

FERNANDES, M. de Sousa Neto. "A ciência geográfica e a construção do Brasil". *Terra Livre*, São Paulo, n° 15, jun. 2000, p. 9-20.

LÉVI-STRAUSS, Claude. *Mito e significato*. Milão, NET, 2002.

LOURENÇO, Maria Cecília França. *Operários da Modernidade*. São Paulo: Hucitec/Edusp, 1995.

MORAES, Vinicius de. *Sinfonia da Alvorada*. Brasília, dez. 1960.

NICOLETTI, Michele. "Angoscia, mito politico e fede". In: *Mito e fede. Studi in onore di Giorgio Penzo. a cura di Baumgartner*. H. Brescia: Morcelliana, 1998.

PANOFSKY, Erwin. *La prospettiva come forma simbolica*. Milão: Feltrinelli, 1961.

RODRIGUES, Georgette Medleg. *Ideologia, propaganda e imaginário social na construção de Brasília*. Dissertação (mestrado) – UnB, Brasília, 1990.

TENDLER, Silvio. *Os anos JK, uma trajetória política*. Rio de Janeiro: Terra Filme, 1980.

Revistas

Brasília, Revista da Companhia Urbanizadora da Nova Capital do Brasil, jan. 1957-abr. 1963.

Epopéia: revista mensal em quadrinhos, número especial de Nair Miranda da Rocha e Ramon Llampayas. "Brasília, coração do Brasil". Rio de Janeiro: Editora Brasil-América Limitada, jan. 1959.

Manchete: ago. 1955-abr. 1964.

O Cruzeiro: de ago. 1955-abr. 1964.

Paisagens urbanas contemporâneas: novas poéticas

Luciana Schenk

Introdução

Certa razão deve sobreviver à falência, ou desencantamento, de um mundo dito racional, anunciado e não vivido como uma progressiva evolução para um futuro melhor. O projeto de redenção pela razão, nublado por uma barbárie sempre à espreita, aparece ainda como projeto possível, senão o único, para a vida cívica e democrática.[1]

Há que existir um lugar onde essa vida aconteça, um lugar de natureza pública, ambiente cuja forma revele e assegure transparência a seus participantes; um lugar, enfim, no qual certas qualidades permitam aquilo que se chama *vida urbana*. Daí a relação fundamental sobre a qual desenvolvemos nossa fala: cidade e cultura são questões que se complementam, de sorte que

---

1 Consultar, a respeito: Arendt (1958; 1997); Rouanet (1987; 1993), Matos (1995) e Deutsche (1996).

é necessário que a cidade seja formada de lugares que contemplem o encontro, pois são eles que fecundam e engendram um tipo especial de cultura.[2]

As qualidades do espaço público se tornam objeto de reflexão na atualidade; deparamo-nos com críticas que denunciam o esvaziamento de seu caráter institucional e encolhimento sintomático, bem como da sua colonização pelo poder privado, numa argumentação que desvenda a estetização de certos lugares, e mesmo cidades que, escolhidas pelo capital, transformam esses espaços em mercadoria (PALLAMIN, 2002).

Na contramão dessa lógica, que reduz a atividade do arquiteto urbanista àquele responsável pelo decoro, um mero auxiliar no processo de transformação dos espaços públicos em espetáculo privado (ARANTES, 2002), a necessidade de atualizar seu papel e formação, tornando mais claro seu papel na concepção e feitura da cidade, especialmente no que diz respeito à criação desses lugares públicos.[3]

Partimos da perspectiva do arquiteto urbanista, que tem em sua formação o chamado Paisagismo, disciplina relacionada ao projeto de espaços livres de edificações, a princípio as ruas, largos, praças e parques; contudo, seu pensamento e atuação incluirão, também, lógicas relacionadas aos espaços privados, suas construções e espaços livres.

O que parece se esclarecer nesse percurso é a singularidade do aqui chamado *arquiteto da paisagem*: enquanto *especialista* ele guarda pouco do estreitamento que outras especialidades imprimem. A atividade exige que se operem diferentes qualidades de informações, que são desenvolvidas e tensionadas através de sua dimensão artística.

Tem-se, portanto, um campo de conhecimento de natureza complexa: os espaços livres de edificação, a princípio seu objeto de intervenção, são tanto

---

2   "O essencial é que a cidade ensaia a convivência com aquele que eu não conheço, que me é estranho, e que, no entanto, não é excluído" (NEGT, 2002, p. 22).

3   "Toda ação ligada ao urbanismo e à construção é inescapavelmente política. É portanto, uma ação pela qual todos os construtores e urbanistas devem ser responsáveis (...) a constante participação e envolvimento da comunidade são necessários para moldar nossas cidades e torná-las comunicativas, e essa noção parece ter sido tragicamente esquecida por várias entidades que nos governam" (RYCKWERT, 2005, p. 348).

os espaços públicos quanto os privados. Projetá-los é desenhar relacionando-os ao edificado, à luz de uma totalidade que denominamos Paisagem.

A Paisagem, por sua vez, resistindo a definições unívocas, e para além da corriqueira confusão com o Natural, expressa interações das quais participam questões sociais num grau de intensidade que ultrapassa a simples indicação de uso.[4]

O desenvolvimento a seguir busca argumentar acerca de possíveis estratégias de atuação relacionadas à criação de projetos da paisagem no contexto contemporâneo. Para tanto, pretende revelar parte dessa especificidade da formação do arquiteto urbanista na construção de paisagens, explicitando a participação do chamado Paisagismo e seu campo disciplinar, em especial naquilo que nos parece ser aspecto definidor, o contato com as questões da arte.

Um percurso em direção à paisagem

A origem dessa investigação aparece ligada à experiência vivida profissional e didaticamente. O pensar numa estratégia metodológica para projetos de espaços livres públicos surgira a partir de uma perspectiva elaborada durante o mestrado realizado na década de 1990 sobre o Elevado Costa e Silva, um viaduto cujo processo de projeto e construção, e principalmente, a realidade de sua participação no contexto urbano da cidade de São Paulo sempre reaparece como objeto de discussões.[5]

Uma das chaves de pesquisa desenvolvida na dissertação foi a aparente distância que muitas vezes separa campos teóricos da experiência concreta;

---

4   As contemporâneas definições de Paisagem associam em sua construção as ideias de "evento e movimento" (VIRILIO, 2000); "estrutura viva em constante mutação" (MONBEIG in SALGUEIRO, 2000); "reflexo das contradições e conflitos presentes no cotidiano" (FAGGIN, 2006); "agente na disposição de uma sociedade mais equânime" (QUEIROGA 2006); "construção cultural" (ROGER in SALGUEIRO, 2000).

5   É possível ter um quadro das informações sobre o assunto através do trabalho realizado sobre as notícias veiculadas pelo jornal *O Estado de S. Paulo*, entre 1964 a 1970, presentes no primeiro capítulo de nossa dissertação de mestrado: *Elevado Costa e Silva: processo de mudança de um lugar*. FAU-USP, São Paulo, 1997.

358   Cristina de Campos • Fernando Atique • George A. F. Dantas

foram investigadas as *qualidades* das justificativas que levaram à decisão de construir a via elevada, de sorte que o objeto de estudo se tornou um paradigma às avessas do modo de pensar, projetar e construir a cidade.

Desenhava-se a intenção de refletir acerca de possíveis caminhos na elaboração de *projetos da paisagem urbana* que suscitassem uma maior aproximação entre campos que aparentemente se mantinham isolados. Era possível observar, em especial relacionadas à prática profissional, no que diz respeito a certas obras construídas e em uso, uma flagrante dissonância entre as pretensões do arquiteto e a experiência do lugar projetado. Entre justificativas e descrições das potencialidades do projeto, ou sua imagem enquanto representação e construção surgiam, muitas vezes, descompassos: essa descontinuidade atestava uma falha, ou falhas, que mereciam reflexão.

Um primeiro movimento relacionou esse hiato à separação histórica entre *sujeito e objeto*, fruto de todo um desenvolvimento científico iniciado no século XVII. Essa separação, que no limite operava isolando e classificando partes de uma investigação, na atividade de projeto, poderia ser a causa aparente dos descompassos entre falas e justificativas, e dessas com a experiência da obra construída.

Associada à primeira hipótese formulada ainda no mestrado – *a de que os modos de realização das investigações sobre o urbano contribuíam em parte como causa da distância entre justificativas e experiência de projeto* –, existiria a vinculação do plano inicial do doutorado às chaves que realizam a crítica aos modelos idealizantes de compreensão do espaço urbano, inaugurada em meados da década de 60.[6]

As estratégias de pesquisa e produção do conhecimento nesse período passavam por uma revisão, a crítica realizada dava conta de uma postura metodológica que se desdobrava em equívocos projetuais. A distância produzida parecia ser *estruturalmente construída*, a alternativa associava-se ao processo de compreensão da realidade na qual se inscreve o projeto e deveria ser realizada sobre outras bases.

---

6   Aldo Rossi (1966), Carlo Aymonino (1972) e Henri Lefèbvre (1968), entre outros.

O ponto fundamental era que, graças à aproximação com a realidade, aumentava-se a possibilidade de alcançar um projeto que se tornasse referência em termos de uso, calcado em qualidades arquitetônicas e urbanísticas informadas pelo contexto. A pesquisa de então se inseria dentro de uma perspectiva relacional, do *fato urbano à luz de seu contexto* e, a partir dessa percepção, uma nova lógica se alicerça pretendendo romper com as chaves operantes na ciência responsáveis pelo fragmentar da realidade.

O grande desafio dessa lógica é esperar que, ao conduzi-la, sejam obtidos projetos de qualidade; diga-se com clareza: *não é o esforço de construção e compreensão de um lugar que garante, necessariamente, uma obra de referência*. O lugar, ou lugares, dos quais participa um projeto são *meio com o qual se elabora na realização da síntese* que, de algum modo, *a obra construída representa*. Dialeticamente, um novo lugar se configura a partir de sua inserção, mas não há certezas sobre as qualidades dessa arquitetura e contexto.

O que nos leva ao próximo movimento: a escolha do caminho não nos assegura a chegada a um ponto, mesmo um exemplar processo de leitura não implica num projeto que, uma vez construído e em uso, se torne um lugar importante na cidade; contudo, *o processo de leitura de um lugar pode suscitar novas informações e almejar, antes de tudo, trazer visibilidade para questões que a sociedade, por diversos motivos, mantém ao largo*. Essa é uma das possibilidades, enquanto estratégia, que se apresenta contemporaneamente no que diz respeito à Arquitetura da Paisagem.

É sob essa perspectiva que se inscreve a possível atuação da chamada arte pública urbana e suas lógicas, associadas ao projeto da paisagem. A arte urbana, graças à sua potencial capacidade de *apresentar conflitos próprios ao espaço público sob outra mediação*, seria potencialmente capaz de conceituar e instigar o desenho, um pivô que estruturaria o projeto de uma paisagem urbana articulando memória, reflexão e síntese.

Enquanto discurso plástico, ela é elemento que potencialmente ordena a memória involuntária, antecipando e revelando significados na construção de um lugar através do projeto (ALBA, 1987).

Distanciando-se de visadas que percebem a paisagem apenas como algo edílico e romantizado, e aproximando-a das reflexões mais contemporâneas que a apresentam como *expressão de conflitos*, seu projeto passaria a ser um *exercício crítico realizado espacialmente*. A dimensão dessa disposição pretenderia, portanto, operar como *um antídoto ao processo de homogeneização do espaço urbano atual; como prática crítica na cidade, sua perspectiva não é a do decoro, mas a da geração de um sentido*, de um novo significado para o espaço urbano que se projeta.

A tentativa de dar visibilidade ao conflito[7] tornando-o operativo é algo que ultrapassa as expectativas ordinárias de um projeto da paisagem; o resultado dessa obra construída não pretende ser uma "solução" para o lugar, mas sim um significativo processo de leitura, compreensão e proposição ligado àquele espaço e tempo.

Todo esse desenvolvimento parece a princípio contrariar as expectativas acerca de um projeto de paisagismo; porém, se partirmos da compreensão da origem desse campo disciplinar, suas expectativas infraestruturais e estéticas, será possível observar quanto das suas propostas aparecem, uma vez mais, atualizadas no contexto contemporâneo.

Paisagismo e arquitetura da paisagem

Os cursos de Arquitetura, Urbanismo e Paisagismo se realizam em separado na maior parte dos países. A inquietação original durante o mestrado, que havia dado origem à pesquisa acerca da distância entre chaves teóricas, justificativas e projetos, ou ainda entre projetos e uso, parecia se ampliar quando vista a partir das especializações profissionais.

Em território brasileiro, Arquitetura e Urbanismo estão num mesmo curso; parte integrante do currículo desde 1994, o Paisagismo é disciplina, e demanda em sua prática histórica o incessante uso de diferentes informações elaboradas através de uma permeabilidade entre campos de conhecimento. As especificidades do lugar, seus usos e sua *natureza* – em toda a dimensão de significado que a palavra pode conter – foram *sempre* informação relevante.

---

7 "Neste contexto, a Arte Pública é tratada como um modo de materializar relações sociais urbanas, um dos modos tangíveis de como a cidade se mostra e apresenta seus conflitos, (...), seu significado urbano é fluído, temporal e contingente" (PALLAMIN, 1994, p. 24).

O processo de criação mantém o contato com o real como *meio de conceber o projeto*, tratando-se de diretriz formativa da atividade do paisagismo.

Os modelos urbanos, por sua vez, frutos da então jovem ciência, o Urbanismo, e compreendidos como elaborações de uma modernidade especialmente relacionada às cidades, foram objeto de crítica no período posterior à década de 1960, que acusava os autores dessas propostas de gerarem modelos profundamente abstratos. Submetidos à experiência concreta, os modelos resultavam esvaziados na maior parte de suas pretensões.

Esses paradigmas urbanísticos encontravam um contraponto possível na prática do campo disciplinar do chamado Paisagismo; uma nova hipótese tomava forma durante o desenvolvimento do doutorado: *os modos de investigação do Paisagismo pareciam auxiliar na neutralização das tentativas de separação*. Sua produção, que relacionava informações do meio físico e natural a processos e lógicas sociais e de infraestrutura urbana, tratava de apresentar novas alternativas às cidades e suas partes, bastante distintas daquelas que se tornaram exemplos para uma modernidade frente ao desafio do crescimento.[8]

A pesquisa de caráter historiográfico tornara-se então vital. Investigar a origem do campo disciplinar e avançar em seu desenvolvimento, até sua entrada em nossa cultura e universidades, significaria distinguir algo que nos pareceu chave para compreender a atualidade da disciplina, bem como suas potencialidades metodológicas.

---

8   A proposta de Frederick Law Olmsted para Riverside tornou-se uma experiência de forma urbana que contemplava moradias, comércio e serviços articulados a espaços livres, exemplo distinto dos modelos funcionalistas, como também dos relacionados à chamada cidade-jardim de Ebenezer Howard. O cuidado na eleição das informações e distinção das qualidades originais da paisagem, bem como a clara intenção de conformar lugares que contivessem as benesses da cidade, sem suas mazelas, tornam o desenho olmstediano uma referência no que diz respeito à manutenção da fisionomia da paisagem e, especialmente, no lançamento de uma urbanidade que contempla variados usos e fruições relacionados às especificidades de sua localização. Para maiores informações, é possível consultar nossa tese de doutorado (SCHENK, 2008).

Uma especial atenção também se dirigiu para aquilo que se destacava na prática da melhor denominada Arquitetura da Paisagem, desde suas origens: a qualidade artística.

A pesquisa das fontes tornaria visível um campo disciplinar originário de fora do país, especialmente marcado pela cultura americana, e posteriormente, a partir das décadas de 1950 e 1960, relacionado às especificidades do território brasileiro.

É a partir da inauguração do termo *Landscape Architect* (*Arquiteto da Paisagem*) por Frederick Law Olmsted, na segunda metade do século XIX, e especialmente pelo estabelecimento do curso em 1901 em Harvard, tendo à frente seu filho Olmsted Jr., que a profissão surge e vai, pouco a pouco, adquirir matizes que desde sua origem explicitam qualificações específicas que não são a do jardineiro, ou do planejador urbano, ou mesmo apenas as do artista ou arquiteto.

Esses debates acontecem particularmente nos Estados Unidos, embora haja manifestações bastante significativas dessa atividade também em partes da Europa, não se apresentam as qualidades que farão deste um campo disciplinar instituído tão precocemente naquele país.

O desenvolvimento em território americano acontece em várias escalas, da pública à particular, da domiciliar à territorial, da criação do termo à formação institucional; elas atestam uma prática que não esteve apenas ligada ao contexto urbano, muitas vezes ela já aparecia relacionada ao território, ou ao meio ambiente dito natural e à sua conservação. Em relação ao território, suas proposições dialogam com as questões do planejamento; enquanto graduação, *Planning* foi fruto histórico do curso de *Landscape Architecture*.

A arte e seus trânsitos eram defendidos como meios pelos quais a pertinência da prática e disciplina, sua justificativa e lógica seriam engendradas. A questão da arte, tratada no início dessa argumentação, reaparece agora sob as luzes do campo disciplinar: sua natureza é fundamental no desenvolvimento de projetos desde as origens da Arquitetura da Paisagem;

entretanto, torna-se necessário esclarecer a *qualidade da arte que se tinha em mente nesse período inaugural*, para relacioná-la ao tempo presente.[9]

Apresenta-se assim um campo profissional e disciplinar para o qual a arte e seus processos são vitais; surge desse modo um nexo que redesenha o horizonte da investigação, transportando-o de suas origens, que retrocedem ao século XVIII em termos filosóficos, passando pela Modernidade e suas novas representações e, finalmente, procurando atingir a contemporaneidade da questão artística. Através de seus trânsitos, busca sugerir potencialidades na construção da paisagem da cidade atual.

A aproximação dessas informações permite visualizar possibilidades de ação, a dimensão de um possível método, associadas às questões desenvolvidas em primeiro lugar na esfera da Filosofia.

Ttrânsitos artísticos, natureza e princípio orgânico

Um particular momento desse percurso de prospecção nos colocou frente a um contexto que explicitava a relação entre Arte e Paisagem em meados do século XIX, origem da prática da denominada *Landscape Architecture*. Duas ideias apareciam relacionadas tanto à produção artística quanto à Paisagem, a saber, *Natureza* e *Princípio Orgânico*.

A ideia de Natureza é comumente associada ao Paisagismo e à Paisagem; o *Princípio Orgânico*, por sua vez, é uma questão metafísica fundamental que torna possível associar arte e intervenções na paisagem em desenvolvimentos do pioneiro da profissão, Frederick Law Olmsted. Um dos objetivos nesse período em nossas pesquisas foi apresentar diferentes compreensões dessas ideias, revelando o equívoco de restringir tanto Natureza quanto o chamado Paisagismo ao verdejado, sendo isso não mais do que um estreitamento de significados. Essa ação foi fundamental para que se revelasse a qualidade artística presente na origem da atividade do arquiteto da

---

9   O movimento desse texto se desloca a partir de então *dos objetos para as condições de possibilidade dos objetos*, inscrevendo a investigação numa perspectiva crítica, *atenta à pluralidade das histórias* (HANSEN, 2002).

paisagem e, principalmente, oferecia um ponto de partida para tratarmos da questão da arte.

A associação entre Natureza e Arte impregna os escritos e trabalhos de Olmsted. A ideia de que a Arte pudesse ser a pedra de toque na solução da dicotomia observada entre Razão e Sensibilidade, entre pensamento e experiência, era ainda uma questão de peso para pensadores da época, sendo apresentada pelos filósofos idealistas alemães do século XVIII, em especial Schiller e Schelling. Em seus escritos, afirmam a necessidade de restabelecer a totalidade primeira, destruída pelo artifício do pensamento.

Na carta número VI de *A educação estética do homem* (1995), Schiller assinala o ponto de separação e a possível volta a um estado de união entre Homem e Natureza, destruído pela divisão, antagonismo excludente, entre Razão e Sensibilidade:

> Por que o indivíduo grego era capaz de representar seu tempo, e porque não pode ousá-lo o indivíduo moderno? Porque ele recebia suas forças da natureza, que tudo une, enquanto este as recebe do entendimento que tudo separa. Foi a própria cultura que abriu essa fenda na humanidade moderna. (...) O entendimento intuitivo e o especulativo dividiram-se como intenções belicosas em campos opostos.

Schiller,[10] Schelling, Goethe, entre outros, norteiam o desenvolvimento do chamado *Princípio Orgânico*, que alimentaria boa parte da produção do século XIX, inclusive a olmstediana, informada por pensadores como Thomas

---

10 "Não é suficiente, pois, dizer que toda a ilustração do entendimento só merece respeito quando reflui sobre o caráter; ela parte também, em certo sentido, do caráter, pois o caminho para o intelecto precisa ser aberto pelo coração. A formação da sensibilidade é, portanto, a necessidade mais premente da época, não apenas porque ela vem a ser um meio de tornar o conhecimento melhorado eficaz para a vida, mas também porque desperta para a própria melhora do conhecimento" (SCHILLER, 1995, p. 51).

Carlyle e John Ruskin, e a produção dos irmãos americanos que aclimatam essas leituras, William e Ralph Emerson (SCHILLER, 1995, p. 41).

O estabelecimento de uma não divisão entre Homem e Natureza, sua percepção como totalidade, tem como desdobramento o revelar de um *elo vital que une real e ideal*: a natureza se torna divina vitalidade, de modo que seus poderes são curativos e sanatórios – um mote originalmente clássico reativado uma vez mais. Esse estado de *indivisão*, condicionado pela própria não separação sujeito/objeto, produz uma filosofia em contínua tensão e introduz a Natureza, sua compreensão e definição, na filosofia transcendental – sem transformar a Natureza em mera construção humana (LUCKÁCS in MERLEAU-PONTY, 2000, p. 82).

O esforço do artista, tanto quanto o do filósofo, é revelar a beleza através de uma arte que tensiona intelecto e intuição. Afirmaria Olmsted em seus escritos que sua prática reunia a oportunidade de incorporar a concepção orgânica de maneira direta, a experiência da propriedade vital era fenômeno sem mediações no passear por suas paisagens (FISCHER, 1976, p. 30).

O *Princípio Orgânico* leva Olmsted a um questionamento que estará na base de suas intervenções realizadas em espaços livres: a necessária *congruência entre o projeto* – cuja existência se dá através da perspectiva artística – *e o lugar*. Essa consideração rejeita a simples cópia de tipos e *afirma a fisionomia original do lugar como informação não apenas relevante, mas questão a ser revelada e amplificada pelo projeto da paisagem* – do parque ao campus universitário, da nova cidade e seu plano ao sistema de espaços livres dessa cidade.

A verdade artística aqui está intimamente relacionada ao meio ambiente natural, de modo que a *concepção orgânica da humanidade* e a *estética orgânica* combinam-se, e é apenas a partir dessa unidade que se torna possível o *atualizar do ser humano pela arte*.

Compreenda-se o significado dessa atualização: *Olmsted espera com seu trabalho suplantar as condições não naturais às quais a humanidade está submetida nas grandes cidades, e que são seu objeto de crítica*. Reparece aqui a condição profilática da Natureza que, operando como antídoto à alienação causada pelos grandes centros, provê e provoca no homem um momento de retorno a um estado primeiro: *quando a intuição faz entrever essa continuidade, essa não separação, o homem alcança o verdadeiro sentido de humanidade ao qual parece ser destinado.*

A Arquitetura da Paisagem tem, portanto, em sua origem, *uma dimensão estética que é também ética*, algo que se transforma ao longo de todo o desenvolvimento da atividade até os tempos atuais em suas qualidades, mas não em sua vinculação, de modo que quando nos deparamos com os aspectos revolucionários da arte moderna, ou com seus desdobramentos no chamado contemporâneo, é possível, ainda, construir essa relação entre ética e estética.

Moderno, modernidade e paisagem

A Modernidade constitui-se num mundo industrial, urbano e em movimento. O espaço público, em especial sob a forma de parques, havia sido o lugar essencial de inovação na Europa de meados do século XIX;[11] nas proximidades do século XX, apresentava-se um impasse em relação às fórmulas do chamado *estilo paisagístico*: sua imagem seria associada ao velho mundo que se desejava suplantar.

A ruptura com o cânone clássico, representações desse mundo antigo, e a vontade de uma arte cujo pensamento e ação acontecessem segundo sua época faz do Modernismo não uma corrente, mas correntes que, segundo Argan (1992, p. 185), mesclam de maneiras muitas vezes confusas "motivos materialistas e espiritualistas, técnico-científico e alegórico-poéticos, humanitários e sociais".

---

11 "Tendo sobretudo como figuras de proa Barrilet-Deschamps, em Paris; Linné, em Berlin; Paxton, na Inglaterra e Law Olmsted, em Nova Iorque. (...) O alfandismo [sic], de certa maneira um paradigma desse estilo, acha-se em vias de ossificação dogmática e acadêmica desde 1875. De fato, as únicas criações vizinhas no campo formal que escapam a essa degenerescência são as propostas norte-americanas de Frederick Law Olmsted e de Calvert Vaux, sustentadas que estão por duas diferenças importantíssimas: uma escala espacial urbana completamente diversa e a inserção numa sociedade mais aberta e democrática do que suas homólogas européias" (LE DANTEC, *apud* LEENHARDT, 2000, nota 2, p. 99).

As implicações dessa perspectiva no campo disciplinar são percebidas de diferentes modos. No âmbito do desenvolvimento americano, testemunha--se o descompasso entre o Moderno que Walter Gropius traz da Bauhaus para Harvard a partir de 1937, e a matriz do curso de Arquitetura da Paisagem. Fortemente ligado às especificações botânicas, uma vez que nasce da Faculdade de Horticultura em 1901, a graduação sob a direção de Olmsted Junior carregava todo um arcabouço histórico e artístico que remonta ao século XVIII.

O foco da atenção projetado por Gropius e outros arquitetos vindos da Europa está em outros pontos, e o que se poderia chamar Paisagem não vai muito além do perfeito e neutro cenário no qual a peça arquitetônica pode ser claramente observada.

Associam-se dialeticamente duas chaves nesse período: a primeira mencionada, responsável pela crescente *invisibilidade*[12] da paisagem em sua variedade, e outra, que se dirige para uma compreensão da paisagem em sua complexa constituição, algo que se percebe tanto através dos artigos das revistas especializadas quanto pelas mudanças ocorridas dentro do próprio campo disciplinar em suas ementas. Esse movimento está longe de parecer consenso, e não acontecerá nem fácil nem uniformemente em território americano. Há que se pensar em nomes como Fletcher Steele, Garret Eckbo, Dan Kiley e James Rose e, especialmente, em Cristopher Tunnard.[13]

Steele, já em 1937, escreve acerca dos pioneiros do desenho do jardim na Europa, Toni Garnier, Le Corbusier, Pierre Grain, Robert Mallet-Stevens,

---

12 Há todo um desenvolvimento teórico e crítico que tributa à modernidade a tese da invisibilidade da paisagem; a perspectiva levada por Walter Gropius para o curso de arquitetura em Harvard está presente no livro de Walker e Simo (1994).

13 O chamado Modernismo se caracterizou pela derrocada das preceptivas vigentes até então numa ruptura expressa por Argan e que se manifesta também na Arquitetura da Paisagem, na qual jardins e paisagens se apropriam de formas inauguradas nas outras artes, especialmente pintura. Ensaiam poéticas mantendo elos com o lugar para o qual se projeta; uma nova expressão da paisagem é construída a partir de então.

Gabriel Guevrekian, entre outros[14] – nenhuma fala acerca desses trabalhos realizados à luz de uma nova estética havia sido produzida até então, e essas informações causam um *frisson* revolucionário entre os estudantes de Harvard. Entretanto, não ocorre o mesmo com a maior parte dos associados da ASLA (American Association of Landscape Architect), Associação Americana de Arquitetos da Paisagem, formada em 1899 e que, francamente relacionada aos ditames das *Beaux Arts*, rechaça as pioneiras experiências modernas com a paisagem e os jardins.

O jovem arquiteto Garret Eckbo, no mesmo ano de 1937, expressa sua insatisfação com os eixos e pontos focais, entre outras fórmulas, para a concepção dos jardins e espaços livres de então, publicando artigo na *Pencil Points*, antecessora da revista *Progressive Architecture*. A revista da ASLA, *Landscape Architecture,* não abria espaço para artigos como de Eckbo, sua orientação editorial ilustrava copiosas páginas com jardins pinturescos ou, em menor número, afrancesados, bem como parques nacionais em sua exuberância selvagem, não revelando aos seus leitores que essa arquitetura contemplava um campo muito maior de saberes que já se anunciava.

Os artigos de finais da década de 1930 de Garret Eckbo, Dan Kiley e James Rose, junto aos escritos do inglês Cristopher Tunnard, já enfatizavam *flexibilidade, economia e ampliação dos usos e fruições humanos*, tanto no que dizia respeito aos parques e jardins como dos corredores formados por canais e estradas, de modo a constituir um sistema de espaços livres, numa clara sintonia com ideais modernos.

Em seu livro *Gardens in the Modern Landscape* (1938), Tunnard inspira toda uma geração de jovens arquitetos da paisagem acerca da *compreensão do jardim como obra de arte. A arte moderna mobiliza a produção da arquitetura e funciona como integração entre propósitos estéticos, funcionais e sociais.*

Simpático a muitas das ideias de seus contemporâneos colegas modernos, *o que o diferenciava era o seu interesse pelas questões históricas que*

---

14 "We must search a new point from which to view the art. (...) Landscape Architecture was deeply concerned about intangibles."(STEELE *apud* SIMO, 1999, p. 99).

envolviam jardins e paisagens. A Modernidade apresentada por Tunnard não negava a história, ao contrário, a par de afirmar uma intensa relação com a arte desse período e principais expoentes, não deixava de enfatizar o intrínseco valor do lugar e suas relações, inclusive aquelas que se conformaram ao longo dos tempos. Repudia-se a cópia de um jardim histórico, mas não o valor enquanto manifestação cultural e artística.

Os princípios que nortearão a produção moderna da paisagem se distanciam das concepções engendradas pelo século XVIII e aclimatadas pelo XIX, contudo, a presença da dimensão artística como pivô na produção de um projeto de paisagem, como motor dessa produção, é questão que permanece. Os questionamentos que provocaram a mudança de paradigma e entrada do projeto da paisagem em tempos modernos testemunham ainda o vínculo original entre ética e estética: *a natureza do espaço livre proposto tem entre suas pretensões atender ao encontro de todos os cidadãos, à vida pública e civil constituída a partir de lugares qualificados cuja imagem deveria ser consonante com essa perspectiva, uma estética moderna em congruência com um homem de novos tempos.*

No Brasil, para a historiografia que trata do tema, o primeiro grande personagem a marcar a História da Paisagem como uma inflexão diferenciada é Roberto Burle Marx, e sua matriz de pensamento e produção é francamente moderna (DOURADO, 2009).

Em terras brasileiras o Moderno, enquanto chave de compreensão de uma realidade e movimento artístico cultural, não apenas tornou visível nossa paisagem, mas fundamentalmente participou de sua construção. Pelas mãos de Burle Marx, a natureza não se comporta como mero e neutro cenário; há uma *congruência* entre arquitetura e paisagem, suas percepções e tratamento *se definem em concordância com o meio natural* (BURLE MARX *apud* LEENHARDT, 2000, p. 61).

É necessário ambientar a formação de Burle Marx e compreender que sua ordem de razões e sensibilidade participam desse momento no qual arte e técnica parecem constituir-se no poderoso meio que torna possível a redenção de um velho mundo. Essa articulação é o instrumento pelo qual o paisagista empreende sua missão social, que guarda pretensões pedagógicas e de emancipação. A paisagem e sua criação, por sua vez, longe do *estetismo inútil*, inscrevem-se na esfera das necessidades: "não nos esqueçamos de que a paisagem também se define por uma exigência estética, que não é nem luxo, nem desperdício, mas uma necessidade absoluta para a vida humana sem a qual a própria civilização perderia sua razão de ser" (BURLE MARX *apud* LEENHARDT, 2000, p. 47).

Há, entretanto, um contraponto dentro desse pioneirismo no que diz respeito à origem da prática em solo americano. Talvez porque o conhecimento técnico-científico que domina a obra de Burle Marx seja eminentemente de outras naturezas que não a urbanística, sua experiência não cria escola nessa direção. O desenvolvimento de sua contribuição se apoia em qualidades de congruência ligadas às questões estéticas e meio-ambientais, e não do planejamento das cidades. Muito embora uma das grandes qualidades de seus projetos seja o fato de muitos deles serem públicos, não passa pelo escopo de seu trabalho o pensar da cidade da mesma forma que pensara Olmsted.

Já em 1870, este último escreveria sobre o *crescimento das cidades, afirmando serem os parques não apenas um bom investimento, mas uma dívida da municipalidade para com seus cidadãos* (OLMSTED, 1870, *apud* ROPER, 1983, nota 6, cap. XXVII). Aqui se apresenta a questão de que o plano deve ser pensado a partir da *estrutura que articula espaços livres*: o que inclui parques, grandes e pequenos, praças e o sistema de ruas e avenidas, *parkways*, cujo desenho de qualidade engendra o desenho da cidade.

A questão de peso nesse processo que aproxima pioneiros em diferentes séculos é que não houve um corpo teórico sistematizado que apresentasse esse contato entre a paisagem e seu projeto e a estética moderna. Burle Marx produz uma *paisagem moderna*, mas não são elaboradas, naquele período, teorias de fôlego sobre a questão.

Olmsted é precursor de ideais modernos da vida cívica ao fundar uma perspectiva diferenciada no que diz respeito à produção das cidades e seus espaços livres, mas seu aporte estético permanece ligado ao século XVIII; *a imagem que se produz ainda é pinturesca*, mesmo quando projeta espaços para os pântanos da cidade de Boston numa declarada tentativa de *transformar o olhar do cidadão*: aquilo que a princípio seria percebido como feio e sujo pântano,[15] tornado parque, é paisagem produzida pela arte.

A Arquitetura da Paisagem, mesmo com esse início promissor em terras americanas, não foi capaz de manter sua participação de forma decisiva no desenrolar do século XX. Sua funcionalidade era baseada em questões de ordem humanísticas e naturais, que se mostraram frágeis frente ao desenvolvimento das lógicas modernas – a despeito das tentativas de *modernizar* o campo disciplinar da Arquitetura da Paisagem.

Em meados do século XX, os professores Hideo Sasaki e Stanley White procurariam trazer à luz os princípios de Olmsted fazendo constar propósitos sociais, artísticos e culturais nas ementas do curso de *Landscape Design* em Harvard. Stanley White era estudioso do trabalho de Charles Elliot, que produzira junto a Olmsted.

O artigo publicado por Sasaki na revista *Landscape Architecture* de julho de 1950 defende algo que afirma ser fundamental estar presente nos currículos de então: *a necessidade de atualizar o conhecimento da arquitetura da paisagem localizando-a como o projeto e planejamento do meio ambiente.* Imprime nessa mudança de perspectiva uma especial atenção para a *relação entre os objetos*, e não o objeto de projeto isoladamente. A alteração da postura em relação ao *processo* faz dele o motor de uma nova didática.

Toda a questão do meio ambiente é decisivo ponto de inflexão no campo de atuação da Arquitetura da Paisagem na passagem dos tempos modernos para o período contemporâneo. A ciência da ecologia e os métodos científicos relacionados à sistematização de informações tornaram as

---

15 A solução que se apresentava não era apenas de qualidade técnica, sua resposta procurava trazer orgânica e congenitamente a alternativa da fruição, um artifício aqui reitera características da paisagem: *o Fens deveria aparecer como um gesto simples, embora um grande e sério esforço estivesse envolvido para produzi-lo* (CREESE, 1985, p. 172). Olmsted argumentaria: "é um desenvolvimento direto das condições originais do local como adaptação às necessidades de uma densa comunidade urbana. Visto dessa maneira, será reconhecido como natural, no sentido artístico da palavra, e possivelmente sugerirá um modesto sentimento poético mais gratificante às mentes citadinas do que um elegante trabalho de ajardinamento poderia produzir" (OLMSTED *apud* ZAITZEVSKY, in SPIRN, 1995, p. 165).

produções mais complexas e implicaram na necessária interdisciplinaridade da profissão.

As bases de dados agora reúnem regiões e territórios e despertam diferentes alternativas metodológicas em seus expoentes. Projetar a paisagem passa a ser, a partir dessa perspectiva, descobrir meios que sejam capazes de articular essas informações: da interpretação de cartas com dados físicos, das informações ambientais diversas, da vida animal e vegetal existente, lençóis freáticos e corpos de água, às alternativas de desenvolvimento e usos pensados para a área; tudo é cúmplice da *síntese que propõe o melhor modo de ocupar aquela região*.[16]

Esse *melhor* implica numa ideia de beleza que retoma a questão original acerca da congruência entre projeto e lugar. *A beleza agora parece ganhar a forma daquilo que se mostra como ambientalmente adequado*, numa confusão que faz lembrar uma ideia já apresentada: a irretocável coleção de informações e sua complexidade não implica em um projeto memorável, como também não parece ser a *adequação ambiental* qualidade estética pertinente para a concepção de um projeto de paisagem relacionado a territórios.

O Urbanismo, que se apresentou como novidade técnica de gestão do fenômeno urbano no período moderno, tornou-se crescentemente prático e funcionalista; sua estratégia no decorrer da segunda metade do século XX quantificou os problemas e registrou necessidades, substituindo os termos "parques" e "jardins", que suscitavam uma gama de imagens, usos e percepções, pelos abstratos "espaços", as "áreas verdes".

---

16 Ian McHarg é personagem referencial da mudança em pauta, escrevendo em 1969 um livro que se tornou referencial à Arquitetura da Paisagem: *Design with Nature*. (Philadelphia: Falcon Press, 1969). Sua fala reafirma uma *arte que transparece quando a ciência se realiza*. Ao pensar na arte em termos da relação homem/meio-ambiente, McHarg pretende afirmar uma nova filosofia, *um novo Humanismo alicerçado em conexões vitais que passam a ser reveladas através de metáforas operadas pelos Projetos da Paisagem*. Essas metáforas, cuja inspiração aparece a partir do próprio lugar, oferecem-nos, segundo sua argumentação, a chance de pensar ocupações e planos que contrariam lógicas eminentemente econômicas. Porém, o que se desenha teoricamente não garante *a qualidade das metáforas quando transpostas para o fenômeno*.

O que vivenciamos na entrada do século XXI é todo um movimento que busca reativar a ideia de Paisagem como construção cultural de natureza complexa, em especial de suas valências estéticas, numa clara reação ao esvaziamento de significados ocasionado pelos campos disciplinares especializados e suas práticas.

Em direção à ação

A Modernidade dessacralizou o mundo e instituiu uma racionalidade eficaz apoiada no Estado regulador e em sua burocracia. Uma nova mentalidade empresarial, baseada na previsão e no cálculo, acelerou o processo que operaria sobre ciência, moral e arte. Como contraface desse processo, o *lugar das coisas no mundo* sofreu duro golpe. A racionalização cultural poria fim à visão de mundo tradicional e produziria um novo tempo no qual significados não são mais estáticos (ROUANET, 1993, p. 120-144).

Essa lógica não apenas terminou por emudecer o significado das questões românticas no que diz respeito à dimensão estética, mas também ao mesmo tempo, gerou um desafio para aqueles que pensam, projetam e constroem a cidade: seus espaços participam de uma realidade cujas relações não são mais completamente visíveis.

Da releitura das teses marxistas realizadas por Max Weber (1864-1920), que explicitam esse especial processo de racionalização, à percepção de uma nova forma de dominação política – a da técnica, realizada pela chamada Escola de Frankfurt – um percurso se estabelece: o sistema de dominação não pode mais ser criticado imediatamente.

O capitalismo moderno institucionaliza o progresso científico e técnico. Se antes o *lugar das coisas no mundo* era ditado pela tradição, religião ou direito natural, com a introdução de um dos mecanismos bases do capitalismo, a saber, a *adaptação cotidiana a modificações*, são rompidas as proporções históricas, substituídas agora por nova fonte de validação: a mesma cientificidade que proporciona essa capacidade de mudança. O desdobramento dessa lógica é o esvaziamento da qualidade política de seus participantes; o poder agora se funda sobre regras técnicas (ROUANET, 1993, p. 120-144).

Nesse complexo desenvolvimento, a paisagem vê seu significado tornar-se crescentemente científico e suas qualidades artísticas serem subsumidas como correlatas, ou inerentes à técnica; tem-se aqui a paisagem apresentada de dupla forma: paisagem, relacionada ao decoro, o paisagismo embelezador; e a paisagem como meio-ambiente, fruto de uma construção realizada pelo desenvolvimento científico. O termo meio-ambiente, complexo e inclusivo, parece querer guardar a síntese do que seja natureza e paisagem; estende-se sobre essas ideias, neutraliza e esvazia seus significados.

Todas essas questões se tocam; paisagem, natureza e meio-ambiente dialogam, mas não são equivalentes. A equivalência é uma operação com pretensas dimensões culturais, que implica numa *redução da paisagem em sua poética e estética como questões menores*, ou mesmo desprovidas de sentido, *estetismo inútil* (CAUQUELIN, 2007, p. 10).

A questão fundamental com a qual nos deparamos é a de que dos arquitetos urbanistas se esperam projetos, eles são a expressão visível de nossa atividade, representação anterior à própria construção; entretanto, quando nos recusamos a investigar o significado dessa racionalidade atual, nos colocamos à mercê de vagas de outras naturezas, ancoradas ao uso da imagem que somos capazes de produzir. Esse movimento, realizado pelo capital e desvendado por parte da crítica, torna a arquitetura instrumento que projeta o espaço agora tornado *mercadoria*, subvertendo qualidades outrora públicas. O lugar passa a ser então a *expressão dessa ocorrência*: é o espaço livre transformado em *belo cenário urbano*, que convida parte da população e expulsa outra.[17]

Do projetar, e aqui se fala não só da área externa, construída ou não, dos espaços públicos ou privados, mas de uma *totalidade apreendida na continuidade dos espaços livres e construídos, a Paisagem*, surge a alternativa de criação de uma Arquitetura, como sendo aquela que pretende *construir*

---

17 "A ideologia do lugar público não é mais uma exclusividade do discurso oficial (...). O Capital em pessoa é hoje o grande produtor dos novos espaços urbanos, (...). A assim chamada, e estetizada, cidade fragmentária, em grande parte é isso, é o resultado da nova "ordem" mundial, em que a grande maioria das pessoas não tem mais nem mesmo a infelicidade de ser explorada (...)" (ARANTES, 2001, p. 128 e 129).

lugares nos quais seja possível acontecer a ação comunicativa (ARENDT, 2005). A extensão dessa ação, que dá sentido à existência humana através da discussão civil, carrega dialeticamente potenciais ideias acerca da *geração de experiências*.

É nesse sentido que o revelar da carga simbólica e das informações atinentes ao lugar passa a ser referencial e possível fundamento de criação em projeto.[18]

A dimensão de arte que se afirma a partir da perspectiva construída é, especialmente, a da arte urbana, *partícipe na produção simbólica do espaço urbano – compreendida no plano das relações sociais e não reduzida a uma dimensão estetizada*.[19] Essa prática pretenderia reunir uma vez mais atributos éticos e estéticos que privilegiam a experiência pública dos significados, numa clara intenção de se apresentar como *uma alternativa à esfera de domínio ao qual estamos submetidos*.

Se a definição de espaço público está intimamente ligada às nossas ideias acerca do que venha a significar *ser Humano*, à natureza da sociedade em que vivemos, e ao tipo de comunidade política que desejamos, como afirma Rosalyn Deutsche (1996), então, parece que a questão de fundo na construção da cidade no século XX é atualizada nesse início de século XXI: a recuperação e reafirmação do mundo público.

Referências bibliográficas

ALBA, Antonio. "El espacio del arte en la construcción de la ciudad moderna". *Ciudad y Territorio*, jan./mar. 1987.

ARANTES, Otília B. F. "Cultura e transformação urbana". In: *Cidade e cultura, esfera pública e transformação urbana*. São Paulo: Estação Liberdade, 2002.

---

18 A relação entre arte e filosofia contemporaneamente tem entre seus expoentes Deleuze e Guattari, que propõem uma leitura para além do pertencente ao ambiente romântico. Não se trata mais de uma Filosofia da Arte, mas de fazer trabalhar a Filosofia na Arte.

19 PALLAMIN (2002).

376   Cristina de Campos • Fernando Atique • George A. F. Dantas

_____. *Urbanismo em fim de linha e outros estudos sobre o colapso da modernização arquitetônica*. São Paulo: Edusp, 2001.

ARGAN, Giulio C. *Arte Moderna*. São Paulo: Companhia das Letras, 1992.

ARENDT, Hannah. *A condição humana*. Rio de Janeiro: Forense, 2005.

BERLIN, Isaiah. *Las raíces del Romanticismo*. Madri: Taurus, 2000.

BROWN, Jane. *El jardín moderno*. Barcelona: Gustavo Gili, 2000.

CAUQUELIN, Anne. *A invenção da paisagem*. São Paulo: Martins Fontes, 2007.

CREESE, Walter L. "The Boston Fens". In: *The Crowning of the American Landscape. Eight Great Spaces and their Buildings*. Princenton: Princenton University Press, 1985.

DELEUZE, Gilles. *Differénce et repetition*. Paris: PUF, 1968.

DEUTSCHE, Rosalyn. *Evictions, Art and Spatial Politics*. Massachusetts: MIT, 1996.

DOURADO, Guilherme Mazza. *Modernidade Verde, Jardins de Burle Marx*. São Paulo: Editora Senac/Edusp, 2009.

FISHER, Irwing. *Frederick Law Olmsted and the City Planning Moviment*. Michigan: Columbia University/UMI Research Press, 1976.

FREITAG, Bárbara; ROUANET, Sérgio Paulo (orgs.). *Jürgen Habermas*. Série Grandes Cientistas Sociais, vol. 15. São Paulo: Ática, 1980.

HANSEN, João A. "A temporalidade na cultura contemporânea". In: *Conversas no ateliê: palestras sobre artes e humanidades*. Direção de Vera Pallamin, coordenação J. Furtado. São Paulo: FAU-USP, 2002.

HARVEY, David. *A condição pós-moderna*. São Paulo: Loyola, 1993.

IMBERT, Dorothée. *The Modernist Garden in France*. New Haven/Londres: Yale University Press, 1993.

LEENHARDT, Jacques (org.). *Nos jardins de Burle Marx*. São Paulo: Perspectiva, 2000.

MARTINS, Luciana B. *Elevado Costa e Silva: processo de mudança de um lugar*. Dissertação (mestrado) – FAU-USP, São Paulo, 1997.

MATOS, Olgária. *A Escola de Frankfurt: luzes e sombras do Iluminismo*. São Paulo: Moderna, 1993.

MERLEAU-PONTY, Maurice. *A Natureza*. São Paulo: Martins Fontes, 2000.

MONBEIG, Pierre. *Ensaios de Geografia Humana Brasileira*. Rio de Janeiro: Livraria Martins, 1940.

NEGT, Oskar. "Espaço público e experiência". In: *Cidade e cultura, esfera pública e transformação urbana*. São Paulo: Estação Liberdade, 2002.

PALLAMIN, Vera M. "Arte Pública como Prática Crítica". In: *Cidade e Cultura, esfera pública e transformação urbana*. São Paulo: Estação Liberdade, 2002.

_____. "Arte urbana – aspectos contemporâneos". *Revista Sinopses*, São Paulo, nº 22, dez. 1994.

QUEIROGA, Eugenio F. *A megalópole e a praça: o espaço entre a razão de dominação e a ação comunicativa*. Tese (doutorado) – FAU-USP: São Paulo, 2001.

_____. "Sistemas de espaços livres urbanos construindo um referencial teórico". *Anais do 8º Enepea*. São Paulo: USP/Unesp, 2006.

ROGER, Alan. "La Naissance du Paysage em Occident". In: SALGUEIRO, H. A. (org.). *Paisagem e Arte*. São Paulo: CBHA/CNPq/Fapesp, 2000.

ROPER, Laura Wood; FLO, *A Biography of Frederick Law Olmsted*. Baltimore/Londres: The Johns Hopkins University Press, 1983 (1973).

ROSSI, Aldo. *A Arquitetura da Cidade*. São Paulo: Martins Fontes, 2001 (1966).

ROUANET, Sérgio P. *As razões do Iluminismo*. São Paulo: Companhia das Letras, 1987.

_____. *Mal-estar na modernidade*. São Paulo: Companhia das Letras, 2003.

RYCKWERT, Joseph. *A sedução do lugar*. São Paulo: Martins Fontes, 2005.

SALGUEIRO, Heliana A. "Pierre Monbeig: A paisagem na óptica geográfica". In: SALGUEIRO, H. A. (org.). *Paisagem e Arte*. São Paulo: CBHA/CNPq/Fapesp, 2000.

SCHAMA, Simon. *Landscape and Memory*. Nova York: Vintage Books, 1995.

SCHENK, Luciana B. M. *Arquitetura da Paisagem – entre o Pinturesco, Olmsted e o Moderno*. Tese (doutorado) – EESC-USP, São Carlos 2008.

SCHILLER, Friedrich. *A educação estética do homem*. São Paulo: Iluminuras, 1995.

SIMMEL, George. "Filosofia da Paisagem". In: *O Indivíduo e a Liberdade*. Ensaios de Crítica e Cultura. Barcelona, 1986.

SIMO, Melanie. *100 Years of Landscape Architecture*. Washington D.C.: ASLA Press, 1999.

SPIRN, Anne W. *O Jardim de Granito, a natureza no desenho da cidade*. São Paulo: Edusp, 1995.

VIRILIO, Paul. *A Landscape of Events*. Cambridge: MIT Press. 2000.

WALKER, Peter; SIMO, Melanie. *Invisible Gardens: the search for Modernism in the American Landscape*. Cambridge: MIT Press, 1994.

Sobre os autores

Cristina de Campos

Cientista Social (Unesp, 1996), mestre e doutora em Arquitetura e Urbanismo (FAU-USP 2001; 2007), professora colaboradora junto ao Departamento de Política Científica e Tecnológica do Instituto de Geociências da Universidade Estadual de Campinas.

Cristina Mehrtens

Professora do Departamento de História da Universidade de Massachusetts em Dartmouth. Trabalhou na CDHU em São Paulo (1988-1991), lecionou História da Arquitetura na PUC-Campinas (1987-1991) e História na Universidade de Miami (1998-2004), na Universidade Internacional da Flórida (2001-2004) e no Miami-Dade College (2002-2004). Seus interesses de pesquisa concentram-se no estudo das questões de identidade no Brasil do século XX, incluindo tópicos relativos a modernização, espaço urbano, e as relações entre o público e o privado. Contribuiu em várias revistas especializadas e livros, como *The Unedited Diaries of Carolina Maria de Jesus*

(Rutgers, 1999), *The Brazil Reader* (Duke, 1999), e *Municipal Services and Employees in the Modern City* (Ashgate, 2003). Seu último livro, *Urban Space and National Identity in Early Twentieth-Century São Paulo, Brazil* (Palgrave Macmillan, 2010) explora a formação dos grupos técnicos e profissionais durante a década de 1930.

Luiz Augusto Maia Costa

Arquiteto-urbanista pela UFMG, doutor em Arquitetura e Urbanismo pela FAU-USP. Professor do Posurb – Programa de Pós-Graduação em Urbanismo da PUC-Campinas.

Fabio Jose Martins de Lima

Arquiteto-urbanista. Professor do Departamento de Arquitetura e Urbanismo da Faculdade de Engenharia da Universidade Federal de Juiz de Fora.

Fabíola Castelo de Souza Cordovil

Doutora em Arquitetura e Urbanismo pela EESC/USP, 2010. Professora adjunta do Departamento de Arquitetura e Urbanismo da Universidade Estadual de Maringá.

Fernando Atique

Arquiteto e urbanista, mestre e doutor em História da Arquitetura pela Universidade de São Paulo. É docente da área de História, Espaço e Patrimônio Edificado do Departamento de História da Universidade Federal de São Paulo. É autor dos livros *Memória moderna: a trajetória do Edifício Esther* (RiMa/Fapesp, 2004) e *Arquitetando a "boa vizinhança": arquitetura, cidade e cultura nas relações Brasil–Estados Unidos, 1876-1945* (Pontes/Fapesp).

Francisco Sales Trajano Filho

Arquiteto (UFPB) e doutor em Teoria e História de Arquitetura e Urbanismo pelo programa de pós-graduação do Departamento de Arquitetura e Urbanismo da Escola de Engenharia de São Carlos (Universidade de São

Paulo). Professor do Instituto de Arquitetura e Urbanismo da Universidade de São Paulo (IAU-USP).

George Alexandre Ferreira Dantas

Arquiteto e Urbanista (UFRN) e mestre e doutor em Teoria e História da Arquitetura e Urbanismo (EESC-USP), professor do Departamento de Arquitetura e do Programa de Pós-Graduação em Arquitetura e Urbanismo da UFRN. O texto é originado de uma pesquisa financiada pela Fapesp (1999/03345-0).

José Marques Carriço

Natural de Santos (SP), arquiteto e urbanista com atuação na área de planejamento urbano e regional, com doutorado em Planejamento Urbano e Regional pela Faculdade de Arquitetura e Urbanismo da Universidade de São Paulo, arquiteto do quadro permanente da Prefeitura Municipal de Santos e professor dos Cursos de Arquitetura e Urbanismo da Universidade Católica de Santos e da Universidade Santa Cecília (Santos).

Luisa Videsott

Formada no IUAV (Instituto Universitario di Architettura di Venezia) e doutora pela EESC-USP.

Maria Cecilia Lucchese

Arquiteta urbanista formada em 1979 na Pontifícia Universidade Católica de Campinas. Mestre pela Faculdade de Arquitetura e Urbanismo da USP na área de Planejamento Urbano e Regional (2004), doutorou-se em Teoria e História do Urbanismo em 2009 pelo Instituto de Arquitetura e Urbanismo da USP. Atualmente é professora de Urbanismo no Curso de Arquitetura e Urbanismo da Faculdades Metropolitanas Unidas (FMU–SP) e assessora de urbanismo na Secretaria de Planejamento Urbano e Ação Regional da Prefeitura Municipal de São Bernardo do Campo, SP. Tem artigos publicados em revistas especializadas. Mora em São Paulo, capital. Doutora em Teoria e História da Arquitetura e Urbanismo (IAU-USP) e mestre em

Planejamento Urbano e Regional pela FAU-USP, professora do curso de Arquitetura e Urbanismo da FIAM-FAAM (FMU) da cidade de São Paulo.

Sidney Piochi Bernardini

Arquiteto e urbanista, graduado pela Faculdade de Arquitetura e Urbanismo da Universidade Católica de Santos. Doutor em História e Fundamentos da Arquitetura e do Urbanismo pela FAU-USP. Professor do Curso de Arquitetura e Urbanismo da Universidade Paulista (UNIP).

José Geraldo Simões Junior

Arquiteto (FAU-USP, 1983), mestre em Administração Pública (FGV-Eaesp SP, 1990), doutor em História Urbana (FAU-USP, 1995) e pós-doutorado pela Technische Universität Wien (2010). Professor da Faculdade de Arquitetura e Urbanismo da Universidade Presbiteriana Mackenzie, é pesquisador do CNPq.

Esta obra foi impressa em São Paulo no outono de 2013
pela gráfica Vida e Consciência. No texto foi utilizada a
fonte Sabon, em corpo 10,5 e entrelinha de 16 pontos.